U0529602

中國社會科學院文庫
歷史考古研究系列
The Selected Works of CASS
History and Archaeology

中國社會科學院創新工程學術出版資助項目

中國社會科學院文庫·歷史考古研究系列
The Selected Works of CASS · History and Archaeology

唐代法典、司法與《天聖令》諸問題研究

STUDY ON THE CODE AND JUDICATURE IN THE
TANG DYNASTY AND TIANSHENG STATUTES

黄正建 著

中國社會科學出版社

圖書在版編目（CIP）數據

唐代法典、司法與《天聖令》諸問題研究 / 黃正建著 . —北京：
中國社會科學出版社，2018.4
ISBN 978 – 7 – 5203 – 2260 – 7

Ⅰ.①唐… Ⅱ.①黄… Ⅲ.①法典—研究—中國—唐宋時期
Ⅳ.①D929.4

中國版本圖書館 CIP 數據核字（2018）第 059494 號

出 版 人	趙劍英
責任編輯	宋燕鵬
責任校對	楊　林
責任印製	李寡寡

出　　版	中國社會科學出版社
社　　址	北京鼓樓西大街甲 158 號
郵　　編	100720
網　　址	http://www.csspw.cn
發 行 部	010 – 84083685
門 市 部	010 – 84029450
經　　銷	新華書店及其他書店
印　　刷	北京明恒達印務有限公司
裝　　訂	廊坊市廣陽區廣增裝訂廠
版　　次	2018 年 4 月第 1 版
印　　次	2018 年 4 月第 1 次印刷
開　　本	710×1000　1/16
印　　張	25.5
插　　頁	2
字　　數	428 千字
定　　價	98.00 圓

凡購買中國社會科學出版社圖書，如有質量問題請與本社營銷中心聯繫調換
電話:010 – 84083683
版權所有　侵權必究

《中國社會科學院文庫》出版說明

《中國社會科學院文庫》（全稱為《中國社會科學院重點研究課題成果文庫》）是中國社會科學院組織出版的系列學術叢書。組織出版《中國社會科學院文庫》，是我院進一步加強課題成果管理和學術成果出版的規範化、制度化建設的重要舉措。

建院以來，我院廣大科研人員堅持以馬克思主義為指導，在中國特色社會主義理論和實踐的雙重探索中做出了重要貢獻，在推進馬克思主義理論創新、為建設中國特色社會主義提供智力支持和各學科基礎建設方面，推出了大量的研究成果，其中每年完成的專著類成果就有三四百種之多。從現在起，我們經過一定的鑒定、結項、評審程序，逐年從中選出一批通過各類別課題研究工作而完成的具有較高學術水平和一定代表性的著作，編入《中國社會科學院文庫》集中出版。我們希望這能夠從一個側面展示我院整體科研狀況和學術成就，同時為優秀學術成果的面世創造更好的條件。

《中國社會科學院文庫》分設馬克思主義研究、文學語言研究、歷史考古研究、哲學宗教研究、經濟研究、法學社會學研究、國際問題研究七個系列，選收範圍包括專著、研究報告集、學術資料、古籍整理、譯著、工具書等。

中國社會科學院科研局
2006 年 11 月

前　　言

　　佚失千年的北宋《天聖令》殘本，十年前由中國社會科學院歷史研究所"《天聖令》整理課題組"以《天一閣藏明鈔本天聖令校證（附：唐令復原研究）》之名整理出版。該書出版後，《天聖令》及其所涉唐宋法律史乃至各項制度史遂成為研究熱點。在此背景下，2012年我們申請設立了"《天聖令》及唐宋法律與社會研究"的創新工程項目，目的是在充分研究新出法典《天聖令》的基礎上，廣泛利用各類新發現的資料，包括出土石刻資料和文書資料，研究唐代乃至唐宋間法律與社會的相關方面，涉及法典、司法、行政運轉、國家工程、后妃制度等，以闡述法律在唐宋社會中的重要作用。項目於2016年結項，本書即該創新工程項目的子課題之一。書中所收文章，除極少的幾篇外，均完成於2012—2016年。

　　當今中國的治國理念之一是"依法治國"。如何依法治國？僅僅吸取近代西方經驗是不夠的。除此之外，還應該尋找適合中國國情的法治道路。如此一來，中國古代的法治經驗和教訓對於我們當今依法治國就具有重要參考價值了。為做到這一點，必須對歷史上的法治作更細緻更深入的解剖和研究。本子課題（即本書）就是這種解剖和研究的實踐之一。

　　本書由"法典編""司法編""《天聖令》編"及"附錄"四部分組成。

　　在"法典編"中本書重新梳理了從唐高祖武德年間到唐玄宗天寶年間唐朝政府修撰法典即"律令格式"的情況，將史料中有關史實儘量搜集起來，按編年予以考辨、排列，力圖最大限度地復原唐朝前期制定、修改法典的實況。這種經考辨後按編年排列唐朝修撰法典史實做法的好處，是在編年過程中，會發現不同史料間的差異；在對它們進行考辨時，又能發現背後隱藏的政治背景。通過這種梳理，不僅考證了修撰年代的異同，補充了以往不知的史實（包括參撰人員、修訂次數、法典卷數等），而且厘清了當時修撰法典的程序、修撰班子的人員結構，分析了有關《新格》《武德格》《貞觀式》《開元新格》等的不同說法，提出了自己的觀點，還特別指出唐前期的律令格式是一個不斷修訂的過程，每次頒佈所謂定本後，都會陸續有所修改，有時還會有密集修改（如永徽律令格式），並在這一過程中逐漸出現了"以格改令"的變化。項目完成後，陸續看到了一些過去忽略的資料（例如貞觀議律、顯慶改律、《乾封令》《垂拱常行格》、太極修格、開元五年詔敕、開元留司格、一些參與修定律令者如韋巨源等人的新資料等），以及其他學者的相關論著，這次借出版之機都作了補充，其中改動較大的是貞觀年間修定律令的一篇。

唐代法典中的《令》《式》由於早已佚失，搜輯這些法典佚文就成了史學界和法史學界的重要工作。在國內外持續百年以上的搜輯之後，還能否找到佚文？以往找到或復原的佚文有無錯誤？就成了後來者不斷努力的方向。本書也在這方面有所著力，在對佚文的搜輯和修訂方面提供了一些意見。

在"司法編"中首先利用出土文書對唐代訴訟制度中的一些細節予以探討，比如對"辯"的研究，不僅復原了《辯》的文書格式，還研究了從"辯"到"款"的演變，從而指出了司法用語的時代變化及其對判斷法典時代的作用。又如研究了訴訟文書中《辭》《牒》的格式，並梳理了它們向《狀》的演變過程，認為只有經過這種演變後，《狀》才逐漸成為中國古代後期訴訟文書的主要形式。

本書還充分利用墓誌資料研究了唐代州級司法官員即司法參軍（法曹參軍）的構成、入仕、遷轉、職掌、自我認同、知識背景等，發現唐代朝廷在任命司法參軍時，並不以是否有法律專業背景為前提。但同時，唐代的司法參軍又具備一般法律知識，這與唐代施行"身、言、書、判"的銓選制度密切相關。利用墓誌資料研究的司法官員還有"大理評事"。這一大理寺最低級的官員不僅負有出使按覆職責、是三司斷獄的成員，而且是唐後期幕府官員的重要"帶職"，在唐代實際司法過程中起著不容忽視的作用。

唐代君臣奉行的法律思想是用法要"慎獄恤刑"要"寬簡"，但其實在宣揚寬政的思潮下，有著主張嚴刑的實際執法思想。不為人們注意的《應正論》就是提倡嚴刑的一篇珍貴文獻。作者王志愔在這篇文章中為支持自己的嚴刑思想，不惜曲解地提供了釋、道、儒三家經典論據，反映了鮮明的時代特點，值得研究唐代法律及其思想的學者重視。

以往對唐代法律實施狀況評價過低。本書認為唐代在一定程度上實行了"法治"，包括百官要依法行事、百姓要依法生活等。同時指出這種"法治"的前提一是皇帝超越於法律之上，二是當時的法是不平等的法，三是當時的法是包括"律令格式"在內的整體的法。

在"《天聖令》編"中指出《天聖令》包含了以往不知的許多重要史料，研究者們從各個角度發掘其中的新資料，但從社會生活史方面予以關注的不多。本書則從《天聖令》中尋找以往所知史料中不曾見到過的有關社會生活史的新資料，並予以考證、分析。本書還對《天聖令》中的《雜令》進行了詳細研究，重點分析了唐代《雜令》與前後代《雜令》的異同，包括位置比較、內容比較，以及與《雜律》乃至《雜格》《雜式》的橫向比較，特別關注哪些令文被後人從《雜令》中剔出，後人又將哪些文字新編入了《雜令》，從而反映了社會的哪些變化。

唐令復原是唐代法律研究中的一個重要方面。如何將《天聖令》中的宋令復原為唐令，是我們面臨的新問題。例如當沒有其他證據而日本《養老令》與宋令的用詞各不相同時，應該優先選擇哪個《令》的用詞進行復原呢？本書通過大量的數據分析、比較，得出結論說《養老令》的用詞更接近唐令。本書還從復原實踐中歸納出了復原唐令的8種情形，並就每種情形舉例予以說明，為唐令復原總結出了一些規律性的東西。此外，《令集解》是復原唐令和理解唐令的重要法律註釋書。《天聖令》發現後，不僅證明了《令集解》所引註釋中有關唐令的文字以及對令文詞語解釋的正確，而且《天聖令》令文在判斷《令集解》不同註釋的是非時也能起到一定作用。

在"附錄"中對唐代法律典籍及出土法律文獻存在的一些問題提供了自己的看法。例如關於敦煌吐魯番出土《律》和《律疏》的性質，本書指出其中的非官方文本，有些具有教材或學習資料性質，原因是科舉和銓選都可能考《律》和《律疏》。對於一些法律文書的定名（例如所謂《文明判集》）、用語（"簡"與"檢"、"旁通"等），以及最近出版的古籍點校本中法典部分的一些版本和標點等問題，也都糾正了其中的錯誤。這些細緻考證的目的是力圖使所涉法律典籍或出土法律文獻的文本變得更加可靠，更便於學者的利用和研究。

　　本書所涉內容大部分作為階段性成果都在不同刊物上發表過，其他未發表的文章也均在各種學術會議上宣讀過，為此書後附有"本書所收文章原始出處一覽表"。

　　唐代法律史是擁有厚重成果的研究領域。如何更充分地利用傳世史籍和出土石刻、文書等新資料，既轉換視角將舊問題推向深入，又開拓新領域研究新問題，在重視細節考辨的基礎上進行宏觀思考，是筆者一直以來的努力方向。

　　本書就是這種努力的成果之一，期待著來自讀者方面的任何批評意見和建議。

黃正建
2017 年 8 月 30 日

目　　录

第一編　法典編

有關唐武德年間修定律令史事的若干問題 …………………………（3）
貞觀年間修定律令的若干問題
　　——律令格式編年考證之二……………………………………（19）
唐高宗至睿宗時的律令修定
　　——律令格式編年考證之三……………………………………（39）
唐玄宗時的律令修定
　　——律令格式編年考證之四……………………………………（66）
唐代令式訂補幾則 ……………………………………………………（81）

第二編　司法編

唐代法律用語中的"款"和"辯"
　　——以《天聖令》與吐魯番出土文書為中心…………………（91）
唐代訴訟文書格式初探
　　——以吐魯番文書為中心………………………………………（114）
唐代司法參軍的若干問題
　　——以墓誌資料為主……………………………………………（149）
唐代司法參軍的知識背景初探 ………………………………………（181）
唐代大理寺官員考略（之一）：大理評事
　　——以墓誌資料為中心…………………………………………（206）
《應正論》與唐代前期的嚴刑思想 …………………………………（222）
唐代"法治"芻議 ……………………………………………………（232）

第三編　《天聖令》編

《天聖令》所附唐令中有關社會生活的新資料……………………（245）
《天聖令·雜令》的比較研究……………………………………（270）
《天聖令》中宋令及《養老令》對唐令修改的比較 ………………（289）
唐令復原芻議
　　——以《雜令》為中心 ……………………………………（326）
《天聖令》與《令集解》淺議 ……………………………………（344）

附　錄

唐式撫遺（一）
　　——兼論《式》與唐代社會生活的關係 …………………（361）
從"簡""揀"字看敦煌文書與法典古籍校勘關係
　　——以《唐律疏議》為例 …………………………………（371）
敦煌法律文書詞語辨析兩則 ………………………………………（375）
敦煌吐魯番法典文書中《律》《律疏》文書性質再議 ……………（381）
《唐會要校證》獻疑：以卷三九《定格令》為例 …………………（388）
本書所收文章原始出處一覽表 ……………………………………（394）

後記 ……………………………………………………………（396）

第一編　法典編

有關唐武德年間修定律令史事的若干問題

唐高祖武德年間首次修定律令，是唐代法律史的重要事件，歷來為各種研究論著所言及。但實際上，從史籍記載看，自武德元年初次詔修律令到武德七年頒行天下，不論時間先後還是參與修定的人員都有許多疑問，高明士先生寫《唐代武德到貞觀律令的制度》對"武德律令格式的編纂"進行了詳盡梳理（以下簡稱為《高文》）①，大致辨清了相關的修定過程，而我在閱讀這些表述各異的史料時，也有一些想法，現在願意寫出來，附《高文》驥尾，若能稍有補充，則幸甚。當然，我之所論，多半也是推測，因為我們至今沒有見到新的資料，所以一些問題其實不能得到最終解決。文章最後，對武德年間修定律令的組織、程序、寫作班子成員等稍稍作了一點研究和分析。

一　關於"新格"

《舊唐書》②卷一《高祖本紀》言："（武德元年五月）甲子（二十日③），高祖即皇帝位於太極殿……壬申（二十八日），命相國長史裴寂

---

① 原作《論武德到貞觀律令制度的成立——唐朝立國政策研究之二》，發表於《漢學研究》第十一卷第一期，1993年6月；亦收入楊一凡主編《中國法制史考證》乙編第一卷，中國社會科學出版社2003年版；又收入其論文集《律令法與天下法》，五南圖書出版公司2012年版。本文所引，蓋出後者。
② 《舊唐書》，中華書局1975年版。
③ 干支日期的換算，均據平岡武夫主編《唐代的曆》，上海古籍出版社1990年版。

等修律令。"① 這是高祖即位後首次下令修律令。所謂"相國"實指相國府（或曰"丞相府"），說明此時高祖尚未建立自己的政府，直到兩天②後的六月一日，這一工作才算完成。《高祖本紀》繼續說："六月甲戌（一日），太宗為尚書令，相國府長史裴寂為尚書右僕射，相國府司馬劉文靜為納言，隋民部尚書蕭瑀、相國府司錄竇威並為內史令。"③ 與任命政府首腦的同一天，又"廢隋《大業律令》，頒新格"④。到十一月"乙巳（四日）……詔頒五十三條格，以約法緩刑"⑤。由以上記載可知，高祖即位後八天，就命令裴寂等修律令，兩天后頒佈"新格"，五個月後頒佈"五十三條格"。

《唐會要》卷三九《定格令》的記載稍有不同，說："六月一日，詔劉文靜與當朝通識之士，因隋開皇律令而損益之，遂制為五十三條，務從寬簡，取便於時，其年十一月四日，頒下。"⑥ 這條記載與上述記載有兩點不同：第一，修律令的是劉文靜而非裴寂。第二，詔修律令的時間是六月一日而非五月二十八日，且沒有關於"新格"的記載，似視"新格"即"五十三條格"。司馬光可能已經看到了這個問題，他在基本遵循《舊唐書》本紀的同時，稍作增刪：在武德元年五月壬申條寫"命裴寂、劉文靜等修定律令"，增加了"劉文靜"⑦；在六月甲戌條寫"廢大業律令，頒新格"⑧；而在十一月乙巳條不再寫"頒五十三條格"事⑨。

對以上記載，《高文》認為武德元年的修法工作，主要是由劉文靜、裴寂及"當朝通識之士"完成的。修格工作分兩個階段：起初由劉文靜主持，文靜隨世民出征以後，離開了修撰新格的工作。六月一日所公佈的新格，是在文靜主持下進行的，成果可能有限。文靜離開後，修法工

---

① 《舊唐書》，第6頁。
② 五月是小月，29天。
③ 《舊唐書》，第7頁。
④ 同上。
⑤ 同上書，第8頁。
⑥ 《唐會要》，中華書局1955年版，第701頁。
⑦ 《資治通鑒》卷一八五，中華書局1976年版，第5792頁。
⑧ 同上書，第5794頁。
⑨ 但在武德七年四月條提到"新格五十三條"。見《資治通鑒》卷一九〇"高祖武德七年"，第5982頁。

作改由裴寂負責，十一月四日由裴寂主修而完成的"五十三條格"才是武德元年"新格"的最後定案。又說：六月公佈的"新格"內容不明，可能極為簡要，尚不足以應急，所以到十一月又公佈五十三條格，此格當包含六月的"新格"①。

《高文》對劉文靜作用的分析是對的，但認為"新格"是六月公佈的一個極簡要的法令，五個月後被納入"五十三條格"②。對此，本文的看法稍有不同。

細讀《舊唐書·高祖本紀》的記載，原文作"廢隋《大業律令》，頒新格"，重點是廢"大業律令"，也就是說在高祖即位後的短暫時間內（六月一日詔命劉文靜等修定律令，當天頒新格；即使從五月二十八日詔命裴寂算起，也只有兩天時間），不可能制定新的律令，因此此日只是宣佈廢除煬帝的大業律令，而改用開皇律令（而稍有改動）。這一點《冊府元龜》卷六一二《定律令四》說得最清楚："武德元年既受隋禪，詔納言劉文靜與當朝通議③之士，因開皇律令而損益之，盡削大業所用繁峻之法。是時大理少卿韓仲良言於帝曰：周代之律，其屬三千，秦法以來，約為五百，若遠依周制，繁紊更多，且官吏至公，自當奉法，苟若徇己，豈顧刑名？請崇寬簡，以允惟新之望。"④這就是說，劉文靜等通識之士修律令時做的工作有二：一是"因開皇律令而損益之，盡削大業所用繁峻之法"，這就是《舊唐書·高祖本紀》所謂"廢大業律令"；二是上引《冊府元龜》在說到韓仲良向高祖建議法要寬簡後，又說"帝然之。於是采定開皇律行之，時以為便"，這就是《舊唐書·高祖本紀》所謂"頒新格"了。

---

① 參見《高文》，第116—117頁。文中"修法"與"修格"互用，意義當相同。
② 本文發表後，看到樓勁所寫《武德時期的立法與法律體系——說"武德新格"及所謂"又〈式〉十四卷"》（《中國史研究》2014年第1期）。文中認為"新格"就是"五十三條格"，是增益"約法十二條"而成的，並認為它不是《格》，而是"條制"。樓勁後來又認為"新格"與"五十三條格"不同，指高祖初入關時的"約法十二條"，見所著《魏晉南北朝隋唐立法與法律體系：敕例、法典與唐法系源流》（以下簡稱為《魏晉南北朝隋唐立法與法律體系》），中國社會科學出版社2014年版，第379頁。
③ "議"，《四庫全書》本作"識"。上海古籍出版社影印文淵閣《四庫全書》本1987年版。以下簡稱為"四庫本"。
④ 《冊府元龜》，中華書局1960年版，第7342頁。

換句話說，武德元年六月一日只是廢除了大業律令，恢復了稍加損益的開皇律令，並正式頒行。故這裡的"新格"實指以唐律令名義頒行的、加以"損益"後的開皇律令，並非完全新修的一部簡明唐法令。當然，它也不是一直修定至十一月四日才頒的"五十三條格"。因為《舊唐書·本紀》明確說"頒"新格，即"新格"是已經完成並"頒"行的。稱新定律令等法令為"新格"，是唐初的通行說法。後來貞觀十一年（637）"頒"貞觀律令時，說的也是"頒新格於天下"①。

　　《資治通鑑》于武德元年因寫了"新格"就不提"五十三條格"是不對的；而在武德七年四月條又記"頒新律令，比開皇舊制增新格五十三條"②，將"新格"和"五十三條格"混同，似認為"新格"只有"五十三條"，就更不對了。這一說法可能是受到了《新唐書》的影響。《新唐書》卷五六《刑法志》說"武德二年，頒新格五十三條"③，除年代不同外，也是將"新格"與"五十三條格"混為一談。我以為《資治通鑑》與《新唐書》的表述都不正確，"新格"與"五十三條格"是兩類法令：前者是損益後的開皇律令，後者是新制定的五十三條法令（詳下）。不過由此我們也發現，將"新格"視為"五十三條"，即將二者合而為一，已經是宋人的普遍看法了。

二　關於"五十三條格"

　　關於"五十三條格"，《高文》認為存在著武德元年的五十三條格和武德七年的五十三條格，二者內容雷同。又說：武德元年的五十三條格，與開皇律令並行，到武德七年，至少在名稱上已確定為武德律令，武德七年對武德元年五十三條格應有所修正；自元年以來所集成的五十三條格，被編入律文中④。

　　對此問題，本文亦略有補充。

---

① 《唐會要》卷三九《定格令》，第701頁。
② 《資治通鑑》卷一九〇，第5982頁。
③ 《新唐書》，中華書局1975年版，第1408頁。
④ 《高文》，第124—125頁。

我們先將有關記載臚列於下（凡前已引過者，不再出注）：

1. （武德元年）六月一日，詔劉文靜與當朝通識之士，因隋開皇律令而損益之，遂制為五十三條，務從寬簡，取便於時，其年十一月四日，頒下。仍令尚書令左僕射裴寂……等，更撰定律令。十二月十二日，又加內史令蕭瑀……等，同修之，至七年三月二十九日成，詔頒於天下。大略以開皇為准，正①五十三條。凡律五百條，格②入於新律，他無所改正。（《唐會要·定格令》）③

2. （武德元年十一月）乙巳（四日）……詔頒五十三條格，以約法緩刑。（《舊唐書·高祖本紀》）

3. 及受禪，詔納言劉文靜與當朝通識之士，因開皇律令而損益之，盡削大業所由煩峻之法。又制五十三條格，務在寬簡，取便於時。尋又勅尚書左僕射裴寂……等，撰定律令，大略以開皇為准。于時諸事始定，邊方尚梗，救時之弊，有所未暇，惟正五十三條格，入於新律，餘無所改。至武德七年五月奏上，乃下詔曰：……於是頒行天下。（《舊唐書·刑法志》）④

4. 詔遣裴寂……之徒定律令，數歲始成，大署以開皇為准，正五十三條，權用班行，展矜之科，有所未署。（《冊府元龜·定律令》）⑤

5. 皇朝武德中，命裴寂、殷開山等定律令，其篇目一準隋開皇之律，刑名之制又亦署同，唯三流皆加一千里，居作三年、二年半、二年皆為一年，以此為異。又除苛細五十三條。（《唐六典·尚書刑部》）⑥

依據以上資料，我們作如下分析：

第一，據《唐會要·定格令》和《舊唐書·高祖本紀》記載，武德元年十一月四日確實頒佈了"五十三條格"。可以認為它們是劉文靜及其他"通識之士"制定的。《唐會要·定格令》說"遂制"為五十三條，強調的是劉文靜很快就制定了五十三條格；《舊唐書·刑法志》說"又

---

① "正"，四庫本作"格"。
② "格"，四庫本作"並"。
③ 《唐會要》卷三九，第701頁。
④ 《舊唐書》卷五〇，第2134頁。
⑤ 《冊府元龜》卷六一二，第7343頁。
⑥ 《唐六典》卷六，中華書局1992年版，第183頁。

制"五十三條格,強調的是在"新格"之外另制定了五十三條格。再據《唐會要·定格令》和《舊唐書·刑法志》,這五十三條格,到武德七年修成"武德律"時,被編進律中。劉俊文在《唐格初探》中認為這五十三條是《武德新格》,自武德元年六月由劉文靜等人撰定,十一月正式發行,至武德七年四月廢止,被全部吸收於武德律中,成為律文①。劉俊文意見和《高文》的不同在於:《高文》認為有兩個五十三條格,而劉氏認為只有一個即武德元年撰定的五十三條格。我想劉氏的意見是對的。

第二,劉俊文將這五十三條格分為兩步敘述:武德元年撰成,武德七年編入律。這是對的。但對其性質的判斷則似不確:首先,這五十三條是否是"格",尚有疑問(詳下)。前引資料中的1、4、5均只寫作"五十三條"而無"格"字。兩《唐書》經籍、藝文志也沒有劉氏所謂《武德新格》之名。因此它應該只是臨時制定的五十三條法令,與隨後的《格》似不相同。其次,劉氏認為這個《武德新格》"系增損開皇律令而成……在武德律令制定之前,此格一直作為暫行法規"②,似乎武德七年之前只有《武德新格》發揮作用。但正如前面說過以及《高文》所說的那樣,在武德元年六月一日就曾廢大業律令,頒新格了。我們也已證明,這時的"新格"其實就是稍加增損的開皇律令。換句話說,在武德七年律令制定之前,實行的是稍加增損的開皇律令(即"新格"),以及新撰定的這五十三條法令。《舊唐書·刑法志》在說劉文靜等人增損開皇律令後,說"又制"五十三條格,就很準確。劉文靜等人一方面"盡削大業所由煩峻之法"(《舊唐書·刑法志》),恢復開皇律令;另一方面"又"制定五十三條新法令,於是"損益"了的開皇律令③與五十三條新法並存於世。

第三,關於武德七年將五十三條格編入武德律,沈家本注意到《唐六典》所說"又除苛細五十三條",認為"《志》(此處指《新唐書·刑法志》——筆者)言麗以五十三條,《六典》言除苛細五十三條,一麗一

---

① 劉俊文:《唐代法制研究》第二章第三節,文津出版社1996年版,第124頁。劉氏這裡似認為五十三條格就是"新格",所以將其命名為《武德新格》。這一點或有不妥。
② 出處同上。
③ 當然應以唐律令(即新格)為名。

除，其數相當，此損益之可考者"①。關於《唐六典》所記"又除苛細五十三條"一句是否可靠，目前不能確知，《高文》即認為是錯簡或傳抄錯誤所致②，但《唐六典》之外，還有《通典》卷一七〇《刑法八》記載"盡刪大業苛慘之制五十三條"③；《太平御覽》所引《唐書》也記載"除其苛細五十三條格"④。這些記載是否有共同史源呢？如果《唐六典》《通典》《太平御覽》的記載是正確的，那所謂制定五十三條格的記錄就值得重新討論；反之，如果《唐會要》或《舊唐書·刑法志》正確，則五十三條格就確實制定並頒發過。但若如此，《唐六典》等書的記載又將如何解釋呢？這些問題需要今後進一步討論。

就目前所見史料而言，可以說劉文靜等通識之士（韓仲良輩）在武德元年六月廢除大業律令後，損益開皇律令並實行之（名為"新格"），隨後于武德元年十一月四日制定並頒行了獨立的五十三條法令與之並行。至武德七年，停用以"新格"為名的開皇律令，同時將獨立的五十三條法令併入了新修成的《武德律》。至於是否因併入這五十三條法令，就同時刪除原律的五十三條"苛細"之法，目前尚無法判定。

三　關於武德元年與六年兩次任命的修撰人員

關於武德年間參與修撰律令的人員問題，《高文》認為是有階段性的，指出到武德元年年底，有 8 位修撰人員，此外還有李綱（李綱實已在上述 8 位人員中——筆者）、陳叔達、韓仲良，共 11 人（除去重複的李綱，當為 10 人——筆者）；又說武德元年指定參撰的人員有 15 人，到武德七年的 12 位最後名單中，只有 4 位繼續參與了⑤。

實際上，武德元年的修撰者與武德七年的修撰者，是分兩次任命的，

---

① 沈家本：《歷代刑法考》律令四，中華書局 2006 年版，第 927 頁。
② 《高文》，第 126 頁。
③ 《通典》，中華書局 1992 年版，第 4411 頁。但點校者認為在"制"前脫了"法"字，改此句作"盡刪大業苛慘之法，制五十三條"。
④ 《太平御覽》卷六三八《律令下》，中華書局 1960 年版，第 2856 頁。
⑤ 《高文》，第 119—122 頁。

一次是武德元年，一次是武德六年，史籍中往往將其混淆，因此本文對《高文》補充如下：

我們先從上面提到的《太平御覽》所引《唐書》說起。《太平御覽》卷六三八云：

> 唐書曰，高祖……及受禪，又用開皇律令，除其苛細五十三條格，務從寬簡，取便於時，仍遣裴寂，殷開山，郎楚之，沈叔安，崔善為之徒，撰定律令。

最近吳玉貴作《唐書輯校》，從《太平御覽》中將所引《唐書》全部輯錄出來，並分析與現存《舊唐書》的關係，得出結論說：《太平御覽》引用的《唐書》實際上就是劉昫領銜修撰的《舊唐書》，只不過保留了《舊唐書》早期的面目。今天見到的《舊唐書》，是北宋咸平三年（1000）做了大量修訂工作後的《舊唐書》。這種修訂主要就是對《太平御覽》引《唐書》的"刪改""刪略""刪削"[1]。由此認識出發，吳氏認為上引一段話即今本《舊唐書·刑法志》中的一段，並以今本《舊唐書·刑法志》對其作了校訂，訂正為：

> 高祖……及受禪，又用開皇律令，除其苛細。[又制]五十三條格，務存寬簡，取便於時，仍遣裴寂、殷開山、郎楚之、沈叔安、崔善為之徒撰定律令[2]。

關於其中的"苛細五十三條格"的問題，上文已經談到，即它與《唐六典》所云有一致處，是否訛誤，尚待討論。現在讓我們看今本《舊唐書·刑法志》中相應的一段記載：

> 高祖……及受禪，詔納言劉文靜與當朝通識之士，因開皇律令而損益之，盡削大業所由煩峻之法。又制五十三條格，務在寬簡，

---

[1] 吳玉貴：《唐書輯校》，中華書局2008年版，第11—13頁。
[2] 《唐書輯校》下冊，第899頁。

取便於時。尋又勑尚書左僕射裴寂、尚書右僕射蕭瑀及大理卿崔善為、給事中王敬業、中書舍人劉林甫顏師古王孝遠、涇州別駕靖延、太常丞丁孝烏、隋大理丞房軸、上將府叅軍李桐客、太常博士徐上機等，撰定律令。

我們將兩種《唐書》所涉修定律令的人員並列如下：

裴寂、殷開山、郎楚之、沈叔安、崔善為之徒。
《太平御覽》引《唐書》
裴寂、蕭瑀、崔善為、王敬業、劉林甫、顏師古、王孝遠、靖延、丁孝烏、房軸、李桐客、徐上機等。　　《舊唐書·刑法志》

很明顯，其中雖有個別人重複，但基本是兩撥人。因此《太平御覽》引《唐書》與《舊唐書·刑法志》所言並非一事：他們是不同時期被任命撰定律令的不同人員。從這一點也可看出，今本《舊唐書》並非只是"刪削"《太平御覽》引《唐書》，而是二者有不同史源，因此很可能原本是不同的兩種《唐書》①。

那麼《太平御覽》引《唐書》所提人員來自何處呢？就我們所能見到的史料而言，可能與《唐會要》有共同史源。《唐會要》卷三九《定格令》云：

仍令尚書令左僕射裴寂、吏部尚書殷開山、大理卿郎楚之、司門郎中沈叔安、內史舍人崔善為等，更撰定律令。②

這裡提到的人名，與《太平御覽》引《唐書》提到的人名完全一樣，可證來自同一史源，或者即《實錄》。

---

① 不過這一結論關係面很大，不能驟然定論，這裡只是提出一個推測而已。孟彥弘在評吳氏書時另有推測，說："也許《御覽》所引的'唐書'與劉昫的《舊唐書》是同出一源，即他們有一個共同的、類似紀傳體唐國史那樣的一部完整的底本或母本"（《〈太平御覽〉所引"唐書"的輯校與研究》，《唐研究》第十六卷，北京大學出版社2010年版，第526頁）。

② 《唐會要》卷三九，第701頁。

綜合其他資料，我們可以斷定，《太平御覽》引《唐書》和《唐會要》所言的人員任命於武德元年，而《舊唐書·刑法志》所言的人員任命於武德六年，二者不容混淆。下面證明之：

《唐會要》在提到上面任命之後又說："十二月十二日，又加內史令蕭瑀、禮部尚書李綱、國子博士丁孝烏等，同修之。"結合前引《舊唐書·刑法志》提到的人名，我們考證了能考證出來者的官職，結論是①：

蕭瑀：在"十二月十二日"時為內史令（會要），在舊志中為"尚書右僕射"。查舊紀，武德六年四月，以尚書右僕射裴寂為尚書左僕射、中書令蕭瑀為尚書右僕射。中書令就是內史令。因此"十二月十二日"者，當是武德元年；舊志所言撰定律令的年代，必在武德六年以後。

李綱：武德元年為禮部尚書，二年解尚書（舊傳）②，則他在"十二月十二日"以禮部尚書身份加入修定律令，這十二月十二日必是武德元年。

由以上兩人可證《會要》所提修撰人員，定是武德元年的任命。由舊紀也可知，會要所謂"尚書令左僕射裴寂"的署職不確：不僅"令"為衍文，"左"亦當為"右"。裴寂只有到武德六年後才升為"左僕射"。

殷開山，武德四年末至武德五年三月間病逝（新傳、舊紀），故他只可能在武德元年被任命③。

郎楚之，武德元年至二年為大理卿④，只能在武德元年被任命修定律令。

崔善為：任大理卿是武德五年至九年⑤，因此以內史舍人參加修定律令，是武德元年；以大理卿參加修定律令，是武德六年。

其他人員不能考出任職的確切時間，但僅憑以上幾人就足以知道：

---

① 人名主要依《唐會要》和《舊唐書·刑法志》，引書用署稱："會要"指《唐會要》卷三九《定格令》；"舊志"指《舊唐書·刑法志》；"舊傳""新傳"指兩《唐書》本傳；"舊紀"指《舊唐書·高祖本紀》；"通鑒"指《資治通鑒》等。

② 參見嚴耕望《唐僕尚丞郎表》，中華書局1986年版，第81頁。

③ 《唐會要·定格令》說他參與撰定律令時為"吏部尚書"，恐誤。據《舊唐書》卷五八《殷嶠傳》，他武德二年才為吏部尚書。嚴耕望也認為殷開山在武德元年十一月撰定律令時應是吏部侍郎（《唐僕尚丞郎表》，第543頁）。

④ 郁賢皓、胡可先：《唐九卿考》，中國社會科學出版社2003年版，第348頁。

⑤ 同上書，第349頁。

《唐會要》和《太平御覽》引《唐書》所提詔命修定律令的人員是武德元年的任命；《舊唐書·刑法志》所提詔命修定律令的人員是武德六年的任命。

所以結論是：武德元年十一月四日頒行五十三條法令後，詔命裴寂、殷開山、郎楚之、沈叔安、崔善為等撰定律令，到武德元年十二月十二日，又增加了蕭瑀、李綱、丁孝烏等，但撰定工作遲遲不能完成。至武德六年，再命裴寂、蕭瑀、崔善為、王敬業、劉林甫、顏師古、王孝遠、靖延、丁孝烏、房軸、李桐客、徐上機等撰定律令，至武德七年完成。《唐會要·定格令》與《太平御覽》引《唐書》只提到武德元年的任命；《舊唐書·刑法志》只提了武德六年的任命，二者都是不完全的；只有《冊府元龜》卷六一二《定律令四》在記載了武德六年的任命後，在注中以"又云"的方式記錄了武德元年的任命。至於為何有的只記武德元年任命、有的只記武德六年任命，即為何出現這種記載上的差別，目前尚不清楚。

沈家本《歷代刑法考》"武德律"條在引用相關史料後，加按語考證參修人員，指出：據《新唐書·刑法志》，參與撰定律令的當有十五人，而據《新唐書·藝文志》，只列了十二人，缺三人。據《唐六典》可補殷開山，據《唐會要》可補郎楚之、沈叔安、李綱，據《韓瑗傳》可補韓仲良，據《郎餘令傳》可補陳叔達，共得五人①，又不止十五，"或諸人非一時所命，或未始終其事，故諸書所述不盡相同"②。沈氏沒有使用《舊唐書》，不知道有武德元年所命與武德六年所命的區別，所補的殷開山、郎楚之等四人實際均為武德元年所任命者。將他們補入《新唐書·刑法志》所說的武德六年任命的十五人中，有時間的顛倒，顯然並不合適。

武德七年完成律令的撰定後，於三月二十九日奏上（會要），第二天的四月一日"頒行新律令"（舊紀）。舊志說七年五月奏上，當是誤記。

總結以上考證，我們得出武德年間修定律令的過程如下：

武德元年五月二十八日詔裴寂等修律令（此時應還有劉文靜）。

---

① 實為6人。
② 《歷代刑法考》，第927頁。

武德元年六月一日詔劉文靜與通識之士繼續修律令，並聽取韓仲良建議，廢除大業律令，頒佈"損益"過的開皇律令（即所謂"新格"）。

武德元年十一月四日頒佈新定五十三條法令（即所謂"五十三條"格）。

武德元年十一月四日後至十二月十二日先後詔命裴寂、殷開山、郎楚之、沈叔安、崔善為、蕭瑀、李綱、丁孝烏（或還有陳叔達）等撰定律令，遲遲不能完成。

武德六年再命裴寂、蕭瑀、崔善為、王敬業、劉林甫、顏師古、王孝遠、靖延、丁孝烏、房軸、李桐客、徐上機等撰定律令。

武德七年三月二十九日律令撰定完成（五十三條格併入律，至於是否同時刪去苛細的五十三條條文，暫存疑）奏上，有詔書謂："迄茲歷稔，撰次始畢。"①

武德七年四月一日頒行新律令（計有《武德律》十二卷、《武德式》十四卷②、《武德令》三十一卷③）。

四　其他相關問題

首先想就"武德格"的問題談一點想法。

武德時期是否編撰過《格》？前引劉俊文文給了明確的肯定回答，並指出它就是那"五十三條格"④。但正如上面分析過的那樣，這"五十三條"是否就是後代所謂編輯詔敕而成的《格》？令人懷疑。首先，如前引史料所示，《唐會要》兩次提到"五十三條"，均無"格"字，《冊府元龜》在提到武德元年所修律令時說："詔遣裴寂……之徒定律令，數歲始成，大署以開皇為准，正五十三條，權用班行，展矜之科，有所未暨"⑤，亦無"格"字。此外《新唐書》刑法志說："凡律五百，麗以五十三

---

① 《舊唐書》卷五〇《刑法志》，第2135頁。
② 前述樓勁文章認為所謂"《式》十四卷"，"必無其事，必無此書"（第47—48頁）。
③ 《新唐書》卷五八《藝文志二》，第1494頁。關於武德律令格式的詳細考證，參見《高文》。
④ 《高文》也認為《武德格》就是五十三條格，武德二年、三年、五年的詔制都收入武德七年的格中，後來成為《貞觀律》的一部分（第128—129頁）。
⑤ 《冊府元龜》卷六一二，第7343頁。

條"①；《唐六典》說"又除苛細五十三條"，也都沒有"格"字。有"格"的只有《舊唐書》本紀和刑法志②。上面說過，《舊唐書》在北宋咸平年間進行過大規模修訂，或許是那次修訂，在"五十三條"後統一加了"格"字。實際上，稱法令為"條"，是北朝成例，所以北魏有"頒九條之制""班……之制五條""詔立僧制四十七條""太皇太后十八條之令"之類的做法和叫法；北周也曾于大統元年頒二十四條制、七年頒十二條制，十年"總為三十六條"③。唐初承此，稱法令為"條"，只說"正五十三條"云云，是十分可能的。

其次，即便如《舊唐書·高祖本紀》所言，曾頒"新格"或頒"五十三條格"，這裡的"格"也不具有後來編輯詔敕的含義。前者"新格"中的"格"實指律令法典④；後者的"格"即如上引《冊府元龜》所說，是"權用班行"的臨時法令，與北齊和律並行的《別條權格》⑤性質相同，也與高祖初入關時的"約法十二條"⑥性質相同，所以史籍對此多只言"條"而不言"格"。

第三，《舊唐書·經籍志》與《新唐書·藝文志》均無武德《格》的記錄。因此，應該說武德年間尚無後世所謂編輯詔敕而成的《格》。

最後談談武德年間修定法典的組織和程序問題，因為武德年間修定法典的實踐，基本奠定了唐代此後修定法典的模式。

從程序看：是由皇帝下詔，命令"撰寫"班子開始修定律令，完成後奏上，皇帝批准後，下詔頒行天下。此後的法典編撰，基本遵循了這一程序。

從組織看：是由宰相掛帥，組成"撰寫"班子，其人員從各官衙（中央和地方）抽調，並不固定，且可隨時增減，完成後解散。此後的法典編撰，基本延續了這一組織方式。

---

① 《新唐書》卷五六，第1408頁。
② 此外《冊府元龜》提到武德六年修定律令時，使用了"格"字。
③ 以上關於北朝條制的論述及引文，參見樓勁《〈格〉、〈式〉之源與魏晉以來敕例的編纂》，《文史》2012年第2輯，第168—170、176頁。
④ 戴建國認為"格"有時即指"律令格式等常法"，見前引著作第49頁。其實稱法為"格"，自魏晉以來即如此，參上引樓勁文第171—172頁。
⑤ 《隋書》卷二五《刑法志》，中華書局1973年版，第707頁。
⑥ 《唐會要》卷三九，第701頁。

有幾個問題需要說明或考辨一下。

第一，當時沒有固定的編撰法典的機構，比如宋代的"詳定編敕所"之類，寫作班子是臨時組成的。參與編撰法典的官員也不像宋代一樣，有類似"修令官""詳定官"這樣的稱呼①；但至遲在武周時期，出現了"（律令）詳審使"的職務②。

第二，這個寫作班子的成員是皇帝挑選的還是由皇帝指定的宰相挑選的呢？這個問題不大好解釋，可能依據皇帝的不同而不同，但就武德年間的修定律令看，皇帝親自挑選的可能性比較大，因為從史料可知，高祖親自參與了這次修定律令的活動。

證據有二：一是在任命劉文靜等修定律令時，"高祖謂曰：'本設法令，使人共解，而往代相承，多為隱語，執法之官，緣此舞弄。宜更刊定，務使易知'"③，這是佈置了指導思想，即法典應該讓人"易知"。二是參與編撰的大理少卿韓仲良曾對高祖建議要行"寬簡"之法，高祖聽取了他的意見，"帝然之。於是採定開皇律行之，時以為便"④。如此，不僅高祖在任命時佈置指導意見，而且直接聽取臣下建議，說明始終關注修定律令的事情，推而言之，參與寫作的成員也應當是他自己挑選的了。

還有個旁證，即這個班子的成員，多是高祖心腹。武德九年玄武門之變時，史載高祖要召太子和秦王等，解決二人矛盾："高祖已召裴寂、蕭瑀、陳叔達、封倫、宇文士及、竇誕、顏師古等，欲令窮核其事。"⑤高祖所召之人，必是其心腹，而七人之中，有四人即裴寂、蕭瑀、陳叔達、顏師古參與了武德律令的修定。七人之外，如丁孝烏，曾與裴寂制定了高祖的登基禮儀⑥；沈叔安，後來陪葬獻陵⑦，應該都是高祖的心腹。

第三，分析這個寫作班子，可知由這樣幾類人組成（需要說明的是：①方便起見，不再分武德元年班子和武德六年班子；②有些實在沒有找

---

① 以上宋代情況，參見《宋會要輯稿》刑法一之四，中華書局1957年版，第6463頁。
② 《全唐文補遺》第七輯《黃君墓誌》，三秦出版社2000年版，第340頁。
③ 《舊唐書》卷五七《劉文靜傳》，第2292頁。
④ 《冊府元龜》卷六一二，第7342頁。
⑤ 《舊唐書》卷六四《李建成傳》，第2418頁。
⑥ 《大唐創業起居注》卷三，上海古籍出版社1983年版，第57頁。
⑦ 《唐會要》卷二一《陪陵名位》，第412頁。

到相關資料，只好闕如）：

1. 宰相。宰相起領導作用，有的本身有能力，實際參與了寫作；有的只是掛名，如先後為右僕射和左僕射的裴寂。我們在史籍中找不到裴寂參與修定律令的任何具體資料。

2. 法律專家或法官。例如：韓仲良，時為大理少卿；郎楚之，時為大理卿；沈叔安，時為司門郎中，後為刑部尚書，應該通曉法律；崔善為，第一次任命時官內史舍人，第二次任命時官大理卿；劉林甫，雖官中書舍人，但曾寫《律議》萬餘言[①]，顯然通曉法律；李桐客，時為秦王府法曹參軍；房軸，為隋大理丞。這個房軸最有意思，他以"隋官"的身份參與武德六年的修定律令，為何不給他一個唐官呢？不過從中也可看出，武德元年任命的班子遲遲完不成任務，可能與他們不熟悉隋朝律令有關，因此後來補充了一個一定是精通隋代法典的法律專家，即房軸。

3. 通政務或善屬文者。比如蕭瑀，他先後以內史令和右僕射的身份進入寫作班子，似不僅因為是宰相，更因為他精通政務。史稱"高祖乃委以心腹，凡諸政務，莫不關掌"[②]。其他如殷開山，"工於尺牘"[③]；陳叔達"軍書、赦令及禪代文誥，多叔達所為"[④]；顏師古"善屬文"[⑤]；均屬此類。武德五年，曾詔命修前代史，所命撰者中，有蕭瑀、王敬業等修魏史，陳叔達等修周史，顏師古等修隋史，崔善為等修梁史[⑥]。這些人員同時也是先後進入律令修定班子的成員，可見他們必定具有很好的文才乃至史才。

4. 懂得禮儀的官員或禮官。比如李綱，時為禮部尚書；丁孝烏，武德元年任命時為國子博士，武德六年任命時為太常丞；徐上機，時為太常博士。選調禮官進入律令編撰的寫作班子，應與法典中涉及眾多"禮"的問題密切相關。

---

① 《舊唐書》卷八一《劉祥道傳》，第 2750 頁。
② 《舊唐書》卷六三《蕭瑀傳》，第 2400 頁。
③ 《新唐書》卷九〇《殷開山傳》，第 3766 頁。殷開山時為吏部侍郎，當亦為精通政務者。
④ 《舊唐書》卷六一《陳叔達傳》，第 2363 頁。
⑤ 《舊唐書》卷七三《顏師古傳》，第 2594 頁。
⑥ 《唐會要》卷六三《修前代史》，第 1091 頁。

因此我們說武德年間組織的律令法典編撰班子，由宰相、法律專家或法官、通政務善屬文者，以及禮儀專家或禮官構成。這一組織模式對後代的律令法典編撰，具有很大影響。

第四，這個撰寫班子成員從出身看，有無地域特徵呢？我們檢查了可查到出身的一些成員，其籍貫如下：

劉文靜，京兆武功人；韓仲良，雍州三原人；裴寂，蒲州桑原人；郎楚之，定州新樂人；崔善為，貝州武城人；李綱，觀州蓚人；劉林甫，魏州觀城人；顏師古，雍州萬年人；李桐客，冀州衡水人。

殷開山，世居江南，陳亡徙京兆；蕭瑀，後梁明帝之子，姐為隋晉王妃，從入長安；陳叔達，陳宣帝之子。

由此可見，北方出身（特別是原北齊領地）者遠遠多於南方出身，也許這也是唐代法典編撰繼承了北朝傳統的另一個旁證？關於此點，尚需認真考辨，詳情請待來日。

綜上所述，本文雜考了武德年間修定律令的次數、時間、過程、人員構成等，希望能在《高文》的基礎上，對"武德修定法典"的經過有所補充和闡釋。正確與否，敬請方家指正。

貞觀年間修定律令的若干問題

——律令格式編年考證之二

　　唐太宗貞觀年間修定的貞觀律令，奠定了唐代律令的基礎①，但其修定，並不像武德年間制定武德律令那樣，有具體的修定時間和參修人員，整個過程在史籍中語焉不詳。對此，從沈家本②開始，凡涉及唐代法律制定者，都有論述。重要者如仁井田陞《唐令歷史的研究》③、劉俊文《唐代立法沿革考述》④ 等。其中論述最全面最深入的，當屬高明士《貞觀律令格式的編纂》⑤（以下簡稱為《高文》）。文章研究了貞觀修訂律令的幾乎所有方面，對有爭議的問題提出了自己的意見，若無新資料出現，這一問題基本可說是題無剩義。但是眾多研究文章，都是分別利用若干相關史料，沒有將這些資料完整集中起來，予以排比考證，並以時間順序展示貞觀年間修定律令的過程。因此本文要作的，就是在前賢研究的基礎上，按編年梳理一下貞觀年間修定律令的過程。梳理完畢，也試圖對存在的若干問題提一點自己的看法，這些看法可能意思不大，歡迎各位方家批評。

---

　　① 劉俊文在《唐代立法沿革考述》中說"唐代法制之建立，雖始于武德，而實定於貞觀"，見所著《唐代法制研究》第一章，文津出版社1999年版，第27頁。
　　② 沈家本：《歷代刑法考·律令》四，中華書局2006年版，第927—930頁。
　　③ ［日］仁井田陞：《唐令拾遺·序論》，栗勁、霍存福、王占通、郭延德譯，長春出版社1989年版，第809—811頁。
　　④ 前引書，第25—27頁。
　　⑤ 原作《論武德到貞觀律令制度的成立——唐朝立國政策研究之二》，《漢學研究》第11卷第1期，1993年，後收入氏著《律令法與天下法》，五南圖書出版公司2012年版，第130—158頁，收入時有所補訂。本文所據即為後者。

一　編年考證

　　由於貞觀年間修定律令的資料很少，我們不得不稍稍擴大範圍，將可能相關的資料都包括在內。以下即按編年，排出貞觀年間與修定律令相關的若干史實，其中的干支換算依據平岡武夫主編的《唐代的曆》①，史料根據則以"按"的形式予以說明。使用的主要史料，其版本情況如下（後文不再標注）：《舊唐書》，中華書局 1975 年版；《新唐書》，中華書局 1975 年版；《資治通鑑》，中華書局 1976 年版；《唐會要》，中華書局 1955 年版；《通典》，中華書局 1992 年版；《冊府元龜》，中華書局 1960 年版；《全唐文》，中華書局 1983 年版；《唐六典》，中華書局 1992 年版；《唐律疏議》，中華書局 1983 年版。

貞觀元年 (627)

正月十五日 (己亥)：命長孫無忌、房玄齡與學士、法官更議定律令。以舊律令太重，議絞刑之屬五十條，免死罪，改為斷右趾。

　　按：此出自《資治通鑑》卷一九二、卷一九四；《舊唐書》卷五〇《刑法志》；《冊府元龜》卷六一二《定律令四》，日期依《資治通鑑》。其中長孫無忌是否從開始就參與，暫存疑。又，建議改絞刑五十條為斷右趾的是戴冑、魏徵等，其與前者是否一事、是否同時，並不明確。"舊律令"是否即指武德律令，也不可知②。又據《唐律疏議》，由死刑改為斷趾，是在"武德年中"③。《疏議》作於永徽四年（650），上距貞觀不遠，但其說法卻與眾史籍有如此重要的不同，值得重視。如果《疏議》的說法是對的，則"舊律令"當指隋朝的開皇律令。

　　三月：其一，蜀王府法曹參軍裴弘獻駁律令不便於時者四十餘事，太宗令其參加刪改律令。其二，裴弘獻與房玄齡等建議，除斷趾法，改

---

① ［日］平岡武夫編：《唐代的曆》，上海古籍出版社 1990 年版。
② 《高文》亦籠統認為即指"開皇及武德律令"（包括下文所引"舊條疏"），第 139 頁。
③ 《唐律疏議》卷二第 11 條疏議，第 35 頁。

為加役流三千里，居作二年。其三，舊條疏規定：兄弟分後，蔭不相及，連坐俱死，祖孫配沒。太宗以為不合理，令百僚詳議。經房玄齡等商議後，定律：祖孫與兄弟緣坐，俱配沒。

按：此出自《唐會要》卷三九《議刑輕重》、《舊唐書》卷五〇、《資治通鑑》卷一九四、《冊府元龜》卷六一二、《通典》卷一六五《刑法》三、《新唐書》卷五六《刑法志》等。舊志不言年月；新志將"其二"繫於太宗剛即位時，將"其三"繫於貞觀五年（631）以後；《資治通鑑》將"其二"繫於貞觀元年正月十五至十七日，"其三"繫於貞觀十一年（637）正月；《唐會要》將"其一"繫於貞觀元年三月，"其二""其三"連書。今依《唐會要》。其中"其三"未必在貞觀元年，但當不會遲至貞觀十一年，暫置於此。又，此條所謂"舊條疏"之"舊"，與前條所謂"舊律令"之"舊"，是否指的都是武德律令？前引《唐律疏議》又說："斷趾……以貞觀六年奉制改為加役流"[①]，則知此處可能只是建議而已。

貞觀四年 (630)

八月十四日（丙午）：下《定服色詔》，指出"冠冕制度，已備令文，至於尋常服飾，未為差等，今已詳定，具如別式"[②]，遂制定三品已上服紫，五品已下服緋，六品七品服綠，八品九品服青的服色制度。

按：此出自《舊唐書》卷三《本紀》、卷四五《輿服志》、《資治通鑑》卷一九三、《唐會要》卷三一《章服品第》、《全唐文》卷五等。據《唐律疏議》引《禮部式》，有"五品以上服紫，六品以下服朱"之文[③]，《唐會要》引禮部式，也有"親王及三品已上，若二王后，服色用紫，飾以玉；五品已上，服色用朱，飾以金"等語句[④]。由此，以及詔文所說"具如別式"，知貞觀四年所定的服色制度，當為《式》。不過此時是否有《式》還不太明確（詳後文），詔書的規定也可能放到《令》中了。證據

---

① 《唐律疏議》卷二第 11 條疏議，第 35 頁。
② 《全唐文》卷五，第 61 頁。
③ 《唐律疏議》卷二七第 449 條疏議，第 522 頁。
④ 《唐會要》卷三一《雜錄》，第 573 頁。

如下：第一，《舊唐書》在提到貞觀四年制定的服色制度後，還有一句"雖有令，仍許通著黃"①。第二，《唐會要》記龍朔二年（662）司禮少常伯孫茂道上奏稱"准舊令，六品七品著綠"云云②。第三，《唐會要》記上元元年（674）敕文說"前令九品已上朝參及視事，聽服黃"③。這其中的"令"也許可以說是指"詔令"，但"舊令""前令"則比較明確的是指《令》了。到底貞觀四年制定的這項規定是入令還是入式了呢？《唐會要》引咸亨五年（674）敕文說："如聞在外官人百姓，有不依令式，遂於袍衫之內，著朱紫青綠等色短襖子。……仍令有司嚴加禁斷"④，既提到了"令"也提到了"式"。或許當時《令》《式》沒有特別明顯的界限？

本年：太宗又制翼善冠，朔望視朝，以常服及帛練裙襦通著之。若服袴褶，又與平巾幘通用。著於令。

按：此出《舊唐書·輿服志》⑤。此處的"冠""幘""裙襦""袴褶"均與前條所謂"服紫服緋"的常服不同。而此條既已說"以常服及……通著之"，應該在前條定服色制度之後，惟不知確切年代，暫置於此。又，此條明確說要"著於令"，應是補充到了令文之中。

貞觀五年（631）

八月二十一日：詔死刑雖令即決，諸州三覆奏，在京五覆奏。三覆奏者，決前一日二日覆奏，決日一覆奏；五覆奏者，決前一日二日覆奏，決日三覆奏⑥；惟犯惡逆者一覆奏，著於令。

按：此出自《舊唐書》卷三《本紀》、卷五〇《刑法志》；《新唐書》

---

① 《舊唐書》卷四五《輿服志》，第1952頁。
② 《唐會要》卷三一《章服品第》，第569頁。參見《舊唐書》卷四五《輿服志》，第1952頁。
③ 《唐會要》卷三一《章服品第》，第569頁。
④ 《唐會要》卷三一《章服品第》，第569頁。此敕是674年五月，所說是令式；三個月後的八月改元上元，所頒敕文（前引）提到的則是"前令"。
⑤ 《舊唐書》卷四五《輿服志》，第1937頁。
⑥ 決前兩奏、決日三奏，取《舊唐書》卷五〇《刑法志》與《資治通鑑》卷一九三的說法，若依《冊府元龜》卷六一三，為"決前三奏，決日兩奏"。

卷二《本紀》；《唐會要》卷四〇《君上慎恤》；《冊府元龜》卷六一三；《資治通鑑》卷一九三等。據《舊唐書》本紀，當在八月十六日（戊申），《新唐書》與《資治通鑑》則記在十二月。但《唐會要》與《冊府元龜》均記作八月二十一日，從之。其中"著於令"，出自《唐會要》（第718頁），《舊唐書》卷五〇作"著之於令"（第2140頁），《冊府元龜》記作"著於格令"（第7358頁），要之，當時確曾對《令》進行過制定或修訂，以致胡三省在注《資治通鑑》卷一九六太宗貞觀十六年十二月"大理五奏誅（黨）仁弘"條時明確說"五年制令，死罪囚，三日五覆奏"（第6182頁）。

十二月：太宗感歎：行刑之日不吃酒肉、不舉樂，未有著《令》。

按：此據《資治通鑑》卷一九三[①]。可知在貞觀五年八月制定的令中，沒有此項規定。同條又記：太宗於十二月二日（丁亥）下制命"行刑之日，尚食勿進酒肉，內教坊及太常不舉樂"。此事與前條"死刑覆奏"事，《資治通鑑》與《新唐書》記為一個詔書，並同置於十二月。不知此敕後來是否寫入《令》中。

貞觀六年 (632)

二月二日（丙戌）：以新《令》無三師官，下詔置之，並著於令。

按：此據《資治通鑑》卷一九四、《全唐文》卷七《建三師詔》。後者結尾說："可即著令，置三師之位"（第88頁）。由此知貞觀六年之前（或（即）貞觀五年），曾新制定過《令》，到貞觀六年對此《令》進行了修訂。

本年：《律》改斷趾為加役流。

按：此據《唐律疏議》卷二第11條疏議（見前引）。

貞觀十一年 (637)

正月十四日（庚子）：頒新律令於天下，計有：律十二卷，500條，比

[①] 《資治通鑑》卷一九三，太宗貞觀五年十二月，第6090頁。

隋律減死罪 92 條，減流入徒 71 條；令三十卷，27 篇，1590 條；格十八卷，700 條 (此從武德貞觀以來 3000 條詔敕中刪定)。

　　按：此據《舊唐書》卷三、《資治通鑑》卷一九四、《唐會要》卷三九《定格令》、《舊唐書》卷五〇、《新唐書》卷五六、《冊府元龜》卷六一二、《通典》卷一六五等。各書所言大同小異，唯《令》文的條數，《唐會要》《通典》《舊唐書》《資治通鑑》作 1590 條，而《新唐書》與《冊府元龜》作 1546 條，未知孰是[①]。

　　又，武則天時代的崔融在《為百官賀斷獄甘露降表》中說："謹按貞觀律唯有十卷。其捕亡、斷獄兩卷，乃是永徽二年長孫無忌等奏加。"[②] 這就是說，貞觀律頒佈當時只有十卷。崔融距貞觀不遠，其說當可靠。對此如何解釋呢？《高文》認為，捕亡、斷獄在武德律中就有，貞觀年間不會特意將其刪除，因此崔融的話可解釋為：貞觀十一年定律令時，對這兩種律來不及作最後修定，此事仍交由長孫無忌繼續完成。結果，長孫無忌在修永徽律時，同時也把這二律修成，並將它取代原來未修正的貞觀二律[③]。此種解釋或可成立，但貞觀十一年下距永徽二年長達十四年，為何一直沒有修成呢？總是令人懷疑的事。結合史籍記載貞觀修定律令的人員極不完整、貞觀式的存否極不明白、後世很少提及貞觀律令（遠少於提及武德、永徽和開元律令）等事實，可以推測貞觀年間圍繞修定律令本身，以及修定律令的人員有著不為我們知道的事情，值得進一步探討。這裡只想指出，崔融的《表》上於武周時代，"貞觀律"對他們來說是前朝律，長孫無忌是謀反者是被否定者。因此本段話的意思是說：那有問題的兩卷，出自有問題的長孫無忌之手，而非法官制定[④]，因此纔出現了問題。《表》是為貞觀律辯護，同時批評長孫無忌，奉承則天皇帝。

　　[①] 仁井田陞認為《新唐書·刑法志》1546 條的說法不可信，見《唐令拾遺》，第 811 頁。
　　[②] 《文苑英華》卷五六二，中華書局 1966 年版，第 2881 頁。又見《玉海》卷六六《唐貞觀律·留司格》，江蘇古籍出版社 1987 年版，第 1247 頁。
　　[③] 《高文》，第 133 頁。
　　[④] 《表》在"乃是永徽二年長孫無忌等奏加"之後接著說"果非庭堅所制。百僚蒙瞀，一朝開鬢；聖鑒玄通，有如影響"。"庭堅"即"皋陶"，是大理官。後面幾句是說則天皇帝的《制》頒下後產生的影響。

本年：改令，將《武德令》"職事高者解散官，欠一階不至者為兼，職事卑者不解散官"改為"以職事高者為守，職事卑者為行。其欠一階依舊為兼，與當階者皆解散官。官階相當，無行無守……"

按：此據《通典·職官》①。

本年：改令，置太師、太傅、太保為三師。

按：此據《舊唐書·職官志》②。

貞觀十三年 (639)

十二月十四日 (壬午)：詔於洛、相、幽、徐、齊、並、秦、蒲州置常平倉，粟藏九年，米藏五年，下濕之地，粟藏五年，米藏三年，皆著於令。

按：此據《玉海》③，原文寫引自《會要》，但今本《唐會要》卷八八沒有"粟藏九年"之後的語句。《新唐書·食貨志》有後面的語句，直至"著於令"，但沒有日期④。又，《玉海》原作"十三日"，但注明"壬午"，今本《唐會要》作"十四日"⑤。查《唐代的曆》，"壬午"是十四日，據改。新近發現的《天聖令·倉庫令》唐1條作："諸倉窖貯積者，粟支九年；米及雜種支五年。下濕處，粟支五年；米及雜種支三年"⑥，可知此詔確是"著於令"了，且著入的當是貞觀令。《天聖令·倉庫令》此條唐令應是沿襲了貞觀令。

---

① 《通典》卷三四《職官》十六，第938頁。
② 《舊唐書》卷四二《職官志》一，第1785頁。《高文》認為貞觀六年只是增置三師，沒有改令，到貞觀十一年，將此令篇名由《諸省臺職員》改為《三師三公臺省職員》，第143頁。這就涉及"著於令"與"改令"的關係。我以為貞觀六年已經著於令了，《舊唐書·職官志》不過是將貞觀令的所有修改都歸到貞觀十一年而已，這與前引《通典》將"改令"系於貞觀十一年是相同的。若此說成立，則此處記載與貞觀六年記載重複，或可刪除。
③ 《玉海》卷一八四《唐常平倉·藏粟米令》，第3374頁。
④ 《新唐書》卷五一《食貨志》一，第1344頁。
⑤ 《唐會要》卷八八《倉及常平倉》，第1612頁。
⑥ 天一閣博物館、中國社會科學院歷史研究所天聖令整理課題組：《天一閣藏明抄本天聖令校證（附唐令復原研究）》下冊，中華書局2006年版，第281頁。又，《唐令拾遺》已據《唐六典》和《新唐書》復原了此條唐令（第622—623頁），但沒有新發現的《天聖令·倉庫令》該條唐令完整，其認為它是開元七年令也不夠準確。

貞觀十五—十七年間 (641—643)

令王府官不得過四考，著為令。

按：此據《新唐書·褚遂良傳》①。

貞觀十六年 (642)

刑部以《賊盜律》反逆緣坐兄弟沒官為輕，請改從死，經八座詳議後，依舊不改。

按：此據《舊唐書·崔仁師傳》。《傳》稱崔仁師"（貞觀）十六年，遷給事中"。討論此律文是否應改時，"右僕射高士廉、吏部尚書侯君集、兵部尚書李勣等議請從重，民部尚書唐儉、禮部尚書江夏王道宗、工部尚書杜楚客等議請依舊不改。時議者……咸欲依士廉等議"。經崔仁師反駁後，"竟從仁師駁議"②。查同書《李勣傳》"（貞觀）十五年，徵拜兵部尚書……十七年，高宗為皇太子，轉勣太子詹事兼左衛率，加位特進，同中書門下三品"③。李勣參與詳議時為兵部尚書，是知此次詳議改律事在貞觀十六年。再查《唐律疏議·賊盜律》第 248 條，規定"諸謀反及大逆者……祖孫、兄弟、姊妹……並沒官"④，可知確實是"依舊不改"了。

貞觀十七年 (643)

四月：詔：自今太子不道、藩王窺望者，兩棄之，著為令。

按：此據《新唐書·濮恭王泰傳》⑤。其中提到此詔發佈於李泰降爵為東萊郡王之後。查《舊唐書·太宗本紀》，降爵事在貞觀十七年四月癸巳⑥。

貞觀年間：

唐興，初未暇於四夷，自太宗平突厥，西北諸蕃及蠻夷稍稍內屬，

---

① 《新唐書》卷一〇五《褚遂良傳》，第 4025 頁。
② 《舊唐書》卷七四《崔仁師傳》，第 2621 頁。
③ 《舊唐書》卷六七《李勣傳》，第 2486 頁。
④ 《唐律疏議》卷一七《賊盜》，第 321 頁。
⑤ 《新唐書》卷八〇《太宗諸子·濮恭王泰傳》，第 3571 頁。
⑥ 《舊唐書》卷三《太宗紀》下，第 55 頁。

即其部落列置州縣。其大者為都督府，以其首領為都督、刺史，皆得世襲。雖貢賦版籍，多不上戶部，然聲教所暨，皆邊州都督、都護所領，著於令式。

按：此出《新唐書·地理志》①，年代不詳，疑為貞觀年間。

貞觀年間：

太宗勤於聽覽，庶政以理，故著《司門式》云："其有無門籍人，有急奏者，皆令監門司與仗家引奏，不許關礙。"

按：此出《舊唐書·顏真卿傳》②，雖言"太宗"著云云，具體時間不詳，但總是貞觀年間事。又，關於此處《司門式》的存否，學界有不同意見，詳見後述。

以上我們依據不多的史料，大致梳理了貞觀年間修定律令的過程。除以上所引外，還有些詔敕對律令有所修正，但沒有明確說"著於令"之類語言，因此沒有列入。

二　若干問題考辨

1. 關於《令》的問題

《高文》指出："過去一般都以為唐初立國，一切因襲隋舊，所以武德同於開皇"，他認為其實武德對開皇有所修正、貞觀對武德也有所修正，且都受到大業制的影響，不過總的說來，"可發現武德、貞觀其實無改動隋開皇以來所建立的立國政策"③。我們從律令編纂的角度，可以很明顯看到隋朝律令持續的影響。

我在《有關唐武德年間修定律令史實的若干問題——唐代律令編纂編年考證之一》④ 中推測武德七年律令頒佈之前，是開皇律令（或以"唐律令"之名）與（武德元年）新制定的五十三條格令並行；之後為

---

① 《新唐書》卷四三下《地理志》七下，第1119頁。
② 《舊唐書》卷一二八《顏真卿傳》，第3593頁。
③ 《高文》，第158頁。
④ 載《隋唐遼宋金元史論叢》第三輯，上海古籍出版社2013年版，第20—33頁，現已收入本書。

武德律令所替代。但是我們從史籍記載中可以看到，開皇律令或者隋朝律令仍然存在，貞觀年間修定律令，往往是在與隋朝律令相比較，而從未提到過武德律令。下面引幾條史料。

武德元年制定五十三條格以後，實際依然施行著開皇律令。對此，有一條重要史料可以證明，即武德四年發佈的《平王世充赦》，其中明確寫道："律令格式，且用開皇舊法。"①

到貞觀十一年頒佈新撰定的貞觀律令，《通典》是這麼記載的："據有司定律五百條，分為十二卷，於隋代舊律，減大辟入流九十二條，減[流]入徒者七十一條"②，即將貞觀律令不是與武德律令而是與隋代律令相比較。其中的"隋代舊律"在《冊府元龜》卷六一二及《舊唐書》卷五〇中亦寫作"隋代舊律"，而《新唐書》卷五六及《資治通鑑》卷一九四則寫作"隋律"。要之，在貞觀十一年前後，當時社會所謂舊律令，並非指武德律令，而是指開皇律令或曰隋代律令。開皇律令作用、影響之大，以及武德律令作用、影響之小，都是應該引起我們充分注意的。

此外，前列貞觀六年二月的史料中，提到《資治通鑑》所記：太宗以新令無太師官，詔置之。這其中的"新令"何指？我想有兩種可能：一種可能，是指武德律令。相對於隋代舊律令而言，武德律令是"新"律令了。但是，貞觀元年曾頒有《禁官人違律詔》，其中說："自律令頒下，積有歲時，內外群官，多不尋究，所行之事，動乖文旨"③，可見武德律令沒起多大作用。另一種可能就是貞觀六年之前，曾修定過一部令。前列貞觀五年命將死囚三覆奏規定"著於令"的史料（詳見前文），說的就是要將這一規定修入《令》中。所以胡三省纔會明確說貞觀"五年制令"。若依第二種可能，則在貞觀十一年頒行律令之前，已經有新《令》制定完成了。這部新《令》中包含有服色制度、死罪覆奏制度，但沒有死刑日不食酒肉制度，也沒有置三師官的制度。

---

① 《唐大詔令集》卷一二三，商務印書館1959年版，第656頁。《全唐文》卷二作《平王世充大赦詔》，第31頁。仁井田陞《唐令拾遺》也使用了這條史料，然後說它"表明了武德初曾行用過隋開皇舊法"（第843頁）。

② 《通典》卷一二三《刑法三》，第4243頁。

③ 《全唐文》卷四，第55頁。

2. 關於參與修撰的人員

貞觀年間參與修定律令的成員，在史籍中很少明確記載。比較重要的，一是上一節在"貞觀元年正月十五日"所引："命長孫無忌、房玄齡與學士、法官更議定律令"，其中提到了長孫無忌、房玄齡、學士和法官；另一處則是《新唐書·藝文志》在貞觀律令格式下的注："中書令房玄齡、右僕射長孫無忌、蜀王府法曹參軍裴弘獻等奉詔撰定。"[①] 下面我們就以此為基礎做些探討。

長孫無忌。按長孫無忌在貞觀元年正月十五日受命議定律令時為吏部尚書[②]，而房玄齡時為中書令[③]。從常理論，房玄齡應該排在長孫無忌之前，而且是以宰相身份總領其事。前引《新唐書·藝文志》在貞觀律令格式的作者中，就將房玄齡排在長孫無忌之前[④]。兩《唐書》長孫無忌傳，未記他在貞觀年間做過任何與法律相關的工作，但是前引《新唐書·藝文志》說奉詔撰定貞觀律令格式的作者中有他。因此，長孫無忌或應參加了這次律令的修定。

房玄齡。《舊唐書·房玄齡傳》說他"明達吏事，飾以文學；審定法令，意在寬平"[⑤]，顯然參與了法令的審定。前節在"貞觀元年三月"條所列改斷趾為加役流，以及制定"祖孫與兄弟緣坐，俱配沒"之律，均含有房玄齡的意見和建議。前引《新唐書·藝文志》所列貞觀律令格式作者的名單中也有他[⑥]。因此，房玄齡參加了這次律令的修定，殆無疑問。

學士。按這裡的"學士"應該指武德末建立的弘文館學士[⑦]，但也可能指太宗即位之前所招攬的文學館學士，即所謂"秦府十八學士"。前述史料說房玄齡等與學士、法官"議定律令"，因此學士的作用可能只在於議論，但或也不排除他們有參與修撰的可能性。于志寧是十八學士之一，

---

① 《新唐書》卷五八《藝文志二》，第1494頁。
② 《舊唐書》卷六五《長孫無忌傳》，第2447頁。《資治通鑑》卷一九二說"上命吏部尚書長孫無忌等與學士、法官更議定律令"，第6031頁。
③ 《舊唐書》卷六六《房玄齡傳》，第2461頁。
④ 《新唐書》卷五八《藝文志》二，第1494頁。
⑤ 《舊唐書》卷六六《房玄齡傳》，第2461頁。
⑥ 《新唐書》卷五八《藝文志》二，第1494頁。
⑦ 《唐六典》卷八《門下省》，第254頁。

《舊唐書》本傳說他"前後預撰格式律令、五經義疏及修禮、修史等功，賞賜不可勝計"①。于志寧後來參與了永徽《律疏》的撰寫，也有可能參與貞觀律令的修定。我們從唐初的史籍中看到，參加修撰律令者，往往同時參與修史，甚或修禮。例如參與修定武德律令的蕭瑀、王敬業、陳叔達、顏師古、崔善為，分別參加了魏、周、梁、隋史的修撰②，而于志寧具有同樣的修史、修禮經歷。貞觀年間的令狐德棻也是修史的積極倡導者，並參與修撰周史、晉書。《舊唐書》本傳說他"永徽元年，又受詔撰定律令，復為禮部侍郎，兼弘文館學士"③。既然他在永徽元年參加了修撰律令，或許在貞觀年間也參加過修撰律令。這麼說還有個旁證，即據《舊唐書》本傳記載，他在貞觀"十一年，修新禮成，進爵為子"④。我們知道貞觀十一年是頒佈新修律令及禮於天下的年份，與令狐德棻同時進爵為子的還有多人，例如李百藥。《舊唐書·李百藥傳》記："（貞觀）十一年，以撰五禮及律令成，進爵為子。"⑤ 由此，我們推測令狐德棻後來既有學士身份、參加過修撰律令，此前又曾進爵為子，因此很可能參與了貞觀律令的修撰。

　　李百藥。這是一個明確被記載參與貞觀律令修撰的人。《舊唐書》本傳明確說："貞觀元年，召拜中書舍人，賜爵安平縣男。受詔修定五禮及律令，撰齊書。"⑥ 同時也說明在唐初，修撰律令與修撰禮書、修撰史書的，往往是同一個人；法、禮、史往往不分家。

　　法官。法官是"議定律令"者之一，但也應該有人參與修定律令。貞觀元年前後最有可能參與修定律令的法官是戴胄。《舊唐書》本傳說他"明習律令，尤曉文簿。……貞觀元年，遷大理少卿"⑦。他不僅曾對長孫無忌不解佩刀入閣事堅持依《律》辦事⑧，而且曾在貞觀元年建議免死罪

---

① 《舊唐書》卷七八《于志寧傳》，第2700頁。
② 參前引拙文《有關唐武德年間修定律令史事的若干問題》，第32頁。
③ 《舊唐書》卷七三《令狐德棻傳》，第2598頁。
④ 同上。
⑤ 《舊唐書》卷七二《李百藥傳》，第2577頁。
⑥ 同上書，第2572頁。
⑦ 《舊唐書》卷七〇《戴胄傳》，第2531—2532頁。
⑧ 同上書，第2532頁。

五十條為斷右趾①，因此很有可能參與了貞觀律令的修定。但史無明言，推測而已。

裴弘獻。史載蜀王府法曹參軍裴弘獻"又駁律令不便者四十餘事，太宗遂令刪改之"②，顯然參加了貞觀律令的修定。前引《新唐書·藝文志》在貞觀律令格式的作者中對此也有明確記載③。裴弘獻當時為"法曹參軍"，應該是廣義上的法官。後來他也參加了永徽《律疏》的撰寫，署名是"朝請大夫使持節潁州諸軍事守潁州刺史輕車都尉"④。

綜上，參加貞觀元年至十一年修定律令的人員，有明確記載的只有李百藥，以及房玄齡、長孫無忌、裴弘獻。于志寧可能參加了。其他有可能參加的還有令狐德棻和戴冑。從此前武德律令和此後永徽律令的撰寫者名單看，都有十數人，而貞觀律令的撰寫只有區區數人，顯然值得懷疑。從貞觀十一年頒佈的律令格的條數和修改看，工作量不小，因此應該還有一些人參與了此工作而沒有留下名字。為何史籍缺載了貞觀年間參與修定律令的人員名單，與當時的政治博弈有無關係，值得我們今後進一步探索。

這裡我們只想指出，武德年間參與修撰律令的十數人，例如裴寂、蕭瑀、殷開山、郎楚之、沈叔安、李綱、韓仲良、陳叔達、崔善為、王敬業、劉林甫、顏師古、王孝遠、靖延、丁孝烏、房軸、李桐客、徐上機等，除已經去世者如殷開山等外，均未在貞觀年間參與修撰律令。而貞觀年間所召修撰律令的李百藥，在武德年間未被召去，但他實際上早在隋文帝時就被"詔令修《五禮》，定律令"了⑤。這一點耐人尋味。它說明了唐太宗是有意識地不使用武德律令的修撰者，反映了貞觀政治（含法律）有意要區別於武德政治（含法律）。使用李百藥，還說明了唐太宗對隋開皇律令的重視。

---

① 《舊唐書》卷五〇《刑法志》，第2135頁。同時建議的還有魏徵。但據《舊唐書》卷七一本傳，他當侍中時，"尚書省滯訟有不決者，詔徵評理之。徵性非習法，但存大體，以情處斷"（第2549頁），顯然不懂法律，也就不大可能參加律令的修撰了。
② 《通典》卷一六五《刑法三》，第4243頁。
③ 《新唐書》卷五八《藝文志二》，第1494頁。
④ 《唐律疏議》附錄《進律疏表》，第579頁。
⑤ 《舊唐書》卷七二《李百藥傳》，第2571頁。

補注：

參加貞觀律令修定的還有時任縣令的王植。王植（字文端），"特好九章之書，尤精五聽之術。歷代沿革，因時輕重，若視諸掌，悉究其源。年廿三，雍州貢明法，省試擢第，授大理寺錄事，丹筆無冤，黃沙絕滯。遷長安縣尉，目覽耳聽，片言折獄。堆幾之案雲撤，盈庭之訟霧收。應詔舉，遷魏州武陽縣令，仍在京刪定律令。訖，賜帛五十匹，授尚書省都事……遷太府寺丞……詔以幹能可紀，授司農寺丞。推逆人房遺愛等處事平反，詔以明習典憲，授大理寺丞……授涇州長史……授宗正寺丞，奉使越州推事。以龍朔二年二月十日，寢疾卒於會稽郡，時年六十"①。

王植死于龍朔二年（662），60歲，則生於隋仁壽二年（602）。23歲時當武德八年（625）明法及第，故為縣令"在京刪定律令"，所修可能是貞觀律令。《舊唐書·刑法志》記參與撰定永徽律令格式的人員中的"太府丞王文端"②即王植。因此王植可能不僅參加了貞觀律令，也參加了永徽律令的撰定。此條墓誌資料是研究貞觀、永徽律令編纂的重要補充資料。

3. 關於貞觀《式》的問題

貞觀時期是否修定了《式》，是個有爭議的問題，據《高文》歸納，一種意見認為貞觀沒有制定式，另一種意見認為有貞觀式，但不一定是《舊唐書·刑法志》等所言的二十卷、三十三篇。《高文》贊成存在貞觀式，認為貞觀式就是二十卷、三十三篇，並據《玉海》所引"舊制"，指出貞觀式的最大特色在於存在有《御史臺式》③。

我同意貞觀時有《式》，但這個《式》的整體情況不是很清楚④：

第一，在記錄貞觀十一年頒佈律令一事時，各種史料都明確說了律、令、格的卷數，特別是條數，分別是500條、1590（或1546）條、700條，而都沒有提到式的卷數和條數。說明各書作者不掌握式的具體卷數

---

① 《全唐文補遺》第三輯《王君墓誌銘》，三秦出版社，第379頁。
② 《舊唐書》卷五〇《刑法志》，中華書局1975年版，第2141頁。
③ 《高文》，第150—153頁。
④ 樓勁在新著《魏晉南北朝隋唐立法與法律體系》中經過詳細論證，否認了貞觀十一年頒行過《式》，但同時認為"不能完全排除太宗此後曾編纂過某種形態的'式'的可能"。中國社會科學出版社2014年版，第414頁。

和條數，間接說明貞觀十一年沒有頒佈過新修訂的《式》。

第二，記錄貞觀十一年頒佈律令的史料，主要有《唐會要》《通典》《舊唐書·刑法志》《冊府元龜》《新唐書·刑法志》《資治通鑑》等。《舊唐書》以後的記錄多依據的是《舊唐書·刑法志》，而《舊唐書·刑法志》在貞觀年間律令修撰一節，敘述混亂：在貞觀律文之後，介紹了令、格，然後插入永徽格、垂拱格、開元格；再介紹式，同樣敘述了永徽式、垂拱式、神龍式，以及開元式，然後接著敘述貞觀律中間的禁囚系囚等。再查這插入的永徽至開元格式，其文字幾乎全部來自《唐六典》。因此《舊唐書·刑法志》對貞觀律令格式的敘述是混亂和不可靠的①。

《通典》和《唐會要》則不同。據《通典》，只提到了"定律五百條，分為十二卷。……又定令千五百九十條，為三十卷。貞觀十一年正月，頒行之。又刪武德、貞觀以來敕格三千餘件，定留七百條，以為格十八卷"②，完全沒有提到《式》。《唐會要·定格令》說"貞觀十一年正月十四日，頒新格於天下：凡律五百條，分為十二卷。……令為三十卷，二十七篇，一千五百九十條；格七百條；以為通式"③，也沒有提到貞觀《式》。文中最後所謂"以為通式"中的"式"，是法式、法則之意，與"以為通則""以為通法"等是一個意思。

第三，《高文》引《玉海》記載的《六典》的史料，認為所提"舊制：式，三十三篇，以尚書、御史臺、九寺、三監、諸軍為目"中的"舊制"指貞觀式④。按這段史料不見於今本《唐六典》，在這句話之前，是"凡律以正刑定罪，令以設範立制，格以禁違（令）正邪，式以軌物程事"；之後，還有"立刑名之制五"一句⑤。據此，這句話的意思就不夠明確，什麼叫"立刑名之制五"，為何將此句置於顯然已經結句的、對

---

① 這一敘述混亂，很多學者都指出過。例如霍存福在《唐式的制定與修緝》中，即認為這段行文移用了《唐六典》的本文和注文，很難將其作為《貞觀式》卷數的依據。見《唐式輯佚》，社會科學文獻出版社 2009 年版，第 16—17 頁。《高文》在前人研究的基礎上，對這種敘述的混亂更是做了很好的研究（第 144—146 頁）。

② 《通典》卷一六五《刑法》三，第 4243 頁。

③ 《唐會要》卷三九《定格令》，第 701 頁。其中的"令"原作"分"，誤。

④ 《高文》，第 152—153 頁。

⑤ 《玉海》卷六六《唐永徽律等》，第 1248 頁。

律令格式性質的解釋之後？所以懷疑"舊制"以下非《唐六典》原文，屬於闌入。

即使"舊制"一句屬於《唐六典》逸文，其"舊制"也未必能實指貞觀制度。查現存《唐六典》中的"舊制"，凡開元之前的制度都可稱之。例如"按：舊制，御史大夫、六尚書已上要官皆進讓。臣林甫等伏以為進讓之禮，朝廷所先，兩省侍郎及南省諸司侍郎、左右丞，雖在四品，職居清要，亦合讓也"①；"舊制，戶皆三丁已上一分入國。開元中定制，以三丁為限，租賦全入封家"②；"舊制，京官有防閤、庶僕、俸食、雜用等。開元二十四年，敕以為'名目雖多，料數先定，既煩案牘，因此生姦。自今已後，合為一色，都以月俸為名。其貯米亦合入祿數同申。'遂有恆式"；等等。因此我們只能證明這裡"舊制"的式，是在貞觀元年以後，而不能證明它就是貞觀式，因為它也可能是永徽式乃至垂拱式等。

第四，貞觀年間還是可能有《式》的。前節我們提到，貞觀四年時曾規定了官員的服色，即三品已上服紫，五品已下服緋，六品七品服綠，八品九品服青。這種有關常服服色的規定應該反映在《式》中，即如前引《唐律疏議》所引《禮部式》規定了"五品以上服紫，六品以下服朱"那樣③。但是《唐律疏議》所引《禮部式》的規定比較簡單，與貞觀四年的規定完全不同。一般而言，簡單的規定應該出現在前，複雜的規定應該出現在後，因此《唐律疏議》中的《禮部式》是什麼時候的《式》，與貞觀式有無關係，都還有進一步研究的餘地④。

第五，前引顏真卿所說"臣聞太宗勤於聽覽，庶政以理，故著《司門式》云：'其有無門籍人，有急奏者，皆令監門司與仗家引奏，不許關礙'"⑤ 中提到的《司門式》是否存在，學術界有不同意見。

否認這一《司門式》存在的理由主要是：其中的《司門式》在《資治通鑒》中寫作《門司式》："太宗著《門司式》云：'其無門籍人，有急奏

---

① 《唐六典》卷二《尚書吏部》，第34頁。
② 同上書，第37頁。
③ 《唐律疏議》卷二七《雜律》，第522頁。
④ 例如，它是否有可能是貞觀四年之前的《式》呢？
⑤ 《舊唐書》卷一二八《顏真卿傳》，第3593頁。

者，皆令門司與仗家引奏，無得關礙'"；在《宋朝諸臣奏議》收錄張方平《上仁宗答詔論地震春雷之議》中寫作《司馬式》："唐太宗……著司馬式云：'其無門籍人，有論奏者，皆令監門司馬引對，不許關礙'"，因此這"恐怕不是真卿上疏原文轉輾流傳而有多個文本的緣故，而是從顏真卿本人開始，各人皆據太宗此制的內容以意命名的產物……是稱'司門式'還是'門司式'、'司馬式'……之類，則是無關緊要的"①。

這個看法值得商榷。我以為宋代所有涉及此《式》的文獻，均為抄錄顏真卿疏文而來，不過是抄錄過程中對同一段式文的理解各異而已②。例如所謂《門司式》的一段，明顯漏抄了"監"字，將"監門司"抄為"門司"。很可能司馬光認為不存在"監門司"而只有"門司"，所以才擅改為《門司式》。其實若據《唐六典》，開元年間制度是監門衛與各門主管即所謂"門司"共同掌管門籍出入（門司並非正式機構名），故這裡的"監門司"也可能是"監門衛"的"司"，當然，"監門司與仗家"掌管門籍一句，也可能有漏字，或者可能反映的是唐代早期制度。再如所謂《司馬式》的一段，明顯將顏真卿原文中的"與"字抄成了"馬"（且漏抄"仗家"一詞），而且唐朝無論司門司還是監門衛，均無司馬一職，因此屬於誤抄無疑。這樣看來，顏真卿提到的太宗時期的《司門式》，從目前掌握的資料看，還是無法否認的。

總之，依據以上分析，貞觀年間應該制定過《式》，只是這個《式》的整體面貌目前還不清楚。

餘　　論

以上就"令"、修定律令人員，以及貞觀《式》的問題作了一點分析。由此可知：第一，只是到了貞觀年間修定律令之後，隋朝的律令纔徹底在唐朝失去了地位。換句話說，只是到了貞觀年間，唐朝律令纔真

---

① 樓勁：《魏晉南北朝隋唐立法與法律體系》，第410—411頁。
② 趙晶在評論樓勁這段話時也認為："不同史籍所載'式'名未盡一致，其實也有其他可能性的解釋：如相關記載的撰寫者因無意之失而寫錯，或記載本來無誤，只不過史籍在流傳、翻刻過程中出現錯誤。"見趙晶對樓勁此書的書評，載《唐研究》第二十一卷，北京大學出版社2015年版，第567頁。

正擺脫隋朝舊律令的影響，建立起具有唐朝法律特色的律令來。第二，在貞觀十一年頒行律令之前，或許已經制定了新《令》，或許不斷修改舊《令》，將一些規定陸續"著於令"；貞觀十一年以後，仍以"著於令"的方式對《令》作過修改。這種修改是唐前期法律修訂的重要方式，貞觀以後就逐漸減少了。第三，參加修撰貞觀律令的成員，均非武德律令的修撰者，倒有隋開皇律令的修撰者，此點或反映了貞觀政治與武德政治的有意識區別。關於史籍缺載修定貞觀律令人員的事實，還有進一步探討的必要。第四，從目前所存資料看，貞觀年間應該制定過《式》①，只是限於史料，這個《式》的整體情況不是很清楚，其中既可能如樓勁所言，有貞觀十一年之前與之後的區別，或《式》還沒有定型；也可能如貞觀律缺少二卷、貞觀律令修纂人員不明那樣，有我們所不知道的修定律令的曲折過程；還可能因種種原因導致相關史料的嚴重失散。總之，關於貞觀《式》的詳盡討論，還有待於今後。

如果再引申一下，或許還可以有以下兩點推論。

其一，貞觀年間明確記載修定律令的人員很少（僅三四人），且史籍只有"議定"沒有"修定"的記錄，不符合貞觀前後皇帝在位時修定律令的一般情況。又，通過對《四庫全書》及《全唐文》中"著於令"資料的檢索，以貞觀年間最多，包括常服制度入令（或式）、翼善冠入令、死刑覆奏入令、三師官入令、散官行守入令（貞觀十一年以前）、存糧期限入令、王府官四考入令、太子遴選入令（貞觀十一年以後）等。頗懷疑貞觀年間的修定律令特別是《令》，一直在不斷地議論不斷地修訂，貞觀十一年頒佈的並非定本（所以《律》也缺少兩卷）。

其二，由此可知，當時的《令》可以隨時增補，而用"格"來補充修改律令、用"式"來補充輔助律令的制度還未最終形成。近讀樓勁《隋無〈格〉、〈式〉考——關於隋代立法和法律體系的若干問題》②（以

---

① 除前引《司門式》外，《全唐文》卷一四三李百藥《房公碑碑陰》還提到貞觀五年時"文官式令，例無鼓角"云云（第1451頁）。如上所說，李百藥參與了貞觀律令的制定，因此他的話應該可信。這或可證明，雖然所謂"文官式"為何，不很清楚，但似也可旁證貞觀時確有《式》的存在。

② 《歷史研究》2013年第3期，第41—54頁。後來樓勁在《魏晉南北朝隋唐立法與法律體系》一書中作了更詳盡的梳理。

下簡稱為《樓文》），很受啟發。《樓文》認為，"隋代'格''式'等指稱，仍循北魏以來的習慣可泛指《律》《令》等各種法律規章，特別是那些隨時隨事推出的敕例或條制，其稱'格'稱'式'或其他名稱亦無定準，並非特定法律形式的專有名詞"①。由此想到，其實在高祖執政及太宗初年，"格""式"依然往往有此含義，因此"條格""條式"的說法頻見。我們舉幾個例子：

義寧二年（618）定戶口令："……外內戶口見在京者，……就食劍南諸郡。所有官物，隨至糴給，明立條格，務使穩便。秋收豐實，更聽進止。"②

武德二年（619）二月每州置宗師詔："……每州置宗師一人，以相管攝，別為圖伍，所司明立條式。"③

武德三年四月斷屠詔："……其關內諸州，宜斷屠殺。庶六畜滋多，而民庶殷贍。詳思厥衷，更為條式。"④

武德七年二月令諸州舉送明經詔："又釋奠之禮，致敬先師，鼓篋之義，以明遜志，比多闕略，更宜詳備。仲春釋奠，朕將親覽，所司具為條式，以時宣下。"⑤

武德九年五月辛巳，以京師寺觀不甚清靜，詔曰："……所司明為條式，務依法教，違制之事，悉宜停斷。"⑥

武德九年七月（時太宗已即位）備北寇詔："……其城寨鎮戍，須有修補，審量遠近，計度功力，所在軍民。且共營辦。所司具為條式，務使成功，宣示閭里，明知此意。"⑦

這其中的"條格""條式"均指律令外規章制度，因此武德元年所定五十三條，或稱"條"或稱"格"，絕非後世《格》之意⑧。逐漸地，這

---

① 《樓文》，第41頁。
② 《全唐文》卷一，第18頁。詔令年代依據池田溫《唐代詔敕目錄》（三秦出版社1991年版），下同。
③ 《全唐文》卷一，第23頁。
④ 《全唐文》卷二，第27頁。
⑤ 《全唐文》卷三，第36頁。
⑥ 《舊唐書》卷一《高祖本紀》，第16頁。
⑦ 《全唐文》卷四，第53頁。
⑧ 此議論已見前引拙作《有關唐武德年間修定律令史事的若干問題》一文。

種"條式"變成為"有司明立",即"條式"開始明確與"有司"相關。這一點很重要,它使得"條式"逐漸演變成有司的"式"了。而且,"條格"的用例也逐漸減少(意味著"格"的用法趨向獨立),到貞觀年間,"條格""條式"的出現都大幅減少了。

這就是說,武德年間既無《格》,《式》也在形成中。武德"式"已經開始具備"有司"之"式"的雛形,但它與"令"的區別還不清晰。貞觀年間將大量規章或者入令或者入式,就是這種情況的反映。至於《格》,從"刪武德貞觀已來敕格三千餘件,定留七百條,以為格十八卷"① 看,貞觀中的《格》已具備真正《格》法典的性質,只是其中稱"詔敕"為"敕格",還保留了"格"(《通典》與《冊府元龜》亦然,但《新唐書·刑法志》刪掉了"格"字)的早期含義。

換句話說,除律令外,"格"的形式在貞觀年間基本成熟,"式"也繼續武德年間的發展,從"有司明立條式"演變為正式與"有司"相聯、如"司門式"這樣的"有司式"了。以"有司"為特徵的"式"與以事項為特徵的"令"至此就有了明確分工,為高宗以後律令格式體系的成熟奠定了基礎②。

綜上所述,雖然貞觀年間修定律令的過程看起來很清楚,但實際有許多未解之謎:例如為何貞觀律只有十卷(少了捕亡、斷獄兩卷)?為何武德律令、永徽律令、開元律令等的參撰人員多達十餘人,而貞觀律令只留下了三四人的名字?為何只有《司門式》這樣的式文而不見其他《式》?如此等等,都值得我們今後進行更深入的探討。

---

① 《舊唐書》卷五〇《刑法志》,第2136頁。
② 關於這一過程的背景,見《樓文》的歸納和判斷。文中說隋朝法制建設的缺點是只修律令兩部法典,缺乏對制敕的約束,"最終導致的只能是敕例橫行、法制糜爛。唐初的立法便是在總結這種歷史教訓和啟示中展開的,貞觀開始定《格》和永徽二年以來形成的《律》《令》《格》《式》體系,便是其集中體現"(第54頁)。實際上,除約束制敕外,將有司所定規章法典化,也是這一過程的重要組成部分。

唐高宗至睿宗時的律令修定

——律令格式編年考證之三

　　唐高宗到睿宗時對律令格式的修定，情況比較清楚，但仍有一些細節需要考證。本文依然先進行編年考證，然後就其中的若干問題予以探討。

　　編年考證所用資料，與此前文章一樣，用簡稱替代，主要有《舊紀》——《舊唐書》卷五至卷七高宗至睿宗本紀；《舊志》——《舊唐書》卷五〇《刑法志》；《會要》——《唐會要》卷三九《定格令》；《冊府》——《冊府元龜》卷六一二《刑法部·定律令第四》。

　　其他使用較多的還有《全唐文》，《文苑英華》，《唐大詔令集》，《唐六典》，新舊《唐書》經籍志、藝文志，《新唐書》本紀，《資治通鑑》，以及新舊《唐書》列傳。以上史料，除《唐大詔令集》用商務印書館本外，均使用中華書局本（點校本、影印本、標點本），不再註明。

　　編年體例如下：

　　(1) 先列年號，括弧中注公元年；(2) 列出月日干支，原僅有干支者，據平岡武夫《唐代的曆》換算①，無月者排在該年之下，無日者排在該月之下；(3) 綜合史料列出史實，年月及史實均用黑體表示；(4) 以"按"的形式寫明出處並略作考證。

一　高宗至睿宗律令格式修定編年並分析

高宗永徽元年 (650)
敕長孫無忌等"撰定律令格式"。

---

①　[日] 平岡武夫主編：《唐代的曆》，上海古籍出版社1990年版。

按：關於永徽律令格式修定的具體時間，史籍有不同說法，需要略作考證。

第一，發佈詔敕開始修定律令格式，是在永徽元年。《舊志》說："永徽初，勑太尉長孫無忌、司空李勣、左僕射于志寧、右僕射張行成、侍中高季輔、黃門侍郎宇文節柳奭、右丞段寶玄、太常少卿令狐德棻、吏部侍郎高敬言、刑部侍郎劉燕客、給事中趙文恪①、中書舍人李友益、少府丞張行實、大理丞元紹、太府丞王文端、刑部郎中賈敏行等，共撰定律令格式。舊制不便者，皆隨刪改。"② 這裡籠統說是"永徽初"。而《冊府》所記，與此全同，卻作"高宗永徽元年，勑太尉長孫無忌、司空李勣、左僕射于志寧、右僕射張行成、侍中高季輔、黃門侍郎宇文節、柳奭、左丞段寶玄、太常少卿令狐德棻、吏部侍郎高警（應該是'敬言'二字）、刑部侍郎劉燕客、給事中趙文恪、中書舍人李友益、少府丞張行實、大理丞元紹、太府丞王文端、刑部郎中賈敏行等，共撰定律令格式，舊制不便者，皆隨有刪改"③。作"永徽元年"可能是對的。《舊唐書·令狐德棻傳》說："永徽元年，又受詔撰定律令"④，就明確說是永徽元年下的詔敕。從理論上說，也應該在頒行新定律令格式的若干月或若干年前下詔佈置任務，因此永徽元年下詔，敕長孫無忌等開始修定律令格式，是極有可能的⑤。

第二，發佈這個詔敕是永徽元年的幾月呢？卻無法判斷。我們試圖從參修官員的官職上考證，卻發現無論《舊志》還是《冊府》，其所列官員官職或在職務或在時間上都存在矛盾：其一，據《舊紀》，永徽二年八

---

① 高明士在《從永徽到開元律令的制定》一文中認為"趙文恪"當是"趙文"。但諸書多作"趙文恪"，雖與新舊《唐書·趙文恪》傳不合，未必不會有兩位同名"趙文恪"者，因此本文仍取"趙文恪"。高明士文見《律令法與天下法》，五南圖書出版有限公司2012年版，第162頁注①。不過"趙文"的可能性也有，例如敦煌文書 P.4634C2《東宮諸府職員令》後永徽二年的署名，據劉俊文的錄文，即作"趙文"（劉俊文《敦煌吐魯番法制文書考釋》，中華書局1989年版，第196頁）。但是由於文書結尾的署名往往不全（不知是原缺還是文書殘缺導致），例如高季輔，在文書署名中只見"高"字，因此"趙文"也可能是"趙文恪"的省寫。
② 《舊唐書》卷五〇，第2140—2141頁。
③ 《冊府元龜》卷六一二，第7345頁。
④ 《舊唐書》卷七三，第2598頁。
⑤ 《高文》已經指明下詔時間是永徽元年，第164頁。

月己巳，任命于志寧為左僕射、張行成為右僕射①。上述名單中二人職務已為左右僕射。這就與永徽元年下詔敕修定律令格式的判斷相矛盾。而且，永徽二年閏九月，新修律令格式就頒行天下了。如果是永徽二年八月才下詔敕修定律令，是不可能在二個月內完成的。其二，上述名單中均記李勣為"司空"，但據《舊紀》，永徽四年二月己亥，才加授李勣為司空②。因此上述名單中李勣為司空，當是永徽四年二月以後之事。這與永徽元年或永徽二年下詔敕的判斷更加矛盾。其三，上述名單中提到"黃門侍郎宇文節、柳奭"，但是查《舊唐書・柳奭傳》，柳奭只做過中書侍郎，永徽三年為中書令，而從未做過黃門侍郎。實際上，柳奭因為是高宗王皇后舅舅，在王皇后被廢後，被誣謀反，被殺於愛州③。我以為，史臣在寫這份名單時，柳奭已以逆臣身份被處死，因此名單中刪去了他的官職。即此名單中的"黃門侍郎"只指宇文節，而不包括柳奭。"柳奭"前面無任何官職。這是考慮到了其逆臣身份的緣故④。總之，由於以上種種矛盾，顯然這份名單是有問題的，據此無法判斷該詔敕的具體月日。

更可靠的名單，見於《頒行新律詔》⑤。據《唐大詔令集》，該詔發佈於永徽二年九月，其中說道："詔太尉揚州都督監修國史上柱國趙國公無忌、開府儀同三司上柱國英國公勣、尚書左僕射監修國史上柱國燕國公志寧、尚書右僕射監修國史上護軍北平縣開國公行成、光祿大夫侍中監修國史上護軍蓨縣開國公高季輔、銀青光祿大夫行黃門侍郎平昌縣開國公宇文節、中書侍郎柳奭、右丞段寶玄、太常少卿令狐德棻、吏部侍郎高敬言、刑部侍郎劉燕客、給事中趙文恪、中書舍人李友益、少府丞張行實、大理丞元紹、太府丞王文端、刑部郎中賈敏行等，爰逮朝賢，詳定法律。"⑥ 詔敕中詳列參加撰寫者的官職，應是詔敕原文。在這份名單中，"李勣"不是"司空"，"柳奭"則明確寫作"中書侍郎"，在時間

---

① 《舊唐書》卷四《高宗本紀上》，第69頁。
② 同上書，第71頁。
③ 《舊唐書》卷七七《柳奭傳》，第2682頁。
④ 因此在標點斷句時，一定要將他與宇文節斷開，否則讀者會以為二人均為黃門侍郎。
⑤ 《全唐文》定其名為《詳定刑名詔》，不確。
⑥ 《唐大詔令集》卷八二，第470—471頁。

上與永徽二年九月相符。此份名單中，于志寧、張行成已是左、右僕射，因此是永徽二年八月以後的名單。前面說過，從八月到九月，不可能在這麼短的時間內修好律令格式，因此這個詔書中的名單，是修完律令格式後呈上時的名單，而非命令他們修定律令時的名單。

總之，據現有資料，我們不清楚永徽元年下詔命開始修定律令的具體月日。史籍中的名單反映的是修定完畢後呈上的狀況，還有些名單存在時間上的矛盾。

高明士《從永徽到開元律令的制定》一文（以下簡稱為《高文》），又依據敦煌文書中的《永徽東宮諸府職員令》，補了參撰者"袁武"一人[1]。

永徽二年 (651)

閏九月十四日甲戌：

下《頒行新律詔》，頒律十二卷、令三十卷、式十四卷[2]於天下。

其後，分格為兩部：曹司常務者為留司格，天下所共者為散頒格。散頒格下州縣，留司格本司行用，遂有《散頒格》七卷、《留司格》十八卷。這是分《格》為散頒和留司兩類《格》的開始。

按：此條記載考證如下：

第一，頒下日期，《舊紀》作閏九月十一日辛未，但《會要》《文苑英華》均作十四日甲戌（《資治通鑑》依之），故當以十四日為是。

第二，所頒法典卷數，來自《會要》，其中沒有《格》。雖然《舊紀》明確說"頒新定律、令、格、式於天下"，但《資治通鑑》記為"長孫無忌等上所刪定律令式；甲戌，詔頒之四方"[3]，這與《會要》不記《格》的卷數是一致的。

《舊志》明確說長孫無忌刪定永徽《散頒格》七卷、《留司格》十八

---

[1] 《高文》，第165頁。
[2] 《會要》說《式》有四十卷。據《高文》考證，當為"十四卷"，參見《高文》，第168頁。
[3] 《資治通鑑》卷一九九，第6275頁。

卷，舊《經籍志》、新《藝文志》①略同，則永徽時確實曾刪定《格》，且分《格》為散頒和留司兩種②。但若據《會要》及《資治通鑑》，閏九月十四日詔敕中應該沒有提到《格》。七卷的《散頒格》與十八卷的《留司格》，當是此詔敕發佈之後陸續頒行的。

第三，《頒行新律詔》，是《唐大詔令集》的定名。這一名稱強于《文苑英華》(《全唐文》同) 的《詳定刑名詔》③，因為其詔書內容不是"定刑名"而是"頒律令"。但《唐大詔令集》的定名只說"頒律"，不提令式，也不完整。

在此詔書中，提到"太宗文皇帝至道難名，玄功不測，撥亂反正，恤獄慎刑。杜澆弊之餘源，削繁苛之峻法，道臻刑措，二十餘年。恥恪 (格？) 之義斯隆，惻隱之懷猶切。玉几遺訓，重令刊改，瞻奉隆規，興言感咽。朕以虛寡，夙嗣寶圖，寅畏上玄，憂勤庶類。乘奔履薄，懼一物之未安；旰食宵衣，慮萬方之多罪。雖解網之德，有慚列聖；而好生之惠，無愧伊心。於是仰遵先旨，旁求故實。詔太尉揚州都督監修國史上柱國趙國公無忌……等，爰建 (逮？) 朝賢，詳定法律。酌前王之令典，考列辟之舊章，適其輕重之宜，採其寬猛之要，使夫畫一之制，簡而易從；約法之文，疏而不漏，再移期月，方乃撰成，宜班下普天，垂之來葉，庶設而不犯，均被皇恩"，云云④。

從這段話看，唐太宗在位期間一直在改律令⑤，臨死寫有遺囑，"玉几遺訓，重令刊改"，希望能改出個律令的"定本"來。高宗面對太宗留下的"隆規"，即位之始，就著手刪定律令，應該是按照太宗的遺囑辦事⑥，即目的是撰定一個律令格式的"定本"來。這一點對理解太宗時代的律令與高宗即位之初的修定律令舉措，都是很有幫助的。

第四，關於永徽律令對舊律令的修改情況，劉俊文《唐代立法研究》

---

① 《舊唐書》卷四六，第 2010 頁；《新唐書》卷五八，第 1495 頁。
② 永徽法典包括律、令、格、式，《高文》已做考辨。參見《高文》第 167—169 頁。
③ 《文苑英華》卷四六四，第 2368—2369 頁。
④ 同上書，第 2369 頁。
⑤ 參拙作《貞觀年間修定律令的若干問題》，載《隋唐遼宋金元史論叢》第四輯，第 45 頁。該文現已收入本書。
⑥ 此點《高文》已指出，第 164 頁。

(以下簡稱為《劉文》)舉了幾個例子:(1)將禁止為宮人通傳信物規定"附律";(2)將外姻無服不為婚的規定"著於律令";(3)秘書丞、陵令、陵丞、校書郎、正字等品階加秩(永徽令);(4)以周公為先聖、孔子為先師①。可參看。

永徽三年 (652)

五月

詔解律人為《律》作疏,參撰者有長孫無忌等。

按:此事比較清楚。《舊志》敘其事為:"詔曰:'律學未有定疏,每年所舉明法,遂無憑準。宜廣召解律人條義疏奏聞,仍使中書門下監定。'於是太尉趙國公無忌、司空英國公勣、尚書左僕射兼太子少師監修國史燕國公志寧、銀青光祿大夫刑部尚書唐臨、太中大夫守大理卿段寶玄、朝議大夫守尚書右丞劉燕客、朝議大夫守御史中丞賈敏行等,糸撰《律疏》。"② 從參撰人員看,除唐臨外,均在永徽元年修撰律令的人員範圍內。唐臨時任刑部尚書。原來的班子中,只有刑部郎中(賈敏行,現為御史中丞)和刑部侍郎(劉燕客,現為尚書右丞),這次令刑部尚書加入,提高了修撰班子的級別③。

關於參撰人員,今本《唐律疏議》所收《進律疏表》還有不同說法,詳見本文第二部分《關於參撰人員的幾個問題》一節。

永徽四年 (653)

十月九日

《律疏》成,三十卷。呈上。

十一月五日 (癸丑)

頒新《律疏》於天下。

按:此事清楚,分見《會要》與《舊紀》。只今本《唐律疏議》所

---

① 參見《唐代法制研究》,文津出版社1999年版,第29—31頁。
② 《舊唐書》卷五〇,第2141頁。
③ 《高文》因此認為在法典的編撰中,刑部扮演較重要的角色,其次為大理寺。第166頁。

收《進律疏表》結尾署日期為"永徽四年十一月十九日進"。不取①。

顯慶元年 (656)

六月十八日以後

或改《祠令》：將"高祖祀於明堂；太宗亦祀於明堂，降配五人帝"改為"高祖祀於圜丘，太宗祀於明堂"。

按：此處所據為顯慶元年六月十八日長孫無忌所上之奏②。依此奏所說，永徽二年七月有詔書令太宗也祀於明堂，但"禮司致惑""率意定儀"，竟然降太宗祀，並將此儀著在令中。這個"令"，應該就是永徽二年頒佈的《永徽令》。從上奏後高宗"從之"的記錄看，到顯慶年間，可能對這條令文進行了修改。

七月十一日以後

或改《學令》：將"周公為先聖，孔子為先師"改為"周公配享武王，孔子為先聖"。

按：此據《會要》引顯慶元年七月十一日長孫無忌等議。據議文，"《永徽令》改用周公為先聖，遂黜孔子為先師"。這是"新令不詳制旨，輒事刊改，遂違明詔"的結果，應該"改令從詔"。高宗"從之"③。這次修訂的也是《永徽令》。可知《永徽令》制定倉促，到顯慶年間有所修改。

《唐令拾遺》據此復原為《學令》一乙（永徽），但沒有提到顯慶年間的改訂④。《唐令拾遺補》同。

九月十九日以後

或改《衣服令》兩條：1. 改"乘輿祀天地服大裘冕"為"諸祭並用袞冕"。2. 改舉哀"著白帢"為"著素服"。

---

① 中華本《唐律疏議》將《進律疏表》作為附錄，或體現了點校者的謹慎。
② 《唐會要》卷一二《饗明堂議》，第283—284頁。
③ 《唐會要》卷三五《褒崇先聖》，第636—637頁。
④ 《唐令拾遺》中譯本，長春出版社1989年版，第175頁。

按：此據《會要》引長孫無忌等顯慶元年九月十九日奏文。高宗"可之"①，說明是改正了的。要注意的是，奏文要改的，只提到了《武德令》，即直接從《武德令》改，而沒有提到《貞觀令》（也沒有提到《永徽令》），頗疑貞觀年間一直在改令，雖然君臣希望做出一個令文的定本，但最終也沒有形成一個確定的、完整的令文文本。

《唐令拾遺》復原了《衣服令》十三（武德、永徽），但沒有提到顯慶年間的改正②。《唐令拾遺補》同。由此或可知，顯慶年間可能對《永徽令》做過不少修訂（祠令、衣服令、學令等）。

九月二十九日
改《律疏》：將舅報甥三月 (緦麻)，改為五月 (小功)

按：此出《會要》，原文作："顯慶元年九月二十九日，修禮官長孫無忌等奏曰：'依古喪服，甥為舅緦麻，舅報甥亦同此制。貞觀年中，八座議奏曰：舅服同姨，小功五月。而今《律疏》舅報於甥，服猶三月。謹按旁親之服，禮無不報，已非正尊，不敢降之也。故甥為從母五月，從母報甥小功，甥為舅緦麻，舅亦報甥三月，是其義矣。今甥為舅，使同從母之喪，則舅宜進甥，以同從母之報。修《律疏》人不知禮意，舅報甥服，尚止緦麻，於例不通，理須改正，今請修改《律疏》，舅服甥亦小功。'……從之。"③

《會要》寫上奏日期為顯慶元年，而《舊唐書·禮儀志》記作顯慶二年④，不知孰是。從顯慶元年長孫無忌密集上奏，修改祭祀禮儀種種規定看，當以《會要》記載為准。若如此，則下條的改《祠令》，當亦為顯慶元年事。

又，長孫無忌也是《律疏》的參撰者之一，現在又批評"修《律疏》人不知禮意"，可見當年修《律疏》時，他可能沒有直接參加，也可能背後存在某種政治因素。詳見後文。

---

① 《唐會要》卷三一《輿服上》，第565—566頁。上奏文的包括長孫無忌、于志寧等，都是永徽律令編撰的參加者，這是很奇怪的。
② 《唐令拾遺》，第328—329頁。
③ 《唐會要》卷三七《服紀上》，第674頁。
④ 《舊唐書》卷二七，第1021頁。

唐高宗至睿宗時的律令修定 / 47

顯慶二年 (657)

七月以後

或改《祠令》：存祀太微五帝，於南郊廢鄭玄六天之義。

按：此據《通典》卷四三《郊天下》。據所引長孫無忌奏議，"《祠令》及《新禮》，並用鄭玄六天之義"，"違棄正經，理深未允"，且"令式相乖，理宜改革"。"詔從無忌等議。"①《唐令拾遺》據此復原為《祠令》四乙（永徽），並加按語，說《舊唐書》等記為顯慶二年，《通典》記為永徽二年，《冊府元龜》記為龍朔二年。作者傾向于顯慶二年②。我同意這一看法：第一，永徽二年七月，《永徽令》尚未頒佈；龍朔二年，長孫無忌已經得罪流放。《資治通鑒》也置其於顯慶二年。第二，從以上所引看，顯慶年間長孫無忌等密集上奏，修改令文，則此奏議當也是系列奏議中的一件。第三，若真是系列奏議之一，似不應晚在前述奏議之後，因為祭天比上述幾條都要重要，頗疑此議也應是顯慶元年事③。

顯慶三年 (658)

九月十九日

改令文 (《儀制令》或《封爵令》?)：縣主出嫁，改"出降"為"適"；娶王女，改"尚主"為"娶"。

按：此據《會要》所引"詔：古稱釐降，唯屬王姬。比聞縣主適人，皆云出降，娶王女者，亦云尚主。濫假名器，深乖禮經。其縣主出嫁，宜稱適；娶王女者，稱娶。仍改令文"④。《唐大詔令集·禁縣主稱出降詔》作："二年九月"⑤。但一來《通典》卷五九也作"三年"，且《會要》有具體日子；二來顯慶三年正月适纔頒佈了新的《顯慶禮》，此詔或

---

① 《通典》卷四三，第 1193—1194 頁。
② 《唐令拾遺》，第 65—67 頁。
③ 但奏議中提到"《祠令》及新禮"，"新禮"應該指《顯慶禮》，而《顯慶禮》是顯慶三年才頒佈的，顯慶二年怎麼會提到"新禮"呢？此點存疑。據《通典》"校勘記"，關於此次奏議的時間實際有永徽二年長孫無忌、顯慶二年許敬宗、龍朔二年許敬宗、顯慶二年長孫無忌共四種記載（第1207頁）。如果這裡的"新禮"指《顯慶禮》，則此奏議有可能是龍朔二年許敬宗所上。
④ 《唐會要》卷六《公主·雜錄》，第 69 頁。
⑤ 《唐大詔令集》卷四三，第 211 頁。

針對新禮而言。綜上，本文取"三年"說。又，詔書最後的"仍改令文"，《通典》作"仍永以為式"①，或是唐後期人已將此規定視為"永式"了。

《唐令拾遺》第十二《封爵令》將其復原為"七（永徽）"②，但未說明它實際是對《永徽令》的改動。

顯慶五年 (660)

二月二十四日

高宗以每年二月，太常卿少卿分行二陵，事重人輕，文又不備，鹵簿威儀有闕，乃詔三公行事，太常卿少卿為副，太常造鹵簿事畢，則納於本司，仍著於令。

按：事見《唐會要·公卿巡陵》③，所著之令，當為《永徽令》。改後亦應仍名《永徽令》。《唐令拾遺》將其復原為《儀制令》第九條，但歸入"開元七年"令④。由於史籍未見有"顯慶令"之名，因此此條似應仍歸為《永徽令》。《唐令拾遺補》同。

顯慶中

改《賊盜律》，以毒藥殺人之科更從重法。

按：事見《舊唐書·楊思訓傳》："顯慶中，歷右屯衛將軍。時右衛將軍慕容寶節有愛妾，置於別宅，嘗邀思訓就之宴樂。思訓深責寶節與其妻隔絕，妾等怒，密以毒藥置酒中，思訓飲盡便死。寶節坐是配流嶺表。思訓妻又詣闕稱冤，制遣使就斬之。仍改《賊盜律》，以毒藥殺人之科更從重法。"⑤查現存《唐律疏議》，《賊盜律》總第263條為"諸以毒藥藥人及賣者，絞"⑥，可能就是改後的條文。

---

① 《通典》卷五九《嘉禮四》，第1670頁。
② 《唐令拾遺》，第232頁。
③ 《唐會要》卷二〇，第402頁。
④ 《唐令拾遺》，第410—411頁。
⑤ 《舊唐書》卷六二《楊思訓傳》，第2382頁。
⑥ 《唐律疏議》卷一八《賊盜律》，中華書局1983年版，第339頁。

龍朔二年 (662)

二月

改易官名，勅司刑太常伯源直心等，重定格式，唯改曹局之名，而不易篇第。

按：此次"重定格式"，日期依《會要》。具體參撰人名單，則《舊志》比較詳細："勅司刑太常伯源直心、少常伯李敬玄、司刑大夫李文禮等重定格式。"這裡只提"格式"，當是連"令"並言之①。"重定"，《新唐書・藝文志》作"刪定"；《唐六典》作"刊定"。

八月

改《令》及《律疏》為：凡非所生，父卒而嫁，為父後者無服，並不心喪，亦不解官。

按：此據《舊唐書・禮儀志》，略云："奉勅議定，方垂永則，《令》有不安，亦須釐正……望請凡非所生，父卒而嫁，為父後者無服，非承重者杖朞，並不心喪……又依禮，庶子為其母緦麻三月，既是所生母服，准例亦合解官，《令》文漏而不言，於事終須修附。既以嫡母等嫁，同一令條，總議請改，理為允愜者……母非所生，出嫁義絕，仍令解職，有紊緣情。杖朞解官，不甄妻服，三年齊斬，謬曰心喪。庶子為母緦麻，漏其中②制。並《令》文疎舛，理難因襲。望……總加修附，垂之不朽。其《禮》及《律疏》，有相關涉者，亦請准此改正……詔從之。"③

九月二十三日

改令（《衣服令》?）：改"八品、九品服青"為"八品、九品服碧"；又規定非朝參處，聽服黃。

按：此據《唐會要・章服品第》。略云："准舊令：六品、七品著綠，八品、九品著青。青深亂紫，非卑品所服。望請改六品、七品著綠，八

---

① 《唐六典》明確提到對《令》的刊定。
② 《唐會要》卷三七，四庫本作"終"制。
③ 《舊唐書》卷二七，第1022—1023頁。

品、九品著碧。朝參之處，並依此制。非常朝參處①，聽兼服黃。從之。"② 這裡的"舊《令》"，當指《永徽令》。

麟德二年 (665)

奏上所改定之令格式。其中《格》題名為《永徽散行天下格中本》七卷、《永徽留本司行［格］③ 中本》十八卷 (源直心等撰)、《永徽令》三十卷。

按：此據《會要》《舊志》《六典》。《格》的題名據《舊唐書·經籍志》。但《新唐書·藝文志》將《永徽散行天下格中本》寫作《天下散行格中本》，即有"散行天下"和"天下散行"的不同。又由《格》的題名中有"永徽"字樣可知，龍朔二年下詔、麟德二年完成的令格式，仍稱為"永徽"令格式④。

乾封年間 (666—668)

有《乾封令》

按：據《舊唐書·職官志》，武德、貞觀、永徽、垂拱、神龍、開元令之外，還有《乾封令》⑤，但有關此令的修纂不見於其他記載，或即麟德二年奏上之令。

上元元年 (674) 之後

將"父在為母終三年之服"的詔敕編入格。

按：此據《舊唐書·禮儀志》"上元元年，天后上表曰：'……今請父在為母終三年之服。'高宗下詔，依議行焉"。到開元五年（717），刑部郎中田再思建議曰："……父在為母三年，行之已踰四紀，出自高宗大帝之代，不從則天皇后之朝……編之於格，服之已久。"⑥ 從上元年間到

---

① "並依此制，非常朝參處"九字，據《冊府元龜》卷五八六補。
② 《唐會要》卷三一，第 569 頁。
③ 舊《經籍志》此處缺一"格"字，據《新唐書·藝文志》補（第 1495 頁）。
④ 《舊志》《會要》都只提"重定格式"，但《六典》提到了對《令》的刊定。
⑤ 《舊唐書》卷四二，第 1797—1801 頁。
⑥ 《舊唐書》卷二七，第 1023—1025 頁。

開元五年，正是超過四十年，因此這裡所謂"編之於格"應該指上元元年以後的若干年。不過，同書同卷又引盧履冰上疏，說："至垂拱年中，始編入格。"① 田再思與盧履冰觀點相左，田要肯定此事，就要強調編入格是在高宗在世時；盧要否定此事，就要強調編入格是在武后之時。考慮到上元年間並無編纂格令的記載，因此如果是上元元年的這個詔敕編入了格的話，最早應該是在儀鳳年間，但也有垂拱年間編入的可能性。

儀鳳元年 (676)

二月五日

下《刪輯格式制》，令有司整理編次永徽年以來的詔敕，刪輯格式。

按：此詔書有兩點需要考證。

第一，其題目史籍有不同說法：《唐大詔令集》卷八二與《全唐文》卷一一，作《頒行新令制》，而《文苑英華》卷四六四，作《刪定刑書制》。池田溫《唐代詔敕目錄》取《唐大詔令集》的說法。但是細讀詔文，似與"令"沒有關係，而是讓所司"沙汰""編次"詔敕，也沒有"頒行"法典，或涉及"刑書"的意思，所以暫定名為《刪輯格式制》。《舊志》《會要》都說儀鳳二年是"刪輯格式畢，上之"。這也是本文定名的根據之一。該詔書略云：

> 比者在外州府，數陳表疏，京下諸司，亦多奏請，朕以為帝命多緒，範圍之旨載宏；王言如絲，彌綸之道斯洽；前後處分，因事立文，歲序既淹，條流遂積。覽之者滋惑，行之者愈怠。但政貴有恆，辭務體要，道廣則難備，事簡則易從，故自永徽以來，詔敕總令沙汰，詳稽得失，甄別異同，原始要終，捐華撮實。其有在俗非便，事繼省而悉除，於時適宜，文雖煩而必錄。隨義刪定，以類區分，上稟先規，下齊庶政，導生靈之耳目，辟風化之戶牖，俾夫施之萬祀，周知訓夏之方，布之八埏，共識司南之路。仍令所司編次，具為卷帙施行，此外並停。

以上詔敕，內容明確，即因永徽以來詔敕，前後處分，因事立文，

---

① 《舊唐書》卷二七，第1026頁。

積累過多，需要詳稽得失，沙汰刪定，以類區分，編次為卷帙施行。這種對詔敕的編次、刪定，只能形成格式。

第二，其年代亦有不同。《唐大詔令集》作二月五日，《文苑英華》作十二月五日。考慮到第二年三月，就頒佈實行了新修訂的律令格式。若是十二月下詔，到第二年三月，時間太短，因此似乎應以元年二月為是。《唐代詔敕目錄》依《文苑英華》，系其年為元年十二月。

儀鳳二年 (677)

三月九日

左僕射劉仁軌等刪輯格式畢，奏上。其中包括《永徽留本司格後本》十一卷 (劉仁軌撰)、《永徽成式》十四卷、《永徽散頒天下格》七卷①。

按：此次修訂律令，是因為官號復舊，因此對律令的改動不會很大。這次法典修撰的重點是沙汰永徽以來詔敕，刪輯格式。《會要》記其參修人員名單為：尚書左僕射劉仁軌、尚書右僕射戴至德、侍中張文瓘、中書令李敬元（玄）、太子左庶子郝處俊、黃門侍郎來恒、太子左庶子高智周、吏部侍郎裴行儉馬戴、兵部侍郎蕭德昭裴炎、工部侍郎李義琰、刑部侍郎張楚金、右司郎中盧律師等。

要辨明的是，《舊志》記奏上日期為二月九日，而《會要》作三月九日。查《資治通鑒》，儀鳳二年三月癸亥朔（三月一日），"以郝處俊、高智周並為左庶子"②，而上述參撰人中，郝初俊、高智周已是左庶子，因此奏上日期必在三月一日後，故當以"三月九日奏上"為是。

從《永徽留本司格後本》《永徽成式》等看，這次修訂的重點確是格式，且均以"永徽"命名而不冠"儀鳳"，與上述龍朔、麟德修律令相同。特別是《永徽成式》的"成"字，比較少見。若非衍字，則當是高宗在位年間《式》的定本了。

文明元年 (684)

四月二十二日癸酉

---

① 《舊唐書》卷四六《經籍上》，第 2010 頁。
② 《資治通鑒》卷二百二，第 6383 頁。

下《頒行律令格式制》，要求所有在職官員嚴格遵守此前制定的律令格式文本。

按：此詔書題名依《唐大詔令集》卷八二。《文苑英華》卷四六四則作《定刑法制》。不過從內容看，是說武太后看了"所司進律令格式"，感覺"萬目咸舉，一事無遺"，"理在不刊，義歸無改"，因此不必刪定，只要將先前的"律令格式之本"宣佈，使"凡厥在職，務須遵奉"[①] 即可。所以它不是"定刑法"，而是"頒行律令格式"，不過這個"律令格式"不是新刪定的，而是先前制定的文本而已。《全唐文》將此詔書歸入睿宗卷，誤。《唐代詔敕目錄》依《文苑英華》，題名作《定刑法制》。

從此詔書或可證明，從儀鳳年後到文明年，律令格式沒有進行過修改刪定。

垂拱元年 (685)

二月二十九日

敕：記言書事，每切於旁求，補闕拾遺，未弘於注選，瞻言共理，必藉眾才，寄以登賢，期之進善，宜置左右補闕各二員，從七品上，左右拾遺各二員，從八品上，掌供奉諷諫，行立次左右史之下，仍附於令。

按：此據《舊唐書·職官志》[②]。所"附"之令，應該就是一個月後頒佈的新令。

三月二十六日辛未

頒下新刪定的律令格式。其中《律》《令》僅改 24 條，其他雖有不便，大抵依舊[③]；《格》十卷，其中含《垂拱留司格》六卷、《散頒格》二卷、《新格》二卷。《新格》所編乃武德至垂拱詔敕中的便於時者，武則天親自作序；《式》二十卷，增加了計帳、勾帳二式。參撰者有內史裴

[①] 《唐大詔令集》卷八二，第 472—473 頁。
[②] 《舊唐書》卷四三，第 1845 頁。
[③] 此據《舊志》與《冊府》，而《會要》作"律惟改二十四條"，沒有"令"字。從二月敕新置左右補闕拾遺"附於令"看，所改包括《令》。

居道等。

按：此據《舊志》《會要》、新《藝文志》等。需要說明的是：第一，由於是武則天作序，因此《垂拱格》往往被視為"御撰"。《舊紀》就說"頒下親撰《垂拱格》於天下"①。第二，參撰者有"內史裴居道、夏官尚書岑長倩、鳳閣侍郎韋方質，與刪定官袁智宏等十餘人"（《會要》）。新《藝文志》"裴居道"作"秋官尚書"，不知何據。又多了個"咸陽尉王守慎"，顯然引自《舊志》。其他可補充的還有周思茂、范履冰、衛敬業等。《舊紀》說"太后嘗召文學之士周思茂、范履冰、衛敬業，令撰……《臣軌》兩卷、《垂拱格》四卷……藏于秘閣"②。第三，關於《垂拱格》的卷數，各書記載頗不同：

1. 《舊志》（第二處記載）、《會要》均說編《新格》二卷，另編《留司格》六卷，共八卷。

2. 《舊志》又說有《垂拱留司格》六卷、《散頒格》三卷（第一處記載）③，共九卷。

3. 舊《經籍志》不作《新格》，而作《垂拱格》二卷、《留司格》六卷④，共八卷。這應該與《舊志》（第二處記載）和《會要》相同。

4. 新《藝文志》作：《格》十卷、《新格》二卷、《散頒格》三卷、《留司格》六卷⑤，共二十一卷。這個記載與前述各書均不同，頗疑前面的《格》十卷是總數，後面是其組成部分，但《散頒格》的三卷或當作"二卷"，纔合共"十卷"之數。

5. 《舊紀》又說撰《垂拱格》四卷，我想這裡的四卷應該是《新格》二卷、《散頒格》二卷的合稱。如果對《舊紀》所記的推測不誤，則《舊志》（第一處記載）與新《藝文志》中《散頒格》三卷，均當作"二卷"。

結論或是：《垂拱格》共十卷，含《留司格》六卷、《散頒格》二

---

① 《舊唐書》卷六，第117頁。
② 《舊唐書》卷六，第133頁。
③ 《舊唐書》卷五〇，第二處記載見第2143頁；第一處記載見第2138頁。
④ 《舊唐書》卷四六《經籍上》，第2010—2011頁。
⑤ 《新唐書》卷五八《藝文二》，第1495—1496頁。

卷、《新格》二卷①，其中《新格》是垂拱年間新編的，武則天作序。第四，垂拱格式編撰水準很高，《舊志》說："時韋方質詳練法理，又委其事于咸陽尉王守慎，又有經理之才，故《垂拱格》《式》，議者稱為詳密。"

從二月敕中的"附於令"看，此次刪定包括《令》文。由此也可知，凡詔敕增改職官及品秩，一般並不整理編入《格》，而是"附於令"中的。

載初元年（689）

正月（即永昌元年十一月）

下《改元載初赦》，"令所司刊正禮樂，刪定律令格式不便於時者"②。

按：此時距武則天改"唐"為"周"的革命，不足一年。第二年的九月即改元"天授"，建立武周了。革命前夕，要求所司對律令格式予以刪定，反映武則天對律令格式的高度重視。

武周天授二年（691）

設律令"詳審使"，刊定隋唐以來律文。

按：此出自《黄君墓誌》。墓誌說他"深閑憲典""尤精法理"，"天授二年□□□□之□□□隨時。或廢在寬弛，或失之淫濫，乃命公為詳審使，兼命刊定隋唐已來律文。公遠撫□□□□□□□□之輕重，□□□之廢興。括囊數百年，筆削千餘道。張湯之定法令，務除苛虐；郭躬□□□□，□□□□。損益咸中，朝廷評能"③。文字雖因闕文而不連貫，但意思是明白的，即天授革命的第二年，武則天就開始對隋唐律文予以刊定，為此還特別設立了"（律令）詳審使"。這一工作應該是完

---

① 但《劉文》認為《垂拱散頒格》就是《新格》（第35頁），樓勁看法相同（《魏晉南北朝隋唐立法與法律體系》，中國社會科學出版社2014年版，第430頁）。若如此，那怎麼解釋新《藝文志》是《散頒格》與《新格》並列著錄的呢？為何《新格》與《散頒格》可以互稱呢？垂拱修訂《格》難道只修訂了《散頒格》？舊《經籍志》在《垂拱留司格》後注（裴居道撰），證明當時裴居道主持的修訂是包括了《留司格》的。

② 《唐大詔令集》卷四，第19頁。

③ 《全唐文補遺》第七輯，三秦出版社2000年版，第339—340頁。

成了。武周時刊定過"武周律"這一事實的發現,填補了武周時代修定律令格式狀況的空白。

中宗神龍元年 (705)

六月二十七日

　　尚書右僕射唐休璟、中書令韋安石 (或韋巨源)、左散騎常侍李懷遠、禮部尚書祝欽明、尚書右丞蘇瓌、兵部郎中姜師度、戶部郎中狄光嗣等受詔定《垂拱格》及格後至神龍元年正月二十五日已前制勅,為《散頒格》七卷,又刪補舊式為二十卷,表上之。制令頒於天下。

　　時又有《垂拱後常行格》十五卷。

　　按:此據《冊府》《會要》《舊志》等,其中《會要》作"神龍二年",誤。此次刪定的重點是從《垂拱格》頒佈以後至神龍元年正月二十五日中宗復位止,即武周一朝的詔敕。因是《垂拱格》以後的詔敕,《會要》直接就說是"格後敕"①。敦煌文書存有神龍散頒格的原件。

　　所謂《垂拱後常行格》,見於《日本國見在書目》②,性質不明。或以為是指垂拱元年定《格》以後形成施用的格後敕,即《垂拱格後敕》③。如果此說成立,那麼這個《垂拱格後敕》編於何時?如果編於神龍元年,則與"刪定《垂拱格》後至神龍元年已來制敕"④的神龍《散頒格》是什麼關係呢?莫非神龍之前先已有《垂拱格後敕》十五卷,到神龍時刪為七卷?

　　又,新《藝文志》將此次刪定的《式》,著錄為《刪垂拱式》二十卷⑤。

　　另外要注意的是,此次沒有頒佈《留司格》,或者意味著《留司格》

---

① 此時還不能說格後敕是法典名 (書名),因此不能用書名號。
② 《古逸叢書》下冊,廣陵書社 2013 年版。
③ 樓勁:《魏晉南北朝隋唐立法與法律體系》,第 514 頁;孫猛:《日本國見在書目錄詳考》,上海古籍出版社 2015 年版,第 760 頁。
④ 《舊志》,第 2149 頁。
⑤ 《新唐書》卷五八《藝文志》。但《刪垂拱式》不成名,當是《新唐書》作者以理推斷後所擬之名。

已被取消，只剩一種格即《散頒格》，到後來，《散頒格》的名稱也沒有了①。

另按：《冊府》《會要》《舊志》都說參加刪定者有"韋安石"，但《舊唐書·韋巨源傳》明確說"巨源奉制與唐休璟、李懷遠、祝欽明、蘇瓌等定《垂拱格》及格後敕，前後計二十卷，頒下施行"。所涉其他人名與《會要》《舊志》等書完全相同，因此所記當為一事。那麼參與刪定者到底是韋安石還是韋巨源呢？我覺得應該是韋巨源。理由是：參加刪定的韋某人，應該是中書令。據《舊唐書·韋巨源傳》，神龍初，"時安石為中書令，以是巨源近屬，罷知政事。巨源尋遷侍中、中書令"。這就是說，中宗即位不久就罷免了韋安石的中書令，改由韋巨源擔當，因此《韋巨源傳》說"巨源與安石迭為宰相"。由於韋巨源"附入韋后三等親，敘為兄弟，編在屬籍"，當時比韋安石受重用，因此參與刪定格敕的應該是韋巨源。而可能正因為韋巨源屬於韋后一黨，後來被亂兵所殺，在唐朝後人看來屬於負面形象，因此將參與刪定者改為韋安石。韋安石與韋巨源"情不相協"② 可能也是原因之一。總之這裡將"韋巨源"寫作"韋安石"應該不是筆誤而是另有其原因的。

景龍元年 (707)

十月十九日

以神龍元年所刪定格式漏畧，命刑部尚書張錫，集諸明閑法理人，重加刪定。

按：此據《會要》。但這次刪定格式，未見頒下，似乎沒有完成。

睿宗景雲元年 (710)

下勅書令刪定格令。

按：此據《會要》。

---

① 樓勁認為《散頒格》與《留司格》的區別到開元時一直存在，而永徽以後凡是單稱《格》者，指的都是《散頒格》。《魏晉南北朝隋唐立法與法律體系》，第 423 頁。
② 本段史料具出自《舊唐書》卷九二《韋巨源傳》，第 2964—2965 頁。

景雲二年 (711)

七月

玄宗為皇太子，將親釋奠於國學，有司草儀注，令從臣皆乘馬著衣冠。太子左庶子劉子玄進議，以為不當著衣冠而應穿朝服。皇太子手令付外宣行，仍編入令，以爲常式。

按：此據《舊唐書·劉子玄傳》。若據《舊唐書·輿服志》，為景龍二年。《唐會要·釋奠》作景雲二年。由於此為李隆基為皇太子時事，應以景雲二年為是。"七月"，從《唐會要》①。此時所編入之令，不知當為《神龍令》《太極令》還是《開元令》。此條令文《唐令拾遺》未復原，似當復原為《儀制令》之一條。

太極元年 (712)

二月二十五日

景雲元年受詔刪定格令後，完成奏上，名為《太極格》。參修者有戶部尚書岑羲、中書侍郎陸象先、左散騎常侍徐堅、右司郎中唐紹、刑部員外郎邵知與、大理丞陳義海、左衛長史張處斌、大理評事張名播、左衛倉曹參軍羅思貞、刑部主事閻義顒等。

《太極格》中削除了天授年間的一些《敕》。

按：此據《會要》等。關於《太極格》削除天授年間敕文，見張廷珪在開元年間所上《論別宅婦女入宮第二表》。表中說："臣廷珪言：檢貞觀永徽故事，婦人犯私，並無入宮之例。準天授二年有敕，京師神都婦女犯奸，先決杖六十，配入掖庭。至太極修格，已從除削，唯決杖六十，仍依法科罪。今不依貞觀永徽典故，又捨太極憲章，而依天授之法，臣愚竊謂未便。"②

二月三十日

頒新格式於天下。內有《太極格》十卷。

---

① 分見《舊唐書》卷一〇二，第 3171—3173 頁；《舊唐書》卷四五，第 1949—1951 頁；《唐會要》卷三五，第 641—642 頁。

② 《全唐文》卷二六九，第 2736 頁。

按：此據《舊紀》《舊志》《六典》等。至此，《格》或不再區分為《散頒格》與《留司格》，為唐代格典編撰史上的一大變化①。

四月三日辛丑

下詔對"造偽"及"枉法受贓""非選至京""私相囑託"等行為加重處罰。

按：此據《舊紀》和《冊府》。《全唐文》定名為《頒新格式制》，誤。一是因為早在二月已經頒佈了新格式；二是因為從內容看，與新格式無關。不過此詔書所言，比《神龍散頒格》的處罰又有所加重，也許以後會被編入《開元格》中。

通過以上梳理我們看到，從高宗永徽年間開始，雖然頒佈了新的律令格式，但一直在不斷修訂，到顯慶年間與修新禮相伴，這種修訂達到高峰。此後龍朔（麟德）、儀鳳，都在修訂，但除不明由來的《乾封令》之外，都以"永徽"為名，說明整個高宗朝的律令格式，可能都可以"永徽"律令格式為名。此後直至武太后垂拱年間，基本沒有從事修訂。垂拱以後，武周時代可能曾刪改過前朝（唐朝）律令，但詳情不明。中宗復位，重新編次垂拱以來特別是武周朝詔敕，成神龍格式。睿宗即位，以神龍格式粗略，重刪定為太極格。玄宗以前的律令格式修撰至此告一段落。

關於改令，還可注意到：最集中的改令，發生在高宗顯慶年間，多由長孫無忌主持。顯慶四年長孫無忌死後，改令也戛然而止。因此，這種改令或牽扯以長孫無忌為首的老臣集團與以高宗武后為首的制定律令集團之間的矛盾。

高宗武后是希望法典穩定的。高宗曾針對詳刑少卿（大理少卿）趙仁本撰《法例》三卷發表議論說："律令格式，天下通規，非朕庸虛所能創制。並是武德之際，貞觀已來，或取定宸衷，爰詳眾議，條章俻舉，軌躅昭然，臨事遵行，自不能盡。何為更湏作例，致使觸緒多疑。計此

---

① 《劉文》，第38頁，但樓勁指出，開元時尚有留司格存在，見《魏晉南北朝隋唐立法與法律體系研究》，第423頁。

因循，非適今日，速宜改轍，不得更然。"① 武則天也說過："近見所司進律令格式，一一自觀。至於經國成務之規，訓俗懲違之範。萬目咸舉，一事無遺。但能奉以周旋，守而勿失，自可懸諸日月，播之黎庶，何事不理，何化不成？先聖憂勤萬務，省念庶績，或慮須有弛張，所以迅令刪定。今既綱維備舉，法制宏通，理在不刊，義歸無改，豈可更有異同，別加撰削。必年月久遠，於時用不便，當廣延群議，與公卿等謀之。今未有疑，無容措筆。"② 因此，長孫無忌等的蔑視當時修令官員，以及此後的頻繁改令，或是對高宗武后的另種反抗。當然，也可能與政治鬥爭完全無關，只是他在參加《顯慶禮》撰寫過程中，對禮、令矛盾的一種調整而已。

但是客觀上造成這樣一種法典修撰的歷史進程：從貞觀到顯慶，對法典的修改主要是改令。隨著長孫無忌集團的消失（或者說隨著《顯慶禮》的頒佈），以及龍朔（麟德）、儀鳳，特別是垂拱格式的修撰，此後大概很少以改令的形式修改法典（顯慶以後，"著於令"的記載明顯減少），而以《格》的形式修改法典的情況日益增多。隨之，《格》的地位、作用也就日益增大且日益重要了。

以上關於法典修訂的史實證明，每次修訂都包括了律令格式四種，不過重點逐漸移至格式而已③。還要注意的是，從法典的法源看，皇帝的詔敕自然是基本法源，但皇太子的"手令"在某些條件下也可以是法源之一。

二 關於參撰人員的幾個問題

從高宗到睿宗，參與修撰、刪定律令格式的人員，見於史籍的有60餘名。這些人員，大部分在各種史籍的記載中均相同，個別有"名字"和"官銜"的差異。這種差異有些是筆誤（如"唐紹"作"唐詔"）、漏

---

① 《舊唐書》卷五〇《刑法志》，第2142頁。
② 《唐大詔令集》卷八二，第472—473頁。
③ 關於從永徽到開元間律令格式的修撰，樓勁在新著《魏晉南北朝隋唐立法與法律體系》中指出："《格》《式》的後續調整和完善，顯然要比《律》《令》來得更加突出"，並列舉了從儀鳳二年到垂拱元年、神龍元年以來的演變重要節點和獨特軌跡，可參看。第432頁。

字（如"張楚金"作"張楚"）、避諱（如"段寶玄"作"段寶元"），有的則因繁簡不同（如"太尉長孫無忌"與"太尉揚州都督監修國史上柱國趙國公無忌"；"夏官尚書岑長倩"與"夏官尚書同鳳閣鸞臺三品岑長倩"）。這些差異基本不影響我們對於修定律令事務的認識。可強調指出的有這樣幾點：

第一，宰相掛名占了不少名額。這些宰相有的恐怕純粹是掛名，例如李勣、唐休璟，基本是個武將；也有些顯然懂法律，例如戴至德、劉仁軌。兩人做僕射時，"更日聽訟"① 判案，屬於雖然掛名，也懂得法律的宰相。當然也有直接參與的，如韋方質，時任"鳳閣侍郎同鳳閣鸞台平章事"，"改修垂拱格式，方質多所損益"②。

第二，在各人傳記中明確寫有參加修定律令的，有這樣幾位：1. 于志寧（永徽律令、《律疏》），"前後預撰格式律令、五經義疏及修禮、修史等功，賞賜不可勝計"③。2. 令狐德棻（永徽律令），"永徽元年，又受詔撰定律令"④。3. 韋方質（垂拱格式），除已見上述外，《舊唐書》本傳還記載"時改修《垂拱格式》，方質多所損益，甚為時人所稱"⑤。4. 韋巨源（神龍格式），"是歲，巨源奉制與唐休璟、李懷遠、祝欽明、蘇瓌等定《垂拱格》及格後敕，前後計二十卷"⑥。5. 蘇瓌（神龍格式），"以明習法律，多識臺閣故事，特命刪定律令格式"⑦。6. 岑羲（太極格式），"睿宗即位……刪定格令，仍修氏族錄"⑧。7. 徐堅（太極格式等），"多識典故，前後修撰格式、氏族及國史等"⑨；"又以刪定格令，承恩進爵二等"⑩。從這些人的經歷看，他們在參與修定律令的同時，也參與了修禮、修史、修氏族志姓氏錄等，可見熟悉法律，不過是他們眾多知識

---

① 《新唐書》卷九九《戴至德傳》，第 3917 頁。
② 《舊唐書》卷七五《韋方質傳》，第 2633 頁。
③ 《舊唐書》卷七八《於志寧傳》，第 2700 頁。
④ 《舊唐書》卷七三《令狐德棻傳》，第 2598 頁。
⑤ 《舊唐書》卷七五《韋方質傳》，第 2633 頁。
⑥ 《舊唐書》卷九二《韋巨源傳》，第 2964 頁。
⑦ 《舊唐書》卷八八《蘇瓌傳》，第 2878 頁。
⑧ 《舊唐書》卷七十《岑羲傳》，第 2540 頁。
⑨ 《舊唐書》卷一〇二《徐堅傳》，第 3176 頁。
⑩ 熊飛校注：《張九齡集校注》卷一九《徐公神道碑》，中華書局 2008 年版，第 1022 頁。

中的一種①。

第三，參撰人員中，不用說還有法律專門人才，以及單純的文士。前者如王守慎（垂拱格式），《舊志》記韋方質"委其事於咸陽縣尉王守慎"，"垂拱格式，議者稱為詳密"。查王守慎傳記，未見說曾任縣尉，只說當過監察御史，不願與來俊臣等同流合污，云云，但他一定是法律專門人才。還有一個是王文端（永徽律令）。按王文端，在史籍（《會要》、《唐大詔令集》等）中只說是"太府丞"，別無記載，但我們發現了他的墓誌，對瞭解此人有很大幫助。墓誌記載，王文端，名"植"，字"文端"，"特好九章之書，尤精五聽之術，歷代沿革，因時輕重，若視諸掌，悉究其源。年廿三，雍州貢明法省試擢第，授大理寺錄事……遷長安縣尉，目覽耳聽，片言折獄……應詔舉，遷魏州武陽縣令，仍在京刪定律令……授尚書省都事……遷太府寺丞……授宗正寺丞，奉使越州推事。以龍朔二年（662）二月十日，寢疾卒於會稽郡，時年六十"②。

從墓誌可知，王文端"明法"出身，是法律專業人才，雖為縣令，但一直"在京刪定律令"，刪定的應該是永徽律令③。為"太府寺丞"，是律令修完呈上時的官職。要注意的是，王文端可能與前面的王守慎一樣，最早是以縣尉身份參與修撰律令的。

單純的文士，可舉周思茂、范履冰、衛敬業等為例。他們在正史中都入了《文苑傳》。《舊紀》說武則天"嘗召文學之士周思茂、范履冰、衛敬業，令撰……《臣軌》兩卷、《垂拱格》四卷……藏于秘閣"④，則這些文士也是修撰律令的一支重要力量。

第四，從參撰人員或修定律令事件，或也可反映其背後存在的政治情況。可舉三例如下：

---

① 參見拙作《唐代司法參軍的知識背景》，載《唐研究》二十卷，北京大學出版社2014年版。現已收入本書。
② 《王植墓誌》，《全唐文補遺》第三輯，三秦出版社1996年版，第379頁。
③ 王植死于龍朔二年（662），六十歲，則生於隋仁壽二年（602）。二十三歲時當武德八年（625）明法及第，故為縣令"在京刪定律令"，所修也可能是貞觀律令。或者既參與修定貞觀律令也參與修定了永徽律令。
④ 《舊唐書》卷六《則天皇后本紀》，第133頁。

1. 前面第一部分列舉了參加修撰《律疏》的成員，即太尉趙國公無忌、司空英國公勣、尚書左僕射兼太子少師監修國史燕國公志寧、銀青光祿大夫刑部尚書唐臨、太中大夫守大理卿段寶玄、朝議大夫守尚書右丞劉燕客、朝議大夫守御史中丞賈敏行等（《舊志》）。而今本《唐律疏議》所收《進律疏表》記其人員，除上述諸人外，還有：尚書右僕射、監修國史、上柱國、開國公遂良、銀青光祿大夫、守中書令、監修國史、上騎都尉柳奭，太中大夫、守黃門侍郎、護軍、潁川縣開國公韓瑗，太中大夫、守中書侍郎、監修國史、驍騎尉來濟，朝議大夫、守中書侍郎辛茂將，朝請大夫、使持節潁州諸軍事、守潁州刺史、輕車都尉裴弘獻，守刑部郎中、輕車都尉王懷恪，前雍州盩厔縣令、雲騎尉董雄，朝議郎、行大理丞、護軍路立，承奉郎、守雍州始平縣丞、驍騎尉石士達，大理評事、雲騎尉曹惠果，儒林郎、守律學博士、飛騎尉司馬銳等①。這些人為何沒有出現在前述《舊志》《會要》《冊府》等諸書中呢？其中辛茂將以下，可能因為級別不夠，被列入"等"中，而其他數人，其實均為因反對立武則天為皇后，而被貶官處死者。據《舊紀》，永徽六年貶吏部尚書柳奭為遂州刺史、右僕射褚遂良為潭州都督，顯慶二年貶潁川縣公韓瑗為振州刺史、中書令來濟為台州刺史，褚遂良再貶為愛州刺史，柳奭再貶為象州刺史，顯慶四年斬決柳奭、韓瑗②。後人寫史，刪去這些"罪人"名字，就是可以理解的了。

2. 長孫無忌參與了永徽律令和《律疏》的修撰，但在律令和《律疏》頒佈的三年後，借修纂《顯慶禮》的機會，密集表達了對永徽令和《律疏》的不滿，認為修定永徽律令和《律疏》的人往往不解"禮"意，率意做疏。對此，他提出了不少修改意見。這是很奇怪的事情，因為永徽律令也好，《律疏》也好，都是長孫無忌掛帥編撰的。三年後的這次密集批評，不是等於批評自己嗎？永徽律令是高宗下詔編撰的，《顯慶禮》也是高宗命令修訂的，還親自作了序（《舊唐書》卷二一），這其中是否反映了一些政治的鬥爭或其他狀況呢？長孫無忌也反對武則天為皇后，且在顯慶四年被逼自盡，但為何在修撰永徽令和《律

---

① 《唐律疏議》附錄，中華書局1983年版，第578—579頁。
② 參見《資治通鑒》卷二〇〇，第6304、6316頁。

疏》的名單裡，還有他的名字呢？是否反映了高宗對此冤案的一種態度呢？值得玩味。

3. 參與修撰儀鳳格式的人員，《會要》說有"尚書左僕射劉仁軌、尚書右僕射戴至德、侍中張文瓘、中書令李敬元（玄）、太子左庶子郝處俊、黃門侍郎來恒、太子左庶子高智周、吏部侍郎裴行儉馬戴、兵部侍郎蕭德昭裴炎、工部侍郎李義琰、刑部侍郎張楚金、右司郎中盧律師等"。考察這些參撰人員，發現許多都與太子弘（孝敬皇帝）相關。例如其中的尚書右僕射戴至德，太子弘時任左庶子；侍中張文瓘，太子弘時任左庶子；兵部侍郎蕭德昭，太子弘時任右庶子。他們都是太子弘的東宮舊僚。我們知道，太子弘死于上元二年（675）①，時傳為武則天下毒所害②。為何死後二年，在儀鳳二年（677）修訂格式時，要起用這麼多太子舊人呢？何況這些人均是太子弘的左膀右臂。《舊唐書·孝敬皇帝弘傳》云："咸亨二年，駕幸東都，留太子於京師監國……是時戴至德、張文瓘兼左庶子，與右庶子蕭德昭同為輔弼，太子多疾病，庶政皆決於至德等。"③ 莫非這裡要表達高宗（或武則天）對太子弘去世的哀痛，和某種程度的補償態度？

總之，從歷次參與修定律令格式的人員中，也能看到某種政治的或社會的背景。不過資料有限，這一問題目前還不能深入討論。

本文梳理了從高宗永徽到睿宗太極年間對律令格式的修定，補充了武周時期的修撰資料（如黃某刪定隋唐律令）和修撰人（如王文端）的資料，並得出以下簡短結論：

第一，永徽律令格式和《律疏》頒佈後，一直有所修訂，其中伴隨《顯慶禮》的修撰，一度有密集修訂。這一密集修訂背後有無政治背景，還是反映了禮、法的矛盾，值得研究。

第二，從儀鳳到垂拱的十年間，律令格式基本沒有修訂過，保持了法典的穩定。

第三，此一階段，但凡言修定律令或修定格式，均包含律令格式四

---

① 《舊唐書》卷八六《孝敬皇帝弘傳》，第2830頁。
② 參見《資治通鑒》卷二百二高宗上元二年四月條《考異》，第6377頁。
③ 《舊唐書》卷八六，第2829頁。

種法典，不過有從重視修改律令到重視修改格式演變的趨勢。

第四，儀鳳之前，以"改令"的方式補充、修改法典的比較多，儀鳳以後，以編輯《格》《式》的方式修改法典的日益增多，反映了《格》地位的日益提高。

第五，儀鳳以前包括龍朔（麟德）、儀鳳兩次所改法典，除去由來不明的《乾封令》之外，似都仍冠以"永徽"法典字樣，即均仍名為"永徽"律令格式。

補記：

本文發表後，讀到吳麗娛《試析唐高宗朝的禮法編纂與武周革命》①。文章認為"《顯慶禮》在推翻和批判《貞觀禮》與永徽律令格式相關法條的同時，是一批貞觀顧命大臣的貶逐和覆滅。而龍朔修格也以官名官號的革新作為開始，所修成的格'中本'完成於封禪前夕，是貫徹武則天意志和擴張其權力的產物。但儀鳳修成的格'後本'不但以官名官號的全名復舊為標榜，也以對《顯慶禮》的明堂祭祀和郊禮批判，明確表達了與此前觀念的截然對立，證明了宰相領導的傳統派朝臣對武則天參政的反對和抵制"②。

與本文相關，文章詳細分析了圍繞修禮和修《格》背後的政治博弈，對理解此段修纂法典的歷史頗有裨益。但是如本文所說，在修纂《顯慶禮》時作為修禮官對永徽令式提出多次批評的，正是主持永徽令式修纂的長孫無忌（而並非許敬宗等人），因此，用貶逐和消滅顧命大臣來解釋這一現象，恐還需要更多說明。此外，永徽格的《中本》《後本》究竟是什麼內容，作了哪些修改，我們並不清楚，因此認為格《中本》是貫徹武則天意志，而格《後本》與此截然對立，也缺乏直接證據。因此，討論本文所涉階段的法典編纂，及其背後的政治博弈，恐怕還需要更多資料，以及更切合實際的分析了。

---

① 吳麗娛：《試析唐高宗朝的禮法編纂與武周革命》，《文史》2016 年第 1 輯，第 83—115 頁。
② 同上，第 83 頁。

唐玄宗時的律令修定

——律令格式編年考證之四

唐玄宗時對律令格式有過三次大的修定，史籍記載比較清楚，但亦有一些細節需要考證。本文延續以往幾篇的做法，先進行編年考證，然後就其中的若干問題予以探討。

編年考證所用主要資料，與此前一樣，用簡稱替代，即《舊紀》——《舊唐書》卷八至卷九《玄宗本紀上下》；《舊志》——《舊唐書》卷五〇《刑法志》；《會要》——《唐會要》卷三九《定格令》；《冊府》——《冊府元龜》卷六一二《刑法部·定律令第四》。

其他使用較多的還有《全唐文》，《文苑英華》，《唐大詔令集》，《唐六典》，新舊《唐書》經籍志、藝文志，《新唐書》本紀、刑法志，《資治通鑒》，以及新舊《唐書》列傳。以上史料，除《唐大詔令集》用商務印書館本外，均使用中華書局本（點校本、影印本、標點本），不再注明。

編年體例如下：

（1）先列年號，括弧中注公元年；（2）列出月日干支，原僅有干支者，據平岡武夫《唐代的曆》換算①，無月者排在該年之下，無日者排在該月之下；（3）綜合史料列出史實，年月及史實均用黑體表示；（4）以"按"的形式寫明出處並略作考證。

一　編年及考證

開元元年 (713，本年十二月始改先天二年為開元元年)

---

① ［日］平岡武夫主編：《唐代的曆》，上海古籍出版社1990年版。

唐玄宗時的律令修定 / 67

本年：下敕"刪定格式令"。

按：開元年間第一次修定令格式，始於哪年，史無明載。《會要》作"開元三年正月，又勅刪定格式令，上之，名為開元格六卷"①。這個說法是錯的。開元三年只是修完呈上的日期。《舊志》作"開元初，玄宗敕黃門監盧懷慎……等，刪定格式令，至三年三月奏上，名為開元格"②，只說是"開元初"，並未說哪年。只有《冊府》明確說"開元元年，勅黃門監盧懷慎、紫微侍郎兼刑部尚書李文（四庫本作'乂'）、紫微侍郎蘇頲、紫微舍人呂延祚、給事中魏奉古、大理評事高智靜、同州韓城縣丞侯郢（四庫本後有'璡'字）、瀛州司法參軍閻義顓等，刪定格式令，至三年奏上之，名為開元格"③，似乎是開元元年下敕，開元三年完成。

但是細看以上三種書提供的參撰人名單，官稱和姓名基本相同，卻並非開元元年的事情。例如第一位的"黃門監盧懷慎"，查《舊唐書》本傳，記"開元三年遷黃門監"④。第二位的"紫微侍郎兼刑部尚書李乂"，據《唐紫微侍郎贈黃門監李乂神道碑》記載，"上即位……二歲，遷黃門侍郎……四歲，轉紫微侍郎，掌制數月，兼刑部尚書"⑤。這裡的"二歲""四歲"，是從唐玄宗即位即先天元年算起，故"四歲"就是開元三年。由此可知，《冊府》所謂"開元元年"下敕刪定格式令，而引用了盧懷慎等人名，是靠不住的。這個名單應是開元三年呈上時的名單。

還有兩點需要辨析：

其一，唐前期修定律令的慣例是宰相掛帥。開元元年到三年，同時宰相還有姚崇。按姚崇參加這次修定，史有明言。例如《唐六典》說："《開元前格》十卷，姚元崇等刪定。"⑥《舊唐書》經籍志、刑法志照抄⑦；《新唐書》藝文志作"《開元前格》十卷，兵部尚書兼紫微令姚崇、

---

① 《唐會要》卷三九《定格令》，中華書局1990年版，第703頁。
② 《舊唐書》卷五〇《刑法志》，中華書局1975年版，第2150頁。
③ 《冊府元龜》卷六一二《定律令》，中華書局1960年版，第7347頁。
④ 《舊唐書》卷九八《盧懷慎傳》，第3068頁。
⑤ 《文苑英華》卷八九三，中華書局1966年版，第6715頁。
⑥ 《唐六典》卷六《尚書刑部》，中華書局1992年版，第185頁。
⑦ 《舊唐書》卷三六《經籍志》作"《開元前格》十卷，姚崇等撰"，第2011頁；卷五〇《刑法志》作"《開元前格》十卷，姚崇等刪定"，第2138頁。《刑法志》兩處涉及開元格，此處照抄《唐六典》，另一處則與《唐會要》《冊府元龜》同。

黃門監盧懷慎……等奉詔刪定"①。但是，在《舊志》《會要》《冊府》提到的"下敕"刪定的名單中，領銜的都是黃門監盧懷慎，而沒有姚崇。這是為什麼呢？目前還不能很好解釋。一個可能是：雖然他開元四年才罷相，但在開元三年前後已得罪玄宗，"自是憂懼，頻面陳避相位，薦宋璟自代"②，以致開元三年呈上修好的格式令時，沒有署他的名字。

其二，開元元年還有個宰相魏知古。他"開元元年，官名改易，改為黃門監。二年，還京，上屢有顧問，恩意甚厚，尋改紫微令。姚崇深忌憚之，陰加讒毀，乃除工部尚書，罷知政事。三年卒"③。如果此次刪定格式令，確是開元元年下的敕，則魏知古作為黃門監，或紫微令，一定會領銜刪定。但到開元三年前，他被罷相，且死於開元三年，因此三年完成修定後呈上時，名單中自然沒有他了。

由此可見，開元年間第一次刪定格式令，其下敕時間不明。假設是開元元年，當時被任命的官員情況也不清楚。《舊志》《會要》《冊府》開列的八人名單，只是開元三年完成刪定將成果呈上時的人名單，與此前下敕時的名單當有不同，起碼可以補充姚崇。甚至魏知古也可能在當初下敕的名單中。

開元三年 (715)

三月

兵部尚書兼紫微令姚崇、黃門監盧懷慎、紫微侍郎兼刑部尚書李乂、紫微侍郎蘇頲、紫微舍人呂延祚、給事中魏奉古、大理評事高智靜、同州韓城縣丞侯郢璀、瀛州司法參軍閻義顒等，刪定格式令畢，奏上，名為開元格。其中包含《格》十卷，後稱《開元前格》。

按：此據《舊志》《會要》《冊府》，以及《新唐書》藝文志。其中日期，《會要》記為"正月"，其他記為"三月"，似以三月為是。關於人員，如前述，只有《新唐書》藝文志明確記載了姚崇的參加，以及官稱，而《唐六典》《舊唐書》經籍志均只記了姚崇人名，沒有記其官稱。

---

① 《新唐書》卷五八《藝文志》，中華書局1975年版，第1496頁。
② 《舊唐書》卷九六《姚崇傳》，第3025頁。
③ 《舊唐書》卷九八《魏知古傳》，第3064頁。

從常理推斷，姚崇應是以宰相身份參加了此次的刪定工作。

這次刪定，只涉及格式令，而不包括律，而且總稱為"開元格"，知所謂"格"可以包括式和令。《開元前格》一詞，不見於《舊志》《會要》和《冊府》有關此次刪定的詳細論述中[1]，只見于《唐六典》《舊唐書》經籍志、《新唐書》藝文志，應該不是開元三年修成時的定名，而是開元後期的定名。至於《開元前格》的卷數，《唐六典》《舊唐書》經籍志、《新唐書》藝文志、《舊志》前文均記作"十卷"，只《會要》記作"六卷"。此則為《會要》之誤。查《舊志》，在"名為開元格[2]"後接云："六年，玄宗又敕……"云云，也許《會要》此處將"六年"錯抄成"六卷"，即將"名為開元格六年"錯抄成"名為開元格六卷"了。由於"名為開元格，六卷"[3]將整個開元格只記為"六卷"，似乎偏少，因此《開元前格》還是以"十卷"為是。

另外可以順便提一下的是：這個刪定格式令的班子成員，好幾個都是老人。其中的姚崇死於開元九年，七十二歲，開元三年時已經六十六歲了，史載其在眾宰相中"獨當重任，明於吏道，斷割不滯"[4]，可能在刪定班子中起領導作用。但是另位宰相盧懷慎，"自以為吏道不及（姚）崇，每事皆推讓之，時人謂之'伴食宰相'"，開元格完成的第二年，即開元四年秋就去世了[5]，在刪定班子中可能沒有起到什麼作用。排名在盧懷慎之後的李乂，據蘇頲為他寫的《神道碑》，死於開元丙辰，六十歲[6]。開元丙辰是開元四年，則他與盧懷慎一樣，也是開元格完成後的第二年就去世了。

開元五年 (717)
二月三日
令尚書省刊定令式格敕。

---

[1] 《舊唐書》刑法志在前面照抄《六典》，記錄了《開元前格》十卷，但後面記述刪定過程時未提。

[2] 順便說一句，《舊志》點校者將"開元格"加了書名號，似不妥。其實這裡的"開元格"包括格式令，並非只有"格"，因此以不加書名號為是。

[3] 《唐會要》卷三九，第703頁。

[4] 《舊唐書》卷九六《姚崇傳》，第3025—3026頁。

[5] 《舊唐書》卷九八《盧懷慎傳》，第3068頁。

[6] 《文苑英華》卷八九三，第6715頁。

70 / 第一編 法典編

按：此出蘇頲《至都大赦天下制》。原文為："政欲清靜，詞尚體要……簡而易從，禁則難犯。令式格敕有不便者，先令尚書省集議刊定，宜詳厥衷，合於大體。"① 這篇赦文提到的刊定令式格敕，與明年正式刪定律令格式不知是一事還是二事，很可能是先有本年度的討論刊定，在刊定過程中，發現必須對全部律令格式做統一刪改，因此才有了第二年的刪定舉措②。不過本赦文中沒有提到《律》。

開元六年 (718)

敕吏部尚書兼侍中宋璟、中書侍郎蘇頲、尚書左丞盧從願、吏部侍郎裴漼、慕容珣、禮部侍郎王丘、戶部侍郎楊滔、中書舍人劉令植、源光裕、大理司直高智靜、幽州司功參軍侯郢璀等十一人，刪定律令格式。

按：此據《舊志》《冊府》《會要》。其中要考辨者如下：

第一，關於此次刪定的時間，《舊志》與《冊府》均記作開元六年下敕，比較明確。《會要》只記開元七年上之，沒有記下敕時間，但列舉的"同修"人員與前二書同。《唐六典》記作開元"四年宋璟""刊定"③，恐誤。按刪定班子成員的盧從願，敕文中的官稱應是尚書左丞，但開元四年，他還是吏部侍郎④；另一成員裴漼，敕文中的官稱是吏部侍郎，但開元四年他還是兵部侍郎，"開元五年，遷吏部侍郎"⑤。因此，此次刪定律令格式的下敕時間，應該是開元六年。

第二，關於參修人員，《舊志》《冊府》《會要》都只記了宋璟、蘇頲、盧從願、裴漼、慕容珣、楊滔、劉令植、高智靜、侯郢璀9人，而實際上應該是11人。《舊唐書·源光裕傳》記他"初為中書舍人，與楊滔、劉令植等同刪定《開元新格》"⑥；《舊唐書·盧從願傳》記他"轉尚書左丞。又與楊滔及吏部侍郎裴漼、禮部侍郎王丘、中書舍人劉令植刪

---

① 《唐大詔令集》卷七九，中華書局2008年版，第452頁。
② 因為赦文頒佈在二月，到明年下令刪定律令格式還有差不多一年的時間。
③ 《唐六典》卷六，第185頁。
④ 《舊唐書》卷一百《盧從願傳》，第3123—3124頁。
⑤ 《舊唐書》卷一百《裴漼傳》，第3129頁。
⑥ 《舊唐書》卷九八，第3072頁。關於其中的《開元新格》問題，詳下。

定《開元後格》"①。這其中提到的源光裕、王丘,為前述三書所缺載。

第三,關於參修人員的官稱,諸書大致相同,只《會要》記宋璟的官稱為"吏部尚書"而非其他書的"吏部尚書兼侍中"。查《舊紀》,宋璟在開元四年至八年,一直是吏部尚書兼侍中(黃門監)②,因此《會要》當是漏載。另外要說明的是,此次參與刪定的成員中,有3人是開元三年刪定班子成員。他們是:蘇頲、高智靜、侯郢璀。其中蘇頲從紫微侍郎變成了宰相,總負責,而高智靜從大理評事陞為大理司直;侯郢璀從韓城縣丞升為幽州司功參軍。後二人恐怕是此次刪定工作的主要擔當者,其中侯郢璀應該並未到幽州去赴任。

開元七年 (719)

三月十九日

刪定律令格式成,奏上,律令式仍舊名,有《令》三十卷、《式》二十卷,《格》先稱《開元新格》,後改稱《開元後格》,十卷。

按:此據《舊志》《會要》《冊府》等。其中日期依據《會要》。此次刪定,與開元三年的刪定不同,包含"律"在內,不過律令式沒有改名,即仍稱《開元律》《開元令》《開元式》,而不稱《開元前令》或《開元後令》等。至於《格》的名稱,《舊志》《冊府》《會要》《唐六典》《舊唐書》經籍志、《新唐書》藝文志,均作《開元後格》,但前引《舊唐書·源光裕傳》,卻將此次刪定成果寫作《開元新格》。之所以這樣,一種可能是《舊唐書·源光裕傳》寫錯了。但還有另一種可能,即當時針對開元三年刪定的《開元格》,而稱開元七年完成的《格》為《新格》,待到開元二十五年又刪定了《格》時,就改原來的《新格》為《後格》,而將開元二十五年刪定的格稱為《新格》了。當然這只是推測。至於卷數,上引諸書都寫作"十卷",只有《舊唐書》經籍志寫作"九卷"。《令》《式》的卷數據新舊《唐書》藝文志、經籍志。二志都沒有寫到《律》及其卷數。

---

① 《舊唐書》卷一〇〇,第3124頁。
② 《舊唐書》卷八《玄宗本紀》,第177、181頁。

開元十三年 (725)

三月十二日丙申

御史大夫程行諶奏："周朝酷吏來子珣、萬國俊……等二十三人，殘害宗枝，毒□良善，情狀尤重，子孫不許仕官。陳嘉言……傅遊藝四人，情狀雖輕，子孫不許近任。"玄宗下敕曰"敕依前件"。本敕後被編入《開元格》。

按：此據《舊紀》《舊唐書·來俊臣傳》《通典·刑法八》。此條記錄，日期據《通典》，《舊紀》作三月丙申，丙申即十二日。玄宗敕文，只是在程行諶的奏文上批示"敕依前件"，然後頒下。這件敕文後來被編入《格》，推測應該是開元二十五年時編入的。但是《通典》引用這條格文時，只寫《開元格》[①]而不寫開元前格、後格、新格，或開元三年、七年、二十五年格，可知當時只有《開元格》，所謂前格、後格、新格等，都是後人為方便起見而加上的，原文可能就只叫《開元格》。日本《令集解》中引用的唯一一條《開元格》[②]，也並不寫前格、後格、新格等，或也可證明這一點。

開元十六年 (728)

九月

下制："明經習左氏及通《周禮》等四經者，出身免任散官。"遂著於式。

按：此據《舊唐書·楊瑒傳》[③]。下此制的目的是讓參加科舉考試的士子們重視《周禮》《儀禮》《公羊》《谷梁》，以及《左傳》。這條制文後被編入了《式》。

開元十七年 (729)

八月五日癸亥

[①] 《通典》卷一七〇《刑法八》，中華書局 1992 年版，第 4430—4431 頁。

[②] [日] 瀧川政次郎：《令集解に見える唐の法律史料》，載所著《中國法制史研究》，巖南堂書店 1979 年版，第 108 頁。

[③] 《舊唐書》卷一八五下《良吏下·楊瑒傳》，第 4820 頁。

玄宗以降誕日，燕百寮於花萼樓下，百寮表請以每年八月五日為千秋節，王公已下獻鏡及承露囊，天下諸州咸令燕樂，休暇三日，仍編為令，從之。

按：此據《舊紀》[1]。由此條及上兩條可知，百官奏文或皇帝詔敕，會隨時編入格、式、令的。

開元十九年 (731)

侍中裴光庭、中書令蕭嵩，又以格後制敕行用之後，頗與格文相違，於事非便，奏令所司刪撰《格後長行敕》六卷，頒於天下。

裴光庭又著有《開元格令科要》一卷。

按：關於修撰《格後長行敕》事，諸書記載略同，此據《舊志》[2]。其中提到的裴光庭與蕭嵩，是當時宰相。蕭嵩雖然參與修格後敕，明年又奏上《開元新禮》一百五十卷，但他其實是個"寡學術"[3]的人，無論修格敕還是修新禮，都是掛名。裴光庭精於吏事，曾撰有《開元格令科要》[4]，應該實際參與了此次編撰格後敕的工作。

開元二十二年 (734)

戶部尚書李林甫又受詔改修格令。

按：此據《舊志》[5]。又據現有史料，知李林甫開元二十二年五月為禮部尚書[6]，何時為戶部尚書不明，到開元二十三年十二月仍為戶部尚書[7]。因此我們只能說李林甫受詔修格令，是在開元二十二年五月以後，十二月之前。

開元二十三年 (735)

---

[1] 《舊唐書》卷八《玄宗上》，第193頁。
[2] 《舊唐書》卷五〇《刑法志》，第2150頁。
[3] 《舊唐書》卷九九《蕭嵩傳》，第3094頁。
[4] 《新唐書》卷五八《藝文志》，第1497頁。
[5] 《舊唐書》卷五〇《刑法志》，第2150頁。
[6] 《舊唐書》卷八《玄宗上》，第201頁。
[7] 《唐大詔令集》卷四〇《冊壽王楊妃文》，商務印書館1959年版，第186頁。

七月

開元新制；長公主封戶二千，帝妹千，率以三丁為限；皇子王戶二千，主半之。左右以為薄。帝曰："百姓租賦非我有，士出萬死，賞不過束帛，女何功而享多戶邪？使知儉嗇，不亦可乎？"於是，公主所稟始不給車服。後咸宜以母愛益封至千戶，諸主皆增，自是著於令。

按：此據《新唐書・諸帝公主傳》[①]。《資治通鑑》將此事系于咸宜公主下嫁的開元二十三年七月[②]。也許這次著令，包括在從開元二十二年到二十五年的修令過程之內。

開元二十四年 (736)

七月十二日己丑

詔：宜令所司特置壽星壇，嘗以千秋節日修其祀典，申敕壽星壇宜祭老人星及角亢七宿，著之常式。

按：此據《全唐文・置壽星壇詔》[③]。此條與上條相似，都應是開元二十二年以後修定格式令過程中發生的修定事情。

開元二十五年 (737)

六月二十七日

奏上新刊定的律疏。

按：此據敦煌發現的開元《律疏》殘卷末署名。署名的第一句為：開元廿五年六月廿七日知刊定中散大夫御史中丞上柱國臣王敬從上[④]。至於為何這裡寫六月"上"，而史籍均寫作"九月"上，甚難判斷。一種可能是：六月是奏上，九月是頒下（《舊紀》可證），史籍中所寫九月"奏上"有誤。另一種可能是六月只上了律疏，其他也是分別奏上，最後完成於九月。當然還有一種可能就是數字寫錯了，或錯六為九，或錯九為六。從合理性推論，還是第一種可能性比較大（詳下）。

[①] 《新唐書》卷八三《諸帝公主傳》，第 3658 頁。
[②] 《資治通鑑》卷二一四，玄宗開元二十三年條，中華書局 1976 年版，第 6812 頁。
[③] 《全唐文》卷三〇，中華書局 1983 年版，第 344 頁。
[④] 劉俊文：《敦煌吐魯番唐代法制文書考釋》，中華書局 1989 年版，第 132 頁。

唐玄宗時的律令修定 / 75

九月一日壬申

先是，中書令李林甫，與侍中？牛仙客、御史中丞王敬從，與明法之官前左武衛冑曹叅軍崔見、衛州司戶參軍直中書陳承信、酸棗尉直刑部俞元杞等，共加刪緝舊格式律令及勑，總七千二十六條，其一千三百二十四條於事非要，並刪之。二千一百八十條隨文損益，三千五百九十四條仍舊不改，總成律十二卷，《律疏》三十卷，《令》三十卷，《式》二十卷，《開元新格》十卷。又撰《格式律令事類》四十卷，以類相從，便於省覽。至此，頒新定令、式、格及事類一百三十卷於天下。

按：此處主要依據《舊志》《舊紀》，需要考辨的有以下幾點：

第一，關於時間，如上條所言，無論《舊志》《會要》還是《冊府》，均言"二十五年九月奏上"[1]，但它與敦煌出土《律疏》殘卷的日期不合，也與《舊紀》說九月一日"頒新定令、式、格及事類"於天下[2]不合。推測史籍所謂"九月奏上"不確切，應是"九月頒下"，或是"六月奏上"，然後"敕于尚書都省寫五十本，發使散（或'頒'）於天下"。這麼推測的另一原因，是史籍記載的牛仙客的官職與開元二十五年九月不合。

第二，諸書均記中書令李林甫與侍中牛仙客一起主持刊定律令格式，但敦煌出土的《律疏》殘卷明確說牛仙客當時是"工部尚書同中書門下三品"。《舊紀》也說他在開元二十六年正月才"為侍中"[3]。因此，諸書給出的名單不是開元二十五年六月或九月奏上時的名單。由此可見諸書記載的不準確。以此推論，將"奏上"與"頒下"記混，也不是不可能的了。至於其他人的名稱，各書與《律疏》殘卷署名小有差異，例如崔見、崔冕、霍冕、崔晃；俞元杞、俞元祀等，不能探明何者正確。

第三，《舊紀》說"頒新定令、式、格及事類一百三十卷於天下"。查《舊志》（他書略同），新定"律十二卷，《律疏》三十卷，《令》三十

---

[1] 《舊唐書》卷五〇《刑法志》，第2150頁。
[2] 《舊唐書》卷九《玄宗下》，第208頁。
[3] 同上，第209頁。

卷,《式》二十卷,《開元新格》十卷。又撰《格式律令事類》四十卷",總一百四十二卷,與《舊紀》數字不合。但實際上《舊紀》沒有提到"律",如果《舊志》所言除去律的十二卷,恰好是一百三十卷。因此可知,這次頒行新定法典,只頒行了令、式、格及事類,而不包括"律"。至於為何不頒佈"律",就不得而知了。

第四,此次定令,實際負責人應是御史中丞王敬從。後來劉禹錫批評王敬從主持修定的《學令》,規定州縣釋奠用牲牢,違背了玄宗的理念①。

第五,開元時期修定的《格》中,還有《留司格》。日本《類聚三代格》引《貞觀格序》中說:"詔撰《貞觀格》十卷奏聞。若理輕作格事不②足為儀,專棄之如遺,兼取之似碎,更撰為兩卷,同以奏上,准《開元留司格》,號《貞觀臨時格》,並一秩十二卷。"③ 只是此處《開元留司格》的具體年代不明。不過由此可知,開元時《留司格》的性質大約是一些臨時性規章的彙編④。

九月三日

兵部尚書李林甫奏,今年五月三十日前敕,不入新格式者,並望不在行用限。

按:此據《會要》。

開元二十八年 (740)

二月五日壬戌

詔:先聖文宣王春秋釋奠,宜令攝三公行禮,著之常式。

按:此據《全唐文·釋奠令攝三公行禮詔》⑤。這是將釋奠攝三公行禮編入《式》的一例。

---

① 劉禹錫:《劉禹錫集》卷二〇《奏記丞相府論學事》,中華書局 2000 年版,第 253 頁。
② "不"字,原書眉批有"當衍"字樣。
③ 《新訂增補國史大系·類聚三代格》,吉川弘文館 1972 年版,第 4 頁。
④ 關於此《開元留司格》及其臨時規章的性質,詳見樓勁《魏晉南北朝隋唐立法與法律體系》,第 451—453 頁。
⑤ 《全唐文》卷三一《釋奠令攝三公行禮詔》,第 349 頁。

天寶元年 (742)

二月二十一日

敕：官吏准律應枉法贓十五疋合絞者，自今已後，特宜加至二十疋。仍即編諸律，著為不刊。

按：此據《唐會要·君上慎恤》①。這是修定《律》的一例。

天寶三載 (744)

十一月癸丑 (？日②)

敕：每載依舊取正月十四日、十五日、十六日開坊市門燃燈，永以為常式。

按：此據《舊紀》③。但所謂"永為常式"，是否真的編入《式》中，尚有疑問。

天寶四載 (745)

(開元格) 又詔刑部尚書蕭炅稍復增損之。

按：此據《新志》④。可見開元二十五年以後，律令格式都仍有所修定。進而言之，還可見以下端倪：第一，開始僅由刑部尚書承擔《格》的修定任務了。第二，修定的只是《格》，或者意味著《格》從此時開始，逐漸向具有《刑部格》的性質演變。

天寶五載 (746)

十一月五日

敕：其偽畫印，宜用偽鑄印刻印之例處分，永為常式。

按：此據《會要》⑤。同樣，這裡的"永為常式"不知是否真的編入《式》了。

---

① 《唐會要》卷四〇，第 718—719 頁。
② 查《唐代的曆》，天寶三載十一月無"癸丑"。
③ 《舊唐書》卷九《玄宗下》，第 218 頁。
④ 《新唐書》卷五六《刑法志》，第 1413 頁。
⑤ 《唐會要》卷四一《雜記》，第 746 頁。

天寶八載 (749)

閏六月五日丁卯

詔男子七十五、女子七十以上高年給侍，並定為式；八十以上給侍，則依常式處分。又詔中書門下與刑部大理寺法官審定法律之間的不便者，具條目聞奏。

按：詔書的日期據《舊紀》，內容據《全唐文·加天地大寶尊號大赦文》①。其中關於定式的說法是："高年給侍，義存養老，因時定式，務廣仁恩。其天下百姓，丈夫七十五已上，婦人七十已上，宜各給一人充侍，任自揀擇。至八十已上，依常式處分。"知原來的《式》中不包括丈夫七十五、婦人七十已上給侍的規定，這次"因時定式"即將這一規定定在《式》中。當然，未知這次的"定式"是否真的就編入《式》了。

天寶十載 (751)

正月十日

南郊大赦，以為刑典仍不夠寬簡，再令中書門下與刑部大理寺詳加審定，務從寬典。

按：大赦日期據《舊紀》，內容據《全唐文》②。知當時對已經頒佈的刑典，不斷加以審定，將不便者上報（見上條），可以隨時修訂。審定法典的機構是中書門下與刑部大理寺。

天寶十三載 (754)

二月九日

赦文：允許左降官遭憂後離任服喪。自今以後，編入常式。

按：此據《唐會要》③。可見開元二十五年大規模修定律令格式後，編入《式》的規定有所增加。

---

① 《全唐文》卷四〇，第432頁。

② 《全唐文》卷四〇《南郊大赦文》，第434頁。其中的"審加詳定"疑為"詳加審定"。《唐大詔令集》卷六八同。

③ 《唐會要》卷四一《左降官及流人》，第735頁。又見《全唐文》卷四〇《加證道孝德尊號大赦文》，第435頁。

二　一點議論

玄宗朝的律令修定，過程比較清楚，但仍有需要辯證的地方。通過以上的編年及考證，我們得出了這樣一些結論。

第一，史籍記載下詔敕修定律令的時間，與完成後奏上的時間，往往存在矛盾。例如說開元元年下詔修定律令，但史籍提供的參與者名單卻是開元三年完成時奏上的名單；史籍說開元二十五年完成的新定律令格式是九月奏上，但敦煌出土的《律疏》卻明確寫著六月廿七日上；史籍說參與開元二十五年律令格式修定的有侍中牛仙客，但實際上牛仙客開元二十六年正月才升為侍中。這些矛盾現象有的容易解釋（如下詔與奏上的不同），有的卻不易解釋。

第二，史籍中提供的參加撰寫者的名單，有時有遺漏。例如開元六年至七年刪定律令格式，《舊志》《會要》《冊府》都只記了九人，而漏掉了中書舍人源光裕、禮部侍郎王丘。至於為何會漏掉這兩人，原因不明。

第三，開元年間修定的律令格式都可以叫"開元格"。就其中的《格》而言，恐怕也只是叫《開元格》。至於《開元前格》《開元後格》《開元新格》的叫法，只是當時人或後人為區別或為方便才如此叫的，因此往往會有混淆。例如開元七年刪定的格，有時稱《開元後格》，有時稱《開元新格》[1]。而我們現在能看到的開元時格的遺文，均只稱《開元格》，而並沒有《開元前格》《開元後格》或《開元新格》的稱呼。開元令恐怕也是如此，即當時不會有《開元前令》《開元後令》或《開元新令》的稱呼，當時都只稱為《開元令》。

第四，開元二十五年大規模刪定律令格式之後，仍有對律令格式的刪改，特別是將一些詔敕的規定編入《式》中的記載比較多。

第五，到天寶年間，有僅僅詔令刑部尚書審改開元格的苗頭，或者

---

[1]　《新唐書》卷五六《刑法志》甚至將開元二十五年的《新格》排在開元七年的《後格》之前，大概就是因為《新唐書》的編者僅從名稱上弄不清誰先誰後，才出現了這種錯誤。見《新唐書・刑法志》，第1413頁。

說明刑部尚書在修定律令格式中的地位有所提陞。

　　唐代律令格式編年考證，這是第四篇，也是最後一篇了。因為唐玄宗以後，唐朝不再大規模修定律令格式，而改以編纂《格》或《格後敕》為立法的主要方式。不過，在編纂《格後敕》的同時，律令格式仍不斷有所修定，相關記載也遺留在史籍中。將這些唐代後半期對律令格式的修定檢索出來，並予以辯證，是留給我們今後的一個課題。

唐代令式訂補幾則

唐代令、式十分發達,官員辦事要依令、式,違反了要受到懲罰。但是唐代令、式早已遺失,以至我們無法看到唐代令、式的整體面貌。因此從近代以來,以日本學者為首的學術界對唐代令、式進行了搜集、復原,形成了幾部集大成的著作。唐令方面,以仁井田陞的《唐令拾遺》與池田溫的《唐令拾遺補》為主,還有就是中國社會科學院歷史研究所"天聖令整理課題組"的《天一閣藏明抄本天聖令校證(附:唐令復原研究)》。唐式方面,主要有霍存福的《唐式輯佚》。這幾部書,特別是日本學者的著作搜集廣泛,體例嚴謹,考證翔實,復原的唐令絕大部分是正確的,堪稱唐令復原的樣板。

不過,唐令復原是件非常複雜的工作,稍有不慎,就會出現不夠準確的地方。此外,若是資料搜尋範圍或復原標準稍做擴大,也許能發現以往復原的問題,或者也能增補一些唐朝不同年代的令文和式文。

以下就是筆者最近在閱讀唐代史籍過程中看到的幾條史料,據此或能對以往的復原、輯佚做些訂補,正確與否,還望海內外方家批評指正。

一 令文

(一)《唐令拾遺》復原《儀制令》二十五(垂拱,開元七年)

諸齊衰心喪已上,雖有奪情,並終喪不弔、不賀、不預宴。周喪未練、大功未葬,並不得朝賀,仍終喪不得宴會①。

此條令文復原根據是《通典·禮三十·元正冬至受朝賀》與《大唐新語·識量第十三》所引王方慶奏議中的"准《令》"。由於王方慶是在武周聖曆初上奏的,聖曆之前只有《垂拱令》,因此將其定為《垂拱令》;又由於《唐六典》也涉及,因此又定為《開元七年令》。具體文字還參考了《隋書·禮儀志》的相關記載②。復原令文從"諸齊衰"到"不預宴"取的是《隋書》中文字;"周喪未練、大功未葬"取的是《唐六典》中文字;此後取的就是《通典》中文字了。《唐令拾遺補》追加了基本資料,即《唐會要》卷三八《雜記》、《冊府元龜》卷五八六《掌禮部奏議十四》、《唐會要》卷二四《受朝賀》、《全唐文》卷一六九《王綝》,並說《舊唐書》卷八九《王方慶傳》也有類似記載。但《唐令拾遺補》沒有補訂令文③。

這裡面有幾個小問題。

1. 王方慶的上奏時間是聖曆元年(698)十月(《唐會要》),上距垂拱(685—688)有十餘年,特別是隔了個朝代:從唐朝變成了周朝(武周)。這個武周是否用的是唐朝的令呢?怎麼知道上奏中說的"准《令》"的《令》是《垂拱令》?據唐人墓誌,在武周建立後的天授二年(691),曾設有(律令)詳審使,並"刊定隋唐已來律文"④。按照唐朝前期的慣例,每個新皇帝即位,都要修訂律令。武則天十分重視法律,她改唐為周,應該也會將唐朝律令改為武周律令的。因此,這裡所謂"准《令》"的《令》,很可能是武周的令而並非唐朝的《垂拱令》。

2. 即使這條令是《垂拱令》,那令文中也不應該出現避唐玄宗諱的"周喪",而應該是"期喪"。《唐令拾遺》據《通典》和《唐六典》復原為"周喪"是不對的。或者嚴謹地說,將此條作為《開元令》復原是

---

① [日]仁井田陞原著,栗勁、霍存福、王占通、郭延德編譯:《唐令拾遺》,長春出版社1989年版,第437頁。(以下不註著者和編譯者)

② 同上書,第438—439頁。

③ 池田溫(編輯代表):《唐令拾遺補》,東京大學出版會1997年版,第660頁。(以下本書不註著者)

④ 吳鋼主編:《全唐文補遺》第七輯,三秦出版社2000年版,第340頁。

對的，而作為《垂拱令》則不對。換言之，《垂拱令》與《開元令》的文字應該有所不同，不能一條令文既是《垂拱令》又是《開元令》。

3.《唐令拾遺》沒有用《舊唐書·王方慶傳》的文字（雖然《通典》《唐會要》所引都是王方慶的上奏，但文字有異），《唐令拾遺補》提到了《舊唐書·王方慶傳》但也沒有採用。其實我以為，《舊唐書·王方慶傳》的文字是最準確的武周時代（或垂拱時代）令文的文字。試比較：

周喪、大功未葬，並不得朝賀，仍終喪，不得宴會。（《通典》）①

期喪、大功未葬，並不得參朝賀，仍終喪，不參宴會。（《唐會要》）②

期喪、大功未葬，不預朝賀；未終喪，不預宴會。（《舊唐書·王方慶傳》）③

這其中，《通典》中的"周"是避唐玄宗諱"基"而改；《唐會要》中的"參"是避唐代宗諱"豫"而改。只有《舊唐書·王方慶傳》的奏文二者均不避，所以當是更接近武周或垂拱時代令文原文的文字。如果這一推測成立，那麼令文中的"未終喪"和"仍終喪"也都屬於不同時代的令文文字了。

因此，此條令文或者應該分作兩條：一條為武周或垂拱時代的令：其中寫"期喪"，寫"不預朝賀"和"不預宴會"，寫"未終喪"。另一條為開元時代令：其中寫"周喪"（或可寫作"周喪未練"），寫"仍終喪"。

（二）《唐令拾遺》復原《學令》一乙（永徽）

據永徽令，改用周公為先聖，遂黜孔子為先師，顏回、左丘明並為從祀④。

----

① 《通典》卷七〇《禮三十·元正冬至受朝賀》，中華書局1992年版，第1935頁。
② 《唐會要》卷三八《葬·雜記》，中華書局1990年版，第699頁。
③ 《舊唐書》卷八九《王方慶傳》，中華書局1975年版，第2900頁。
④ 《唐令拾遺》，第175頁。

此條令文復原根據的是《通典·禮十三·吉十二·孔子祠》、《唐會要》卷三五《褒崇先聖》等所引長孫無忌等人的奏議①，復原沒有問題。《唐令拾遺補》沒有訂補。不過細讀這件顯慶二年（657）長孫無忌等人的奏議，可知他們是在批評了"新令（指剛頒佈的《永徽令》——筆者）不詳制旨，輒事刊改"之後，建議修改的。即所謂"改《令》從《詔》，於義為允。其周公仍依別禮配享武王"。結果是高宗"從之"②。這就是說，顯慶二年在長孫無忌等人的建議下，對《永徽令》進行了修改，仍以孔子為先聖，以周公配享周武王。作為旁證，開元二十五年（737）的《學令》，孔子已經是先聖了③，證明此前已經對《永徽令》做過修改。不過，修改後的《令》可能仍稱《永徽令》，這就像麟德二年（665）與儀鳳二年（677）修定的《格》仍被稱為《永徽格》是一樣的④。

因此，這裡似應追加一條令文，可以仍叫《永徽令》，但實質是顯慶年間修改過的《永徽令》⑤，內容主旨是改孔子為先聖。

當然，這條顯慶時修改過的令文文字究竟如何，不能確定，似乎應有"周公配享武王，孔子為先聖"等字樣。

（三）《唐令拾遺》復原《儀制令》九（開元七年）

諸每年二時遣三公分行諸陵，太常卿為副⑥。

此條復原的依據是《開元禮》卷三《序例下·雜制》與《唐六典》卷四"禮部郎中員外郎"條，並參考了《通典·禮十二·上陵》和《唐

---

① 《唐令拾遺》，第175—176頁。
② 《唐會要》卷三五《褒崇先聖》，第636—637頁。
③ 參見《唐令拾遺》復原《學令》一丙（開元二十五年）令文，第177頁。順便說一下，《唐令拾遺補》對"一丙"令文追加了一條參考資料，說皇太子不著衣冠乘馬親釋奠，也應是此條內容（第557頁）。但我覺得，劉知幾建議的皇太子乘馬不著衣冠，很可能是《儀制令》的內容而不是《學令》令文。
④ 參見《舊唐書》卷四六《經籍上》，第2010頁。
⑤ 也有意見認為，當時修令只是在修改的地方貼標籤，等到下次修令時再修入，而不是隨時修改（承蒙趙晶先生提示）。這一做法能否確認，還有待詳細論證。
⑥ 《唐令拾遺》，第410頁。

會要》卷二十《公卿巡陵》①。《唐令拾遺補》除追加了一條參考資料即《文獻通考》卷一二五《山陵》外，別無所補②。

問題是為什麼此條令文只是《開元七年令》呢？各條參考文獻說的很清楚，這是顯慶五年高宗指示"著於令"③後的產物。從顯慶五年（660）到開元七年（719）有近六十年，怎麼會遲到開元年間才"著於令"中？它在開元七年之前的令文中一定有所體現，可能就體現在改後的《永徽令》中。

因此，此條令文應該歸入《永徽令》（實際自然是顯慶年間修改過的《永徽令》）中。

不過這條顯慶時修改過的《永徽令》令文的文字究竟如何，很難確定，似乎應有"三公行事（或三公分行諸陵），太常卿、少卿為副"④字樣。它與《開元令》的一個顯著區別，是太常少卿也隨之巡陵。

（四）《唐令拾遺》復原《軍防令》二十五（開元二十五年）

> 諸私家，不合有甲弩、矛矟、具裝等⑤。

此條復原的依據是《唐律》"私有禁兵器"條疏議："私有禁兵器，謂甲弩矛矟具裝等，依令，私家不合有。"從這個記載看，"令"中是有相關規定的，於是參考日本軍防令"凡私家不得有鼓、鉦、弩、牟矟、具裝、大角、少角及軍幡"進行了復原⑥。《唐令拾遺補》依據《唐律·名例律》疏議"謂甲弩矛矟旌旗幡幟及禁書寶印之類，私家不應有"，將《唐令拾遺》復原令文中的"等"字，改為"旌旗幡幟"⑦。

《唐令拾遺》與《唐令拾遺補》復原的文字，都是推測，都有可能。

---

① 《唐令拾遺》，第410—411頁。
② 《唐令拾遺補》，第655頁。
③ 《唐會要》卷二〇《公卿巡陵》，第402頁。
④ 《唐會要》卷二〇所引詔書中說："三公行事，太常卿少卿為副"（第402頁）；《文獻通考》卷一二五《王禮二十》所引詔書說"歲春秋季一巡，宜以王公（當作三公——筆者）行陵，太常少卿貳之"（中華書局1986年版，第1125頁）。
⑤ 《唐令拾遺》，第294頁。
⑥ 同上書，第294頁。
⑦ 《唐令拾遺補》，第615頁。

除此之外，也許還有另一種可能。《唐令拾遺補》在"追加參考資料"中寫道"四時纂要解題五月條：准律令，人家得畜"，並注明此條參考資料出自仁井田陞的批註①。不過，雖然《唐令拾遺補》的作者看到了仁井田陞的批註，卻沒有將《四時纂要》的資料引全，似乎並未看到這條資料的全文。實際上，這條資料的全文是這樣的：

> 准律令：人家得畜弓劍、短槍八尺已下。自餘器械不合畜②。

這條資料十分珍貴。我覺得它可能更像是唐令的文字。理由有二：第一，它是從正面說人家可以畜藏什麼兵器，然後說禁止畜藏其餘兵器，表述方式不像是律文而像是令文。第二，文中給出可以畜藏的兵器的條件是弓、劍，以及短槍八尺已下。像這種有具體尺寸的文字更像是令文。因此我以為，雖然具體文字可能不是很確定，但這段"准律令"的文字，更像是唐代的令文。由於唐律完整保存了下來，但我們查唐律中沒有這段文字，可見它不是律文。而如果不是律文，就只有可能是令文了。因此，這條資料為我們提供了復原此條唐令的第三種可能性。

這條令文（假定它是令文）是十分珍貴的。它的珍貴在於讓我們知道了唐代一般百姓可以擁有弓、劍和短槍，且這短槍的長度可以到兩米左右。這對於我們瞭解唐代百姓的一般生活很有幫助。由此我們知道了，擁有弓劍槍是當時百姓生活的常態，所以《四時纂要》才把晾曬弓矢、擦拭劍刃等列入農家的日常活動中。

（五）補《學令》一條（開元二十五年）

> （諸州縣）釋奠（于先聖孔宣父），以明衣牲牢。

本條的依據是劉禹錫的《奏記丞相府論學事》。其中說道："貞觀十一年又詔修宣尼廟於兗州。至二十年，許敬宗等奏，乃遣天下諸州

---

① 《唐令拾遺補》，第616頁。
② 韓鄂撰，繆啟愉校釋：《四時纂要校釋》，農業出版社1981年版，第145頁。

縣置三獻官，其他如方社。敬宗非通儒，不能稽典禮。開元中，玄宗饗學，與儒臣議，由是發德音，其罷郡縣釋奠牲牢，唯酒脯以薦。後數年定令。時王孫林甫為宰相，不涉學，委御史中丞王敬從刊之。敬從非文儒，遂以明衣牲牢編在《學令》。是首失于敬宗，而終失于林甫，習以為常，罕有敢非之者。"① 劉禹錫這封給丞相的信，是說州縣用牲牢釋奠孔子很浪費，不如拿這筆花銷修學校、增紙筆、惠儒官。在信中他說：這個用牲牢釋奠孔子的做法，被編在《學令》中，因此沒有人敢反對。由此可知，"以明衣牲牢"釋奠，正是《學令》中的文字。

劉禹錫信中又說，將此規定放到令中，李林甫、王敬從要負責。正是因為二人的不學無術、或不懂儒學，才導致這一失誤的產生。查《舊唐書·刑法志》，"（開元）二十二年，戶部尚書李林甫又受詔改修格令。林甫遷中書令，乃與侍中牛仙客、御史中丞王敬從……等，共加刪輯舊格式律令及敕……總成律十二卷，律疏三十卷，令三十卷，式二十卷，開元新格十卷……二十五年九月奏上"②。由此可知被李林甫、王敬從編入《學令》的這條令文，是開元二十五年令。同時從劉禹錫的信中可知，開元二十五年的修令，李林甫因"不涉學"，只是掛名，具體修令事務則"委御史中丞王敬從"，即王敬從是實際領導者。敦煌藏經洞發現的《開元二十五律疏》最後的署名有6人，排在第一位、並在名後署"上"字者，正是王敬從，作"開元廿五年六月廿七日知刊定中散大夫御史中丞上柱國王敬從上"③。可見劉禹錫的上述說法是有根據的，也可旁證他信中提到的《學令》應是準確的。

當然，這條令文的具體文字如何，我們並不清楚，想來應該會有"釋奠""明衣""牲牢"之類字樣吧④。

---

① 卞孝萱校訂：《劉禹錫集》，中華書局2000年版，第253頁。
② 《舊唐書》卷五〇《刑法志》，第2150頁。
③ 此文書藏中國國家圖書館，舊編號是河字十七號，錄文見劉俊文《敦煌吐魯番唐代法制文獻考釋》，中華書局1989年版，第132頁。
④ 《大唐開元禮》卷六九有《諸州釋奠于孔宣父》；卷七二有《諸縣釋奠于孔宣父》，都涉及牲牢，但均與令文不相類。參見《大唐開元禮》，民族出版社2000年版，第355、366頁。

二　式　文

霍存福的《唐式輯佚》①，參照《唐令拾遺》體例和做法，遍查中日史籍，搜集復原了207條唐式，用功甚勤，是中國學者在復原唐代法典方面最重要的成果之一，也是學術界期待已久的唐《式》集大成著作，出版後頗得學界好評。

我在閱讀唐代史籍時，發現唐《式》佚文基本被該書網羅殆盡，不過也看到了一條佚文未被輯入書中。這可能是編者漏看，也可能是收錄標準不同的緣故，現也寫在下面，以供學界參考。

《考功式》（開元）：

> 卯時付問頭，酉時收。

按：此條《式》文依據的是張鷟的《龍筋鳳髓判》。原文作："太學生劉仁範等省試落第，搥鼓申訴：'准《式》：卯時付問頭，酉時收。策試日，晚付問頭，不盡經業，更請重試。'台付法，不伏。"② 這裡是講省試時的考試規則。落第考生提出由於考試當天發試卷發晚了，導致沒有做完試卷，因此上訴，要求重試。這其中提到的"准《式》"下面一句，應是《式》的原文。由於張鷟死於開元中，彼時對太學生的考試還沒有移到禮部，尚在考功，因此此條《式》文應是《考功式》。《式》文下限當是開元七年（719），上限為何，則不明。

《唐式輯佚》未收此條《式》文。

以上就唐代令式的復原、輯佚提供了幾點不成熟的意見。其實唐令式的復原、輯佚工作，特別是唐令的復原工作，幾乎達到從史籍中已無資料可供訂補的程度，因此以上意見也不過是聊為一說而已，若能對唐代令、式的復原和輯佚有點滴幫助，則幸甚。

---

① 霍存福：《唐式輯佚》，社會科學文獻出版社2009年版。
② 《全唐文》卷一七三，中華書局1983年版，第1759頁。

第二編　司法編

唐代法律用語中的"款"和"辯"

——以《天聖令》與吐魯番出土文書為中心

一 問題的提出——兼論天聖 《獄官令》中的"辦"

"款"和"辯"是唐代法律文書中的重要用語，在法典中也可見到。當代學者對此有過零散解釋[1]，但似無統一的、系統的研究。筆者對此問題產生興趣，源於新發現的北宋《天聖令》中有關令文。

《天聖令》卷第二七《獄官令》宋35條云："諸問囚，皆判官親問，辭定，令自書辦。若不解書者，主典依口寫訖，對判官讀示。"[2] 點校並復原者雷聞將本條令文全文復原為唐令，並寫"說明"云：

按：本條，《唐令拾遺》據《宋刑統》卷二九復原為第二十七條，文字與《天聖令》"宋35"條略同，唯"令自書款"，《天聖令》作"令自書辦"。《天聖令》"唐9"條云："公罪徒，並散禁，不脫巾帶，辦定，皆聽在外參對。"其中的"辦定"，在《宋刑統》卷二九《斷獄律》引《獄官令》中即作"款定"，可見《宋刑統》往往將《唐令》中的"辦"改為"款"字。另，"書辦"一詞又見《天聖令》"唐10"條[3]，因此本條我們姑依《天聖令》作"書辦"。

---

[1] 詳見下文。
[2] 天一閣博物館、中國社會科學院歷史研究所天聖令整理課題組：《天一閣藏明抄本天聖令校證（附唐令復原研究）》（以下簡稱為《天聖令校證》），中華書局2006年版，第333頁。又，本文凡引《天聖令》令文，依宋某某條、唐某某條，及復原唐令某條標示。
[3] 查唐10條，"書辦"實為"辦定"，雷聞誤，見《天聖令校證》，第342頁。

雷聞在這裡只是將《天聖令》與《宋刑統》里所引《令》進行比較，然後決定採用"辦"字。但是在《唐律疏議》中也有類似表述，是不能不提到的。按：《唐律疏議》卷九《職制律》總第111條"疏議"曰："依令：'小事五日程，中事十日程，大事二十日程，徒以上獄案辯定須斷者三十日程。'"① 這里所謂的"令"指《公式令》。同是《唐律疏議》卷二七《雜律》總446條"疏議"曰："曹司執行案，各有程限，《公式令》：'小事五日程，中事十日程，大事二十日程，徒以上獄案，辯定後三十日程。'"② 兩處表達雖畧有不同③，但都使用了"辯定"而非"辦定"。

當然還有"辨定"的寫法。《唐六典》卷一《三師三公尚書都省》"左右司郎中"職掌中有關上述程限的表述是："小事五日，（謂不須檢覆者。）中事十日，（謂須檢覆前案及有所勘同者。）大事二十日，（謂計算大簿帳及須咨詢者。）獄案三十日，（謂徒已上辨定須斷結者。）"④《唐令拾遺》即據此復原為唐《公式令》三十八條⑤。《日本養老公式令》第五十二條也作"獄案卅日程（謂徒以上辨定須斷者）"⑥。

到底是"辦定""辯定"，還是"辨定"？我想應該是"辯定"。理由有二：第一，《唐律疏議》中除"辯定"一詞外，還有若干與"辯"相關的詞彙，是使用"辯"最多的法典。況且，在時代或版本最早的敦煌文書中，使用的是"辯"。這就是原李盛鐸藏最近收入《杏雨書屋藏敦煌秘笈》編號為羽020R的《開元律疏議 雜律卷第二十七》⑦。從圖版看，文書的第四紙明確寫道："徒罪以上獄案辯定後卅日程。"⑧ 第二，《辯》是唐代的一種文書形式，它不稱為"辦"也不稱為"辨"（詳後）。

---

① 長孫無忌等撰，劉俊文點校：《唐律疏議》，中華書局1983年版，第197頁。
② 同上書，第520頁。
③ 關於這種不同，將另文再議。
④ 李林甫等撰，陳仲夫點校：《唐六典》，中華書局1992年版，第11頁。
⑤ ［日］仁井田陞原著，栗勁、霍存福、王占通、郭延德編譯：《唐令拾遺》，長春出版社1989年版，第526—527頁。
⑥ 《令集解》卷三五，吉川弘文館1981年版，第878—879頁。
⑦ 此件文書研究者眾多，仁井田陞在《唐令拾遺》中復原《公式令》三十八條時已經提到，見該書第527頁注［2］。
⑧ 武田科學振興財團杏雨書屋編：《杏雨書屋藏敦煌秘笈》影片冊一，2009年，第174頁。

綜上可知，天聖《獄官令》中的"辦定"，應該是"辯定"，且不是"辨定"[①]，而之所以出現三字混用現象，或是因為"辯"通"辨""辦"，或是因為筆誤[②]。至於為何"辯定"到《宋刑統》所引《令》中變成了"款定"，換句話說，"辯"與"款"到底關係如何？這就是本文要討論的問題。

二　辯

上文說到，"辯"在《唐律疏議》中出現了多次，除前引外還有如卷二九《斷獄》總471條中的"辯定"：

> 辭雖窮竟，而子孫於祖父母、父母，部曲、奴婢於主者，皆以故殺罪論。疏議曰："辭雖窮竟"，謂死罪辯定訖，而子孫於祖父母、父母，部曲、奴婢於主，雖被祖父母、父母及主所遣而輒殺者，及雇人、倩人殺者，其子孫及部曲、奴婢皆以故殺罪論[③]。

同卷總472條中的"文辯"：

> 諸主守受囚財物，導令翻異；及與通傳言語，有所增減者：以枉法論，十五疋加役流三十疋絞；疏議曰："主守"，謂專當掌囚、典獄之屬。受囚財物，導引其囚，令翻異文辯；及得官司若文證外人言語，為報告通傳，有所增減其罪者，以枉法論[④]。

---

① 張雨在《唐開元獄官令復原的幾個問題》中也討論了"辦定"的復原問題，他在比較了《唐律疏議》《通典》《養老令》中的不同用法後，認為應該復原為"辦定"（《唐研究》十四卷，北京大學出版社2008年版，第89—90頁）。

② 由於"辯""辨""辦"三字在此處意義相同，因此下文在敘述時，正字使用"辯"，引文則各仍其舊。

③ 《唐律疏議》，第548頁。

④ 同上。

卷三十《斷獄》總490條中的"服辯"①：

> 諸獄結竟，徒以上，各呼囚及其家屬，具告罪名，仍取囚服辯。若不服者，聽其自理，更為審詳。違者，笞五十；死罪，杖一百。疏議曰："獄結竟"，為徒以上刑名，長官同斷案已判訖，徒、流及死罪，各呼囚及其家屬，具告所斷之罪名，仍取囚服辯。其家人、親屬，唯止告示罪名，不須問其服否。囚若不服，聽其自理，依不服之狀，更為審詳。若不告家屬罪名，或不取囚服辯及不為審詳，流、徒罪並笞五十，死罪杖一百②。

關於這裡的"辯定""文辯""服辯"，法律學者是如何解釋的呢？我們看錢大群對這些詞彙的翻譯："謂死罪辯定訖"一句，他譯作"指死罪已經審問查實確定"③，則"辯"為"審問查實"意，在另一處又將"辯定"譯作"審定"，即直接將"辯"譯為"審"④；"令翻異文辯"一句，他譯作"讓他們推翻或變動服辯"⑤，即將其中的"辯"等同於"服辯"，而對"仍取囚服辯"一句，他譯作"都錄取服罪或辯駁的文書"⑥。這裡他雖然正確地將"服辯"譯作一種"文書"，但仍將"辯"譯為"辯駁"。同樣作此理解的還有劉俊文。他在《唐律疏議箋解》中對"服辯"作了如下箋釋："服者伏罪，辯者申辯。取囚服辯，謂問囚對所斷罪名服否，服則畫供伏罪，不服則進行分辯。"⑦ 這裡，劉俊文把"服"和"辯"分別解釋為兩個動詞⑧。

---

① 關於"服辯"，沈家本在《歷代刑法考》"獄囚取服辯"條中追述了其緣起，認為"服辯"即"周時讀書，漢時乞鞫，今東西各國有宣告之制"。中華書局2006年版，第1893頁。
② 《唐律疏議》，第568頁。
③ 錢大群：《唐律疏義新注》，南京師範大學出版社2007年版，第960頁。
④ 即將"徒以上獄案辯定須斷者三十日程"一句譯作"徒罪以上的刑案審定須判刑的三十日期限"，見《唐律疏義新注》，第326頁。
⑤ 同上書，第961頁。
⑥ 同上書，第995頁。
⑦ 劉俊文：《唐律疏議箋解》，中華書局1996年版，第2088頁。
⑧ 《唐律疏義新注》，第995頁注"服辯"為"服罪或辯說的文字，但通常偏指認罪文字"，若刪去"辯說"云云字樣，就是正確的了。

將"辯定"譯作"審問查實確定"或"審定"似乎並不準確,"辯"似乎沒有"審"的含義。將"服辯"中的"辯"譯作"辯駁"或"申辯"似乎更不確切。即以上引劉俊文的解釋為例,"取囚服辯,謂問囚對所斷罪名服否,服則畫供伏罪,不服則進行分辯",是認為"取囚服辯"本身含有"服罪"和"分辯"兩個含義。但其實不然,因為律文在"取囚服辯"後接著說"若不服者,聽其自理",這才是分辯或申辯。因此"取囚服辯"只有"服"的含義,並無"分辯"的含義。那麼,"辯"在這裡當如何解釋呢?實際上,"辯"在唐代是一種文體,用在訴訟程序中,就相當於後世的"供狀",亦即口供狀、口供書、供述書等①。

因此上述詞語應作如下解釋:

"辯定"即供狀確定,或口供成立之意。所謂"徒以上獄案辯定須斷者三十日程",就是說徒以上的案件,在取得口供後到判決結案,限時30天。

"文辯"就是供狀或形成文字的口供。"翻異文辯"就是推翻或變動口供。

"服辯"就是服罪的供狀。"取囚服辯"就是說在告訴犯人家屬罪名時,要出示犯人表示服罪的供狀。

除以上用例外,在唐代法典中還有其他用例,主要見於《獄官令》,今一併解釋如下:

復原唐令67條:"諸辨證已定,逢赦更翻者,悉以赦前辨證為定。"此條原為天聖《獄官令》宋58條,由於日本《養老獄令》61條文字與此全同,因而雷聞將其全文復原為唐令②。這裡的"辨"通"辯","辨證已定"就是"辯"和"證"已定,前者也就是"辯定"即供狀已定的意思。前引《唐律疏議》總472條中既有"文辯"又有"文證",就是指形成文字的"辯證"。日本學者將"辨證"解釋為:"辨是犯人的供述;證是證人的證言"③,亦即認為"辯"是供述書。

---

① 在唐代,它的使用範圍實際上更廣泛,保人的保狀、證人的證明等,都可以稱為"辯"(詳後)。張雨前引文認為"犯人自承款伏,稱為'辨'"(第89頁)是對的,但"辯"的用途還要更廣泛一些,其實凡回答官府訊問的都稱為"辯"。

② 《天聖令校證》,第640頁。

③ [日]井上光貞等校注:《律令》之《獄令》補注61a,岩波書店2001年版,第694頁。

復原唐令41條："諸問囚，皆判官親問，辭定，令自書辨。若不解書者，主典依口寫訖，對判官讀示。"此條的復原根據是《宋刑統》所引令文，詳見本文第一節。這里的"辨"當為"辯"，"令自書辨"就是讓犯人自己書寫供狀。日本《養老獄令》38條沒有這幾個字，作"凡問囚，辭定，訊司依口寫，訖，對囚讀示"①，即日本制度規定不讓犯人自己書寫供狀。關於這裡"辭定後形成的文書"如何稱呼，日本學者有不同意見：瀧川政次郎認為應稱為"辨"或"囚辨"，利光三津夫認為應稱作"辨定"或"辨證"②。無論如何，這裡的"辯"（或"辨""辦"）為一種供述書，是沒有問題的。吐魯番出土文書中有一件當事人口述然後由典抄寫的"辯"，是這條令文的最好註釋（詳後）。

復原唐令4條："……其徒罪，州斷得伏辨及贓狀露驗者，即役，不須待使，以外待使。其使人仍總按覆，覆訖，同州見者，仍牒州配役。其州司枉斷，使判無罪，州司款伏，即州、使各執異見者，准上文。"③此條令文原為天聖《獄官令》附唐令第1條④，其中的"伏辨"就是"伏辯"也就是"服辯"。日本《養老獄令》3條文字與此相似，作"其徒罪，國斷得伏辨及贓狀露驗者，即役"，《令義解》對"伏辨"的解釋是"謂結斷已訖，得囚服辨"⑤，即"伏辨"就是"服辨"也就是表示服罪的供述書。"釋云：……伏，辨一種"⑥，即認為"伏"（或"服"）是"辯"之一種，即服罪的"辯"，或者說是服罪的供述文書。這個解釋很重要，它明確指出了"辯"有多種，而"服辯"是其中的一種。

通過以上分析，我們可以大致知道"辯"（或"辨""辦"）是一種文體，用在訴訟程序上指供狀，或曰供述書、供述狀（也可說是陳述書、陳述狀）。"辯定"就是供狀確定、"書辯"就是書寫供狀、"服辯"就是表示服罪的供狀。

那麼這種用法在唐代史籍中有無體現呢？回答是肯定的。即以《舊

---

① 《律令》，第467頁。
② 《律令》之《獄令》補注38，第692頁。
③ 《天聖令校注》，第644頁。
④ 同上書，第339頁。
⑤ 《令義解》卷一〇《獄令》，吉川弘文館1985年版，第312頁。
⑥ 《令集解》附《令集解逸文》，第11頁。

唐書》為例：

《舊唐書》卷五十《刑法志》引武周時監察御史魏靖就酷吏問題上言曰："且稱反徒，須得反狀，惟據臣辯，即請行刑"①，這裡的"臣辯"即指臣下的供狀。《全唐文》錄此段文字，"臣辯"作"口辨"②，也可通，前引《唐律疏議》有"翻異文辯"句，則可能"口辨"指口頭供述，"文辯"指文字供狀。

《舊唐書》卷一八六下《吉溫傳》云："（吉）溫令河南丞姚閎就擒之，鎖其（指史敬忠——筆者）頸，布袂蒙面以見溫。溫驅之於前，不交一言。欲及京，使典誘之云：'楊慎矜今款招已成，須子一辯。若解人意，必活；忤之，必死。'敬忠迴首曰：'七郎，乞一紙。'溫佯不與，見詞懇，乃於桑下令答三紙辯③，皆符溫旨，喜曰：'丈人莫相怪！'遂徐下拜。及至溫陽，始鞫慎矜，以敬忠詞為證。"④ 這裡所謂"須子一辯"，就是說"需要你的供狀（或'答狀'）"；所謂"令答三紙辯"，就是說"命令他寫了三張紙的供狀（或'答狀'）"。按：這裡將"辯"釋為"供狀"或"答狀"，而若從嚴格意義上講，應該稱為"答辯"，即"答"這種"辯"，所謂"答三紙辯"即"答辯三紙"。《舊唐書》卷一百五《楊慎矜傳》云："又令（吉）溫於汝州捕史敬忠，獲之，便赴行在所。先令盧鉉收太府少卿張瑄於會昌驛，繫而推之，瑄不肯答辯。鉉百端拷訊不得，乃令不良枷瑄……眼鼻皆血出，謂之'驢駒拔橛'，瑄竟不肯答。"⑤ 這裡的"答辯"就是"寫答辯"即寫"答狀"或寫"供狀"之意。

由上可知，唐代訴訟程序中的"辯"是一種回答訊問的文書，一般可理解為"供狀"，若細分，又有不同類型：單純回答訊問的稱"答辯"，多用於當事人或證人；供訴罪狀並服罪的稱"服辯"（或

---

① 《四庫全書》，第269冊，上海古籍出版社1987年版，第409頁。中華書局點校本將"臣辯"改為"片辭"，並加注曰："'片辭'，各本原作'臣辯'，據《唐會要》卷四一改。《全唐文》卷二〇八作'口辨'"（中華書局1975年版，第2158頁）。這應該是點校者妄改，"臣辯"當不誤，或是《唐會要》編者不明"辯"之含義，改為"片辭"了。

② 《全唐文》卷二百八魏靖《理冤濫疏》，中華書局1983年版，第2111頁。《冊府元龜》卷五四四《諫諍部》同疏亦作"口辨"（中華書局1960年版，第6526頁）。"辨"通"辯"。

③ "辯"原屬下，作"辯皆符溫旨"，似亦通，但"答辯"在唐代是一個詞，因此屬上更好。

④ 《舊唐書》，中華書局1975年版，第4855頁。

⑤ 同上書，第3227頁。

"伏辯"），多用於犯人；還有"保辯"①，當用於保人。口頭供述的稱"口辯"，形成文字的稱"文辯"，書寫供述則稱"書辯"。泛稱則只曰"辯"。

"辯"這種文書形式在吐魯番出土文書中有許多件，僅《吐魯番出土文書》第五冊至第十冊，據我的統計，就有48件左右。這些"辯"不僅見於訴訟案卷，也見於一般案卷，並且其中一部分很早就被學者注意。例如劉俊文即指出：唐人辯辭的書式，姓名下著年紀，均捺有本人指印；"被問""仰答所由者謹審""被問依實謹辯"都是審訊辯辭的套語②；中村裕一指出"辯式文書是因吐魯番出土的'辯'才被知道的文書，是文書名。這個文書的特徵，是個人向官府提出某種願望時使用的……'辯'也是《公式令》沒有規定的、個人向官府提交的上行文書"，並例舉了幾件"辯"，指出其前面有陳述人自己的姓名、年齡，"某辯"，以下陳述自己的見解，最後以"謹辯"結束，後面有年月日③。此外還有劉安志，他在文章中指出，辯辭是直接審訊的原始記錄，有一套規範的程式：首先是辯者的姓名、年齡及畫押，然後是"某辯：被問……謹審……被問依實謹辯"等內容，接下來要寫明具體的時間年月④。

三位學者都基本正確地指出了"辯"的格式，劉俊文和劉安志還指出了它與審訊的關係，只有中村裕一將"辯"視為"個人向官府提出某

---

① 用於訴訟程式中的"保辯"的資料在史籍中似有一例，即《新唐書》卷一二八《蘇珦傳》所云："為右臺大夫。會節湣太子敗，詔株索支黨。時睿宗居藩，為獄辭牽連，珦密啟保辯，亦會宰相開陳，帝感悟，多所含貸。"（中華書局1975年版，第4458頁）此外，"保辯"還用於選舉程式，如《舊唐書》卷一一九《楊綰傳》云："今之取人，令投牒自舉，非經國之體也。望請依古制……比來有到狀、保辯、識牒等，一切並停。"（第3431頁）"到狀、保辯、識牒"原作"到狀保辯識牒"，沒有斷開。

② 劉俊文：《敦煌吐魯番唐代法制文書考釋》，中華書局1989年版，第514、516、525、534、535等頁。

③ ［日］中村裕一：《唐代公文書研究》第1部《敦煌·吐魯番文獻中的唐代公文書》第六章《吐魯番出土の公式令規定外の公文書》第五節《辯》，汲古書院1996年版，第267—272頁。

④ 劉安志：《讀吐魯番出土〈唐貞觀十七年（643）六月西州奴俊延妻孫氏辯辭〉及其相關文書》，原載《敦煌研究》2002年第3期，後收入所著《敦煌吐魯番文書與唐代西域史研究》，商務印書館2011年版，第58—59頁。

種願望時使用的"文書，是不準確的。三位學者都沒有將"辯"與法典規定聯繫起來，也沒有區分不同的"辯"。實際上，"辯"的基本性質是回答官府訊問，既可用於訴訟程序，也可用於申請程序（這是我們現代人的區分，當時人恐怕不作如此區分，即凡是回答官府訊問，都使用"辯"這一文書），用於後者的典型案卷是申請過所，用於前者則有幾個偷盜或傷人的案卷，不過無論何種案卷，都有"答辯""保辯"，在訴訟的場合還有"服辯"。

以上三位學者關於"辯"的書式描述或比較零散或比較粗疏，都不太完整，所以我們首先復原一下唐代"辯"的書式：

1. (辯者) 姓名、年齡、畫押 (指印)
(有時辯者前要加上貫屬與身份，是"保辯"還要加上"保人"字樣，若是多人則需各自署名)

2. 訴訟標的
(此項不必須有，僅在有糾紛時，要列出標的物，如田畝糾紛要列出土地四至；在申請事務時，要列出被審查或被訊問的事項)

3. 某 (辯者) 辯：被問：(下列被問事項)

4. 仰答者！ (或：仰更具答者；仰答所由者；仰一一具辯，不容□□□者；等等)

5. 謹審：(下列回答的內容，往往以"但"字開頭)

6. 被問依實謹辯。(後面往往有負責處理案卷官員的署名，如戶曹參軍、縣令等)

7. 年月日

上文提到，唐代的"辯"可分為"答辯""保辯""服辯"等，下面分別舉一些例子。這些例子均錄自《吐魯番出土文書》，錄文前面數字為行號。我們先看"答辯"。

例一：

85　　　　　王奉仙年冊伍　　Ⅲ
86 奉仙辯：被問：身是何色？從何處得來至酸棗
87 戌？仰答者！謹審：但奉仙貫京兆府華源縣，去
88 年三月內共駄主徐忠驅駄送安西兵賜至安西

89 輸納。卻廻至西州，判得過所。行至赤亭，為身患，
90 復見負物主張思忠負奉仙錢三千文，隨後卻
91 趁來。至酸棗趁不及，遂被戍家捉來。所有
92 行文見在，請檢即知。奉仙亦不是諸軍鎮逃
93 走等色。如後推問不同，求受重罪。被問依實謹辯。
94 （典康仁依口抄並讀示訖。思）開元廿一年正月　日①

此件"答辯"屬於一個案卷，《吐魯番出土文書》編者將其定名為《唐開元二十一年（733）西州都督府案卷為勘給過所事》。案卷包括幾個案件，這是其中之一。此案是說王奉仙為人送物到安西，完事後拿到回京的過所並在西州確認後向東前行。走到赤亭鎮，患病停留，又發現欠他錢的張思忠，於是去追張思忠，沒有追上。走到酸棗戍，因無"行文"被抓住並被遣送回西州。西州都督判令功曹推問，於是王奉仙作了以上的"答辯"。王奉仙在"辯"中說明了情況，指出自己是有過所且各鎮戍都勘過的，請予以查驗，並特別說明自己不是軍鎮逃兵。最後表示自己說的是實話，如果不實，"求受重罪"。這裡要特別指出的是，王奉仙看來不識字，因此這件"答辯"是"典"依據他的口述抄錄，並且讀給他聽的。這一點明確寫在"辯"中，後面還有功曹參軍"思"的署名。前引復原唐令41條說"諸問囚，皆判官親問，辭定，令自書辨。若不解書者，主典依口寫訖，對判官讀示"。這件王奉仙的"辯"，有"典"的抄錄、讀示，也有判官證明"讀訖"的簽名，與令文規定完全一致，說明令文得到了認真執行。

如果此件"答辯"所涉案件尚非現代意義的刑事案件的話，我們再看另一件"答辯"。

例二：

1 張玄逸年卅二　　川

---

① 中國文物研究所、新疆維吾爾自治區博物館、武漢大學歷史系編，唐長孺主編：《吐魯番出土文書》（圖錄本）肆，文物出版社1996年版，第290頁。錄文標點有所改動，首行的三豎道為指印。下同。以下簡稱為《吐魯番出土文書》（圖錄本）。

2 玄逸辯：被問：在家所失 之物 [

3 □告麴運貞家奴婢盜將 [

4 推窮原盜不得，仰答々所 [

5 謹審：但玄逸當失物已見蹤 跡 ，

6 運貞家出，即言運貞家奴婢盜。

7 當時亦不知盜人。望請給公□

8 更自訪覓。被問依實謹辯。

9 式　　麟德二年 [　　　①

這件文書，《吐魯番出土文書》編者定名為《唐麟德二年（665）張玄逸辯辭為失盜事》，與其他兩件文書構成了關於失盜案的案卷。劉俊文將此案卷定名為《麟德二年五月高昌縣勘問張玄逸失盜事案卷殘卷》，並將案由簡述為：張玄逸家失盜，控告盜物人為麴運貞家奴婢，經訊麴家奴婢，俱不得實，因更問張玄逸，張玄逸承認前告乃是推測，請求發給公驗，自己去查訪盜者②。文書中在"辯"後署名的"式"，是高昌縣令③，因此這個"辯"是張玄逸對縣令訊問的"答辯"，同時也讓我們知道了"答辯"不僅用於被告，也用於原告，凡對官府訊問的回答，都可稱"辯"或"答辯"。

下面看看"保辯"。

例三：

1 保人庭伊百姓康阿了 [

2 保人伊州百姓史保年卌④ [

3 保人庭州百姓韓小兒年卌 [

4 保人烏耆人曹不那遮年 [

5 保人高昌縣史康師年卌五 [

---

① 《吐魯番出土文書》（圖錄本）叁，文物出版社1996年版，第238頁。

② 《敦煌吐魯番唐代法制文獻考釋》，第530—533頁。

③ 李方：《唐西州官吏編年考證》，中國人民大學出版社2010年版，第176—177頁。

④ 保人年齡旁均殘有一道指印，無法錄出。

6　康尾義羅施年卅作人曹伏磨〔
7　　婢可婢支　驢三頭　馬一匹〔
8　吐火羅拂延年卅　奴突蜜〔
9　　奴割邐吉　驢三頭〔
10　吐火羅磨色多　〔
11　　奴莫賀咄　〔
12　　婢頡　婢〔
13　　馲二頭　驢五頭　（下殘）
14　何胡數剌　作人曹延那　（下殘）
15　　驢三頭　——①
16　康紀槎　男射鼻　男浮你了
17　　作人曹野那　作人安莫延　康〔
18　婢桃葉　驢一十二頭　——
19　阿了辯：被問：得上件人等牒稱，請〔
20　家口入京，其人等不是壓良〔
21　冒名假代等色以不者？謹審：但了〔
22　不是壓良、假代等色，若後不□
23　求受依法罪。被問依實謹□。
24　　　　　　垂拱元年四月　日②

此件文書屬於一個請過所的案卷，《吐魯番出土文書》編者將其定名為《唐垂拱元年康義羅施等請過所案卷》，內容是康義羅施③等人為向東行，向西州政府申請過所，被戶曹參軍訊問。戶曹訊問的主要問題是所帶人畜是否壓良為賤，或是冒名頂替，申請人在"答辯"中除要回答問題外，還要"請乞責保"④即請訊問保人。於是戶曹針對幾位申請者的保人一併訊問，遂有上引的"保辯"。"保辯"中保證那些作人、奴婢等

---

① 此橫道表明以下無字。下同。
② 《吐魯番出土文書》（圖錄本）叁，第349—350頁。
③ 又稱"康尾義羅施"，見本文所引文書錄文。
④ 此語出自康義羅施的"答辯"，見《吐魯番出土文書》（圖錄本）叁，第346頁。

唐代法律用語中的"款"和"辯" / 103

"不是壓良、假代等色",這裡在"不"字前應有"保"字。本案卷中另一份"保辯",這句話就寫作"保知不是壓良等色"①。"保辯"最後,應有戶曹參軍的署名,這裡可能因文書殘缺而未能顯示②。

最後看一下"服辯"。按"服辯"就是"服罪"的"辯"也就是認罪書。這在現存的吐魯番出土文書中極少,大概只有一件,即粘貼於非常有名的《唐寶應元年(762)六月康失芬行車傷人案卷》中。關於這個案卷,研究的人很多,其案由是:百姓史拂那、曹沒冒控告行客靳嗔奴僱工康失芬,行車輾傷史子金兒、曹女想子,經審屬實,判處康失芬保辜治療③。從案卷可知,天山縣④在接到起訴後,多次訊問被告康失芬:先問他是否行車傷人,他"答辯"說是;再問他為何見有路人而不"唱喚","答辯"說因是借來的車牛,"不諳性行,拽挽不得";最後問既然承認犯罪事實,官府即將判決,是否服罪?然後有以下的回答:

例四:

34 靳嗔奴扶車人康失芬年卅　|||
35 　　問:扶車路行,輾損良善,致令
36 困頓,將何以堪?款占損傷不虛,今
37 欲科斷,更有何別理?仰答!但失芬扶
38 車,力所不逮,遂輾史拂那等男女損傷
39 有實。今情願保辜,將醫藥看待,如不
40 差身死,情求准法科斷。所答不移前
41 款,亦無人抑塞,更無別理。被問依實謹辯。　錚
42 　　　　元年建未月　日⑤

---

① 《吐魯番出土文書》(圖錄本)叁,第348頁。
② 本案卷另一件"保辯"結尾處即有戶曹參軍"亨"的署名。
③ 《敦煌吐魯番唐代法制文書考釋》,第570頁。
④ 劉俊文前引書認為是高昌縣案卷,但李方前引書認為是天山縣案卷(第215頁),今從李說。
⑤ 《吐魯番出土文書》(圖錄本)肆,第332頁。"辯"後署名的"錚",是天山縣縣令,見前引李方書第215頁。

康失芬在這個"辯"中承認有罪,服從判決,願意保辜,並表示以上認罪"無人抑塞"即不是被迫,所以這個"辯"應該屬於"服辯"。至於此"辯"前面的兩個"辯"是否應與此"辯"一樣,也是"服辯"的一部分,暫時無法判明。

以上我們列舉了幾個唐代法律文書中"辯"的例子,從中可知"辯"既可以用於被告,也可以用於原告;既可以用於案件當事人,也可以用於非當事人如保人等。總之,舉凡在案件中用於官府訊問的回答,都可以稱為"辯"。而如果細分的話,可以分別稱為"答辯""保辯""服辯"等。

三 款

"款"在唐代訴訟程序中,大致相當於今天所謂的"口供"。這基本是目前學界的共識。胡三省在《資治通鑒》中的注,是一個基本證據。此即《資治通鑒》卷二百四"殺岐州刺史雲弘嗣。來俊臣鞫之,不問一款"的胡注"獄辭之出於囚口者為款。款,誠也,言所吐者皆誠實也"①。因此我們看到,在唐代史籍中提到犯人或被告的口供時,多用"款"字。相關例子甚多,我們只舉張鷟《龍筋鳳髓判》。

按《龍筋鳳髓判》是"完整傳世的最早的一部官定判例",共蒐集了"79條判例案由"②,據我統計,其中約有10例明確提到了"款"。例如:

> 中書舍人王秀漏洩機密,斷絞。秀不伏,款:於掌事張會處傳得語,秀合是從。會款:所傳是實,亦非大事。不伏科③。

> 通事舍人崔暹奏事口誤,御史彈,付法,大理斷笞三十,徵銅四斤。暹款:奏事雖誤,不失事意。不伏徵銅④。

---

① 《資治通鑒》卷二百四,則天后天授二年九月條,中華書局1976年版,第6474頁。
② 張鷟撰,田濤、郭成偉校注:《龍筋鳳髓判》所附郭成偉《〈龍筋鳳髓判〉初步研究》,中國政法大學出版社1996年版,第201、188頁。
③ 《龍筋鳳髓判》卷一,第1頁。按,校注本《龍筋鳳髓判》在文字和標點上問題很多。筆者在引用時若屬文字問題,出注;若屬標點問題,徑改。
④ 同上書,第3頁。其中"奏"原作"秦""徵"原作"徽",均據《全唐文》卷一七二改(中華書局1983年版,第1750頁)。

唐代法律用語中的"款"和"辯" / 105

　　工部員外郎趙務支蒲陝布供漁陽軍、幽易絹入京，百姓訴不便。
務款：布是粗物，將以供軍；絹是細物，合貯官庫①。

　　會期日酒酸，良醖署令杜綱添之以灰，御史彈綱，綱款：好酒
例安灰，其味加美。不伏科②。

　　以上4例，多是判決後的辯解，嚴格說不是口供而類似上訴狀，但都是當事人的供述或陳述。
　　"款"在《唐律疏議》似沒有用例，在唐令中則有一條有所涉及，即天聖《獄官令》唐1條"若州司枉斷，使人推覆無罪，州司款伏，灼然合免者，任使判放，仍錄狀申"；"若其州枉斷，使判無罪，州司款伏，及州、使各執異見者，准上文"③。這裡的"款伏"即"款服"，《資治通鑒》卷一五四，記北魏爾朱兆"掩捕（寇）祖仁，徵其金、馬。祖仁謂人密告，望風款服"，胡注"款，誠實也，獄囚招承之辭曰款，言得其實也"④。
　　"款"的文字內容，後來被稱為"款狀"（詳後），但在唐前期卻沒有這種稱呼，也沒有實物。我們從出土的吐魯番文書（第五至第十冊）中看到有"款"字近60處，涉及20餘件案卷或文書，但沒有一件是有固定格式、類似"辯"那樣的"款"⑤。我們舉幾個例子。
　　例一：

1　你那潘 等辯：被問：得上件人等 辭請將
2　家口入京，其人等不是壓良、衒誘，寒盜
3　等色以不？仰答者！謹審：但那你等保
4　知不是壓良等色，若後不依今

---

① 《龍筋鳳髓判》卷一，第41頁。
② 《龍筋鳳髓判》卷四，第160頁。
③ 《天聖令校證》，第419頁。
④ 《資治通鑒》卷一五四，梁紀·武帝中大通二年十二月條，第4791頁。
⑤ 《吐魯番出土文書》（圖錄本）叁，第468頁有一件文書被定名為《唐殘問款》，但從其格式（如有"因何拒諱""仰答"等字樣），以及參照（圖錄本）肆《武周天授二年唐建進辯辭》（第72頁，錄文見下節例二）看，此件文書是"辯"而非"款"。

106 / 第二編　司法編

5 款，求受依法罪。被問依實 謹□。　Ⅲ
6 亨　　垂拱元年四月　日①

　　這是上面"辯"一節中所引《唐垂拱元年康義羅施等請過所案卷》中的一件"保辯"，其中提到自己現在作出的"保辭"或"證辭"時，用的是"今款"。這就是說，"辯辭"本身就是一種"款"。
　　例二：

1 □□ 辯：被問 ：建進若告主簿營種還公、
2 逃死、戶絕田地②，如涉虛誣，付審已後不合
3 更執。既經再審確，請一依元狀勘當。據
4 此，明知告皆是實，未知前款因何拒諱？
5 仰更隱審，一々具答，不得准前曲相符會。
6　　　　　　　] 准種職 田③

　　這是《武周天授二年（691）西州都督府勘檢天山縣主簿高元楨職田案卷》中的一件，定名為《武周天授二年唐建進辯辭》。這裡似是再次審訊時的辯辭，其中提到上次的回答時，稱其為"前款"。
　　例三：

1 鎮果毅楊奴子妻張　　鎮果毅張處妻司馬
2 　右檢案內得坊狀稱：上件鎮果毅等娶
3 妻者，依追前件人等妻至，問，得款：
4 張等婦人不解法式，前年十一月內逐④

―――――――

① 《吐魯番出土文書》（圖錄本）叁，第 348 頁。
② "地"原是武周新字。
③ 《吐魯番出土文書》（圖錄本）肆，第 72 頁。
④ 同上書，第 79 頁。其中"人""月"等原為武周新字。

此件文書系敦煌文書，定名為《武周牒為鎮果毅楊奴子等娶妻事》①。文書中引"坊狀"，稱傳訊當事人後所得回答為"款"。

例四：

6 開元拾玖年貳月　日，得興胡米祿山辭：今將婢失滿兒年拾壹，於
7 西州市出賣与京兆府金城縣人唐榮，得練肆拾疋。其婢及
8 練，即日分付了，請給買人市券者。准狀勘責，問口承賤
9 不虛。又責得保人石曹主等伍人款，保不是寒良衒誘
10 等色者。勘責狀同，依給買人市券。
11　　　　　　　　　練主

（下略）②

這是《唐開元二十一年唐益謙請過所案卷》中所附的抄件，是西州市司發給唐榮的市券。其中稱五個保人的"保證"為"款"。

通過以上四例我們可以知道，在唐代，凡回答官府訊問的"辯"，其所答内容到了被狀、牒、符，甚至"辯"引用時，都被稱為了"款"。換句話說，"款"並非一種文書形式，而是一種專指犯人或當事人以及保人證人等供述、陳述内容的特稱。

四　"辯"與"款"

現在讓我們回到最初的問題上來：在唐代，"辯"和"款"到底是什麼關係？唐令中的"辯定"到《宋刑統》所引令中為何變成了"款定"？

關於"辯"和"款"的關係，未見有學者予以討論。前引劉安志文雖未直接探討此問題，但從他對一些案卷的分析看，似乎認為"辯"是"直接審訊的原始記錄"，而"款"是上報時對原始記錄的

---

① 《吐魯番出土文書》（圖錄本）肆，第79頁。
② 同上書，第264頁。

108 / 第二編 司法編

綜合①。

　　劉安志的意見有一定道理，但並不準確。其一，"辯"和"款"的差別不僅在於一是原始記錄，一是綜合文字，而且在於其性質有所不同："辯"是一種文書形式，因此在其他狀、牒、符等引用時，一般不引用"辯"，我們很少見到有"得辯"的說法；"款"則是供述或陳述內容的專稱，因此常以"得款""款云"等形式出現。換句話說，"辯"只是一種形式，"款"才是其內容，在"辯"中所寫的東西就被稱為"款"。其二，"款"並非只是原始記錄的綜合，有時基本是"辯"內容的照抄。例如第二節"辯"中所引王奉仙的"辯"為：

　　86 奉仙辯：被問：身是何色？從何處得來至酸棗
　　87 戍？仰答者！謹審：但奉仙貫京兆府華源縣，去
　　88 年三月內共馱主徐忠驅馱送安西兵賜至安西
　　89 輸納。卻廻至西州，判得過所。行至赤亭，為身患，
　　90 復見負物主張思忠負奉仙錢三千文，隨後卻
　　91 趁來。至酸棗趁不及，遂被戍家捉來。所有
　　92 行文見在，請檢即知。（後略）

而案卷後面官府所上"牒"中所引"款"的內容為：

　　127 ……依問王奉仙，得款：貫京兆府華
　　128 源縣，去年三月內共行綱李承胤下馱主徐忠驅驢，送兵賜
　　129 至安西輸納了。卻廻至西州，判得過所，行至赤亭鎮為患，
　　130 復承負物主張思忠負奉仙錢三千文，隨後卻趁來。至
　　131 酸棗趁不及，遂被戍家捉來。所有行文見在，請檢即知
　　132 者。依檢：……②

---

① 劉安志前引文，第58頁。
② 《吐魯番出土文書》（圖錄本）肆，第292—293頁。

這裡的"款"不就是"辯"的內容嗎？但引用時只能稱"得款"而並不稱為"得辯"。所以前面"款"一節所引，有"今款""前款""又款"等多種表達，這些"款"實際就指"辯"的內容，當然有時它是摘引或綜合的。

但是逐漸地，"款"似乎具有了實際的、形式的意義，於是出現了"款狀"的說法。按，"款狀"一詞，似不見於唐前期，玄宗以後才逐漸出現。《舊唐書·源休傳》云："其妻，即吏部侍郎王翊女也。因小忿而離，妻族上訴，下御史臺驗理，休遲留不答款狀，除名，配流溱州。"① "不答款狀"就是不寫認罪書，這裡"款狀"即"服辯"，已成獨立文體了。所以唐前期所謂的"答辯""答三紙辯"，現在變成了"答款狀"。

又，《舊唐書·穆贊傳》說："因次對，德宗嘉其才，擢為御史中丞。時裴延齡判度支，以姦巧承恩。屬吏有贓犯，贊鞫理承伏，延齡請曲法出之，贊三執不許，以款狀聞。延齡誣贊不平，貶饒州別駕。"② 這裡的"款狀"也相當於"服辯"，是認罪書。最詳細的例子是唐武宗宣宗時有名的"吳湘案"。我們不避煩瑣，將相關案情列如下：

[大中二年（848）二月] 御史臺奏：據三司推勘吳湘獄，謹具逐人罪狀如後：揚州都虞候盧行立、劉群於會昌二年五月十四日，於阿顏家喫酒，與阿顏母阿焦同坐，群自擬收阿顏為妻，妄稱監軍使處分，要阿顏進奉，不得嫁人，兼擅令人監守。其阿焦遂與江都縣尉吳湘密約，嫁阿顏與湘。劉群與押軍牙官李克勳即時遮欄不得，乃令江都百姓論湘取受，節度使李紳追湘下獄，計贓處死。具獄奏聞。朝廷疑其冤，差御史崔元藻往揚州按問，據湘雖有取受，罪不至死。李德裕黨附李紳，乃貶元藻嶺南，取淮南元申文案，斷湘處死。今據三司使追崔元藻及淮南元推判官魏鉶并關連人款狀，淮南都虞候劉群、元推判官魏鉶、典孫貞高利錢倚黃嵩、江都縣典沈頒陳宰、節度押牙白沙鎮遏使傅義、左都虞候盧行立、天長縣令張弘

---

① 《舊唐書》卷一二七，第3574頁。
② 《舊唐書》卷一五五，第4116頁。

思、典張洙清陳廻、右廂子巡李行璠、典臣金弘舉、送吳湘妻女至澧州取受錢物人潘宰、前揚府錄事參軍李公佐、元推官元壽吳珙翁恭、太子少保分司李德裕、西川節度使李回、桂管觀察使鄭亞等，伏候勅旨。其月，勅：李回、鄭亞、元壽、魏鉶已從別勅處分。李紳起此寃訴，本由不真，今既身歿，無以加刑。粗塞眾情，量行削奪，宜追奪三任官告，送刑部注毀。其子孫稽於經義，罰不及嗣，並釋放。李德裕先朝委以重權，不務絕其黨庇，致使寃苦，直到于今，職爾之由，能無恨歎！昨以李威所訴，已經遠貶，俯全事體，特為從寬，宜準去年勅令處分。張弘思、李公佐卑吏守官，制不由已，不能守正，曲附權臣，各削兩任官。崔元藻曾受無辜之貶，合從洗雪之條，委中書門下商量處分。李恪詳驗款狀，蠹害最深，以其多時，須議減等，委京兆府決脊杖十五，配流天德。李克勳欲收阿顏，決脊杖二十，配流硤州。劉群據其款狀，合議痛刑，曾効職官，不欲決脊，決臀杖五十，配流岳州。其盧行立及諸典吏，委三司使量罪科放訖聞奏。①

這其中三次提到"款狀"，即"今據三司使追崔元藻及淮南元推判官魏鉶并關連人款狀""李恪詳驗款狀，蠹害最深""劉群據其款狀，合議痛刑"，從中可知"款狀"就是當事人如被告劉群，相關人或稱"關聯人"，審案人如崔元藻、魏鉶、李恪②等的供狀或認罪書。

在"款"成為一種獨立文體即"款狀"而逐漸代替了"辯"的同時，有關"辯"的說法也逐漸向"款"演變。例如《舊唐書·穆宗貞獻皇后蕭氏傳》記開成四年（839）蕭弘、蕭本偽稱太后弟案，"遂詔御史中丞高元裕、刑部侍郎孫簡、大理卿崔郾三司按弘、本之獄，具，並偽。詔曰：……三司推鞠，曾無似是之蹤，宰臣參驗，見其難容之狀。文款繼入，留中久之……"③這裡的"文款"即前引《唐律疏議》卷二九《斷獄》總472條中的"文辯"。《舊唐書·令狐建傳》記"（令狐）建妻

---

① 《舊唐書》卷一八下《宣宗紀》，第619—620頁。
② 李恪是原審案的推官，參見《舊唐書》卷一七三《吳汝納傳》，第4501頁。
③ 《舊唐書》卷五二，第2202頁。

李氏，恒帥竇臣女也，建惡，將棄之，乃誣與傭教生邢士倫姦通。建召士倫榜殺之，因逐其妻。士倫母聞，不勝其痛，卒。李氏奏請按劾，詔令三司詰之。李氏及奴婢款證，被誣頗明白，建方自首伏"①。這裡的"款證"，實即前引復原唐令67條中的"辯證"。《舊唐書·韋嗣立傳》錄其武周時上疏云："揚、豫之後，刑獄漸興，用法之伍，務於窮竟……道路籍籍，雖知非辜，而鍛鍊已成，辯占皆合。"②《舊唐書·裴延齡傳》言德宗時裴延齡謀害陸贄、李充，"贄、充等雖已貶黜，延齡憾之未已，乃掩捕李充腹心吏張忠，捶掠楚痛，令為之詞，云'前後隱沒官錢五十餘萬貫，米麥稱是，其錢物多結託權勢，充妻常於犢車中將金寶繒帛遺陸贄妻'。忠不勝楚毒，並依延齡教抑之辭，具於款占"③。唐前期的"辯占"到後期成了"款占"。

在這一"辯"逐漸向"款"演變的過程中，"服辯"變成了"伏款"。前引《唐律疏議》卷三十《斷獄》總490條云："諸獄結竟，徒以上，各呼囚及其家屬，具告罪名，仍取囚服辯。若不服者，聽其自理，更為審詳。"但到唐穆宗長慶年間，有"長慶元年（821）十一月五日敕節文：應犯諸罪，臨決稱冤，已經三度斷結，不在重推限。自今以後有此色，不問臺及府縣，並外州縣，但通計都經三度推勘，每度推官不同，囚徒皆有伏款，及經三度結斷者，更有論訴，一切不在重推問限"④。這裡明確指出，"囚徒皆有伏款"，顯然"伏款"就是《唐律疏議》中提到的"服辯"。再往後到唐武宗年間，會昌四年（844）十二月有敕曰："郊禮日近，獄囚數多，案款已成，多有翻覆。其兩京天下州府見繫囚，已結正及兩度翻案伏款者，並令先事結斷訖申"⑤。這裡不僅提到了"伏款"，也提到了"案款"，知當時"案款已成"或"結斷案款"已經成為制度。後唐延續了這一趨勢，《宋刑統》引後唐天成三年（928）七月十七日敕節文云："諸道州府凡有推鞫囚獄，案成後，逐處委觀察、防禦、團練軍事判官，引所勘囚人面前錄問，如有異同，即移司別勘。若見本

---

① 《舊唐書》卷一二四，第3530—3531頁。
② 《舊唐書》，第2867—2868頁。
③ 同上書，第3727—3728頁。
④ 竇儀等撰，吳翊如點校：《宋刑統》卷二九，中華書局1984年版，第480頁。
⑤ 《舊唐書》卷一八上《武宗紀》，第602頁。

情，其前推勘官吏，量罪科責。如無異同，即於案後別連一狀，云所錄問囚人與案款同，轉上本處觀察團練使、刺史。如有案牘未經錄問過，不得便令詳斷。"① 那思陸在《中國審判制度史》中認為"結款"是宋代審判程序中的一環，"'款'是指口供，所謂'結款'是指人犯具結的書面口供（犯罪事實）。唐代以前似乎並無'結款'制度，此一制度似系宋初形成"②。現在看來這一結論似可商榷：唐代應該也有這一程序，它在唐前期被稱為"辯定""服辯"等，後來稱為"案款已成""結斷伏款"等，實際就是那思路所說的"結款"。

這樣，我們就可以清楚看到由"辯"向"款"演變的痕跡。到宋初，似乎只使用"款"而不再使用"辯"，唐代法典中的"書辯""辯定"等到《宋刑統》所引令文中，就都變成"書款""款定"了。

五　小　結

通過以上分析，我們似可得出以下結論：

第一，在唐代訴訟程序中，"辯""辨""辦"常被混用，但正確的似應是"辯"。

第二，"辯"是一種文體，用於回答官府的訊問，可以有"答辯""保辯""服辯"等形式。前二者可以用於其他場合，"服辯"則只用於訴訟程序中。

第三，"款"指口供或供述、陳述，在唐前期它不是一種文體，而是關於"口供"或"供述""陳述"內容的專稱。凡"口供"或"供述""陳述"的內容，都可以被稱為"款"。

第四，就"辯"與"款"的關係而言，"辯"是文體、是形式，"款"是專稱，是內容。凡"辯"中內容，無論是在狀、牒、符乃至辯中被引用時，都稱為"款"。

---

① 《宋刑統》卷二九，第480—481頁。
② 那思陸：《中國審判制度史》，上海三聯書店2009年版，第126頁。

第五，"款"到唐後期逐漸向文體轉變，出現了"款狀"的說法①。"辯"的表達也逐漸向"款"演變，於是"書辯"成了"書款"、"辯定"成了"款定"、"文辯"成了"文款"、"辯證"成了"款證"、"辯占"成了"款占"、"服辯"成了"伏款"，到宋初，似很少使用"辯"的說法了②。

第六，如此看來，《宋刑統》所引令文中"書款""款定"等說法，與唐代法典中"書辯""辯定"的不同，是時代不同造成的。那麼，這是否反映了令文本身也有時代先後的差別呢？這一問題值得探討，但它超出了本文範圍，留待今後再來仔細研究吧。

---

① 通檢《四庫全書》，唐前期未見有"款狀"一詞，但《隋書》卷六六《裴政傳》有"（趙）元愷引左衛率崔蒨等為證，蒨等款狀悉與元愷符同"語（中華書局1973年版，第1550頁），此處的"款狀"是否文體，尚需今後詳作研究。

② 當然，作為《唐律》的延續，明清律中依然保留了"服辯"這一詞語，但依據當時的理解作了改動，例如《大明律》就將《唐律》中"仍取囚服辯"改為"仍取囚服辨文狀"（薛允升撰，懷效鋒、李鳴點校《唐明律合編》，法律出版社1999年版，第808頁）即增加了"文狀"二字。由此知明律的編者認為僅"服辯"二字恐含義難明，易致誤解，必須加"文狀"二字才能清楚表明"服辯"是一種文書。這也可反證"服辯"在唐代的含義。

唐代訴訟文書格式初探

——以吐魯番文書為中心

一　問題的提出

　　唐代訴訟文書採用什麼格式，在史籍上很少記載，即使不多的一點記載，也因語焉不詳，多有矛盾，而一直為我們所不明。正因如此，關於這一問題的研究者也不多，似乎還沒有專門的論著出現。

　　最近，有陳璽《唐代訴訟制度研究》[1] 問世（以下簡稱為《訴訟制度》），書中在第一章第二節《起訴的程式要件》中，列有《唐代律令關於起訴程式之一般規定》與《出土文書所見唐代訴牒之格式規範》二小節。在前一小節中，作者指出："唐代訴訟實行'書狀主義'原則，當事人訴請啟動訴訟程式，均需向官司遞交書面訴狀。"[2] 這裡稱唐代訴訟文書為"訴狀"。又引復原唐《獄官令》35 條及唐律，認為"唐律嚴懲代書辭牒誣告他人之行為……若於他人雇請代書訴狀文牒之際，加狀不如所告，但未增重其罪者，依律科笞五十"[3]。這裡稱訴訟文書為"辭牒"或"訴狀文牒"。作者還說："刑事、民事案件訴事者在向官府告訴前，均需製作訴牒，作為推動訴訟程式的基本法律文書。法律對於訴牒的格式與內容均有較為嚴格的要求。"[4] 這裡稱訴訟文書為"訴牒"。作者舉

---

[1]　陳璽：《唐代訴訟制度研究》，商務印書館 2012 年版。
[2]　同上書，第 18 頁。
[3]　同上書，第 19 頁。
[4]　同上書，第 20 頁。

了幾個例子，說："其中皆有辭狀文書作為有司論斷之基本依據"①。這裡稱訴訟文書為"辭狀文書"。

這樣，我們在該書不到 3 頁的篇幅上，就看到作者對訴訟文書有以下幾種不同稱呼：訴狀、辭牒、訴狀文牒、訴牒、辭狀文書。甚至在同一句話中，可以前面稱"訴牒"後面稱"訴狀"②。此外還有"辭狀文牒"③"訴牒辭狀"④ 等說法。其中如"訴牒辭狀"並列，作者寫為"訴事人遞交的訴牒辭狀"，則不知二者是一種文書，還是兩種不同的文書。

這種混亂，實際也說明了訴訟文書在唐代稱呼的不確定性，以及使用時的混淆。那麼，到底唐代訴訟文書⑤在當時如何稱呼？它在實際使用時有無變化？其格式究竟如何？就成了本文希望解決的問題。

二 唐代法典中的稱呼

首先我們要看看唐代法典中對訴訟文書有怎樣的稱呼。《訴訟制度》引用了唐代法典中的一些條文⑥，但論述的重點不在訴訟文書的稱呼上，即沒有明確指出法典對訴訟文書的具體稱呼。現在讓我們再重新梳理一下唐代法典的相關條文。

（一）復原唐《獄官令》35 條前半

諸告言人罪，非謀叛以上者，皆令三審。應受辭牒官司並具曉示虛得反坐之狀。每審皆別日受辭。（若使人在路，不得留待別日受辭者，聽當日三審。）官人於審後判記，審訖，然後付司。

按：此條唐令是根據《唐六典》卷六《刑部郎中員外郎》條、《通

---

① 陳璽：《唐代訴訟制度研究》，第 20 頁。
② 同上書，第 21 頁正數第 2—3 行。
③ 同上書，第 25 頁。
④ 同上書，第 33 頁。
⑤ 本文一般稱其為"訴訟文書"，具體行文時，依據文書在當時的不同稱呼，分別稱其為"辭""牒""狀"或"訴辭""訴牒""訴狀"。
⑥ 陳璽：《唐代訴訟制度研究》，第 19—20、29 頁。

典》卷一六五《刑法》三《刑制》下,以及《天聖令》宋29條等復原而成①。令文中稱訴訟文書為"辭牒";稱接受訴訟文書為"受辭"或"受辭牒"。

(二)唐《鬥訟律》"告人罪須明注年月"條(總第355條)

諸告人罪,皆須明注年月,指陳實事,不得稱疑。違者,笞五十。官司受而為理者,減所告罪一等。即被殺、被盜及水火損敗者,亦不得稱疑,雖虛,皆不反坐。其軍府之官,不得輒受告事辭牒。

疏議曰:告人罪,皆注前人犯罪年月,指陳所犯實狀,不得稱疑。"違者,笞五十",但違一事,即笞五十,謂牒未入司,即得此罪。官司若受疑辭為推,並准所告之狀,減罪一等,即以受辭者為首,若告死罪,流三千里;告流,處徒三年之類。……"其軍府之官",亦謂諸衛及折衝府等,不得輒受告事辭牒②。

按:此條律文稱訴訟文書為"辭牒"或"告事辭牒"。接受訴訟文書者為"受辭者"。訴訟文書不實,為"疑辭"。又稱呈遞"入司"的文書為"牒"。另外要注意:律文中所謂"准所告之狀"中的"狀",指"實狀"即情況、事狀,而非文書形式之"書狀"之義。

(三)唐《鬥訟律》"為人作辭牒加狀"條(總356條)

諸為人作辭牒,加增其狀,不如所告者,笞五十;若加增罪重,減誣告一等。

疏議曰:為人雇倩作辭牒,加增告狀者,笞五十。若加增其狀,得罪重於笞五十者,"減誣告罪一等",假有前人合徒一年,為人作辭牒增狀至徒一年半,便是剩誣半年,減誣告一等,合杖九十之類③。

---

① 復原令文及依據,見天一閣博物館、中國社會科學院歷史研究所天聖令整理課題組:《天一閣藏明抄本天聖令校證(附唐令復原研究)》,中華書局2006年版,第624頁。《獄官令》的復原由雷聞撰寫。
② 《唐律疏議》卷二四,中華書局1983年版,第444頁。
③ 同上。

按：此條律文亦稱訴訟文書為"辭牒"，可以雇人書寫。如果在辭牒中增加所告罪狀，要笞五十。律文中的"狀"是"情狀""罪狀"之意，也不是文書形式之"狀"。

以上是法典中關於訴訟文書最基本的條文，從中可知，在唐代法典中，對訴訟文書最正規最嚴謹的稱呼，應該是"辭牒"。從其中"受辭""受疑辭"看，又以"辭"為訴訟文書的大宗，其次為"牒"。

法典中也有"狀"，例如"辭狀"①"告狀"②等，但正如前面所說，這裡的"狀"都是情狀、罪狀，即文書內容，還不是一種文書形式的意思③。

三　吐魯番出土文書中所見唐代訴訟文書中的《辭》

《訴訟制度》重視敦煌、吐魯番文書中保存的訴訟資料，在《出土文書所見唐代訴牒之格式規範》一小節中收錄了訴訟文書（書中稱"訴牒"）23件，為我們研究訴訟文書提供了一定的幫助④。但是作者沒有區分"辭"和"牒"，使用了一些"狀"，未能講清它們之間的關係，也沒有復原出"辭"和"牒"的格式。凡此種種，都有重新研究的必要。

關於"辭"和"牒"的區別，是研究唐代文書制度者的常識。但相關資料其實有些差異。常引的是《舊唐書·職官志》所云："凡下之所以達上，其制亦有六，曰表、狀、箋、啟、辭、牒（表上于天子。其近臣亦為狀。箋、啟上皇太子，然于其長亦為之。非公文所施，有品已上公文，皆曰牒。庶人言曰辭也）。"⑤這其中的"有品已上"，《唐六典》作

---

① 《唐律疏議》卷二九《斷獄》"死罪囚辭窮竟雇倩人殺"條（總471條），第547頁。
② 《唐律疏議》卷二九《斷獄》"依告狀鞫獄"條（總480條），第555頁。
③ 參見錢大群《唐律疏義新注》，南京師範大學出版社2007年版，第960、975頁。
④ 《訴訟制度》，第21—24頁。
⑤ 《舊唐書》卷四三《職官志》，中華書局1975年版，第1817頁。

"九品已上"①,是史料的差異之一。此外,引文的注中說"非公文所施,有品已上公文,皆曰牒",文氣不順:既有"皆"字,當言"公文及非公文所施,皆曰牒"才對,否則"皆"字沒有著落。《唐會要》沒有"非公文所施"字樣,作"下之達上有六(上天子曰表,其近臣亦為狀。上皇太子曰箋、啟。於其長上公文,皆曰牒。庶人之言曰辭"②。到底哪種說法正確,現已無法判明,就"辭""牒"的區別而言,起碼有兩點可以肯定:第一,有品的官吏所上公文曰牒。第二,庶人之言曰辭。至於是"有品"還是"九品",從實際使用的例子看,似應以"有品"為是。如果上文推測的"皆"字與公文和非公文的聯繫有道理,則有品官吏所上公文及非公文皆曰牒。簡單地說,在上行文書的使用上,品官(含職官、散官、勳官、衛官等)用"牒"、庶人用"辭"。這一區別也適用于訴訟文書場合。

關於吐魯番文書中的"辭",中村裕一早在20世紀90年代就有過研究。他在《唐代公文書研究》第五章《吐魯番出土の公式令規定文書》第二節《上行文書》第四小節《辭》中指出:辭式文書是庶民向官府申請時用的文書,實例只存在於吐魯番文書中,應該為《公式令》所規定。《辭》在北朝已經存在,傳到高昌成了高昌國的《辭》,也為唐代所繼承。唐代《辭》與高昌國《辭》的區別是後者沒有寫明受辭的機構。《辭》的文書樣式是:開頭寫"年月日姓名　辭",結尾寫"謹辭"。書中列舉了六件唐代《辭》的錄文③。

中村裕一的研究已經涉及唐代《辭》的主要方面。本文要補充的,其一,是將《辭》的格式更完備地表示出來。其二,補充一些《辭》的文書,並作簡單分析。最後,總結一下《辭》的特點,以便與作為訴訟文書的《牒》進行比較。

完整的訴訟文書的《辭》,應該具備以下格式:

---

① 《唐六典》卷一《三師三公尚書都省》,中華書局1992年版,第11頁。不過此中華書局的點校本,據《舊唐書》《唐會要》等作了一些校訂,非本來面貌,使用時需要注意。
② 《唐會要》卷二六《牋表例》,中華書局1990年版,第504頁。引用時標點有所變動。
③ [日]中村裕一:《唐代公文書研究》,汲古書院1996年版,第191—196頁。

年月日 **(籍貫身份)** 姓名　辭
標的 **(即所訴人或物)**
受訴機構 **(一般為：縣司、州司、府司、營司等)：所訴內容。**
結尾——謹以辭 (或諮、狀) 陳，請裁 (或請……勘當；請……)。
謹辭。
(實用訴訟文書，後面附有判詞)

吐魯番文書中的《辭》，僅就《吐魯番出土文書》一至十冊[①]統計，有近30件，若包括案卷中所引的《辭》，約有40件之多。以下舉幾個相對比較完整的例子。

例一　唐貞觀廿二年（648）庭州人米巡職辭為請給公驗事[②]

1　貞觀 廿 二 [　　] 庭州人米巡職辭：
2　　米巡職年三拾　奴哥多彌施年拾伍
3　　婢娑匐年拾貳　駝壹頭黃鐵勒敦捌歲
4　　羊拾伍口
5　州司：巡職今將上件奴婢、駝等，望於西
6　州市易。恐所在烽塞，不練來由，請乞
7　公驗。請裁。謹辭。
8　　巡職庭州根民，任往
9　　西州市易，所在烽
10　　塞勘放。　懷信白。
11　　　　　　　廿一日

此件《辭》嚴格說不是訴訟文書，而是申請書。是米巡職向庭州提出的申請，目的是希望發給他公驗，好去西州貿易。處理此件《辭》即

[①] 國家文物局古文獻研究室、新疆維吾爾自治區博物館、武漢大學歷史系編：《吐魯番出土文書》第一冊至第十冊，文物出版社1981—1991年版。

[②] 《吐魯番出土文書》第七冊，第8—9頁。前引中村裕一《唐代公文書研究》中亦有引用。

寫判詞的"懷信",應該是庭州的戶曹參軍事①。此件《辭》的申請人,應該是一般的庭州百姓。

例二　唐永徽三年（652）士海辭為所給田被里正杜琴護獨自耕種事②

1 □徽三年 [　　　　] 海辭
2 　　　口分[常] [
3 縣司：士海蒙給田，[已] [　　] [貳][載]未得田地。
4 今始聞田共同城人里正杜琴護連風（封）。其地，琴護
5 獨自耕種將去，不與士海一步。謹以諮陳訖。
6 謹請勘當，謹辭。

此件《辭》是某士海上訴至縣裡,說本應給自己的田地被里正耕種,請縣裡核查處理。"某士海"應該是一般百姓。

例三　唐麟德二年（665）牛定相辭為請勘不還地子事③

1 麟德二年十二月　日，武城鄉牛定相辭：
2 　　寧昌鄉樊董堆父死退田一畝
3 縣司：定相給得前件人口分部一畝，徑（經）今五年
4 有餘，從嗦（索）地子，延引不還。請付寧昌鄉本
5 里追身，勘當不還地子所由。謹辭。
6 　　　付坊追董堆過縣
7 　　　對當。果　示
8 　　　　　十九日

此件《辭》是牛定相上訴縣裡,要求調查樊董堆五年不還他地子的

---

①　比照西州處理申請過所事務,在此處寫判詞的即戶曹參軍事,如梁元璟。參見李方《唐西州官吏編年考證》,中國人民大學出版社2010年版,第118—119頁。
②　《吐魯番出土文書》第七冊,第23頁。
③　《吐魯番出土文書》第五冊,第92頁。中村裕一《唐代公文書研究》已引。

原因。縣裡接到《辭》並審理後，縣令或縣丞某"果"① 下判詞，命令坊正帶樊董塠到縣裡接受詢問並與牛定相對質②。以此件《辭》來上訴的牛定相，應是一般百姓。

例四　唐總章元年（668）西州高昌縣左憧憙辭為租佃葡萄園事③

1　總章元年七月　　日高昌 縣左 憧憙 辭
2　　張渠蒲桃一所（舊主趙回□）
3　縣司：憧憙先租佃上□桃，今□□□□
4　恐屯桃人並比鄰不委， 謹以 辭 陳 ，□□□□
5　公驗，謹辭。

此件《辭》是左憧憙上訴縣司，就一所葡萄園的租佃糾紛，請縣裡出示公證（公驗）。上訴者應是一般百姓。

例五　唐儀鳳二年（677）西州高昌縣寧昌鄉卜老師辭為訴男及男妻不養贍事④

1　儀鳳二年四月　　日寧昌鄉人卜老師辭
2　　男石德妻漢姜
3　□□ 老 師上件男妻，從娶已來，經今一十□□□
4　□□咸亨二年，其男及妻遂即私出在
5　□□兩眼俱盲，妻 服 □□□□□□□□
6　□□不應當。既是兒妻□□□□□ 乱 □
7　□□不取言教所由，謹辭。

----

① "果"為縣令或縣丞，參前引李方《唐西州官吏編年考證》，第177—178頁。
② 關於本件文書的性質，參見陳國燦《唐代的"地子"》，見氏著《唐代的經濟社會》，文津出版社1999年版，第156—157頁。
③ 《吐魯番出土文書》第六冊，第426頁。
④ 《吐魯番出土文書》第七冊，第528頁。

此件《辭》殘缺較多，在第 3 行開頭，應有"縣司"字樣。《辭》的內容是卜老師訴其兒子並兒媳私自出走，不贍養自己。咸亨二年是 671 年，即兒子夫婦出走已經 6 年了。上訴人卜老師應是普通百姓。

例六　唐永隆二年（681）衛士索天住辭為兄被高昌縣點充差行事①

1 永隆二年正月　日校尉裴達團衛士索天住辭
2 兄智德
3 府司：天住前件兄今高昌縣點充
4 行訖，恐縣司不委，請牒縣知，謹辭。
5 　　　　　付司　伏生示
6 　　　　　　　　六日
7 　　　　　正月六日　畢
8 　　　　　司馬　兒？
9 　　　　　差兵先取軍人
10 　　　　君柱等，此以差
11 　　　　行訖。准狀別牒高
12 　　　　昌、交河兩縣，其
13 　　　　人等白丁兄弟，請
14 　　　　不差行。吳石仁
15 　　　　此以差行訖，牒
16 　　　　前庭府准狀，
17 　　　　餘准前勘。待
18 　　　　舉　　示
19 　　　　　　　六日
20 　　　　依判。伏生　示
21 　　　　　　　六日

―――――――――

① 《吐魯番出土文書》第六冊，第 559 頁。前引中村裕一《唐代公文書研究》中亦有部分引用。

此件《辭》是軍府（前庭府？）衛士索天住上訴至西州都督府①的訴《辭》，說自己的兄弟索智德已被點充府兵，請都督府牒下高昌縣告知。上訴人是府兵的衛士。寫"付司"的"伏生"是西州都督②。前引唐《獄官令》云："官人於審後判記，審訖，然後付司。"此件文書的處理則是先"付司"，通判官給出意見後，長官批示"依判"。給出具體意見的通判官"待舉"是西州長史③。當然，所判意見針對的其他幾件訴《辭》，因文書殘缺而不為我們所知了。

例七　唐景龍三年（709）嚴令子妻阿白辭④

27 景□三年十二月　　　日寧昌鄉人嚴令子妻白辭
28　夫堂弟住君
29 縣司：阿白夫共上件堂弟同籍，各自別居。一
30 戶總有四丁，三房別坐。籍下見授常田十
31 畝已上。除夫堂兄和德為是衛士，取四畝分
32 外，餘殘各合均收。乃被前件夫堂弟見
33 阿白夫並小郎等二人逃走不在，獨取四畝，
34 唯與阿白二畝充二丁分。每年被征阿白
35 兩丁分租庸，極理辛苦，請乞處分，謹辭。

此件《辭》是《高昌縣處分田畝案卷》的一部分⑤。案卷有"高昌縣之印"數方，因此本件《辭》應是訴訟文書的原件。文書內容是嚴令子妻阿白訴丈夫的堂弟嚴住君多占了她的地，每年還要交二個丁男（此二丁男已經逃走）的租庸，請縣裡處分。從後面的案卷看，縣裡接到訴《辭》後命坊正帶嚴住君來縣裡詢問。嚴住君用《辯》作了回答，說自己

---

① 西州設有前庭、岸頭、蒲昌、天山四個軍府，完全聽命于西州都督府。參見陳國燦、劉永增《日本寧樂美術館藏吐魯番文書》，文物出版社 1997 年版，第 10—11 頁。
② 前引李方《唐西州官吏編年考證》，第 8—9 頁。
③ 同上書，第 35—38 頁。
④ 《吐魯番出土文書》第七冊，第 508—509 頁。前引中村裕一《唐代公文書研究》亦曾引用。
⑤ 案卷全部殘存 177 行，見《吐魯番出土文書》第七冊，第 506—523 頁。

沒有多占，阿白所少的地，是北庭府史匡君感花了一千文錢從阿白手中買來的，有保人作證。由於文書後殘，最後如何判決我們不能詳知。此件《辭》的上訴人阿白，應該是一般百姓。若與此《辭》前面殘存的另一件董毳頭《辭》看，筆跡完全不同，知是本人所寫，當然也可能是雇人所寫，總之，不是由官府出人統一謄清的。

例八　唐景龍三年（709）張智禮辭①

104 景龍三年十二月　日寧昌鄉人張智禮辭
105 縣司：智禮欠口分常田四畝，部田六畝，未□
106 給授。然智禮寄住南城，請勘責□□□□
107 於天山縣寬□請授。謹辭。
108　　　　付　司　虔□　□

此件《辭》亦為上述案卷中的一件。內容是張智禮向縣裡申請，請於寬鄉天山縣補足所欠口分常田和部田。《辭》中沒有"標的"，是因為申請人無法指定該得的田地的位置。下令"付司"的"虔□"，是高昌縣令②。張智禮應是普通百姓。

例九　唐開元三年（715）交河縣安樂城萬壽果母姜辭③

1 開元三年八月日交河縣安樂
2 城百姓萬壽果母 姜 辭：縣司：
3 阿姜女尼普敬，合□山人年卅三，
4 不用小法（注？）。請裁辭。

此件《辭》的筆跡極拙劣，可能是擬的草稿，因此"縣司"沒有另抬頭，不符合《辭》的一般格式。"請裁"後面也缺了"謹"字。《辭》

---

①　《吐魯番出土文書》第七冊，第516頁。
②　前引李方《唐西州官吏編年考證》，第194—195頁。其實署名之"虔□"並無法識讀，更無法用標準繁體字寫定，有的錄文即錄為"管皇"。
③　《吐魯番出土文書》第八冊，第73頁，前引中村裕一《唐代公文書研究》亦曾引用。

的內容不明，上訴人阿姜是個"百姓"。

例十　唐寶應元年（762）百姓曹沒冒辭為康失芬行車傷人事①

　　8 元年建未月　日，百姓曹沒冒辭。
　　9　　　　女想子八歲
　　10 縣司：沒冒前件女在張遊鶴店門前坐，乃
　　11 被行客靳嗔奴扶車人，將車輾損，腰骨
　　12 損折，恐性命不存，請乞處分。謹辭。
　　13　　　　　　付本案　錚
　　14　　　　　　示

此件《辭》是《康失芬行車傷人案卷》中的一件，內容是曹沒冒向縣裡起訴康失芬駕車將其女兒撞傷一事。縣裡接到訴《辭》後，命將肇事人帶到縣裡詢問，最後判決是"放出勒保辜，仍隨牙"②。上訴人是天山縣百姓，"錚"是天山縣令③。本件《辭》的字跡樸拙，與前後所存《牒》《辯》不同，應是本人書寫。

通過以上十例，我們可以看出，使用《辭》來上訴或申請的人，基本是百姓（內有婦女二人，即嚴令子妻阿白和萬壽果母阿姜）和衛士。檢查其他殘存的《辭》，則使用者還有僧人、里正、健兒、興胡④等，都是沒有官品的"庶人"。

從內容看，十件中多與田畝糾紛有關（五件），其他四件分別為差兵役、行車撞人、贍養糾紛、請公驗，餘一件內容不明。查閱其他殘存的《辭》，所訴內容還包括因病請白丁充侍、請從兄男充繼子、舉取練絹糾紛、番期舛誤、勘查鞍具並轡、受雇上烽、租佃糾紛、因病不堪行軍、

---

①《吐魯番出土文書》第九冊，第 129 頁。
② 案卷共 60 行，研究者眾多，可參看劉俊文《敦煌吐魯番唐代法制文書考釋》，中華書局 1989 年版，第 566—574 頁。
③ 參前引李方《唐西州官吏編年考證》，第 213—215 頁。
④ 分別見《吐魯番出土文書》第四冊，第 46、244 頁；第八冊，第 91 頁；第九冊，第 27 頁。其中"里正"的《辭》是一個極殘的殘卷，詳情不明。若參下節，里正也可使用《牒》。或許里正用《牒》是比較規範的。

賠死馬並呈印、查找失蹤兄弟、請頒發市券、請改給過所①等，其中有些不是訴訟，只是申請，可見《辭》是一種用途廣泛的私人上行文書，其中訴訟用者可稱為訴《辭》，申請用者可稱為申《辭》。

　　從格式看，其最重要的特徵是：第一，"年月日姓名　辭"置於《辭》的首行，這與下面要說的《牒》以及《辯》②不同。第二，姓名前要寫明籍貫如某鄉人或身份如百姓、衛士等。這與《辯》明顯不同。後者不必寫籍貫身份（保辯除外）但一定要寫年齡。這可能是因為《辭》是最初的法律文件，看重的是身份；《辯》是面對官府詢問的回答，身份已知，故需強調未知的年齡。第三，一定要有受理機構如縣司等，這與下面要說的《牒》不同。第四，最後以"謹辭"結尾。區別《辭》《牒》的重要標識，即一為"謹辭"結尾，一為"謹牒"或"牒"結尾。

　　至於為何《辭》要將年月日姓名置於首行，而《牒》則否，目前還不能很好解釋。我的初步想法是：訴訟文書中，訴訟人非常重要，須承擔真實起訴、訴辭真實的責任，必須首先讓官府知道，因此列在首行。宋元以後的訴訟文書，首列告狀人③，也是這個道理。而《牒》，演化自官文書的《牒》但省略了收發信機構，造成首行無發信人即訴訟人的狀況。也正因如此，《辭》的形式為以後的訴訟文書所繼承，而《牒》的形式則被此後的訴訟文書淘汰了。

四　吐魯番出土文書中所見唐代訴訟文書中的《牒》

　　如上節所說，唐代訴訟文書最基本的形式是"辭牒"。《辭》是一般庶人所用，《牒》則為"有品已上"者使用。

---

　　① 分別見《吐魯番出土文書》第六冊，第197、203—204、470—471頁；第七冊，第42—43、78、111、330、358、394—395頁；第八冊，第91、385—387頁；第九冊，第27、35頁。
　　② 關於《辯》，參見拙作《唐代法律用語中的"款"和"辯"——以《天聖令》與吐魯番出土文書為中心》，載《文史》2013年第1輯（已收入本書）。《辯》雖然也將答辯者置於首行，但年月日則放在文書末尾。
　　③ 例如南宋李元弼《作邑自箴》所列"狀式"，就是如此。見四部叢刊續編本，上海古籍出版社1984年版（據商務印書館1934年版重印），第40葉B—41頁A。

關於《牒》，相關研究甚多。國內方面，盧向前《牒式及其處理常式的探討——唐公式文研究》是比較早的綜合研究①。文中分牒式文書為平行型、補牒型、牒上型和牒下型四種，特別強調主典之"牒"，"僅僅是'判案'環節中的一個組成部分，必須把它和原始的牒文區分開來，當然也不妨仍然稱它為牒"②。這後一個結論很重要，日本學者的意見即與此不同。日本方面，前引中村裕一《唐代公文書研究》在前人研究的基礎上，專設一節研究《敦煌發現の公式令規定文書》之《牒》，認為敦煌文獻中最多的公文書是牒式文書；牒和狀一樣，是公私均廣泛使用的文書；並復原了祠部牒的樣式、列舉了一件首尾完整的敦煌縣向括逃御史上的牒。③ 中村裕一又在《吐魯番出土の公式令規定文書》之《牒》中指出有品者對官府使用的文書稱《牒》；吐魯番出土的牒式文書數量很多；並列舉了五個例子。文中著力分析了"謹牒"和"故牒"的區別，但沒有區分不同樣式的《牒》，所舉5例中大部分屬於公文書④。最近，赤木崇敏發表了《唐代前半期的地方公文體制——以吐魯番文書為中心》⑤ 的長文，文中將牒式文書分為兩類：牒式A與牒式B，並認為前述盧向前所說的一類牒實為《狀》（詳後）。他所歸納的兩類牒式的格式如下：

  牒式A
  發件單位 件名（為……事）
  收件單位 （正文）……牒至准狀（式）。故牒（或謹牒）。
        年月日
        府
 某曹參軍事
        史

---

① 原載《敦煌吐魯番文獻研究論集》第三輯，北京大學出版社1986年版，後收入《唐代政治經濟史綜論》，商務印書館2012年版，第307—363頁。以下引用即出自該書。
② 前引盧向前書，第363頁。
③ 前引《唐代公文書研究》，第107—115頁。
④ 同上書，第186—190頁。
⑤ 原載《史學雜誌》第117編第11號（2008年），修改後收入鄧小南、曹家齊、平田茂樹主編《文書·政令·信息溝通：以唐宋時期為主》，北京大學出版社2012年版，第119—165頁。

牒式 B
發件單位　　牒　收件單位
　　件　名
牒……（正文）……謹牒
　　　年月日　發件者　牒

以上列舉的中外學者的研究，大多集中在公文書的《牒》的研究上，對於私文書的《牒》，特別是用作訴訟文書的《牒》著力不多。本文即在以上研究的基礎上，著重探討一下訴訟文書的《牒》的格式、使用者，及其內容。吐魯番文書中確實有很多《牒》，但如果我們接受赤木崇敏的意見，其中有許多就不是《牒》而是《狀》了。這一問題我們下節討論，這裡僅列舉比較典型的《牒》。

首先要指出的是，作為訴訟文書的《牒》的格式，與赤木所說的牒式 B 很近似，但由於是私人用文書，所以沒有所謂"發件單位"與"收件單位"。沒有"發件單位"很好理解，因為是私人行為；但沒有"收件單位"即沒有如《辭》中所列的"縣司"等受理機構，就不太好理解了。

與《辭》一樣，我們先將完整的訴訟文書的《牒》的格式整理如下：

標的 (所訴人或物)
牒：所訴內容。結尾——謹以牒陳，請裁 (或"請乞判命""請追勘當""請處分"等)，謹牒。
年月日　　籍貫身份姓名　　　牒
例一　唐永徽元年（650）嚴慈仁牒為轉租田畝請給公文事[①]

1　常田四畝　東渠
2　牒　慈仁家貧，先來乏短，一身獨立，
3　更無弟兄，唯租上件田，得子已供喉命。
4　今春三月，糧食交無，逐（遂）將此田租與安橫

[①]《吐魯番出土文書》第六冊，第 223 頁。前引中村《唐代公文書研究》亦有引用。

5 延，立卷（券）六年，作練八匹。田既出賫，前人從
6 索公文。既無力自耕，不可停田受餓。謹以
7 牒陳，請裁。謹□
8 　　　　　永徽元年九月廿　日雲騎尉嚴慈仁

此件《牒》是上訴人嚴慈仁為將租來的田轉租給安橫延，而安橫延要求出具公文，因此申請發給公文。嚴慈仁為雲騎尉，是正七品上的勳官，所以用《牒》不用《辭》。請注意，此件《牒》即沒有寫受理機構，其年月日和姓名置於最末行。

例二　唐開耀二年（682）寧戎驛長康才藝牒為請處分欠番驛丁事①

1 ▢▢▢▢▢ 禿雙　龍定□　趙 頡洛　宋 引義
2 丁顛德　左辰歡　翟安住　令狐呼末　泛朱渠
3 龍安師　竹士隆
4 牒：才藝從去年正月一日，至其年七月以前，每番
5 各欠五人，於州陳訴。為上件人等並是闕官白
6 直，符下配充驛丁填數，准計人別三番合上。其
7 人等准兩番上訖，欠一番未上，請追處分。謹牒。
8 　　　　　開耀二年二月　日寧戎驛長康才藝牒

此為康才藝"於州陳訴"的《牒》，內容是彙報應該上三番的驛丁，只上了兩番，請處分。"驛長"在唐代沒有品級，但屬於可免課役的、有一定權力的職役（或稱色役）。或者這樣身份的上訴人也用《牒》。當然還有一種可能，即此《牒》屬於一件公文書，是官府（驛）上於官府（州）的《牒》。

例三　唐□伏威牒為請勘問前送帛練使男事②

---

① 《吐魯番出土文書》第六冊，第570頁。
② 《吐魯番出土文書》第七冊，第110頁。

130　/　第二編　司法編

1　　　　　前送帛練使王伯歲男
2　□伏威曹主並家口向城東園內就涼。
3　□□午時，有上件人于水窗下窺頭　看
4　□□遣人借問，其人遂即踆□，極無
5　上下，請勘當。謹牒。
6　　　　　　　　　　伏威牒

　　此《牒》某伏威上訴，說王伯歲的兒子偷看他們全家乘涼。從"水窗"字樣看，他們全家可能在沐浴（洗涼水澡）。由於王伯歲的兒子是官員子弟，因此提起上訴。由於文書殘缺，不知上牒的年月以及"某伏威"的身份。文書2行言其為"曹主"，但唐代並無"曹主"這一職官，推測是某種低級官吏的俗稱[①]。無論如何，他應是官吏，所以使用了《牒》。

　　例四　武周載初元年（689）史玄政牒為請處分替納逋懸事[②]

1 令狐隆貞欠垂拱四年遍縣米三斗三升二合
2 　　青科（稞）七斗二升　粟一石四斗
3 牒：玄政今年春始佃上件人分地二畝半，去
4 年田地乃是索拾拾[③]力佃食，地子見在
5 拾力腹內。隆貞去年五月身死，地[④]亦無人受
6 領。昨被里正成忠追徵，遣替納逋懸，又不追
7 尋拾力。今年依田忽有科稅，不敢詞訴，望
8 請追徵去年佃人代納。請裁。謹牒。

　　此《牒》是史玄政說自己租的地，欠了去年的"地子"，而所欠

[①]　據《資治通鑒》卷一八三，隋煬帝大業十二年（616）十月條，稱"獄吏"為"曹主"。中華書局1976年版，第5707頁。
[②]　《吐魯番出土文書》第七冊，第410—411頁。其中武周新字改為通行繁體字。
[③]　原注："索拾拾力：其中有一'拾'字當衍。"
[④]　若參另一件同樣內容的《牒》的草稿，"地"後面漏了"子"字。因此無人受領的不是"地"而是"地子"。見《吐魯番出土文書》第七冊，第412頁。

"地子"應由去年租此地的索拾力交納。史玄政是里正①，曾署名為"前官"②。由於未見他曾擔任其他職官的記錄，因此或許這裡的"前官"即指里正，也就是說，當地人將"里正"視為"官"。無論如何，史玄政與一般庶人不同，上訴使用了《牒》。文書最後沒有年月日和署名，不知是否因闕文之故。

例五　武周久視二年（701）沙州敦煌縣懸泉鄉上柱國康萬善牒為以男代赴役事③

1　牒：萬善今簡充馬軍，擬迎送使。萬
2　善為先帶患，瘦弱不勝驅使，又復
3　年老，今有男處琮，少年壯仕，又便弓
4　馬，望將替。處今隨牒過，請裁。謹牒。
5　　　　久視二年二月　日懸泉鄉上柱國康萬善牒
6　　　　　　付 司
　　　（後缺）

此件《牒》出自敦煌，內容是康萬善因年老患病，申請由其子替他充任馬軍。可能因為是上訴人訴自己的事，所以前面沒有標的（也可能前面有缺文）。康萬善是上柱國，正二品勳官，所以使用了《牒》。從其籍貫只署"懸泉鄉"看，上訴所至機構應該是縣一級。

例六　唐景龍三年（709）品子張大敏牒④

82　一段二畝永業部田城東五里左部渠 東張陀　西渠　口口
　　　　　　　　　　　　　　　　　　北渠
83　一段一畝永業部田城東五里左部渠東荒　西渠　南渠
　　北荒
84　牒：上件地承籍多年，不生苗子，虛掛

---

① 參前引李方《唐西州官吏編年考證》，第 323—326 頁。
② 同上書，第 449 頁，時間是武周聖曆元年（698）。
③ 《吐魯番出土文書》第七冊，第 230 頁。武周新字改為通用繁體字。
④ 同上書，第 514—515 頁。

85 籍書，望請退入還公，並於好處受地。謹牒。
86　　景龍三年十二月　日寧昌鄉品子張大敏
87　　付　司　虔□　示
88　　　　　　廿五日
89　　十二月廿五日錄事趙　□

此件《牒》與上節《辭》中的例七、例八同屬《高昌縣處分田畝案卷》，是其中的一件原件。《牒》的內容是申請退還"不生苗子"的劣地，要求授予好地。申訴人張大敏是品子，雖非官吏，但也不同于一般庶人，因此使用的是《牒》而非《辭》。

例七　唐開元二十年（732）瓜州都督府給西州百姓遊擊將軍石染典過所①

15　作人康祿山　石怒忿　家生奴移多地
16　驢拾頭沙州市勘同，市令張休。
17 牒：染典先蒙瓜州給過所，今至此市易
18 事了，欲往伊州市易。路由恐所在守捉不
19 練行由。謹連來文如前，請乞判命。謹牒。
20 印　開元廿年三月廿　日，西州百姓遊擊將軍石染典牒。
21　　任　去。琛　示。
22　　　　廿　五　日。
23 印
24 四月六日伊州刺史張賓　押過

此件《牒》連在瓜州所發過所後，是件原件，內容是石染典因要去伊州，請允許持此過所繼續前往。20 行的印以及"琛　示"上的印均為"沙州之印"，23 行的"印"為"伊州之印"。因此此《牒》所上當為沙州，"琛"當為沙州刺史或都督，過所在伊州已經使用完畢。申請人石染典是遊擊將軍，為從五品下武散官，所以使用的是《牒》，而同樣申請過

---

① 《吐魯番出土文書》第九冊，第41—42頁。

所的"甘州張掖縣人薛光沘"用的就是《辭》①。不過要注意的是，石染典雖是遊擊將軍，但署名時仍稱"百姓"，作"百姓遊擊將軍"云云，故知當時署名為"某縣某鄉人"，一定是庶人；署名"百姓"則可能是庶人也可能有某種身份。

例八 唐開元二十二年（734）楊景璿牒為父赤亭鎮將楊嘉麟職田出租請給公驗事②

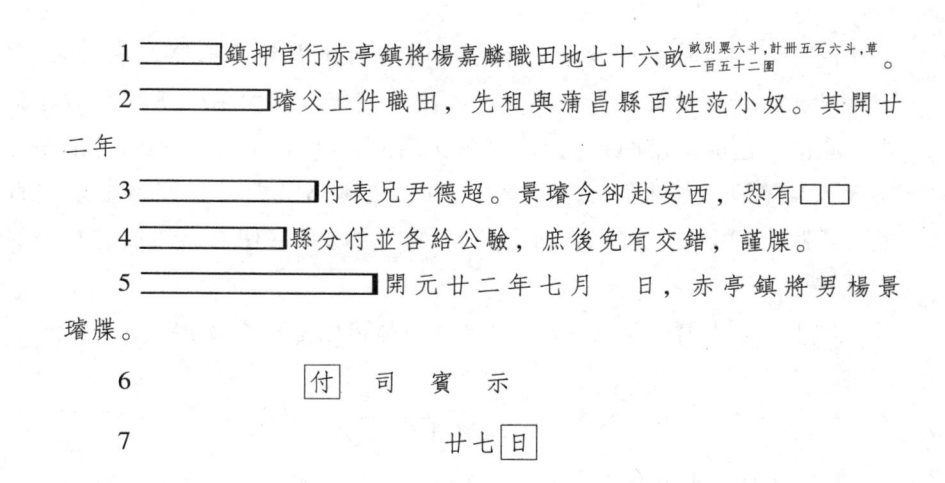

1 ▭▭▭▭鎮押官行赤亭鎮將楊嘉麟職田地七十六畝 畝別粟六斗，計冊五石六斗，草一百五十二圍。

2 ▭▭▭▭璿父上件職田，先租與蒲昌縣百姓范小奴。其開廿二年

3 ▭▭▭▭付表兄尹德超。景璿今卻赴安西，恐有□□

4 ▭▭▭縣分付並各給公驗，庶後免有交錯，謹牒。

5 ▭▭▭開元廿二年七月　日，赤亭鎮將男楊景璿牒。

6 　　　付　司　賓　示

7 　　　　　　廿七日

此《牒》是楊景璿因其父的職田先後租與多人，恐互有差錯，申請縣裡提供公證（公驗）。其父楊嘉麟是鎮押官，代行鎮將事。鎮將，若是下鎮鎮將的話，是正七品下。楊景璿不知是否有品級，總之不是一般庶人，所以使用了《牒》。下令"付司"的"賓"，據考證是張待賓，時為西州都督或刺史③。如此，則此《牒》雖向縣申請給公驗，但直接遞到州裡。或是因為"鎮"直接由州（或都督府）管轄。

例九 唐寶應元年（762）康失芬行車傷人案卷④

1　　　男金兒八歲

————————

① 《吐魯番出土文書》第九冊，第35頁。
② 同上書，第101頁。
③ 前引李方《唐西州官吏編年考證》，第19—20頁。
④ 《吐魯番出土文書》第九冊，第128頁。

2 牒：拂郍上件男在張鶴店門前坐，乃被行客
3 靳嗔奴家生活人將車輾損，腰已下骨並碎破。
4 今見困重，恐性命不存，請處分。謹牒。
5 　　　　元年建未月　日　百姓史拂郍　牒。
6 　　　追　問　錚　示
7 　　　　　　　四日

　　此件《牒》與上節《辭》例十，同屬《康失芬行車傷人案卷》，內容也是起訴靳嗔奴家人行車將自己的孩子撞傷。雖然兩件訴訟文書起訴內容相同，但前例用的是《辭》，本例用的是《牒》，原因不明。兩個起訴人署名都是"百姓"，或許本件"百姓史拂郍"與《牒》例七之"百姓遊擊將軍石染典"類似，雖名"百姓"實際是一個有品級或有身份的前任官吏。

　　例十　唐大曆三年（768）曹忠敏牒為請免差充子弟事①

1 　　　　　　手無 四 指
2 牒：忠敏身是殘疾，復年老，今被鄉司不委，差充子弟，
3 渠水窓，經今一年已上，寸步不得東西，
4 貧下交不支濟，伏望商量處分。謹牒。　得得得
5 得得貧貧　　貧　是大曆收謹謹
6 　　　　　大曆三年正月　　日百姓曹忠敏牒

　　此《牒》是曹忠敏因殘疾（手無四指），加上年老，申請免去差充子弟。申訴人身份為"百姓"，但使用了《牒》。或許到唐後期，《辭》的使用減少，《牒》的使用增多了、泛化了。
　　以上與《辭》相仿，也舉了十個例子。從這十個例子看，使用《牒》作為訴訟或申請文書的有雲騎尉、驛長、曹主、里正、上柱國、品子、遊擊將軍、鎮將男等，均非一般庶人（白丁）。從殘存的其他《牒》看，

---

①　《吐魯番出土文書》第九冊，第158頁。其中第4行三"得"字與第5行，是後人戲書，與本件內容無關（參原注）。

還有前倉督、別將賞緋魚袋、前鎮副、流外①等。開元以後，一些"百姓"也開始使用《牒》，如例九、例十。還有"百姓尼"②。這些"百姓"使用《牒》，或者是因為他們另有如"遊擊將軍"等身份，或者是因為開元以後《牒》的使用泛化造成的。

從內容看，以上十例涉及田畝租賃、違番欠番（這個可能是官方行為）、偷看就涼、兵役替代、田租（地子）糾紛、田畝授受、職田租賃、駕車傷人、申請免役、請給過所等，從其他《牒》的例子看，還有買馬付主、請給市券、患病歸貫、異地請祿、申請墓夫③等。這些內容主要是民事糾紛而無刑事訴訟。為何沒有刑事訴訟文書的《牒》（以及《辭》）留存呢？是個需要繼續研究的問題。

從格式看，《牒》與《辭》的不同是：第一，申訴人的籍貫身份姓名及年月日置於末行。第二，起首寫"牒"字，但並無受理機構如縣司、州司等。第三，結尾寫"謹牒"。為何有這種不同，也是應該繼續研究的重要問題。

《牒》中間還有一大類，其特點是以"牒，件狀如前，謹牒"結束。赤木崇敏等一些學者認為這種格式的《牒》實為《狀》。我們將其與《狀》一併討論。

五　吐魯番出土文書中所見唐代訴訟文書中的《狀》

《狀》在訴訟文書中佔有重要位置，所謂"訴狀""告狀"等，都與《狀》有直接關係。但是如前所述，《狀》又並非法典規定的訴訟文書名稱，因此，《狀》在唐代究竟有何意義，它與《辭》《牒》的關係如何，它是一種獨立的訴訟文書嗎？就成了很難回答的問題。下面我們就嘗試著對這一問題進行一點初步探討。

---

① 分別見《吐魯番出土文書》第七冊，第57頁；第九冊，第32、56、135頁。
② 《吐魯番出土文書》第十冊，第8頁。
③ 分別見《吐魯番出土文書》第七冊，第26頁；第九冊，第29、52、135頁；第十冊，第8頁。

關於《狀》的研究更多。這不僅是因為它是唐代使用廣泛的官文書，而且與書儀相關，又是使用廣泛的上奏和書信文書。中村裕一在前引《唐代公文書研究》第三章《敦煌發見の公式令規定文書》第二節《上行文書》第三小節《狀》中，認為狀與表類似，是個人書簡之一，公私皆用，"對狀的用途不可能予以定義"。文中列舉了五代時的兩個狀，特別指出有的狀是以"狀上"起首，而以"牒"結句，即存在著以"牒"結句的狀。他又指出，認為這些以"牒"結句的文書是"狀"，是後人的判斷，後人的判斷則未必正確①。作者又在第五章《吐魯番出土の公式令規定文書》第二節《上行文書》第三小節《狀》中認為在敦煌沒有唐代的狀的留存，但在吐魯番文書中有。文中重申了寫有"件狀如前"的牒應是《狀》，並指出：在上申文書中，何時使用狀、何時使用牒，有無規律性，是今後應該探討的問題②。

赤木崇敏繼承了中村裕一的看法，以《石林燕語》為依據，明確指出寫有"牒，件狀如前，謹牒"字樣的文書是《狀》，並給出了狀式文書的樣式③：

發件單位　　狀上　　收件單位
　件名
　右……（正文）……謹（今）錄狀（以）上（言）。
牒，件狀如前。謹牒。
　　年月日　發件者　　牒。

關於《狀》的最新研究還有吳麗娛《試論"狀"在唐朝中央行政體系中的應用與傳遞》④。文章探討的主要是作為公文書的奏狀、申狀在中央行政體系中的運用。作者又有《從敦煌吐魯番文書看唐代地方機構行

---

① 前引中村裕一《唐代公文書研究》，第102—107頁。
② 同上書，第183—185頁。
③ 前引赤木崇敏《唐代前半期的地方公文體制——以吐魯番文書為中心》，第129—131頁。
④ 原載《文史》2008年第1輯，後收入前引《文書·政令·信息溝通：以唐宋時期為主》，第3—46頁。

用的狀》①，列舉了眾多例證，認為狀和牒由於中轉的原因產生混用，即用牒的方式將"狀"的內容遞交。到晚唐五代，雖不需遞交而可以直接申上，但保留了"牒件狀如前，謹牒"的格式，它實際上是狀。文章還以"縣"的申狀為例，給出了申狀的標準格式。此文結論雖與赤木的文章略同，但精深過之，對其變化背後原因的探討更是很有說服力。

不過吳麗娛文章雖然涉及個人用"狀"，但與赤木文章一樣，主要探討的是地方機構行用的狀，也沒有專門研究訴訟文書。那麼，作為私人訴訟用文書，有沒有《狀》呢？那些寫有"牒，件狀如前，謹牒"的訴訟文書是如吳麗娛或赤木所說那樣的《狀》嗎？

首先要說明，在唐代法典中的"狀"，如前所述，主要是"事狀""情狀""罪狀"之意。所謂"具狀申訴"②之中的"狀"有些或應作此解。吐魯番文書中的"狀"有些或即此義。例如一件訴訟文書《辭》的範本：

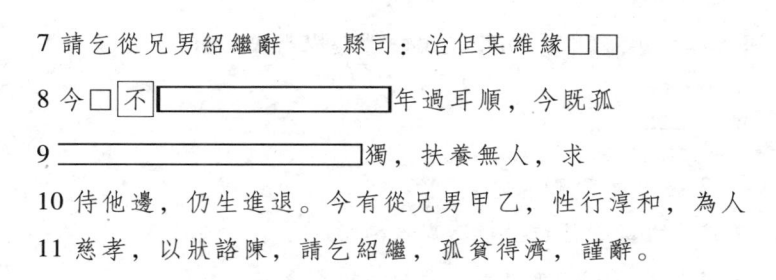

7　請乞從兄男紹繼辭　　縣司：治但某維緣□□
8　今□ 不 ▇▇▇▇▇▇▇▇▇▇▇年過耳順，今既孤
9　▇▇▇▇▇▇▇▇▇▇▇獨，扶養無人，求
10　侍他邊，仍生進退。今有從兄男甲乙，性行淳和，為人
11　慈孝，以狀諮陳，請乞紹繼，孤貧得濟，謹辭。

此處的"以狀諮陳"，在下面另一件《辭》的範本中，寫作"以狀具陳"③。二處"狀"都是"事狀""情狀"之意。再一例：
《唐上元二年（675）府曹孝通牒為文峻賜勳事》④ 的最後三行為：

7　實給牒，任為公驗者。今以狀牒，牒至 [

---

① 《中華文史論叢》2010 年第 2 期，上海古籍出版社 2010 年版，第 53—114 頁。
② 參見《唐律疏議》卷八《衛禁律》"私度及越度關條"（總 82 條），第 173 頁。錢大群將此處的"具狀"翻譯為"呈狀"，恐不確，參錢大群前引《唐律疏議新注》，第 277 頁。
③ 分別見《吐魯番出土文書》第六冊，第 203—204 頁。
④ 同上書，第 508 頁。

8 驗。故牒。

9 勘同　福　　上元二年八月十五日府曹孝通牒

　　此件為《牒》無疑，且是下行的《牒》，所以用了"故牒"而非"謹牒"。其中的"狀"也是"事狀""情狀"，意思是"今以事狀牒告與你，牒至後按照牒的內容行事"。

　　因此在唐前期，牒文中所謂"件狀如前"中的"狀"大致多為此意。"件狀如前"與"件檢如前""件勘如前""檢案連如前"一樣①，都是主管案件的官員處理完案件後，向上級彙報時使用的詞句，"狀"應該是動詞。這其中"件"的含義，按照司馬光《書儀》的解釋，為"多件"的意思。他在列舉"牒式"時說："牒（云云，若前列數事，則云：牒件如前云云）謹牒。"② 單獨一件，就只說"狀如前""檢如前""勘如前"，意思是"事狀複述（或呈報）如前""翻檢案卷（結果）如前""核查案件（結果）如前"等。舉一個例子：

唐永淳元年（682）坊正趙思藝牒為堪當失盜事③

1 ▭▭▭坊
2 麴仲行家婢僧香
3 　右奉判付坊正趙藝專為勘當
4 者，准狀就僧香家內撿，比鄰全無
5 盜物蹤跡。又問僧香口云：其銅錢、
6 耳當（璫）等在廚下，帔（被）子在一無門房內
7 坎上，並不覺被人盜將，亦不敢
8 加誣比鄰。請給公驗，更自訪覓
9 者。今以狀言。
10 □狀如前。謹牒。

---

①　例子甚多，不錄。
②　司馬光：《書儀》卷一，文淵閣《四庫全書》影印本，上海古籍出版社 1987 年版，第 142 冊，第 461 頁。
③　《吐魯番出土文書》第七冊，第 76 頁。

11　　　　　永淳元年八月　日坊正趙思藝牒

　　第 10 行所缺的字應是"牒"。由於此《牒》只是一件事,所以不必說"牒,件狀如前"而只要說"牒,狀如前"即可。《牒》的內容是某坊正趙思藝接到上級要求(奉判)並按照其中內容(准狀)核查僧香家被盜事,最後將調查後的事狀言上,再寫套話"牒,狀如前,謹牒"。

　　此例當屬官文書。從其他例子我們也可以看到,在出現"牒,件狀如前,謹牒"(包括"牒,件檢如前"等)字樣的文書中,最後署名的必定是處理此案卷的官吏如府、史、典、錄事等。從這個意義上說,我同意盧向前的意見,即這種類型的文書在唐前期是判案中的一個環節,雖與原始的《牒》不同,但還應該算是《牒》,而不是狀(只有到了唐後期,這種《牒》才具有了《狀》的性質,詳下)。前述吳麗娛文認為前期存在一個用"牒"將"狀"中轉的過程,但是這件文書是坊正趙思藝自己上的牒,不存在中轉問題,但仍使用了"狀如前"的詞句,可見這裡的"狀"當為動詞。

　　需要強調指出的是,這種附有"牒,件狀如前,謹牒"字樣的《牒》,由於大多與處理案卷有關,屬於公文書,因此實際並不在我們探討的訴訟文書的範圍內。

　　不過,由於"狀"除了"事狀""情狀""罪狀"的含義外,它本身也是一種文書形式,因此出現在文書中的"狀",漸漸與《辭》和《牒》有了某種程度的混淆[1]。《辭》和《牒》有時也被稱為狀。於是出現了"辭狀"("右得上件□等辭狀")[2]、"牒狀"("右得上件牒狀")[3] 等稱呼。到《寶應元年康失芬行車傷人案卷》中,如前所述,兩個被撞傷的百姓,起訴書一個用的是《辭》一個用的是《牒》,但到官府詢問當事人時,變成"問:得史拂䥵等狀稱:上件兒女並在門前坐,乃被靳嗔奴扶車人輾損"云云[4],《辭》和《牒》都成了《狀》。可見這時,"狀"的

---

[1] 關於與"牒"的混淆,前述吳麗娛文有很好的分析。但其原因,除因中轉造成的混淆外,《牒》《狀》本身性質的相近,恐怕也是一個原因。
[2] 《景龍三年高昌縣處分田畝案卷》132 行,《吐魯番出土文書》第七冊,第 519 頁。
[3] 《開元年間高昌縣狀為送闕職草事》5 行,《吐魯番出土文書》第九冊,第 118 頁。
[4] 《康失芬行車傷人案卷》18—19 行,《吐魯番出土文書》第九冊,第 130 頁。

用法已經泛化，可以代指《辭》和《牒》了。

不僅如此，在一些"牒，件狀如前"類《牒》文書中，逐漸在結尾出現了"請處分""請裁"等申請處分字樣，甚至出現了"謹狀""狀上"。這就使這類《牒》超出了轉述事狀、彙報檢案結果等事務的功能，標誌著《狀》作為一種相對獨立的訴訟文書開始出現。

於是《牒》和《狀》開始混淆。一件《天寶年間事目曆》有如下記載："兵李惟貴狀為患請□莫茱萸等藥""兵袁昌運牒為患請藥＿＿＿＿"①。同樣是兵，同樣是因患病請藥，一個用《牒》，一個用《狀》，可見二者已經混淆不清了。

到唐晚期，隨著這種個人使用的、寫有"狀上""請處分（請裁）"之類字樣的《牒》文出現，《狀》作為一種訴訟文書正式出現了。目前我們所能見到的此類《狀》的實例，主要出現在敦煌。這是因為敦煌文書主要是唐後期五代的文書，而吐魯番文書主要是唐代前期的文書。所以一般來說，吐魯番文書中有《辭》而《狀》少見，敦煌文書中無《辭》而有《狀》。

這種主要出自敦煌的訴訟文書的《狀》，其格式大致如下：

身份姓名　狀
右（直接寫所訴內容）。結尾——伏請處分（或伏請判命處分、伏請公憑裁下處分)
牒，件狀如前，謹牒。
年月日身份姓名　牒

舉一個例子：

　　　　唐景福二年（893）九月盧忠達狀②

---

①　《吐魯番出土文書》第八冊，第500頁。
②　唐耕耦、陸宏基編：《敦煌社會經濟文獻真跡釋錄》第二輯，全國圖書館文獻縮微複製中心1990年版，第291頁。《訴訟制度》已經引用。文書為伯二八二五號，上述作者的錄文均有誤，今對照圖版重新謄錄。

```
1 百姓盧忠達     狀
2    右忠達本戶於城東小第一渠地一段
3    廿畝，今被押衙高再晟侵
4    劫將，不放取近，伏望
5    常侍仁恩照察，乞賜公憑。伏請
6    處分。
7 牒，件狀如前，謹牒。
8    景福二年九月 日押衙兼侍御史盧忠達    牒①
```

　　此件《狀》的內容是訴田畝糾紛。申訴者是押衙兼侍御史。要注意，其身份雖是押衙，但仍自稱"百姓"。這或可解釋我們在《牒》一節中困惑的現象，即為何有的百姓使用了"有品"者才能使用的《牒》。現在看來，一些低級胥吏（估計是前任胥吏）自稱為"百姓"的現象十分普遍。因此稱"百姓"者中，有些實際是或曾經是官吏。

　　《敦煌社會經濟文獻真跡釋錄》中還收有多件此類訴訟文書的《狀》，可參看。

　　從這類《狀》的格式，可知有這樣幾個顯著特點：1. 身份姓名既置於首行，又置於末行，即既同於《辭》又同於《牒》，是混合了辭牒格式的格式。2. 沒有專門的"標的"，而是直接敘述所訴事項，這實際是吸收了官文書處理案卷的《牒》的格式的結果。"牒，件狀如前，謹牒"也說明了這一點。以上兩點可證明訴訟文書的《狀》是從《辭》《牒》發展而來的。3. 《敦煌社會經濟文獻釋錄》中所錄的幾件訴訟文書的《狀》，都不是向某機構申訴，而是請求官員個人處分，如本件的"常侍"，以及其他各件的"大夫阿郎""殿下""司空""僕射阿郎""司徒阿郎"等②。因此頗懷疑這類《狀》的格式是敦煌地區特有的③。

　　總之，唐末訴訟文書中的這種《狀》，因帶有"牒，件狀如前，謹

―――――――

① "牒"字基本不存，《真跡釋錄》錄作"狀"，並無根據。按此類《狀》的格式，應該是"牒"字。

② 參見前引《敦煌社會經濟文獻真跡釋錄》第二輯，第288—295頁。

③ 前述吳麗娛文《從敦煌吐魯番文書看唐代地方機構行用的狀》認為這應來自中原，又認為這是不需向縣而直接向節度使申訴造成的。第98頁。

牒"字樣，應該說屬於訴訟文書的《狀》的初步形成階段，帶有《辭》《牒》的濃厚色彩。而且，正像中村裕一所說，雖然這種文書因有"狀"或"狀上"等字樣，因此我們稱其為"狀"，但這是我們現在的稱呼，也許當時人仍然稱其為《牒》呢。

到宋代特別是南宋，訴訟文書的"狀式"就沒有了"牒，件狀如前，謹牒"字樣，但仍然前列告狀人，後以"謹狀"（或"具狀上告某官，伏乞……"）結束，年月日後複有告狀人姓名並"狀"字[①]。元代黑水城文書中的訴訟文書，也是前寫"告狀人某某"，後寫"伏乞……"，年月日後再寫告狀人姓名並"狀"字[②]。它們與唐代訴訟文書中《狀》的繼承關係是很明顯的。

六　唐代史籍中關於訴訟文書的稱呼

如上所述，從法典用語及出土文書的實例看，訴訟文書在唐代的稱呼、形式、格式有多種，且互有交叉，複有演變。大致說來，正規的稱呼應該是《辭》和《牒》，同時，其內容常被稱為"狀"並與實體的《狀》逐漸混同，出現了"辭狀""牒狀"等稱呼。到唐後半期，作為訴訟文書的《狀》開始出現。此時的《狀》帶有鮮明的《辭》《牒》特點。

與以上狀況相適應，在唐代史籍（法典之外）中，對訴訟文書的稱呼也很不固定，大致說來，有以下稱呼[③]。

（一）辭牒

"辭牒"在史籍中使用不多，主要出現在南北朝至唐代的史籍中。

[①]　參見前引《作邑自箴》卷八，40—41葉。又南宋陳元靚《事林廣記》卷之八《詞狀新式》記"寫狀法式"為：首行寫"告狀人　厶人"；中寫內容；後寫"具狀上告某官，伏乞……"；末行寫"年月日告狀人　厶人　狀"（長澤規矩也編《和刻本類書集成》影印本，上海古籍出版社1990年版，第396頁），反映了宋元時期的訴訟文書樣式。

[②]　例如黑水城元代文書《失林婚書案文卷》中F116：W58號，其首行寫"告狀人阿兀"，中寫所告內容，然後寫"具狀上告　亦集乃路總管府，伏乞……"，末寫"至正二十二年十一月　告狀"，後缺，所缺文字當是"人阿兀　狀"，可參見F79：W41號文書，其末行為"大德六年十二月　日取狀人楊寶　狀"（李逸友編著《黑城出土文書（漢文文書卷）》，科學出版社1991年版，第164、150頁）。這一訴訟文書樣式與前引《事林廣記》所列"詞狀新式"相同。

[③]　以下所引資料，使用了《四庫全書》電子版的檢索功能。

例如：

《文苑英華》卷三六一引楊夔《公獄辨》云："縉紳先生牧于東郡，繩屬吏有公於獄者。某適次於座，承間諮其所以為公之道。先生曰：吾每窺辭牒，意其曲直，指而付之，彼能立具牘，無不了吾意，亦可謂盡其公矣。"① 楊夔不同意縉紳先生的說法，此當別論，其中提到的"辭牒"，顯然是訴訟文書。

《白居易集箋校》卷二二《和三月三十日四十韻》回憶他在蘇杭當刺史時事說："杭土麗且康，蘇民富而庶。善惡有懲勸，剛柔無吐茹。兩衙少辭牒，四境稀書疏。俗以勞俙安，政因閒暇著。"② 看來蘇杭地區訴訟較少，這裡的"辭牒"也指訴訟文書。

（二）辭狀（附詞狀）

"辭狀"似最早出現在《後漢書》，以後直至《大清會典則例》都有使用，但最集中的，出現在唐五代史籍中。例如：

《舊唐書》卷八八《韋嗣立傳》，引韋嗣立反對刑法濫酷所上的《疏》，在說到酷吏鍛煉冤獄時說"雖陛下仁慈哀念，恤獄緩死，及覽辭狀，便已周密，皆謂勘鞫得情，是其實犯，雖欲寬舍，其如法何？於是小乃身誅，大則族滅，相緣共坐者，不可勝言"③。其中的"辭狀"應指訴訟文書或案卷。

《舊唐書》卷一八五下《裴懷古傳》言裴懷古為監察御史，"時恒州鹿泉寺僧淨滿為弟子所謀，密畫女人居高樓，仍作淨滿引弓而射之，藏於經笥。已而詣闕上言僧咒詛，大逆不道。則天命懷古按問誅之。懷古究其辭狀，釋淨滿以聞，則天大怒"④。這其中的"辭狀"顯然指訴訟文書。

《資治通鑒》卷二百高宗顯慶四年（659）四月條言許敬宗等誣告長孫無忌謀反，高宗頗有疑惑，向許敬宗詢問。許敬宗在回答了長孫無忌謀反的原因後說"臣參驗辭狀，咸相符合，請收捕准法"⑤。這裡的"辭

---

① 《文苑英華》，中華書局1966年影印版，第1854頁。
② 《白居易集箋校》，上海古籍出版社1988年版，第1471頁。
③ 《舊唐書》，中華書局1975年版，第2868頁。
④ 同上書，第4808頁。
⑤ 《資治通鑒》，中華書局1976年版，第6313頁。

狀"指訴訟文書。《冊府元龜》卷三三九《宰輔部・忌害》記此句為"臣參驗辭伏，並相符合，請即收捕，准法破家"①。其中的"辭伏"或當為"辭狀"之誤②。

《冊府元龜》卷六一七《刑法部・正直》記"王正雅，文宗時為大理卿。會宋申賜事起，獄自內出，無支證可驗。當是時，王守澄之威權，鄭注之勢在庭，雖宰相已下，無能以顯言辨其事者。惟正雅與京兆尹崔管上疏，言宜得告事者，考驗其辭狀以聞。由是獄稍辯，以管與正雅挺然申理也"③。這裡的"辭狀"與"告事者"相連，也指訴訟文書。

《通典》卷二四《職官六・御史台》言："舊例，御史台不受訴訟。有通辭狀者，立於台門，候御史，御史竟往門外收采。知可彈者，略其姓名，皆云'風聞訪知'。"④ 這裡的"辭狀"與"訴訟"相連，顯然指訴訟文書。

"辭狀"又有寫作"詞狀"者。即以上條關於御史風聞的例子而言，《唐會要》卷六十《御史台》作："故事，御史台無受詞訟之例。有詞狀在門，御史采有可彈者，即略其姓名，皆云'風聞訪知'"⑤，將《通典》中的"辭狀"寫作"詞狀"。

《唐律疏議》卷三十《斷獄》"官司出入人罪"條（總487條）云："疏議曰：'官司入人罪者'，謂或虛立證據，或妄構異端，舍法用情，鍛煉成罪。故注云，謂故增減情狀足以動事者，若聞知國家將有恩赦，而故論決囚罪及示導教令，而使詞狀乖異。稱'之類'者，或雖非恩赦，而有格式改動；或非示導，而恐喝改詞。情狀既多，故云'之類'。"⑥

《舊唐書》卷一百九十中《李邕傳》記李邕天寶年間為北海太守，"嘗與左驍衛兵曹柳勣馬一匹，及勣下獄，吉溫令勣引邕議及休咎，厚相賂遺，詞狀連引，敕刑部員外郎祁順之、監察御史羅希奭馳往就郡決

---

① 《冊府元龜》，中華書局1960年影印版，第4011頁。
② 《四庫全書》本《冊府元龜》即作"辭狀"（第907冊，第775頁）。但如果"辭伏"不誤，則此處的"辭"指訴訟文書，"伏"指"伏辯"即認罪文書，也可通。
③ 《冊府元龜》，第7422頁。其中的"宋申賜"當作"宋申錫"。
④ 《通典》，中華書局點校本1992年版，第660頁。
⑤ 《唐會要》，第1041頁。
⑥ 《唐律疏議》，第563頁。

殺之"①。

　　唐代以後，"辭狀"多寫作"詞狀"。宋代政書《宋會要輯稿·刑法》就有多處"詞狀"，例如《禁約門》宋徽宗宣和五年（1123）中書省言"鄉村陳過詞狀，未論所訴事理如何""或因對證，勾追人戶到縣，與詞狀分日引受"②。元代政書《元典章》在《刑部》卷十五《書狀》"籍記吏書狀""詞狀不許口傳言語""站官不得接受詞狀"等條中也都明確使用了"詞狀"③。不知上述三例唐代史籍中的"詞狀"是唐代史籍的原文呢還是後代刊本的改寫④，從宋元時代固定使用了"詞狀"看，改寫的可能還是很大的。

　　（三）牒狀

　　"牒狀"的使用極少，檢索《四庫全書》，只有17處：最早出自《魏書》，最晚到宋金時期。唐代史籍中的兩處，均與訴訟文書關係不大。其中一處出自《少林寺准敕改正賜田牒》，是少林寺方面回答有關機構對他們"翻城歸國"的質疑，說他們曾發牒給當時"翻城"帶頭者的劉翁重、李昌運，結果李昌運的回答"與（劉）翁重牒狀扶同"⑤。這裡的"牒狀"實際指劉翁重的答辭，與訴訟文書關係不大，但仍然是訴訟過程中的一種證詞文書。

　　（四）訴狀

　　"訴狀"的使用少於"辭狀"而多於"牒狀"，有66卷、74處。始于《宋書》，使用直至明清，而以宋朝最多。唐代史籍大約只有二三處。例如：

　　《冊府元龜》卷四五七《台省部·總序》言知匭使始末云："唐太后垂拱元年置，以達冤滯。天寶九載改為獻納，乾元元年複名知匭。嘗以

---

① 《舊唐書》，第5043頁。
② 馬泓波點校：《宋會要輯稿·刑法》，河南大學出版社2011年版，第251頁。
③ 陳高華、張帆、劉曉、黨寶海點校：《元典章·刑部》卷一五《書狀》，中華書局、天津古籍出版社2011年版，第1745—1752頁。
④ 其中中華書局點校本《唐律疏議》使用的底本是元刻本，見《點校說明》（第5—6頁）；《唐會要》與《通典》有"詞"與"辭"的不同，二者都不能確證唐代史籍中使用了"詞狀"；唯《舊唐書》中的"詞狀"來源待考。
⑤ 《全唐文》卷九八六，中華書局1983年版，第10197頁。其中的"扶同"應是"狀同"。

諫議大夫及補闕拾遺一人充使，受納訴狀。每日暮進內，向晨出之。"① 這裡的"訴狀"顯然指訴訟文書，不過《冊府元龜》此處的《總序》是宋人所作，不能確證這是唐人的稱呼。

《冊府元龜》卷四九一《邦計部·蠲復》記元和六年十月關於放免租稅制曰："又屬霖雨所損轉多，有妨農收，慮致勞擾，其諸縣勘覆有未畢處，宜令所司據元訴狀，便與破損，不必更令撿覆；其未經申訴者，亦宜與類例處分。"② 這裡的"訴狀"與下列"申訴者"相關，指訴訟文書無疑。

《續玄怪錄》卷二《張質》講亳州臨渙縣尉張質被追到陰間。"入城郭，直北有大府門，門額題曰'地府'。入府，經西有門，題曰'推院'。吏士甚眾，門人曰：'臨渙尉張質。'遂入。見一美須髯衣緋人，據案而坐，責曰：'為官本合理人，因何曲推事，遣人枉死？'質被捽搶地，叫曰：'質本任解褐到官月余，未嘗推事。'又曰：'案牘分明，訴人不遠，府命追勘，仍敢詆欺。'取枷枷之。質又曰：'訴人既近，請與相見。'曰：'召冤人來。'有一老人眇目，自西房出，疾視質曰：'此人年少，非推某者。'仍敕錄庫檢猗氏張質，貞元十七年四月二十一日上臨渙尉。又檢訴狀被屈抑事。又牒陰道亳州，其年三月臨渙見任尉年名，如已受替，替人年名，並受上月日。得牒，其年三月見任尉江陵張質，年五十一，貞元十一年四月十一日上任，十七年四月二十一日受替。替人猗氏張質，年四十七。檢狀過，判官曰：'名姓偶同，遂不審勘。錯行文牒，追擾平人，聞于上司，豈斯容易。本典決於下：改追正身，其張尉任歸。'"③ 這裡的"訴狀"與"訴人"相聯繫，所指必為訴訟文書。

唐代史籍中關於訴訟文書的稱呼肯定還有許多，我們只列舉了四種，即"辭牒""辭狀""牒狀""訴狀"，從中可見稱呼的不固定。但若細細分析，這四種稱呼又各有不同："辭牒"和"牒狀"用例都很少；"訴狀"似只出現在唐代後半期；使用最多的是"辭狀"。因此，雖然我們說唐代當時對訴訟文書沒有統一的稱呼，但大致而言，多用"辭狀"，後來

---

① 《冊府元龜》，第5423頁。其中"知匭"的"知"原缺，據《四庫全書》本補之。
② 《冊府元龜》，第5873頁。
③ 李復言：《續玄怪錄》，上海古籍出版社1985年版，第170頁。

逐漸演變為"訴狀"。這種稱呼的變化,與《辭》《牒》逐漸演變為《狀》是相一致的。

七 簡短的簡論

以上我們通過一些實例,介紹和分析了唐代訴訟文書中的《辭》《牒》《狀》,以及唐代史籍中對訴訟文書的相關稱呼,由此可得出一些簡單的結論:

訴訟文書在唐代法典上的稱呼是"辭牒"。就實際使用看,在唐前期,普通庶民使用《辭》;有品級或有一定身份的人使用《牒》。《辭》的格式特點是年月日姓名及"辭"置於首行,且有受理官司的名稱,最後有"請裁,謹辭"類套話。《牒》的格式特點是年月日姓名置於末行,沒有受理官司的名稱。在"標的"之下以"牒"起首,結尾有"請裁,謹牒"字樣,最後在姓名下複有"牒"字。《辭》和《牒》的內容都可以稱為"狀",是"事狀""情狀""罪狀"之意,後來受實體文書的《狀》的影響,逐漸出現了"辭狀""牒狀"類稱呼,訴訟文書中也開始出現"狀上""請處分,謹狀"類字樣,後來出現了個人使用的訴訟文書的《狀》。這種《狀》含有《辭》和《牒》的特點:庶民和官員都可以用;姓名置於首行(此似《辭》),年月日姓名複置於末行(此似《牒》);前多有"狀上"(此似《辭》),後有"請處分,謹狀(或請裁下)",最後有"牒,件狀如前,謹牒"(此似《牒》)。當《狀》逐漸出現後,《辭》就變得少見了,《牒》也逐漸被淘汰(因其首行不列訴訟人或告狀人)。這可以說是《狀》吸收了《辭》《牒》的特點,從而使用廣泛化所造成的結果,影響直至後代。

唐朝人對訴訟文書多稱其為"辭狀"(或許是因為行文需要,即因四六文等行文節奏的緣故,需要將"辭"之類文字變成雙字節,於是添加了"狀"字)或"詞狀",到後期,漸有"訴狀"的稱呼產生。此後,"狀"就成了訴訟文書的固定稱呼。在宋代,史籍多稱"詞狀"和"訴狀",元代亦然。這就與唐代的《辭》和《狀》有了很明顯的繼承關係。除此之外,稱"辭牒"或其他的也還有一些,大約都不占主要地位,換句話說,《辭》《牒》作為訴訟文書曾經的形式或稱呼,逐漸退出歷史舞臺了。

　　回到文章開頭的問題：我們今天敍述唐代訴訟文書，或以訴訟文書來研究各種問題，應該如何稱呼呢？我想，叫"辭狀""訴狀"都可以，而前者或更具唐朝特色。

　　關於唐代訴訟文書的實況，以上只是作了極其粗淺的介紹和分析，若要得出更符合唐朝實際的結論，可能還需要再搜集更多的文書資料和傳世史籍資料，這一工作，希望在今後能繼續進行下去。

唐代司法參軍的若干問題

——以墓誌資料為主

　　唐朝在地方州府設置司法或法曹參軍，既是一級行政官員，也是專職法官。司法和法曹參軍只設置於中國古代的某些時段，其中法曹參軍大約設置於魏晉，歷南北朝隋唐宋而止；司法參軍大約設置於隋朝，歷唐宋而終。換句話說，司法或法曹參軍的興衰，恰與中國古代律令格式體系的形成、完善、衰落相一致。或者可以極簡約地說：由於成文法典的逐漸增多，專職司法、法曹參軍開始出現、定型，漸以"掌律、令、格、式"為首要職責；[①] 隨著格後敕、編敕的加入或者說律令格式體系的演變，他們變成專"掌議法斷刑"，失去了"訟獄勘鞫"的職掌；[②] 而正因為失去了斷獄權，[③] 司法參軍品秩日益低下，在外部環境變化的條件下終至不復存在。因此，研究司法參軍是研究律令格式時代地方司法及司法官員的重要一環。

　　研究司法參軍，必須溯其源、探其流、析其變。筆者無此學力，只能就唐代司法參軍的若干問題發表一些可能價值不大或老生常談的意見。

　　先要說明的是：唐代州府設有司法參軍事與法曹參軍事兩種職位。司法參軍事與法曹參軍事的職掌基本相同，只是由於州府等級的不同而有不同稱呼：一般設在王府、京兆等府、都督府者，稱"法曹參軍事"，

[①] 李林甫：《唐六典》卷三〇《三府督護州縣官吏》，中華書局點校本1992年版，第749頁。

[②] 《宋史》卷一六七《職官七》，中華書局點校本1977年版，第3976頁。

[③] 參見梅原郁《宋代司法制度研究》第一部第二章第二節《司寇參軍から司理參軍へ》，創文社2006年版，第142—143頁。

設於諸州者稱"司法參軍事"。為省略篇幅，以下凡言"司法參軍"者，除特別指出外，均兼指司法和法曹參軍事。

目前對唐代司法參軍的研究很不夠，尚無專文予以探討，涉及此問題的多為官職研究的一部分。例如嚴耕望《唐代府州僚佐考》，[①] 列有司法參軍的職掌，指出其主要職任為決獄定刑。又如賴瑞和《唐代基層文官》，[②] 認為司法參軍"管刑法事，所以刪定律令格式，自然便是他們的工作"[③]；又舉江陵府法曹韓愈為例，說明州府法曹"由於涉及刑徒和罪案，恐怕都不為文士型官員如韓愈和李商隱所喜好"[④]；書中一共列舉了三名州府司法參軍。

李方《唐西州官吏編年考證》[⑤] 專列"法曹參軍事"一節，利用吐魯番出土文書，列出4名西州的法曹參軍事。書中特別分析了出土文書中法曹參軍資料少的原因，認為一是因為法曹位於諸曹之末，地位較低，另外是因為法曹參軍"在安定社會秩序方面起著重要的作用，但在社會秩序一般正常情況下，其事務肯定沒有經濟、軍事方面的事務多，所以出土的相關材料也就相對較少"[⑥]。

此外，薛軍寫有一篇《唐代的司戶參軍事和司法參軍事》。[⑦] 文章只有500字，但觀點明確，即認為"我國唐朝以前，歷代地方獄訟，沒有民刑具體分工和設置專職的司法人員。到了唐朝，在地方各級政府設置司戶參軍事、司法參軍事來分別審理民事與刑事案件"，並舉例說土地和婚姻糾紛屬司戶參軍負責的民事案件。與此文觀點相同的是夏炎《唐代州級官府與地域社會》，書中在第四章第三節專論"司法、司戶參軍的司法職掌"，指出州"還設有專職的司法人員，即處理刑事訴訟的司法參軍和處理民事訴訟的司戶參軍"，並各舉了些例

---

① 嚴耕望：《唐史研究叢稿》之《唐代府州僚佐考》，新亞研究所1969年版，第103—176頁。後收入《嚴耕望史學論文集》，上海古籍出版社2009年版，第339—395頁。
② 賴瑞和：《唐代基層文官》，中華書局2008年版。
③ 同上書，第178—183頁。
④ 同上書，第200—201頁。
⑤ 李方：《唐西州官吏編年考證》，中國人民大學出版社2010年版。
⑥ 同上書，第144—149頁。
⑦ 薛軍：《唐代的司戶參軍事和司法參軍事》，《法學雜誌》1990年第1期，第35頁。

子來證明。①

　　以上論著，用於立論的材料均不多，此蓋因為有關唐代司法參軍的史料十分缺乏之故。筆者最近翻閱《全唐文補遺》，看到其中有些與司法參軍相關的資料，因此想利用這些資料來看看能否對唐代司法參軍的研究提供一些幫助。這樣，依據《全唐文補遺》第一輯至第九輯並《千唐誌齋新藏專輯》共十冊，② 以及《舊唐書》③《新唐書》④《全唐文》⑤ 等傳統史籍，筆者共搜集到州府司法參軍339人，所任州府包括：楚州、亳州、虔州、常州、睦州等113個州；京兆、河南、河中、成都、江陵等21個府（含都督都護府）；英王、潞王、相王等15個王府。加上上述李方著作中所列西州都督府及4名法曹參軍事，則共有343名司法參軍，分佈於135個州府和15個王府。

　　以下的分析主要即以這些資料為基礎。涉及問題包括：第一，司法參軍的出身、遷轉；第二，司法參軍的職掌；第三，司法參軍與法官家族；第四，司法參軍的身份認同。雖然文章力圖解決與唐代司法參軍相關的一些問題，但限於水平，這一目的也許還不能很好實現。

一　司法參軍的出身與遷轉

　　研究這個問題，是想弄清作為專職法官，司法參軍的任職條件和升遷有無特殊性。由於唐代史籍中相關資料太少，所以只能用這種曲折的方法來討論。

　　筆者在前述343位有司法參軍經歷的官員中，檢出有明確出身的121人，分科舉（含明經、進士等舉凡經考試獲得出身者）、門蔭（含三衛、齋郎、挽郎等，以及只籠統寫"門蔭"出身者）、其他三類，統計結果如下表1所示：

---

① 夏炎：《唐代州級官府與地域社會》，天津古籍出版社2010年版，第129—140頁。
② 吳鋼主編：《全唐文補遺》，三秦出版社1994—2007年版，以下簡稱《補遺》。
③ 《舊唐書》，中華書局1975年版。
④ 《新唐書》，中華書局1975年版。
⑤ 《全唐文》，中華書局1983年版。

表1　　　　　　　　　　　司法參軍出身統計

	科舉	門蔭	三衛、齋郎、挽郎、輦腳等	其他	總計
總計一	65人占53.7%	18人占14.9%	29人占24%	9人占7.4%	121人100%
總計二	科舉：65人占53.7%	門蔭：47人占38.9%		其他：9人占7.4%	121人100%

　　從以上統計看，科舉出身多於門蔭出身。這或許說明：司法參軍需要專業知識，有讀書考試經歷者更易勝任。在科舉出身的65人中，具體分佈為：明經29人、進士10人、孝廉4人、明法2人、秀才1人、神童1人、制舉（對策）6人、不明12人，明經出身者佔有了絕對多數。這可能是唐朝的特點，即唐代明經取人更多，且所取之人多擔任縣尉等官員，從事具體的縣政事務，轉為司法參軍的比例就比較大。唐代經司法參軍而後成為知名法官者如狄仁傑、徐有功等就都是明經出身。

　　後來，為增強明經的法律知識，唐德宗在貞元二年（786）"詔：其明經舉人，有能習律一部，以代爾雅者，如帖經俱通，於本色減兩選，合集日與官"，① 即對擁有法律知識的明經舉人予以優待。

　　不過，唐朝司法參軍又只是州府司功、司倉、司戶、司兵、司法、司士六曹參軍之一，以上統計結果是否也適用於其他各曹參軍呢？

　　由於時間關係，筆者沒有對六曹參軍逐一進行統計，只依據《唐代墓誌彙編》②與《唐代墓誌彙編續集》③對司戶參軍④作了一點統計。在這兩種書中，我搜集到曾任司戶參軍者112人，其中有出身可查者76人。我們仍按科舉、門蔭、其他三類計算，統計結果如表2所示：

---

①　《唐會要》卷七五《明經》，中華書局1955年版，第1375頁。
②　周紹良主編：《唐代墓誌彙編》，上海古籍出版社1992年版。
③　周紹良、趙超主編：《唐代墓誌彙編續集》，上海古籍出版社2001年版。
④　與司法參軍一樣，這裡所謂"司戶參軍"也包括"戶曹參軍"在內。下同。

表 2　　　　　　　　　　司戶參軍出身統計

	科舉	門蔭	三衛、齋郎、挽郎、輦腳等	其他	總計
總計一	24 人占 32%	11 人占 14%	28 人占 36%	13 人占 17%	76 人 99%
總計二	科舉：24 人占 32%	門蔭：39 人占 51%		其他：13 人占 17%	76 人 100%

很明顯，在有司戶參軍經歷者中，出身門蔭的遠多於出身科舉者。具體到科舉出身的 24 人中，包括明經 7 人、進士 4 人、孝廉 8 人、明法 1 人、秀才 1 人、三史 1 人、對策 1 人、不明 1 人。這裡，雖然明經依然多於進士，但最多的反而是孝廉。此外，擔任司戶參軍者，許多或"通明錢谷"，① 或"計校稱能"，② 或"精曉吏事"，③ 可能"能吏"比較多。

由此可見，擔任司法參軍和其他判司相比，可能稍有不同：一是科舉出身比較多；二是科舉出身中明經出身又比較多。雖然司法參軍也有能吏，但史料（特別是墓誌）並不特別予以強調，反而說他們能"文"的有不少。④

下面我們來看看唐代司法參軍的所由官。所謂"所由官"，是指經由何種官職成為司法參軍。我在前述 343 位司法參軍中找到 190 人⑤寫明所由官者，其統計結果如表 3 所示：

---

①　《唐代墓誌彙編續集》大和 015 頓鴻之《楊士真墓誌》，第 889 頁。以下凡引墓誌或碑碣篇名，均使用"姓名＋墓誌"的簡略形式。
②　同上元和 077 崔雍《薛巽墓誌》，第 855 頁。
③　《唐代墓誌彙編》大和 006 闕名《盧士瓊墓誌》，第 2098 頁。
④　例如洛州法曹辛驥"以文詞取妙"，參與撰修晉史（《補遺》第一輯，崔行功《辛驥墓誌》，第 46 頁）；曹州司法李宏"文翰天縱"（《補遺》第一輯，李宰《李宏墓誌》，第 223 頁）；京兆府法曹盧傳素"文學高博"（《補遺》第一輯，楊知退《盧氏夫人墓誌》，第 418 頁）；曹州司法殷踐猷被稱為"五總龜"，與韋述等參與編寫《群書四錄》（《全唐文》卷三四四，顏真卿《殷踐猷墓碣》，第 3497 頁）等。
⑤　因為有的是兩任（8 例左右），故這裡"人"實際是"人次"。简便起見，只寫"人"。下同。

表3　　　　　　　　　　司法參軍所由官統計

	縣尉	縣丞	主簿	縣令	州府參軍	州府判司①	中央官員	解褐	幕府官及其他	統計
總計一	19人占 10%	18人占 9.5%	4人占 2.1%	9人占 4.7%	24人占 12.6%	51人占 26.8%	25人占 13.2%	35人占 18.4%	5人占 2.6%	190人 99.9%
總計二	縣級：50人占 26.3%				州級：75人占 39.5%		中央：25人占 13.2%	解褐：35人占 18.4%	其他：5人占 2.6%	190人 100%

由表3可知，除釋褐外，由州府參軍和判司成為司法參軍的最多。縣級官員中，以縣尉為最多。② 我們知道，縣尉在一縣中"親理庶務，分判眾曹"③。當一縣有兩個縣尉時，其中一個縣尉判司兵佐、司法佐、司士佐。這個判兵、法、士的縣尉自然承擔法官職責。上縣以下，沒有司功佐、司倉佐、司兵佐、司士佐，縣尉只判司戶佐、司法佐。這時的縣尉也必然承擔著縣級法官的職務。所以墓誌中在提到縣尉時多有以下一些描述：銅山縣尉"案獄無喧，奸慝悠屏"④；長安縣尉"目覽耳聽，片言折獄。堆几之案雲撤，盈庭之訟霧收"⑤；河東縣尉"大邑繁劇，甚多疑獄。君到官斷決，皆使無訟"⑥；諸暨縣尉"在官三歲，遍判六曹。雖獄訟紛於公庭，簡牘盈於几案，援筆立盡，事無不適"⑦；上黨縣尉"精閑法理，明練爰書"⑧；明堂縣尉"諍訟於是吞聲，奸邪由是屏跡"⑨；如此等等，甚多。舉出以上例子，是為了說明之所以許多司法參軍來自縣尉，是因為縣尉多承擔縣級法官事務、有些還"精閑法理，明練爰書"

---

① 一般來說，判司只指功、倉、戶、兵、法、士六曹參軍，而不包括錄事參軍（參前引嚴耕望《唐代府州僚佐考》，第378頁），但為簡化統計，本表中的"判司"包括錄事參軍。下面諸表皆同。
② 這裡只是由縣尉直接出任司法參軍者，若由縣尉任他職後再任司法參軍的，就更多了。
③ 《唐六典》卷三〇《三府督護州縣官吏》，第753頁。
④ 《補遺》第一輯，寇潋《楊承福墓誌》，第91頁。
⑤ 《補遺》第三輯，闕名《王植墓誌》，第379頁。墓主是明法及第後任縣尉的。
⑥ 《補遺》第四輯，洪子興《李正本墓誌》，第15頁。墓主是明法及第後再任縣尉的。
⑦ 《補遺》第四輯，闕名《趙晏墓誌》，第467頁。
⑧ 《補遺》第六輯，張閑《王嵩墓誌》，第44頁。
⑨ 《補遺》第八輯，沈宇《李惠墓誌》，第32頁。

的緣故。①

下面我們看司戶參軍的所由官情況，如表4所示：

表4　　　　　　　　　司戶參軍所由官統計

	縣尉	縣丞	主簿	縣令	州府參軍	州府判司	中央官員	解褐	幕府官及其他	統計
總計一	5人占 4.4%	9人占 7.9%	3人占 2.6%	2人占 1.8%	20人占 17.5%	28人占 24.6%	15人占 13.2%	23人占 20.1%	9人占 7.9%	114人 100%
總計二	縣級：19人占 16.7%				州級：48人占 42.1%		中央：15人占 13.2%	解褐：23人占 20.1%	其他：9人占 7.9%	114人 100%

與司法參軍的場合一樣，除釋褐外，州府參軍和判司佔有了最高的比例。但也有不同，即在縣級官員中，由縣尉出任司戶參軍的，不像司法參軍的場合那樣，佔有最大比例。

最後我們再看一下司法參軍的遷轉官情況。我從前述343名司法參軍中找出了有遷轉記錄者161人，其遷轉情況如表5所示：

表5　　　　　　　　　司法參軍遷轉統計

	縣令	縣尉縣丞主簿	州府其他官員	州府判司	司法參軍	中央官員（除法官外）	大理寺刑部官員	其他	總計
總計一	49人占 30.43%	10人占 6.21%	7人占 4.35%	44人占 27.33%	15人占 9.32%	24人占 14.91%	11人占 6.83%	1人占 0.62%	161人 100%
總計二	縣級：59人占 36.65%			州級：66人占 40.99%			中央：35人占 21.74%		其他：1人占 0.62%	161人 100%

---

① 所以還有縣尉攝司法參軍的事例，如呂鬱，見《補遺》第七輯，呂鬱《閻肇及夫人孟氏墓誌》，第150頁。

從表5看，司法參軍遷轉為判司（含司法參軍本身）最多，達59人，占36.65%；其次是縣令49人，占30.43%。若從專業角度看，遷轉為司法參軍的15人，遷轉為中央大理寺刑部的11人，共26人，占16.15%。可以說，一方面司法參軍作為州府六曹之一，遵循了一般的遷轉道路（州府判司或縣令），同時有近六分之一的人繼續了專業法官的生涯。

讓我們再看看司戶參軍的情況。如表6所示：

表6　　　　　　　　　　司戶參軍遷轉統計

	縣令	縣尉縣丞主簿	州府其他官員	州府判司	司戶參軍	中央官員（除與司戶相應之官外）	與司戶相應之中央官員	其他	總計
總計一	25人占26.04%	10人占10.42%	1人占1.04%	31人占32.29%	10人占10.42%	12人占12.5%	2人占2.08%	5人占5.21%	96人100%
總計二	縣級：35人占36.4%		州級：42人占43.8%			中央：14人占14.6%		其他：5人占5.2%	96人100%

由表6可知，司戶參軍的遷轉與司法參軍很相似，也是遷轉為州府判司的最多，若包括司戶參軍本身，有41人，占42.7%；其次為縣令，25人，占26.04%。說明判司的遷轉路徑大致相同。但具體到轉為中央相應官職，二者就有了一定的區別：司法參軍遷轉為中央法官的有11人，占6.83%，而司戶參軍遷轉為中央相應官員的只有2人，占2.08%。這2人所遷轉的官分別是：司僕寺長澤監和屯田員外。我們知道，司戶參軍的職掌是："掌戶籍、計帳、道路、逆旅、田疇、六畜、過所、蠲符之事"，① 與這些職掌相對應的中央官員分佈在不同部門，不能完全契合。即如上述2種職官，也很難說是與司戶參軍的職掌完全對應。日本學者有不同意唐代司戶參軍掌民事審判者，其理由之一是中央的戶部並不承

---

① 《唐六典》卷三〇《三府督護州縣官吏》，第749頁。

擔民事審判。① 若我們從司戶參軍的角度申說，就要注意，司戶參軍也沒有與之完全相對應的中央官員。這與司法參軍是很不相同的。

以上對司法參軍的出身、所由官和遷轉作了一些統計，並與司戶參軍進行比較，結論大致是：司法參軍與其他判司作為地方州府六曹參軍中的一員，其出身和遷轉遵循著大致相同的規則，但似乎其中稍有不同，表現在：科舉出身的相對較多；科舉出身中明經又相對較多。所由官中，從縣尉升任的比較多；遷轉官中，到中央任法官的也占一定比例。這些說明唐代司法參軍作為專職法官，還是有一點特殊性的。這種特殊性意味著什麼，可能僅此很難作出判斷，也許說明他們需要相對較高的文化水準和一定的法律知識，任職後在一定程度上保持了擔任法官（地方或中央）的連續性。

但是這些結論是否可靠，也還是有問題的。原因有四：

第一，統計所涉司法參軍只有343名，並非全部，故統計結果會出現一定程度的偶然性或偏差。

第二，我們只作了司法參軍與司戶參軍（司戶參軍的數量也還不夠多）的比較，而未與其他如司功、司倉、司兵、司士等參軍比較，因此還不能確定司法參軍在六曹參軍中就一定具有特殊性。

第三，我們沒有比較科舉出身的司法參軍與非科舉出身的司法參軍，在是否勝任本職工作方面的異同，因此尚無法證明科舉出身對就任司法參軍職務在文化水準方面一定具有影響。

第四，就司法參軍而言，我們也沒有區別唐前期和後期。實際上，唐代前後期職官變化很大，後期差遣盛行，司法參軍有些就變為虛銜，具有了"階官"的特徵。我們只舉一個典型例子：

> （雷諷）寶曆初，解褐任朝議郎、邵州司法參軍兼知太倉務。大和二年（828），奏遷鄂州司法參軍。時丁艱釁，哀毀過制。以其主領繁重，天恩奪情，再授斯任。七年（833），轉洪州都督府法曹。雖官品累遷，皆勾留闕下。②

---

① ［日］奧村鬱三：《唐代裁判手續法》，《法制史研究》10，1960年，第54—55頁。
② 《補遺》第二輯，雷景中《雷諷墓誌》，第56頁。

在唐後期的寶曆初到大和七年（825—833），雷諷三任地方邵州、鄂州、洪州司法（法曹）參軍，官品不斷升級，但其實際職務均是在京城"知太倉務"即管理太倉，一直沒有離開過京師。這時的"司法參軍"就完全是虛職，是階官，與執掌刑獄沒有任何關係了。

但是在統計時，我們還是將其作為三任司法參軍統計，表面看沒有問題，但實際上不能反映唐後期的情況，因而也是不夠準確的。

儘管如此，以上統計還是給我們一些量化分析，使我們能更具體地討論司法參軍的構成和特點。

日本學者梅原郁在《宋代司法制度研究》第一部第二章第四節專門研究了"宋代の司法參軍"。文章從《宋史》列傳、文集的墓誌銘，以及《續資治通鑑長編》《宋會要》等找出近300名司法參軍，分析他們的出身，得出結論說：司法參軍的一半或三分之二，是非進士（即恩蔭子弟）出身者。梅原郁先生沒有解釋這一比例所具有的意義，轉而分析了司法參軍與司理參軍的不同性質，強調只有司法參軍才更多地遷轉至大理寺或刑部等司法專門官廳。[1]

與宋代司法參軍比較，根據筆者上述統計，唐代司法參軍出身於科舉者（53.7%）要多於門蔭出身者（38.9%），且科舉出身者中以明經為最多（明經占44.6%；進士占15.4%）。這固然與唐宋間科舉制度的變化有關，可能也與司法參軍的地位性質變化有一定關係吧。

二 司法參軍的職掌

本節想解決的問題是：司法參軍的具體職掌在唐前後期有無變化？司法參軍是否確實與司戶參軍分掌刑事和民事案件？

唐代司法參軍的職掌在法令中規定得很清楚，即《唐六典》所說："法曹、司法參軍掌律、令、格、式，鞫獄定刑，督捕盜賊，糾逖姦非之事，以究其情偽，而制其文法。赦從重而罰從輕，使人知所避而遷善遠罪。"[2]

---

[1] 《宋代司法制度研究》，第150—157頁。
[2] 《唐六典》卷三〇《三府督護州縣官吏》，第749頁。

不過《唐六典》中關於司法參軍的職掌還有一段話，即在談到親王府法曹時所云："法曹掌推按欺隱，決罰刑獄等事。"①

這段話與上段話的區別，主要在於後者的職掌中沒有了掌"律令格式"的職責。其實，王府法曹原來是掌"律令格式"的，只是到後來才發生了變化。我們看敦煌出土的《永徽職員令》殘卷，在提到親王府法曹參軍事的職掌時就說其"掌律令格式及罪罰"②。《唐六典》編於唐玄宗開元年間，那時親王府規模縮小、已無實權，其職掌縮減就是可以理解的了。

其實王府的法曹參軍，在永徽以後基本就成了閒職，與"司法"幾乎不發生關係了。相關例子很多，例如張道在"儀鳳三年（678）授滕王府法曹參軍事"，"悠遊文雅之場，棲息禮賓之闈。曳裾蘭坂，賦夜月之清詞；侍宴荊臺，諷朝雲之絕唱"③，崔和"拜鄆王府法曹參軍事。託乘天人，長裾藩邸。蘭臺曉入，醒折雄風。桂山夕遊，文陪明月"④。最有意思的是李沖，"釋褐為潞王府法曹參軍。雕筵翠閣，坐曳長裾；清景良宵，方追飛蓋"，後來"轉蒲州永樂縣令，非其好也"，又想辦法回到王府，"除沛王府騎曹參軍"⑤，可見王府判司的清閒以及陪宴侍從性質。

到編《舊唐書·職官志》時，對親王府法曹參軍更是不再記載職掌，只籠統說"七曹參軍各督本曹事"⑥；而對州府司法參軍的職掌也記載的極其簡單，只說"法曹、司法掌刑法"⑦。頗疑此處有缺漏，因為前後的司兵、司士參軍的職掌都說得非常詳細。

《新唐書·百官志》中摻有許多唐代後期制度，其中對王府法曹參軍職掌的規定也比較簡單，說"法曹參軍事掌按訊、決刑"⑧。對州府司法

---

① 《唐六典》卷二九《諸王府公主邑司》，第732頁。
② 劉俊文：《敦煌吐魯番唐代法制文書考釋》，中華書局1989年版，第188頁。
③ 《補遺》第二輯，闕名《張道墓誌》，第324頁。
④ 《補遺》第九輯，闕名《崔和墓誌》，第447頁。墓誌未言崔和何時任法曹參軍，只知他葬於開元廿六年（738）。
⑤ 《補遺》第六輯，闕名《李沖墓誌》，第332頁。李沖葬於永昌元年（689）。
⑥ 《舊唐書》卷四四《職官志》，第1914頁。
⑦ 同上書，第1920頁。
⑧ 《新唐書》卷四九下《百官志》，第1306頁。

參軍的職掌，則規定為"掌鞫獄麗法、督盜賊、知贓賄沒入"①，比《唐六典》的規定多了"知贓賄沒入"。這應該是唐後期制度的反映。

通過以上排比，可知唐代司法參軍的職掌因機構和時代前後略有不同：王府司法參軍有一個從掌"律令格式"到不掌"律令格式"（甚至是閒職）的演變；州府司法參軍到唐後期增加了"知贓賄沒入"的職責。在這種變化之外，司法參軍比較固定的職掌是掌刑獄，州府司法參軍還要掌"律令格式"。

下面我們看幾個實例：

所謂司法參軍掌"律令格式"，並不意味著前述有論著所說他們可以修訂律令格式，而是指他們具有保管、查找律令格式的職責。前引敦煌文書《永徽職員令》在令後有系列署名，最後幾行是：

沙州寫律令典趙元簡初校
　　　　　典田懷悟再校
涼州法曹參軍王義②

由此可以想見：那些新頒發的律令格式保管在涼州法曹參軍處。沙州如果需要，要派專業的"典"到涼州抄寫。《舊唐書》卷五十《刑法志》記"又撰《格式律令事類》四十卷，以類相從，便於省覽。二十五年（737）九月奏上，敕於尚書都省寫五十本，發使散於天下"③。為何只寫50本？這50本發到"天下"的哪一級？筆者推測，這50本主要就是發送到地方上的各都督府。各州如果需要，就派人到都督府去抄寫。以此類推，新頒下的《職員令》可能也只頒發、保存在涼州都督府，周圍各州可派人前往抄寫。而在涼州負責保管這些法典的，就是法曹參軍事。

至於掌刑獄、捕盜賊，這在提到司法參軍的材料時常有描寫（特別是治獄）。我們隨手舉出幾條：

---

① 《新唐書》卷四九下《百官志》，第1313頁。
② 劉俊文：《敦煌吐魯番唐代法制文書考釋》，第197頁。
③ 《舊唐書》卷五〇《刑法志》，第2150頁。

胡質為北灃州司法參軍事：舉直錯枉，獄訟無冤。①

皇甫松齡為巫州司法參軍事：平反折獄，無取深文。②

王和為淄州司法參軍：圜扉遂虛，恒垂鞠草之露；畫地無設，終除刻木之囚。③

秦侑為潞州司法參軍：掌司刑緯，簡而無不經之典；飲恤洒心，釋之有寬宥之能。④

高智惠為汝州司法參軍：正以閑邪，直以馭枉。循三尺之律，不為權移；按五刑之科，亟聞陰德。⑤

徐浚為陳州司法參軍：時太康縣有小盜剽劫，逮捕飛奔，廉使急宣。州佐巧抵非辜，伏法十有餘人。府君利刃鋼鋒，剛腸正色，決綱不問，釋累勿疑。餘活者盈庭，頌歎者織路。⑥

宇文林裔為梓州司法參軍事：用刑勤恤，斷獄平反；高門可待，東海無冤。⑦

如此等等，甚多。從以上幾例可知，"刑""獄"是出現最多的詞彙。因此，司法參軍可以說是職業法官，專掌審判事務。順便說一下，司法參軍事當然不僅僅是一個"官"，它也是一個機構，除司法參軍外，還有"府""史"等胥吏為輔助人員，也有自己的辦公地點。例如睦州的州獄和司法官廳就在城內西北隅。⑧這樣一個遍佈全國各州府的地方專職法司與法官的存在，保證了案件的及時處理，維護了地方的社會秩序。高宗時韋湊為揚州都督府法曹參軍，"州人前仁壽令孟神爽豪縱，數犯法，交通貴戚，前後官吏莫敢繩按，湊白長史張潛，請因事除之。會神爽坐事推問，湊無所假借，神爽妄稱有密旨，究問引虛，遂杖殺之，遠近稱

---

① 《補遺》第一輯，闕名《胡質墓誌》，第473頁。
② 《補遺》第五輯，闕名《皇甫松齡墓誌》，第114頁。
③ 《補遺》第五輯，闕名《王和墓誌》，第139頁。
④ 《補遺》第五輯，闕名《秦侑墓誌》，第252頁。
⑤ 《補遺》第六輯，王蕃《高淑媛墓誌》，第58頁。
⑥ 《補遺》第八輯，徐浩《徐浚墓誌》，第62頁。
⑦ 楊炯：《司法參軍事河南宇文林裔贊》，《全唐文》卷一九一，第1933頁。
⑧ 呂述：《移城隍廟記》，《唐文拾遺》卷二九，載《全唐文》第十一冊，第10694頁。

伏"①。(此事又見《朝野僉載》補輯160頁,其中張潛是刺史,法曹作"李廣業")。這一事例不僅說明了司法參軍的職掌,而且說明司法參軍可以"推問""杖殺",有一定的判決或曰定案權力。

需要強調的是,司法參軍掌"鞫獄定刑"②,既有審案權,也有判案權,③是專職的司法機構(法官)。行政長官一般情況下並不直接審案、判案(此點與宋代不同);州府司法參軍也並非只是縣級上報案件的複審機關。④唐代州府司法參軍的這種"鞫獄定刑"職能是非常專業的,也是相對獨立的。

下一個問題是:唐代的司法參軍是否與司戶參軍分掌刑事與民事案件呢?雖然幾乎所有中國古代法制史的教科書都如是說,⑤前述夏炎等人的論著也這麼說,但這一說法可能不夠準確。不夠準確的根本原因是唐代沒有"刑事"與"民事"案件的概念,也就不會有明確的分別掌管刑事和民事案件的分工。具體而言:

第一,地方州府除司法、司戶外,還有司功、司倉、司田、司兵、司士等參軍。這些參軍分別執掌考課、選舉、祭祀、表疏、書啟、學校、醫藥(以上司功)、公廨、庖廚、倉庫、租賦、市肆(以上司倉)、園宅、口分、永業、蔭田(以上司田)、門禁、管鑰、烽候、傳驛(以上司兵)、津梁、舟車、舍宅、百工(以上司士)等事務。⑥而一旦出現糾紛,則由各相關主管曹司負責處理,並不都歸司戶參軍。例如吐魯番出土著名的"北館文書"案卷,內容涉及供館的醬、柴等購買時價錢如何計算?政府不給錢怎麼辦?戶稅已免,那戶稅柴由誰提供?等等糾紛,均與倉曹所

---

① 《舊唐書》卷一〇一《韋湊傳》,第3141—3142頁。

② 《唐六典》卷三〇《三府督護州縣官吏》,第749頁。

③ 唐《獄官令》復原第1條:"諸犯罪,皆於事發處州縣推斷。"第2條:"諸犯罪……徒以上,縣斷定送州,覆審訖,徒罪及流應決杖、笞若應贖者,即決配徵贖。"(天一閣博物館、中國社會科學院歷史研究所天聖令整理課題組校證《天一閣藏明抄本天聖令校證(附唐令復原研究)》,中華書局2006年版,第643—644頁)。日本《養老令》將上述第1條中的"州縣"改為"官司",說明當時日本地方國、郡似無專門的法司或法官。見清原夏野《令義解》卷二九《獄令》,(吉川弘文館1985年版),第311頁。

④ 那思陸認為"州原則上是複審機關,複審縣呈報來的案件。但於特定情形下亦可直接進行初審"。見所著《中國審判制度史》,上海三聯書店2009年版,第103頁。

⑤ 例如葉孝信主編:《中國法制史》,復旦大學出版社2005年版,第189頁。

⑥ 以上參見《唐六典》與《新唐書》《百官志》。

掌庖廚、賦稅、市肆有關，因此均由倉曹參軍①負責處理，文案由倉曹參軍行"判"。②

第二，許多西方概念的"民事"案件在唐代被歸入刑事，即違犯了算犯罪，③例如有關婚姻、家庭、財產的一些罪名即是。這些案件即使由司法參軍審判，它能算是現代意義上的刑事案件嗎？相反，沒有過所私自度關是犯罪，④算是刑事案件了，但"過所"是司戶參軍職掌之一，因此有關過所的案子，要由司戶參軍行"判"。再如一件武周天授二年（691）康建進告主簿營種田地的案卷，由於事涉盜種（還公、逃死、戶絕）田地，屬於犯罪，但卻是由倉曹下牒要求縣裡"追建進妻兒及建進鄰保赴州"的。⑤

總之，由於唐代沒有"刑事""民事"概念，也就不存在相應的司法參軍和司戶參軍的嚴格分工審判：一方面，許多所謂民事糾紛要由司戶參軍以外的各曹參軍行判；另一方面，許多所謂民事糾紛在唐代屬於刑事犯罪，反而歸司法參軍審判。說司法參軍負責審判刑事案件，如果這個"刑事案件"是唐代意義上的刑事案件，是可以成立的；但說司戶參軍負責審理民事案件就不夠準確。⑥

我們來看一個實例。

吐魯番文書中有一件處理行人丟失過所後被捉事件的案卷。原文如下：⑦

（前略）

---

① 西州是都督府，所以是"倉曹"而非"司倉"。
② 參內藤乾吉《西域發見の唐代官文書の研究》，載《西域文化研究》第三冊，法藏館1960年版，第52—89頁。
③ 參前述奧村郁三文，第55頁。
④ 長孫無忌等：《唐律疏議》卷八，中華書局1983年版，第172頁。
⑤ 國家文物局古文獻研究室、新疆維吾爾自治區博物館、武漢大學歷史系編：《吐魯番出土文書》第八冊，文物出版社1987年版，第145—150頁。
⑥ 由於婚姻和田地這兩大類事務都歸司戶參軍管理，因而或可以說主要的民事糾紛是由司戶參軍處理的。
⑦ 由於原文甚長，這裡只截取相關部分，錄文及行數（每行前的數字）均依《吐魯番出土文書》第九冊，文物出版社1990年版，第61—67頁，但標點有所改動。

（前缺）

97 所將走去。傔人桑思利，經都督下牒，不敢道將過□都

98 督處分，傔人桑思利領化明將向北庭，行至酸棗戍，勘無過所，並被

99 勒留，見今虞候先有文案，請檢，即知虛實。被問，依實謹辯。思

100 　　　　　開元廿一年正月　　日。

101 　　蔣化明年廿六。

102 化明辯：被問先是何州縣人，得共郭林驅驢。仰答：但化明

103 先是京兆府雲陽縣嵯峨鄉人，從涼府與敦元暕驅馱至北庭。括

104 客，乃即附戶為金滿縣百姓。為饑貧，與郭林驅驢伊州納和糴，

105 正月十七日到西州主人曹才本家停。十八日欲發，遂即權奴子盜化明

106 過所將走。傔人桑思利經都督下牒，判付虞候勘當得實，責

107 保放出。法曹司見有文案，請檢，即知虛實。被問，依實謹辯。

　　　　　　　　　　　　　　　　　　　　　　　思

108 　　　　　開元廿一年正月　　日

109 　　付法曹檢。　九思白。

110 　　　　　　　　廿九日

111 功曹　　付法曹司檢。　　典曹仁。　功曹參軍宋九思。

112 郭林驅驢人蔣化明、傔人桑思利

113 　　右請檢上件人等，去何月日，被虞候推問？入司覆

114 　　緣何事？作何處分？速報。依檢案內：上件蔣

115 　　化明，得虞候狀：其人北庭子將郭琳作人，先

116 　　使往伊州納和糴，稱在路驢疫死損，所納

117　　得練並用盡。北庭傔人桑思利於此追捉，
118　　到此捉得。案內今月廿一日，判付桑思利
119　　領蔣化明往北庭，有實。
120 牒件檢如前。謹牒。
121　　開元廿一年正月　　日。府宗賓　牒。
122　　參軍攝法曹程光琦
123　　具錄狀過。　九思白。
124　　　　　　廿九日
　　　（中略）①

（中缺）

147　　□□□□□問有憑，
148　　准狀告知，任連本過所，別
149　　自陳請。其無行文蔣化明
150　　壹人，推逐來由，稱是北庭
151　　金滿縣戶，責得保識，又非
152　　逃避之色，牒知任還北庭。
153　　諮。　元環白。
154　　　　　　五日。
155　　依判，諮。　齊晏　示。
156　　　　　　五日。
157　　依判，諮。　崇　示。
158　　　　　　五日。
159　　依判。　斛斯　示。
160　　　　　　五日。
161　　蔣化明
162 牒件狀如前。牒至准狀，故牒。
163　　　　開元廿一年二月五日
164　　　　　　　府謝忠
165 戶曹參軍元

---

① 所略者為同一案卷中無行文被捉獲的"王奉仙"之事。

166　　　　　　　　　史

167　　　　　　正月廿九日受，二月五日行判。

168　　　　　錄事元實　　檢無稽失。

169　　　　　功曹攝錄事參軍　思　勾訖。

170 牒蔣化明為往北庭給行牒事。

　　這個案件是說金滿縣人蔣化明為北庭子將郭林驅驢，送和糴糧入伊州倉。到西州時驢死，納糧所得練也用光，過所又被人盜走，被郭林派傔人桑思利將其捉送官司。經虞候初審，① 然後法曹司勘問，判付桑思利領蔣化明往北庭。路過酸棗戍，因無過所，又被捕回，經功曹司請法曹司檢勘文案，最後由戶曹司判給蔣化明行牒，任其返回北庭。②

　　這一案件涉及西州都督府的幾個曹司：第一次被捉，（虞候初審後）由法曹參軍判，判傔人將蔣化明領回。這是因為法曹參軍掌"督捕盜賊"事。蔣化明不是盜賊，所以放出。第二次被捉，先由功曹勘問第一次判決的虛實，發文讓法曹檢查案卷。這是因為功曹參軍掌"表疏、書啟"之事。③ 最後由戶曹行判。這是因為戶曹參軍掌"過所"之事。由於蔣化明有保有識，不是逃戶，所以放回。

　　儘管無過所而上路過關是犯罪行為，儘管驢死練盡、半路不歸（郭林派傔人去抓，是懷疑他逃跑）屬民事糾紛，但前者由戶曹參軍審判（第二次，判決結果是給行牒放人）、後者由法曹參軍審判（第一次，判決結果也是責保放人）。那麼這一案件是民事還是刑事呢？戶曹參軍和法曹參軍有分別審理"民事"和"刑事"案件的分工嗎？

　　特別是，在本案卷的前面，涉及後面處理的緣起，有這麼幾行：④

---

　　① 由於"傔人"是軍人，所以先要由"虞候"審理，"推問"後"入司"（113 行），即移入"法曹司"。

　　② 以上文書內容，參劉俊文書，第 556 頁，但筆者對文書內容的描述與劉書稍有不同。

　　③ 案卷存於法曹司，不知是因為法曹掌"律令格式"呢？還是各曹司的案卷都存放在各曹司。

　　④ 錄文見《吐魯番出土文書》第九冊，第 58—59 頁。

69　岸頭府界都遊弈所　　　　狀上州
70 安西給過所放還京人王奉仙
71　　　右件人無向北庭行文，至酸棗戍捉獲，今隨狀送。
72 無行文人蔣化明
73　　　右件人至酸棗戍捉獲，勘無過所，今隨狀送。仍差遊弈
74　　　主帥馬敬通領上。
75 牒件狀如前謹牒
76　　　開元廿一年正月廿七日典何承仙牒
77　　　　宣節校尉前右果毅要籍攝左果毅都尉劉敬元
78　　付功曹推問過
79　　斯示
80　　　　　　廿八日
81 牒奉 都 督判命如前，謹牒。
82　　　　　　　　正月　日典康龍仁牒
83　　　　　　　　問。九思白
84　　　　　　　　　　廿八日

　　從這幾行可以看到，本案最初是奉西州都督王斛斯之命，"付功曹推問"的。換句話說，功曹在本案處理中佔有十分重要的位置，在案卷上留有"問""連""付"等判語。由於案卷有缺損，整個處理過程還不能完全復原，但僅此已可知唐朝地方官府中一個案件由誰"推問"，由誰處理，還是比較複雜的。

　　總之，簡單說唐朝地方的司法參軍負責審理刑事案件、司戶參軍負責審理民事案件，恐怕不夠準確。①

---

　　① 柳立言先生曾對作者指出：在當時，哪個機構（哪個參軍）負責哪類官司可能有規定或約定俗成，即百姓在打官司時應知道哪類官司該找哪個機構（哪個參軍）。這個意見有道理，但就唐代現存史料，無法就此問題予以論證。

三　司法參軍與法官家族

司法參軍作為專職法官，在知識傳承方面可能有法官家族背景，於是形成父子兩代或祖孫三代出任法官的現象。這種現象主要出現在唐前期。從墓誌中，我們找到了一些相關資料，列為表7：

表7　　　　　　　　唐代司法參軍父子或祖孫出任法官一覽

序號	父（法官職務）	子（法官職務）	孫（法官職務）	出處①
1	李孝端：隋懷州司法參軍事	李知本：雍州司法參軍事。卒於永徽六年（655）		補遺九《李知本墓誌》，434
2	辛正臣：隋余杭郡司法書佐	辛驥：洛州都督府法曹；大理司直；刑部員外；刑部郎中；卒於顯慶四年（659）		補遺一《辛驥墓誌》，46
3	鄒朗：隋晉王府法曹參軍		鄒大方：韓王府法曹參軍事，卒於垂拱元年（685）	補遺八《鄒大方墓誌》，293—294
4	爾朱義琛：詳刑正卿；卒於上元三年（676）	爾朱杲：汾州司法參軍；揚州大都督府法曹參軍；司刑丞；秋官郎中；司刑少卿；秋官侍郎；司刑卿；秋官尚書；卒於長壽三年（694）		補遺七《爾朱杲墓誌》，337

---

①　出處中的略稱為：補遺＝《全唐文補遺》（後面是輯數，"千"指"千唐誌齋藏誌輯"）；舊＝《舊唐書》；全＝《全唐文》；最後是頁數。以下論述若出自表中所示出處者，不再出注。

续表

序號	父（法官職務）	子（法官職務）	孫（法官職務）	出處
5	袁處宏：大理寺正	袁公瑜：刑部侍郎	袁承嘉：鄧州司法參軍，久視元年（700）遷葬	補遺二《袁承嘉墓誌》，372
6	黃元徹：司刑丞	黃□□：大理司直；司刑丞；司刑少卿；詳審使；司刑少卿，卒於長安四年（704）	黃昉：長安四年前為相州司法參軍事	補遺七《黃君墓誌》，339—340
7	騫基：大理寺丞；詳刑大夫	騫思泰：河北道覆囚使；楚王府法曹參軍事；卒於萬歲登封元年（696）	騫晏：明法擢第；洋州司法參軍，卒於開元二十七年（739）	補遺三《騫思泰墓誌》，55；二《騫晏墓誌》，23
8	李義琪：洛州司法		李澄：陝郡司法參軍；扶風郡司法參軍；卒於天寶六載（747）	補遺八《李惠墓誌》，31—32；《李澄墓誌》，105—106；千《李祐墓誌》，276
9	封踐一：揚州都督府法曹參軍	封無遺：大理評事；卒於開元三年（715）		補遺二《封無遺墓誌》，419
10	徐有功：蒲州司法參軍；司刑丞；秋官員外郎；秋官郎中；左台侍御史；司刑少卿；卒於長安二年（702）	徐堅：陝州司法；大理司直；卒於開元十六年（728）	侄孫徐秀（琇）：關內覆囚使判官；瀛洲司法參軍；卒於天寶十三載（754）	舊八五《徐有功傳》，2817—2820；全三一八《徐堅碑》，3225—3226；全三四三《徐秀碑》，3481
11	盧守默：沂州司法；卒於開元十六年，83歲	盧法童：開元十六年為亳州司法		補遺千《盧守默墓誌》，155

续表

序號	父（法官職務）	子（法官職務）	孫（法官職務）	出處
12	雷庭玉：大理評事	雷諷：（寶曆初）邵州司法參軍；（大和二年）鄂州司法參軍；（大和七年）洪州法曹參軍；		補遺二《雷諷墓誌》，56
13	黃少璵：大理評事	黃季長（弘遠）：吉州司法；卒於大中元年（847）		補遺三《黃季長墓誌》，219—220

以上13例都是司法參軍所在的法官家族。其中有3例父輩或祖輩是隋朝的地方法官；有1例祖孫間相隔時代太過遙遠；有2例資料太少；最後2例都在唐後期，而後期許多官職有階官傾向。因此這8例我們不做專門討論。

餘下的5例，基本出現在高宗至玄宗時，特別是武則天時代。

先看第4例"爾朱"家。父親爾朱義琛，一生擔任過許多職務，而成為"詳刑正卿"，已經是他晚年的事情了。爾朱義琛的兒子爾朱杲，貞觀九年（635）高祖死時為高祖挽郎。① 此後經一任解褐官後就成為法官，先後任汾州司法參軍，揚州大都督府法曹參軍、司刑丞。父親上元三年（676）去世時他為都官員外。由於父親龍朔三年（663）之後任"詳刑正卿"，因此爾朱杲先後任汾州司法、揚州法曹、司刑丞，② 可能受了父親的影響。起復後，他在經歷短暫的其他官職後，基本就是專任法官了：轉秋官郎中，改司農少卿、司刑少卿、秋官侍郎、司刑卿，除秋官尚書，後來"坐來俊臣事，改授衛州刺史"。從以上經歷看，爾朱杲應該是武則天時代一個重要法官，但兩《唐書》及其他史料卻沒有留下一點痕跡。

---

① 原錄文作"六年"。查《舊唐書》卷一《高祖本紀》（第18頁），唐高祖死于貞觀九年。不知是墓誌錯記還是錄文錯錄。

② 據《唐六典》卷一八《大理寺》，光宅元年（684）改大理寺為司刑寺，神龍元年（705）復舊（第502頁），故當時應該還沒有改為"司刑丞"。此墓誌作於長安三年（703），追述官職時使用了長安年間的稱呼。

這可能與他為來俊臣一黨有關。無論如何,這是父子都擔任過司刑(大理)卿的一例。

第5例"袁"家。袁處宏①曾為大理寺正。袁處宏的兒子袁公瑜高宗初為大理寺官。《袁公瑜墓誌》②記"時以寺獄未清,因授君大理司直……尋遷大理寺丞,宰劇有聲,恤刑無訟",但《舊唐書》則記他顯慶末為大理正,受許敬宗委派,到黔州逼長孫無忌自殺。③到底是"大理丞"還是"大理正"?《袁公瑜墓誌》的撰者是狄仁傑。狄仁傑儀鳳中做過大理丞,④與袁公瑜是前後同事,也許他的記載是對的。袁公瑜後來在龍朔、總章(661—670)間任司刑少常伯⑤(即刑部侍郎⑥)。他也是為武則天出過力的法官,垂拱元年七十三歲時去世。袁公瑜的兒子袁承嘉,解褐即為鄧州司法參軍,四十七歲去世,久視元年(700)與其父同日遷葬至洛陽。袁家三代法官,其中袁承嘉若非去世過早,或許也能成為中央大理寺官員。

第6例"黃"家。黃元徹,明經出身,曾為司刑丞。黃元徹之子黃某,⑦明經出身,在經歷了縣主簿等官後,又應八科舉及第,遷大理司直,拜司刑丞。徐敬業叛亂,他出任湖州司馬、常州司馬,"不踰年,有制以公早歷刑官,深閑憲典",除秋官郎中,遷司刑少卿。武周建立,為(律令)詳審使,在經歷德州刺史後,再度出任司刑少卿。⑧長安四年(704)七十一歲時去世。他的兒子黃昉,長安四年前曾任相州司法參軍事。黃家三代法官,其中黃昉在父親下葬時擔任過州司法參軍,其後是否可能進入中央為法官,不得而知。

第7例"騫"家。父親騫基,曾為大理寺丞、詳刑大夫。"詳刑大夫"就是大理少卿,可見他在高宗龍朔(661—663)後咸亨(670—674)

---

① 下引《袁公瑜墓誌》稱其名為"袁弘"。
② 狄仁傑:《袁公瑜墓誌》,《千唐誌齋藏誌》,第481頁。
③ 《舊唐書》卷六五《長孫無忌傳》,第2456頁。郁賢皓等《唐九卿考》(中國社會科學出版社2003年版,第355頁)列其為"大理卿"(從三品),恐誤。因為他此後才為中書舍人(正五品上),見上述《唐九卿考》袁公瑜條。
④ 《舊唐書》卷八九《狄仁傑傳》,第2886頁。
⑤ 《袁公瑜墓誌》,參見《唐僕尚丞郎表》卷四,中華書局1986年版,第232頁。
⑥ 《袁承嘉墓誌》即寫作"刑部侍郎"。
⑦ 可能墓石漫漶,錄文本沒有錄出其名字。
⑧ 後來又到地方上去當刺史。

前任此官職。① 墓誌說他"刑曹恤獄",指的就是擔任過大理寺法官。寋基之子寋思泰,明經出身,當過縣尉、州參軍,父親死後曾"差充河北道覆囚使,處決平反",成了具有法官職掌的使職。隨後對策高第,就任楚王府法曹參軍,萬歲登封元年(696)四十九歲時去世。寋思泰的兒子寋晏,明法出身,擢第後任洋州司法參軍,開元二十七年(739)五十七歲時去世。寋家三代,都有擔任專職法官的經歷,特別是寋晏,專門學習法律,可能受到了祖、父輩的影響。

第10例"徐"家。徐有功,在唐代法官中赫赫有名,其事蹟編入過現在通行的《中國法制史》。② 他明經出身,在任蒲州司法參軍後,歷任司刑丞、秋官員外郎、秋官郎中、司刑少卿,以"寬仁"著稱於武則天時代,長安二年(702)六十二歲時去世。徐有功的兒子徐堅,門蔭出身,曾任陝州司法,"朝廷以先父之勞,超拜大理司直。平端讞議,果振家風"。可見朝廷是有意從知名法官家族中提拔法官的。開元十六年(728)六十八歲時去世。他還有個堂弟徐憚,曾任御史中丞。徐有功有個姪孫徐秀,出身崇文生,曾為關內道覆囚使判官,"銳精鞫訊,多所全活",以"從祖父司刑卿天授中詳理冤獄,振雪者七十餘家"為榜樣,後曾為瀛州司法參軍,天寶十三載(754)七十歲時去世。徐家父子兩代遞為法官,影響直至第三代。

以上5例,基本是三代都有法官,且大多曾在中央任職。從時間段來說,多在高宗武后時代,特別是主要法官如爾朱杲、徐有功、袁公瑜、黃某等,都是高宗武后時重要法官。因此,包含司法參軍在內的"法官家族"現象,與高宗、武則天特別是武則天有極大關係。

我們知道,武則天是推崇"法治"的,既重視法典——律令格式的編纂,也重視法官人選和法官待遇。《唐會要》卷三九《定格令》載"文明元年(684)四月十四日敕:律令格式,為政之本"③。這種"律令格式,為政之本"是武則天執政的理念和原則,因之她對法典的編纂與修訂十分重視。查《唐大詔令集》,卷三至卷五集中了唐朝歷代皇帝"改

---

① 其孫《寋晏墓誌》就徑將其寫作"大理少卿"。
② 葉孝信主編:《中國法制史》,第193頁。
③ 《唐會要》卷三九《定格令》,第705頁。

元"的詔、制和赦,包括貞觀、總章、弘道、光宅、載初、開元、天寶、上元、永泰、大曆、建中、興元、貞元、元和、大和、開成、廣明、天復等,其中只有武則天《改元載初(689)赦》中明確提到了要"刪定律令格式不便於時者"①。特別是武周革命、代唐伊始,武則天就著手制定"武周律"。這一事實長期湮沒不聞,這次在探討唐代司法參軍時才找到了一點線索。

前述"黃"家第二代法官的黃某,墓誌記他"深閑憲典""尤精法理","天授二年□□□□之□□□隨時。或廢在寬弛,或失之淫濫,乃命公為詳審使,兼命刊定隋唐已來律文。公遠摭□□□□□□□□□之輕重,□□□之廢興。括囊數百年,筆削千餘道。張湯之定法令,務除苛虐;郭躬□□□□,□□□□。損益咸中,朝廷許能"。文字雖因闕文而不連貫,但意思是明白的,即天授革命的第二年,武則天就開始對隋唐律文予以刊定,為此還特別設立了"(律令)詳審使"。這一工作應該是完成了。武周時制定過"武周律"這一事實的發現,是武則天重視法典編纂和重視依法(律令格式)辦事的重要證據。

重視法典的同時,武則天也重視執行法典的人。這其中當然有她打擊反對勢力直至掌握最高權力的實際考慮,但也反映了其對法官的重視。當時人韓琬這樣評價武則天:"則天好法,刑曹望居九寺之首……(大理)評事之望,起於時君好法也。"② "時君好法",大理寺官員"望"高,必然使人願意為法官。因此,法官家族多存在於高宗、武則天時代,就是可以理解的了。

司法參軍出自法官家族,其法律知識可能有一部分就來自家庭。這大概是由於父祖為法官,使子孫能較多接觸法典,及其辦案對子孫會有影響的緣故吧。我們舉一個隋代的例子。我們知道,隋朝皇帝十分重視法官和法治,隋文帝開皇六年(586)曾"敕諸州長史已下,行參軍已上,並令習律,集京之日,試其通不"③,所以隋朝地方官多通法律。《補

---

① 宋敏求:《唐大詔令集》,商務印書館1959年版,第19頁。
② 李昉:《太平廣記》卷二五〇《姚貞操》,出《御史台記》,中華書局標點本1981年版,第1939頁。
③ 魏徵等:《隋書》卷二五《刑法志》,中華書局1973年版,第713頁。

遺》第七輯《房夷吾墓誌》說他"以家世能官，宗多循吏，數聞疑讞，嘗經繕寫，是以心閑法令，手善書刀"①，就顯示了子孫在家中接觸法令和判案的情況。所以前述法官家族中有3例都是隋朝法官的後人。這一傳統也延續到唐前期，例如玄宗朝名相張說的父親張騭，"外王父大理寺丞某，重世為士。府君傳其憲章，博施精理，年十九，明法擢第"②。張騭之所以選擇明法，與作為法官的外祖父的影響，並"傳其憲章"顯然有很大關係。張騭後來向《唐律》發難，具備很深厚的法律思想。與此類似，前述第7例中的蹇晏選擇"明法"專業，"以工甲令擢第"，然後成為法官，恐怕也是受了家庭的影響。其他還有如第6例中的黃某，既是"深閑憲典""尤精法理"，又參與刪削隋唐律文，家中一定存有大量法律典籍。這就為子孫研習法典提供了有利條件。

但是為何到唐後期就極少這種法官家族了呢？我想一個原因是唐後期沒有出現像武則天那樣重視法治的君王。另一個與其相關的原因是法官，特別是地方法官地位下降、職掌被侵奪，願為者少，自然就不會有法官家族出現了。

到宋代，在王安石變法重視刑、法官時期，也有類似情況出現。梅原郁舉杜紘和杜純，以及祝諮和祝康、祝庶的例子，說那時法律成了家學。③

四　唐代司法參軍的身份認同

最後一個問題其實是最重要的一個問題，即我們前面說司法參軍是法官，有的有法官家族的背景等，這些都是我們現在的定義和判斷。當時人或當事人是如何看待"司法參軍"這一職務的呢？在他們心目中，"司法參軍"作為法官的分量到底有多重？它們是一個集團或群體嗎？要回答這一問題，可能需要當事人自己的文章或當代人有針對性的議論，可惜這兩者在唐代史料中都很缺乏，以致我們無法得出十分明確的結論。

---

①　《補遺》第七輯，闕名《房夷吾墓誌》，第241頁。
②　《全唐文》卷二三二，張說《府君墓誌銘》，第2345頁。
③　梅原郁前書第一部第七章第五節《宋代法官の群像》，第537頁。

唐代司法參軍的若干問題 / 175

以下就所看到的史料作一點初步分析。

第一，從主觀認同來看，有些人有意識地學習法令，然後做官，但似乎並沒有一定要做司法參軍，即沒有人是為了做司法參軍而學習的。實際上，因主動學習法令而成為司法參軍的很少。例如：

> （王植）字文端……特好九章之書，尤精五聽之術，歷代沿革，因時輕重，若視諸掌，悉究其源。年廿三，雍州貢明法省試擢第，授大理寺錄事……遷長安縣尉，目覽耳聽，片言折獄……應詔舉，遷魏州武陽縣令，仍在京刪定律令……授尚書省都事……遷太府寺丞……詔以幹能可紀，授司農寺丞，推逆人房遺直等處事平反，詔以明習典憲，授大理寺丞……授涇州長史……授宗正寺丞，奉使越州推事。以龍朔二年（662）二月十日，寢疾卒於會稽郡，時年六十。①

王植，明法出身，② 基本上一直在從事與法律或司法相關的工作。雖然遷為魏州武陽縣令，但並未赴任，在京刪定律令，實際就是參加永徽律令格式的刪定。《唐會要》所記參加永徽律令格式修撰者中，最後一位署名的"太府寺丞王文端"③ 就是這個王植。後來他身為太府寺丞，但依然"推房遺直事"；成為宗正寺丞後，還是"奉使越州推事"，直至去世。這麼一個喜好法律，判案幹練的人，並未充任過司法參軍。

> （張洲）以為經者訓人之本，或僻左丘明之傳；法者理道之先，故精志蕭何之律。弱冠舉法高嗣第……起家拜南海郡參軍，轉豫章郡兵曹參軍，授壽春郡安豐令，復改吳郡常熟令。[天寶三載（744）

---

① 《補遺》第三輯，闕名《王植墓誌》，第379頁。
② 關於明法出身，彭炳金《唐代墓誌法律史料價值舉要》提到一些，但所論旨趣與本文不同。見《法律史論集》第5卷，法律出版社2004年版，第311—314頁。關於明法出身者，筆者還找到了其他幾例，詳論請待來日。
③ 《唐會要》卷三九《定格令》，第702頁。但據墓誌，刪定律令時王植應是武陽縣令而非太府寺丞。這裡有兩種解釋：第一，為武陽縣令時大約在貞觀中後期，所刪定的是貞觀律令。第二，《唐會要》記的是"奏上"的時間，可能刪定時官武陽縣令，奏上時已是太府寺丞了。

卒]。①

張洎認為"法者，理道之先"，於是主動去學法律，但也沒有出任過司法參軍。

（李正本）讀書至哀敬折獄，因歎曰：我先祖皋陶為堯理官，豈可不明刑以求仕？乃明法舉，及第，解褐慈州昌寧縣主簿。未幾，應八科舉，敕除陝州河北縣尉……授蒲州河東縣尉。大邑繁劇，甚多疑獄。君到官斷決，皆使無訟。遷汾州孝義縣丞……除相州司士參軍……秩滿，授魏州頓丘縣令……歲滿……尋除洋州長史……以開元二年（714）……終。②

李正本明確要"明刑以求仕"，故以明法出身，在縣尉任上處理過司法案件，但也沒有升為司法參軍。

（楊嶧）七歲讀書，究典墳之奧旨，習諸律令，得刑法之微文；大理之長有聞，特狀奏為大理獄丞。官不稱才，怏然慚恥……次授金州司倉參軍……調補兵部主事……次授僕寺丞……授中書主書……拜衛尉寺丞……元和十四年（819）……歿。③

這個楊嶧，在"律令"方面有造詣，但只當過"獄丞"，自己都覺得"慚恥"，也沒有當過司法參軍。不過這是唐後期的事情。

主動學習法律，又當過司法參軍的，只找到一例。

（楊炎）常覽庭堅相虞，釋之佐漢，遂究法家之學，以作登科之首……解褐補仙州葉縣尉，稍遷蒲州安邑縣尉、赤水軍節度判官、宋州司法參軍。用簡削繁，執謀能遠。橋玄之幹理雙舉，定國之精

---

① 《補遺》第二輯，闕名《張洎墓誌》，第539—540頁。
② 《補遺》第四輯，洪子興《李正本墓誌》，第15—16頁。
③ 《補遺》第二輯，郗從周《楊嶧墓誌》，第43頁。

明再出。秩滿，授鄆州鉅野縣令，加朝散大夫、懷州武德縣令……以天寶五載（746）……卒。①

這個楊岌，不知是否明法出身，他在當了兩任縣尉後，當了一任司法參軍，然後升任縣令。

從以上幾例看，當時人確有喜愛法律，從而研習法律的，但其中多數人似乎目的只是"明刑以求仕"，或"究法家之學，以作登科之首"，即只是把學習法律作為入仕的敲門磚。由於唐人做官要考判，而考判需要有律令格式的基礎，這從留下來的各種《判集》或《擬判集》中可以看得很清楚。在這種情況下，大部分做官的人都具備一定法律知識，因此專門去學習法律的，必然是對法律有興趣並認為法律很容易學的人。他們擢第後當縣尉、當判司、當縣令，走的是一般的仕進路途，並沒有特別能成為司法參軍者。

第二，反過來說，那些當過司法參軍的人，很多只對儒家經典感興趣，並沒有主動去學習法律，似乎也並不想做法官。例如崔傑，"十四以五經擢第，廿補太子校書。以孤直而尉臨汾，以清白而贊河內。秩終，除棣王府法曹。以丁家艱去官。服闋，授信王府士曹"②。從中看不出對當法曹的任何評價和感受。再如崔暟，"精春秋左氏傳登科，冠曰慈明，首拜雍州參軍事，次左驍衛兵曹，次蒲州司法。中書令李敬玄、侍中郝處俊，國之崇也。時元良監守，朝於李而暮於郝，以率更職典刑禮，諧公為丞……遷尚書庫部員外郎……除公為壽安令（後略）。"③ 似乎也沒有在司法參軍職位上有所作為。甚至前面提到法官家族中"鶱"家的"鶱思泰"，墓誌說他"孝行為立身之本，明經為取位之資"④，也是以"明經"而非"明法"進入仕途的。

綜合上述兩點，可知主動學習法律以求入仕者，當司法參軍的很少；有司法參軍經歷者，許多並非專門學過法律，而且從墓誌的描述看，他

① 《補遺》第一輯，崔潛《楊岌墓誌》，第 164 頁。
② 《補遺》第一輯，蕭倫《崔傑墓誌》，第 188 頁。
③ 《補遺》第三輯，吳少微《崔暟墓誌》，第 115 頁。
④ 《補遺》第三輯，侯鄑玲《鶱思泰墓誌》，第 55 頁。

們中的很多人對擔任司法參軍並無熱情也無作為。

　　第三，在當時人看來，司法參軍雖然是官，但地位很低。這從墓誌的相關評價中可以看得很清楚。例如郜崇烈，以諸親拜太州參軍，轉司禮太祝、秦府功曹、蘇州司法、潁王錄事，墓誌評論他是"荏苒五蒞事，蹉跎一掾曹"①。又如京兆府法曹盧傳素，墓誌說他是"文學高博，識用精利，而道不世合，湮沉下寮"②。盧禺，終於華州司法參軍，墓誌說他"位不崇，壽不永"③。前引賴瑞和書曾引韓愈詩，說所任江陵府法曹屬於"判司卑官"④。這可能是當時人對司法參軍的一種看法。韓愈在此《赴江陵途中》詩後面還有幾句，說"生平企仁義，所學皆孔周，早知大理官，不列三后儔"⑤，反映了儒生對法官的輕視。白居易在所擬《策林》中曾痛心疾首地說："朝廷輕法學，賤法吏，故應其科與補其吏者，率非君子也，其多小人也"⑥，也從另一側面說出了當時人對"法學"和"法吏"的看法。

　　總括以上，似乎當時人雖然把司法參軍視為一個特殊的集團或群體（法官），但並不重視，不認為只有研習法律者才能擔當。"司法參軍"也不是進入中央法司的必經之路。許多擔任司法參軍的人，在這一崗位上履行了法官職責，卻並不想繼續從事法官職業。從這些來看，他們對自身所具有的"法官"的自我身份認同是薄弱的。

五　小　結

　　以上拉拉雜雜地對唐代司法參軍若干問題作了一點很不像樣的分析，似乎可以得到以下結論：

　　第一，唐代司法參軍的出身、入仕、遷轉與其他判司類似，但也有

---

① 《補遺》第一輯，張諤《郜崇烈墓誌》，第145頁。
② 《補遺》第一輯，楊知退《盧氏夫人墓誌》，第418頁。
③ 《補遺》第七輯，裴垍《盧禺墓誌》，第67頁。
④ 賴瑞和：《唐代基層文官》，中華書局2008年版，第200頁。
⑤ 原詩題作《赴江陵途中寄贈王二十補闕李十一拾遺李二十六員外翰林三學士》，見韓愈著，錢仲聯集釋《韓昌黎詩繫年集釋》卷三，上海古籍出版社2007年版，第289頁。
⑥ 白居易著，顧學頡校點：《白居易集》卷六五《策林四》，中華書局1991年版，第1357頁。

些特點，即他們多為科舉出身，科舉中又以明經為多數；來自縣尉的較多；有些升為中央法官。若與司戶參軍相比，則後者出身門蔭的較多，出身科舉者中以孝廉舉最多；來自縣尉的比例要少於司法參軍；很少見到有升為中央財政官員的。這樣看來，在銓選過程中，可能對司法參軍的資質有一定要求。

第二，唐代司法參軍的職掌在法令中規定得很詳細，包括執掌律令格式、審獄定刑、抓捕盜賊、處理其他違法事件等四個方面。但其中仍有變化：變化之一是王府的法曹參軍後來不再具有執掌律令格式的職能，甚至成了閒職；變化之二是到唐後期，增加了對臟賄物的處理。即就"掌律令格式"而言，指的是保管、提供和查閱職能，並非指對律令格式的修撰。

第三，由於現代意義的民事案件在唐代分屬幾個（如司倉、司戶、司田、司法、司士等）判司處理，因此簡單說唐代司戶參軍掌民事案件、司法參軍掌刑事案件是不夠準確的。

第四，唐代前期特別是高宗、武后時期，出現了一些"法官"家族。這些家族是父子或祖孫幾代都有出任法官者，其中就包括司法參軍。這一現象出現的原因，很大程度是由於君王對法治和法官的重視。

第五，但是從當事人或當時人的主觀認同而言，似乎"司法參軍"雖然具有明顯的專業性質，但並不受重視，地位卑下。越到後期，隨著階官化傾向加重，這一性質變得更加明顯。只有到了五代十國時期，它才作為地方"法官"被重新重視起來。

第五點似乎與第一點有些矛盾，但我想，第五點說的是主觀感受，第一點說的則是客觀標準。選司在選擇司法參軍時可能會有資質方面的要求，但被選上者未必會有相應的認同，不過為了升遷，該赴任的還是要赴任，並在任上完成承擔的職責。

宋代的司法參軍，梅原郁先生的研究或許是最具體、最全面了。在宋代，司法參軍分割了唐代司法參軍的部分職掌，一般要經過明法考試，有擔任法官的自覺，隨後也多在法官序列中遷轉，這些都與唐代不同。這從正史傳記中也能看得很清楚。《宋史》中提到的司法參軍，敘述了他們的具體事蹟，而兩《唐書》中提到的司法參軍基本沒有事蹟。雖然司法參軍制度在唐代十分完善、品秩也高一些，但我們不能不說這一職務沒有像宋代那樣被重視。

不過同時，唐宋司法參軍又都是地方司法官員，是官不是吏，都執掌司法事務，都有遷轉為中央法官的可能。從這一點看，二者又有繼承和不變的地方。或許到了元代以後，州級司法官員的構成、出身、職掌、地位等才有了比較大的變化吧。

唐代司法參軍的知識背景初探

地方州府設置司法參軍事或法曹參軍事，只存在于中國古代魏晉至唐宋這一階段，恰與《令》的興起、全盛、衰落相始終。最近，筆者曾撰《唐代司法參軍的若干問題——以墓誌資料為主》一文（以下簡稱為《司法參軍問題》）①，從司法參軍②的出身與遷轉、司法參軍的職掌、司法參軍與法官家族、司法參軍的身份認同等角度對唐代司法參軍做了初步探討，但有些問題還有申說餘地，特撰此小文以為補充。

為何要討論知識背景問題？筆者在《司法參軍問題》中曾指出，在唐代司法參軍的出身中，科舉出身者占一多半，多於門蔭出身者；科舉出身者中明經出身者又占多數。對此現象，柳立言先生評論道：科舉及門蔭，可能"家庭背景差異不大，法律知識的來源亦可能差異不大。也就是說，若要瞭解司法參軍（以至其他參軍）的專業水準，首先可探究他們的教育背景，尤其是法律知識的來源"③。要想討論司法參軍的法律知識來源可能比較困難，但探討他們的知識背景卻是可行的，由此或能窺知唐代司法參軍的知識構成，間接了解其法律知識的來源。

我們知道，宋朝司法參軍的法律知識來源比較清楚。一方面，進士、諸科往往要學習法律，考試時要考法律，例如宋太宗太平興國八年（983）就規定"進士、諸科始試律義十道，進士免帖經。明年，惟諸科

---

① 載柳立言主編《第四屆國際漢學會議論文集：近世中國之變與不變》，台北"中央"研究院 2013 年版，第 105—140 頁。該文現已收入本書。

② 此處"司法參軍"乃省稱，實指"司法參軍事"，且合"法曹參軍事"並言之。以下皆同。

③ 載柳立言主編：《第四屆國際漢學會議論文集：近世中國之變與不變·序》，第 16 頁。

試律，進士複帖經"①，說明諸科一般具備法律知識，進士在某些階段具備法律知識。這一政策應該延續了下來。直到南宋孝宗淳熙七年（1174）還有大臣奏言曰："本朝命學究兼習律令，而廢明法科；後復明法，而以三小經附。蓋欲使經生明法，法吏通經。"②這些諸科出身者若為司法參軍，就具備了法律知識。另一方面，明法科及第與司法參軍任命具有某種聯繫，到實行新科明法的階段，這種聯繫變得十分直接，即所謂"新科明法中者，吏部即注司法，敘名在及第進士之上"③。

那麼，唐朝如何呢？唐朝在德宗時也曾有讓"經生明法，法吏通經"（宋朝的做法顯然繼承了唐朝）的打算：貞元二年（786）六月，有詔書曰："明經舉人有能習律一部以代《爾雅》者，如帖義俱通，於本色減兩選，令即日與官。其明法舉人有能兼習一經小④，帖義通者，依明經例處分。"⑤但是，第一，在此詔書之前的160餘年中，未見有明經習律的規定；第二，詔書沒有規定明經"必須"習律，而只是勸說和建議；第三，此詔書的規定未知是否一直執行了下去。因此，從總體看，我們只能說在唐朝中期以後，司法參軍出身於明經者有可能專門學習過律令，其他出身的則未知。

除此之外，即那些貞元二年以前出身明經的司法參軍，以及整個唐代擁有其他出身的司法參軍，都具有何種知識背景或曰知識結構呢？在他們的知識背景或知識結構中含有法律知識嗎？這就是本文想要解決的問題。通過對這個問題的探討，我們最終想知道，唐朝的司法參軍是否主動學習法典從而具備法律知識，或者說，具備法律知識是否為擔任司法參軍的前提條件。

本文所採唐朝司法參軍的樣本，與《司法參軍問題》一樣，主要出自《全唐文補遺》一輯至九輯並《千唐誌齋新藏專輯》⑥，以及《舊唐

---

① 《宋史》卷一五五《選舉一》，中華書局1977年版，第3607頁。
② 《宋史》卷一五七《選舉三》，第3674頁。
③ 《宋史》卷一五五《選舉一》，第3620頁。
④ "經小"，《唐會要》卷七六《明法》條亦然，疑當為"小經"。
⑤ 《冊府元龜》卷六四〇《貢舉部·條制二》，中華書局1960年版，第7678—7679頁。
⑥ 吳鋼主編：《全唐文補遺》，三秦出版社1994—2007年版，以下簡稱為《補遺》；《千唐誌齋新藏專輯》簡稱為《千唐誌齋輯》。

書》①《新唐書》②《全唐文》③，並增加了《大唐西市博物館藏墓誌》④和《長安新出墓誌》⑤檢出的新例，共計338例。

在這338例中，有130人祇知擔任過司法參軍，而無任何事蹟。將其除去，餘208人。以下我們的分析，就以這208人的狀況為基礎。

一　總體分析

這208人中，有68人從其事蹟看不出所具有的知識背景。剩餘140人中，絕大多數是學習科舉正統知識即經史詩賦的讀書人，只有4人似與此有別。我們先將這4人的情況列於下⑥：

1. 于璡：學孫、吳之兵，戎行重其略……解褐萬州司法參軍，非其好也。俄從武調，授右監門衛司階，遷右武衛貴安府長上果毅，歷京兆雲泉、神鼎二府折衝都尉、遊擊將軍……開元十年（722）……卒于河南府從善里第⑦。

按：此人看來其知識構成以兵家為主，但首任官就是司法參軍。他不喜歡此官，從此一直在軍隊任職。

2. 房孚：以翊衛選授朝請郎、行黃州司法參軍……以本官奉敕檢校上陽宮內作判官……以開元十九年（731）……終於河南府洛陽縣歸仁里之私第⑧。

按：此人從事蹟中看不出知識結構，但從其擔任的職務"上陽宮內作判官"看，可能具備一定的建築工藝方面知識。從這一職務也可知，即使開元年間，有的司法參軍已經成了虛銜，其實職與司法事務並無

---

① 《舊唐書》，中華書局1975年版。
② 《新唐書》，中華書局1975年版。
③ 《全唐文》，中華書局1983年版。
④ 《大唐西市博物館藏墓誌》，北京大學出版社2012年版，以下簡稱為《西市墓誌》。
⑤ 《長安新出墓誌》，文物出版社2011年版。
⑥ 所列人物事蹟，除與知識背景相關者外，升遷仕途，一般只取首任官、司法參軍所由官、所遷官，個別敘其最終官或最高官，除以下4例及特殊需要外，卒年享年一般不錄。下同。出處則用"姓名"+"墓誌"（或"碑銘"、"傳"等）的簡式。
⑦ 《補遺》第五輯《于璡墓誌》，第336頁。
⑧ 《補遺》第六輯《房孚墓誌》，第414頁。

關係。

　　3. 鄭晃：至於陰陽圖緯之經，易象精微之術，人謀鬼謀之奧，出生入死之玄，皆研覈真源，窮理盡性……連率聞其風而悅之，訪以機要。公算無遺策……常設伏霄車，決之晷候，公進以奇秘，授以神機，故得拾敵如遺，剪凶如草。用酬公高邑縣尉，轉趙州司法參軍。邦伯敖庚是憂，委以監守。軍人之稍食，官府之祿廩，出納惟吝，胥徒憚焉……以貞元四年（788）……終於官舍①。

　　按：此人知識結構是通陰陽術以及機械製造。因所造戰車之類殲敵立功，從而被授予縣尉，再從縣尉轉到司法參軍，但工作卻是監守倉庫，出納糧祿。這是河北藩鎮的事情，官是藩鎮給的，似乎是個虛銜。

　　4. 陳君賞：始成童，則秀武拳揚。年餘廿（廿餘？），以父統義武，始以子弟朝，授定州司法參軍。後為軍之大將……拜平盧、淄青節度使……復除右大金吾……改右羽林統軍……開成五年（840）……易定亂……遂拜其軍節度使②。

　　按：此人出身義武軍世家，自己後來也成了節度使。這顯然是個只會武藝的軍人，所任義武軍內定州司法參軍，虛銜而已。

　　除這 4 人外，我們統計了餘下的 136 人，將其劃分為以下四類：（一）泛稱有學，或泛稱科舉登第者，共 66 人。（二）或精詩賦、或精書判、或為能吏者，共 33 人。（三）精通經史禮學、音韻書法等專門知識者，共 27 人。（四）具有（或可能具有）法律知識者，共 10 人。我們各舉幾例。

　　（一）泛稱有學或科舉及第者

　　1. 楊玄肅：貞觀廿二年（648），國子學生……甲科登第，其年，即授鄧王府參軍。至顯慶元年（656），轉萊州司法參軍……至上元元年（674），又授睦州司功參軍、密州莒縣令……允文允武，多藝多才。一篋畢記，五車備該③。

　　按：此人國子學出身，或是明經登第，多藝多才，五車備該，屬於

---

　① 《補遺》第四輯《鄭晃墓誌》，第 467—468 頁。
　② 《補遺》第九輯《陳君賞墓誌》，第 405—406 頁。其中的"年餘廿"或當為"年廿餘"。
　③ 《補遺》千唐誌齋輯《楊玄肅墓誌》，第 58 頁。

學問廣博者，但具體學問則不清楚。

2. 韋瓊之：咸亨年，年十九若干（？），從國子生舉進士，對冊高第。調露年，授絳州夏縣尉。垂拱年，授左驍衛倉曹參軍事……載初年，服闋，授陝州司法參軍事。長壽年，應薦昇第，除通事舍人……［？］歎徒勞，暫居州郡之職；辯稱辭令，果承綸綍之言①。

按：此人是進士出身，對策高第，具體學問不明。從其所歎司法參軍為"暫居州郡之職"，可知司法參軍不過是昇遷途中一站，與其他"州郡之職"並無二致。

3. 袁希範：博聞強識，得典墳之要……起家任左衛勳衛。乾封元年（666），有事岱宗，擢授輦腳。總章三年（670），授通直郎、杞王文學……遷潭州都督府戶曹參軍事。秩滿，又遷幽州都督府法曹參軍事……至垂拱三年（687），詔行恒州石邑縣令②。

按：此人看來是門蔭出身，但也是好學博識，具體學問不明。

4. 爾朱杲：學聚墳典，詞振金玉……貞觀六年（632），唐高祖神堯皇帝崩，以公卿弟子為挽郎，解褐兗州都督府參軍、兼魯王府參軍，轉汾州司法參軍、揚州大都督府法曹參軍、司刑丞……轉秋官郎中……改司農少卿、司刑少卿、秋官侍郎、司刑卿，尋有制除秋官尚書③。

按：此人生長法官世家，其父曾任司刑少常伯、司刑卿，自己也做到秋官（刑部）尚書。他雖為挽郎出身④，但通"典墳""文詞"，顯然也有很好的學問，只是不知其中是否包括有法律知識。

5. 楊炯：博學，善屬文。神童舉，拜校書郎，為崇文館學士……俄遷詹事司直，則天初，坐……犯逆，左轉梓州司法參軍。秩滿，選授盈川令⑤。

按：此人為初唐著名文人，出身神童舉，博學，具體學問不明。

6. 李澄：悅學主文，思理精密……少以孝廉登科，解褐並州清源縣

---

① 《補遺》千唐誌齋輯《韋瓊之墓誌》，第 101 頁。其中"年十九若干"中的"若干"，疑衍。

② 《補遺》第六輯《袁希範墓誌》，第 328 頁。

③ 《補遺》第七輯《爾朱杲墓誌》，第 337 頁。

④ 墓誌說貞觀六年為挽郎，實際唐高祖死於貞觀九年，故此處墓誌恐誤。

⑤ 《舊唐書》卷一九〇上《楊炯傳》，第 5003 頁。

尉，次河東郡虞鄉縣尉，遷洛州告成縣尉，轉陝郡司法參軍，改扶風郡司法參軍①。

按：此人出身孝廉。孝廉舉，考試內容與明經大體相同，從其"思理精密"看，可能思維的邏輯性較強，所以兩任司法參軍。

7. 郭文應：貞元□舉明經擢第，調補澤州參軍……秩滿去任，或出或處……元和末，由參軍選授安州司法參軍。片言折獄，訟庭無人。詩書為諷覽之資，琴酒助歡娛之趣。洎乎終考，言歸東周……食貧高臥，樂道終年②。

按：此人德宗貞元中明經及第。上文說過，貞元二年（786）詔書說明經舉人若有習律以代《爾雅》者云云，未知此人是否選擇了習律，起碼在任司法參軍期間，更愛好詩書琴酒。

以上七例，有明經、進士出身，也有孝廉、神童出身。這幾種科舉考試，都要試經典，也要試詩賦，乃至對策，所以都算擁有科舉正統學問的人。其他兩例，或是挽郎出身，或是門蔭出身，但也都鍾情於"典墳"。此類所有六十六人，都是這種知識背景，換句話說，他們都擁有一般正統學問，但具體內容不明。

（二）或精詩賦、或精書判、或為能吏者

此類人其實和上類有交叉，不過為文能力更強。特別是精通書判、善於處理事務，為其特色。

1. 張仁褘：剖滯稽疑，獨晤於靈府……加以屬詞溫麗，措想優華，倚馬飛毫，還同宿構……郭泰神仙，俯游於槐肆；郗詵秀茂，爰標于桂林。以對策甲科，起家岐州參軍事，即貞觀十八年（644）也……永徽□年，授涿州司法參軍事，顯慶三年（658），轉齊州司法參軍事……屬辰韓作梗……英國公奏君為遼東行軍判官，旌麾之下，眾務雲飛。機牘之前，繁文冰釋。迨於獻捷，隨例加勳。麟德二年（665），敕授宣義郎行監察御史③。

按：此人對策甲科出身，兩任司法參軍，墓誌極寫其處理事務的能

---

① 《補遺》第八輯《李澄墓誌》，第105—106頁。
② 《補遺》千唐誌齋輯《郭文應墓誌》，第342頁。
③ 《補遺》第一輯《張仁褘墓誌》，第59—60頁。

力，及書判的超等，所謂"剖滯稽疑""倚馬飛毫""眾務雲飛""繁文冰釋"均是此意。

2. 王基：年十有四，以貞觀十一年（637）□□蘭台書手……以十八年□牒授岐州岐陽縣尉……以嗣聖五年（？）授陝州陝縣丞……以咸亨元年（670）授宋州司法參軍事……以四年制除□事□□司府寺主簿……以上元二年（675）除文昌□事……堆案齊山，動盈乎累載；下筆如雨，豈待於□朝①。

按：此人"書手"出身，後來一直做到尚方監。從"堆案齊山""下筆如雨"看，處理案卷很快，是位能吏。

3. 徐浚：童稚善屬詞，十七明經高第……一命宣州參軍，再遷陳州司法。時太康縣有小盜剽劫，逮捕飛奔，廉使急宣。州佐巧抵非辜，伏法十有餘人。府君利刃鉶鋒，剛腸正色，決綱不問，釋累勿疑。餘活者盈庭，頌歎者織路……選授絳郡錄事參軍。夏縣有巨猾，頗為時蠹。訕上則郡守不能制，附下則邑吏莫敢言。惡以養成，罪以貫稔。府君密察劾問，明刑剿絕，人到於今稱之……常與太子賓客賀公……為文章之遊。凡所唱和，動盈卷軸②。

按：此人明經出身，不僅斷案是"利刃鉶鋒""密察劾問"，而且文章詩賦俱佳，與著名文人賀知章有文章唱和。

4. 張林：幼而好學，先王百氏之書，未嘗不究焉。長以吏道濟時……解褐潁州錄事參軍，位當眾官之首……用禮樂文法為意，僚友徒吏，一心敬憚……次任婺州金華縣尉，又轉潤州司法參軍……連帥韋公元甫……辟在盛幕，差攝觀察巡官，仍委潤州之務，無小無大，決而後報……奏授太子通事舍人、又授試大理評事，使職仍舊……罷使，除揚州士曹參軍……事之大者比稽乎六經，小者必師乎三友，居常以鼓琴賦詩為事，或演暢情性以成乎文③。

按：此人好學，通百家書，平時或鼓琴賦詩，或演情性為文，但為

---

① 《補遺》第五輯《王基墓誌》，第12—13頁。其中的"嗣聖五年"疑誤，因為"嗣聖"僅一年，故此處的"五"或當為"元"。

② 《補遺》第八輯《徐浚墓誌》，第62頁。

③ 《補遺》第九輯《張林墓誌》，第392頁。

官則以"吏道"顯，處理事務"比稽乎六經"，多"用禮樂文法為意"。要注意的是，他擔任的司法參軍基本是虛銜，實職則是"觀察巡官"。

5. 蘇瓌：博緯經史，尤善屬詞。年十八，進士高第，補寧州參軍，轉恒州司法……服闋，拜恭陵丞，轉相府錄事參軍……累遷汾、鼎、同、汴、揚、陝，以累最入為尚書右丞……廷拜尚書右僕射、同中書門下三品，封許國公，監修國史①。

按：此人進士出身，通經史，善屬詞，是當時的文章大手筆，後為宰相。

6. 楊仲宣：以通經為修文生，授右千牛，光朝選也。秩滿，補太廟丞，以親累出為蘄州司戶參軍……貶授巂州台登縣尉，劍南節度使益府長史韋抗奏公為管記，飛書之急，倚馬立成……從常調，吏部侍郎魏奉古，早以文伯期於王佐，迺授河南府河陽縣尉。尋應藻思清華舉，今上親試，對策甲科，除蒲州司法參軍……其年糊名考判，公居上等，迺擢拜監察御史……迺轉吏部員外郎。九品之曹，一台之劇，有簿書以旌淑慝，擇刀筆以決否臧。於是乎以公滅私，秉心匪石，剖疑析滯，揮翰如流……尋遷本司郎中②。

按：此人修文生出身，"通經"，尤善書判，"飛書之急，倚馬立成"。因應"藻思清華舉"，"對策甲科"而為司法參軍，似乎其間並沒有考法律知識。後"考判""上等"，拔為監察御史。到吏部後，"剖疑析滯，揮翰如流"，充分發揮了"刀筆"吏的能力。

7. 張圓：嘗讀書，為文辭有氣；有吏才……初，舉進士，再不第，因去，事宣武軍節度使，得官至監察御史。坐事貶嶺南，再遷至河中府法曹參軍，攝虞鄉令。有能名，進攝河東令。又有名，遂署河東從事，絳州闕刺史，攝絳州事，能聞朝廷③。

按：此人雖讀書有文辭，但更有吏才，舉進士不第，去了宣武藩鎮，後來不斷因"有能名"而昇官，直至"能聞朝廷"。這是唐後期憲宗元和年間的一位能吏。

---

① 《全唐文》卷二三八《蘇瓌神道碑》，第2410頁。
② 《全唐文》卷二三五《楊仲宣碑銘》，第2372頁。
③ 《全唐文》卷五六三《張圓墓碣銘》，第5696頁。

以上 7 例，從知識構成看，大多是文章詩賦俱好，尤其是精於書判，善於處理各類案卷，屬於能吏。這一類人中，進士明經出身的不多，門蔭乃至胥吏出身的反倒不少。

（三）精通經史禮學、音韻書法等專門知識者

此類與精通文學詩賦者也有交叉，但其知識構成突出了某些專門知識，是其特點。我們可以分門類舉例如下：

參與修書者

1. 辛驥：（貞觀）十四年（640）中，授洛州都督府法曹……申韓為九流之一家，游夏乃孔門之多藝……豈唯案牘見推，仍以文詞取妙……遷大理司□（直），又為金州道巡察副使……廿二年敕授屯田員外。太宗躬刊晉史，旁招筆削……尋以幹用，敕授刑部員外①。

按：此人文辭、案牘均妙，似乎具有法學知識（申韓為九流之一家），且有史才，參加了修撰《晉書》的工作。

2. 格希元：高宗時洛州司法參軍，章懷太子召令與洗馬劉納言等注解范曄《後漢書》，行於代②。

按：此人任司法參軍期間，參與注解范曄《後漢書》。

3. 齊澣：少以詞學稱。弱冠以制科登第，釋褐蒲州司法參軍……開元中……為給事中，遷中書舍人……編次四庫群書，乃奏澣為編修使，改秘書少監③。

按：此人出身制科，以詞學稱，參與編撰"四庫群書"。

4. 殷踐猷：開元初，舉文儒異等，授秘書省學士，尋改曹州司法參軍、麗正殿學士。與韋述、袁暉同修王儉《今書七志》，及《群書四錄》，流別銓次，皆折衷於君④。

按：此人博覽群書，具備法律知識（參見第四類），以司法參軍（官）、麗正殿學士身份參與修撰《群書四錄》。

---

① 《補遺》第一輯《辛驥墓誌》，第 46 頁。
② 《舊唐書》卷七〇《格希元傳》，第 2541 頁。《冊府元龜》卷六〇六作"格希玄"。
③ 《舊唐書》卷一九〇中《齊澣傳》，第 5036—5037 頁。
④ 《全唐文》卷三四四《殷踐猷墓碣銘》，第 3497 頁。

190 / 第二編　司法編

精通音律聲韻者

1. 王貞：業應匡舉，策冠孫科，釋褐陳州項城縣丞。……制授均州司法參軍事，尋轉水衡監丞……筆杪馳波，罄九章之枝葉……摭微妙於百家，緝為《韻苑》十卷①。

按：此人對策出身，似乎具有法律知識（罄九章之枝葉），尤其精音韻，作《韻苑》十卷。

2. 裴撝：弱冠以宿衛高第，解褐拜舒州司戶，從常調也……學優則仕……授荊州都督府兵曹……又除雍州司法……詔加朝散大夫、行洛州錄事……旋除武泰縣令……尤工音律②。

按：此人似門蔭出身，任職後學始優，工音律。

3. 嚴識玄：文學早著，音律洞明。永淳年，以鄉貢進士擢第，又應文藻流譽科舉擢第，授襄州安養縣尉……服滿，應奇才舉，天下一人及第……詞人秀彥，高山仰止。授公汴州俊儀縣尉。秩滿，復應拔萃選及第，授洛州武泰縣尉。公……文質炳煥，琳琅蔚興。久視年（700），天后追於麟臺修書，方史筆高著……服闋，制授雍州長安縣尉……除左御史臺監察御史裏行……轉雍州司法參軍……遷雍州櫟陽縣令③。

按：此人擅文學、明音律，進士出身，多次應舉（文藻流譽科、奇才舉、拔萃選），曾為武則天修書。

4. 孫愐：天寶十載（751）官陳州司法參軍。（任此職時撰寫《唐韻》）④。

按：此人撰《唐韻》時，署職為司法參軍。

通兵書，能文能武者

1. 李無虧：宏覽載籍，興屬清新……至於白猿劍術，玄女兵符……必契管樂，志立功名……初為國子生，麟德二年（665）以進士擢第，即選授秘書省讎校……總章二年（669）授定州北平縣丞，尋遷許州司兵，

---

① 《補遺》第二輯《王貞墓誌》，第 326 頁。
② 《補遺》第二輯《裴撝墓誌》，第 447—448 頁。
③ 《補遺》第三輯《嚴識玄墓誌》，第 53 頁。
④ 《全唐文》卷三六五作者小序，第 3715 頁。

又改宋州司法,以棟樑之具,勞州縣之班……永淳元年(682),除並州陽曲縣令……垂拱三年(687),授芮州府果毅,仍兼長上……載初元年(689),授公沙州刺史兼豆盧軍經略使……公才兼文武①。

按:此人進士出身,且通兵書,任司法參軍、縣令後,最終出任武職。

2. 鄭贍:以門蔭調授左衛勳衛。俄擢藝能,遷左金吾衛引駕。既弘武術,仍廁文場。材預銓衡,出任坊州司倉參軍事……尋應八科舉,授英王府法曹參軍事,轉太子詹事府主簿②。

按:此人門蔭出身,先任武職,但"仍廁文場",後應"八科舉",及第後出任法曹參軍。

3. 尹鍼:天姿剛健,經術百氏,陰符六韜,皆所講習,通其旨奧。天寶初舉進士不第,幕府上功盧龍府別將,稍遷瀛州高陽縣令,歷恒州司法參軍、藁城令③。

按:此人也是既通經術百家,也學兵書,先為武職,後遷為縣令、司法參軍。

精儒學、通百家者

1. 崔暟:歲十有八,以門胄齒太學。明年,精春秋左氏傳登科……首拜雍州參軍事,次左驍衛兵曹,次蒲州司法……以率更職典刑禮,諸公為丞……朝廷嘉之,遷尚書庫部員外郎……特除公為壽安令……公尤好老氏道德、金剛般若,嘗誡子監察御史渾、陸渾主簿沔曰:吾之詩書禮易,皆吾先人於吳郡陸德明、魯國孔穎達重申討覈,以傳於吾。吾亦以授汝④。

按:此人上過太學,其知識結構是精春秋左傳,通詩書禮易,屬典型儒士,同時又好老子與佛學。

2. 韓愈:自知讀書,日記數千百言,比長,盡能通六經、百家學。

---

① 《補遺》第八輯《李無虧墓誌》,第 313—314 頁。
② 《補遺》第六輯《鄭贍墓誌》,第 331 頁。
③ 《全唐文》卷四九八《尹鍼神道碑》,第 5075 頁。
④ 《補遺》第三輯《崔暟墓誌》,第 115 頁。

擢進士第。會董晉為宣武節度使，表署觀察推官……依武寧節度使張建封，建封辟府推官……調四門博士，遷監察御史……貶陽山令……改江陵法曹參軍。元和初，權知國子博士，分司東都，三歲為真。改都官員外郎，即拜河南令……召拜國子祭酒，轉兵部侍郎……轉吏部侍郎……文章……卓然樹立，成一家言①。

　　按：此人為著名文人官僚，進士出身，通六經、百家學，也屬儒士。

　　3. 令狐丞簡：志為君子儒，以明經居上第，調補陽安縣主簿，歷正平縣尉，汾州司法參軍，陝西大都督府兵曹，終於太原府首掾。始以顓經進，既仕，旁通百家。愛《穀梁子》清而婉，左邱明《國語》辨而工，司馬遷《史記》文而不華，咸手筆朱墨，究其微旨②。

　　按：此人明經出身，"以專經進"爾後"旁通百家"，尤喜史書，屬"君子儒"。

　　以上4類14人，或文筆史才好，參與朝廷修書；或音律聲韻好，撰寫韻書；或通兵書，能文能武；或精儒學，旁通百家。除1例（參下）外，沒有提到其知識結構中含有法律知識。

　　（四）具有（或可能具有）法律知識者

　　這類人不多，總共只有十人，其中有的明確記載具備法律知識，有的則為疑似。舉幾例如下：

　　1. 楊岌：常覽庭堅相虞，釋之佐漢。遂究法家之學，以作登科之首。達識者知其無近意焉。解褐補仙州葉縣尉，稍遷蒲州安邑縣尉、赤水軍節度判官、宋州司法參軍。用簡削繁，執謀能遠……秩滿，授鄆州鉅野縣令，加朝散大夫、懷州武德縣令③。

　　按：此人"究法家之學"，明確具備法律知識，未知是否明法及第出身，且登科後並未直接出任司法參軍。最終官是縣令。

　　2. 裴弘獻：蜀王法曹參軍……駁律令不便於時者四十餘事，太宗令參掌刪改之④。

---

① 《新唐書》卷一七六《韓愈傳》，第5255—5265頁。
② 《全唐文》卷六〇八《令狐楚家廟碑》，第6147頁。
③ 《補遺》第一輯《楊岌墓誌》，第164頁。
④ 《舊唐書》卷五〇《刑法志》，第2135—2136頁。

按：此人知識結構不明，但是任法曹參軍期間參與修定律令，當具備法律知識。

3. 楊志本：杜安登學，貴戚咸遺其書；王粲在門，中郎遽倒其履……年三十，以右親衛調補石州司法參軍……習于公之待封，憲陳氏之特寬。樓煩之南，咸知審克；離石之境，自以無冤。轉桂州都督府法曹參軍。清棘犴，察梧囚，明慎用法，而不留獄。都督周道務……奏充嶺南市□□珠玉使……服闋，授始州司法參軍。公九章惟精，故三政居里，小大必察，洽於人心。紫蒙軍大使駙馬周道務奏充營田判官……轉揚州高郵縣令，尋除都督潭衡等七州諸軍事潭州刺史……停輿決訟，應變如神①。

按：此人似門蔭出身，三任司法參軍，"九章惟精"，應該具備法律知識，只是不知其法律知識是初任司法參軍之前習得的，還是任司法參軍後補學的。

4. 閻義顓：……瀛州司法參軍閻義顓等，刪定格式令，至（開元）三年（715）三月奏上，名為《開元格》②。

按：此人以司法參軍身份，參與開元初的刪定律令工作，當具備法律知識。

5. 殷踐猷：幼而聰悟絕倫，長而典禮不易，年十三，日誦《左傳》二十五紙。讀《稽聖傳》一遍，亦誦之。博覽群言，尤精《史記》《漢書》、百家氏族之說，至於陰陽、數術、醫方、刑法之流，無不該洞焉。與賀知章、陸象先、我伯父元孫、韋述友善，賀呼君為五總龜，以龜千年五聚，問無不知也。解褐杭州參軍，刺史宋璟以相國之重，簡貴自居，無所推揖。每見君，必特加禮敬，凡政事之諉誰者，皆諮決焉。開元初，舉文儒異等，授秘書省學士，尋改曹州司法參軍、麗正殿學士③。

按：此人已見前"修書類"引。從墓誌看，其知識結構是"博覽群言，尤精《史記》《漢書》、百家氏族之說，至於陰陽、數術、醫方、刑

---

① 《全唐文》卷二六七《楊志本碑》，第2707—2708頁。
② 《舊唐書》卷五〇《刑法志》，第2150頁。
③ 《全唐文》卷三四四顏真卿撰《殷踐猷墓碣銘》，第3497頁。

法之流，無不該洞焉"。這裡明確寫明通"刑法"，當具備法律知識，但首任亦非司法參軍。

以上5例，有2例不明其法律知識來源，1例是任官前主動學習法律知識（這樣的例子在全部140例中十分罕見），1例可能是任官後主動學習法律知識，還有1例屬博覽群書，法律知識不過是其中之一。

綜上所述，我們分四類共舉了33個例子。從這些例子引出的結論是：第一，除去舉例之前所說的個別武人外，幾乎所有人都是讀書有學的文人。他們或自學，或為各類學生，多數經過科舉考試。沒有經過考試或未及第者，不論出自門蔭與否，也都是有學問的文人。第二，這些學問包羅萬象，既有文章詩賦、經史百家，也有陰陽數術、兵書醫方、老子佛學，其中只有極個別者提到學過"刑法"即法律知識。第三，有相當多的非科舉出身者，以精通書判的能吏形象顯世。書判超等成了晉級的重要保證。第四，以上例子從初唐到晚唐都有，可見是普遍現象，但尤其集中在安史之亂之前。到唐後期，司法參軍常常成了虛銜，連本職工作都不做，討論他們是否具備法律知識實際意義就不大了。

於是有一個問題，既然司法參軍往往不從事本職工作，那麼任命時是否要考慮其法律知識的有無呢？推而廣之，以上所舉例子中，大部分司法參軍只是其系列任職中的一個職位，在擔任司法參軍前後，往往還擔任過其他職務如縣級的丞、尉、令或州府判司、長史司馬。因此所謂文章好也罷、通百家也罷、精書判也罷，都不僅適用於司法參軍，也適用於其他官職。換句話說，以上關於司法參軍知識結構的幾點結論，適用于唐代州縣官的一般情況。就前面所舉例子看，這些人雖然擔任過從州縣到中央的各種職務，包括司法參軍，但其知識結構不因職務變化而變化，即具有基本相同的知識背景。而所謂文章唱和也好、參修史書也好、編寫韻書也好，有的就未必是在司法參軍任上。因此接下來我們就要縮小範圍，只看那些釋褐即首任官即被任命為司法參軍者，看他們的知識結構如何，看他們是否主動學習過法律知識。換句話說，我們要檢驗一下，朝廷在最初任命司法參軍時，是否會考慮被任命者專業法律知識的有無。

二　對釋褐為司法參軍者的分析

在全部 140 例有知識背景的司法參軍中，有 32 例為首任司法參軍（其中幾例疑似）。除去 12 例看不出知識結構者外，尚餘 20 例。為完整分析，我們將這 20 例全部列舉如下：

（一）泛稱有學或科舉登第者，10 人

1. 王順孫：洽藝多能。洞八解於情端，究六書於筆杪⋯⋯乃避地淮海，銷聲林壑⋯⋯武德初，解褐楚州司法參軍①。

按：此人所謂"多能"似乎指精于文字書法，與首任司法參軍無關。但其知識習成，應該在隋朝。

2. 胡質：博見多聞，外朗內潤。隋仁壽二年（602），起家舉方正，除燕州司戶參軍。大業三年（607），遷巴郡司功書佐。俄屬⋯⋯大唐御曆，爰降明敕，賁於丘園，貞觀元年（627）六月，除北澧州司法參軍事②。

按：此人出身于隋朝，先後任過司戶和司功。司法參軍則為唐朝的首任官。

3. 李知玄：起家左親侍、右監門直長。貞觀元年（627），任鄯州司法參軍⋯⋯六年，授大理司直⋯⋯十三年，任揚州大都督府法曹參軍⋯⋯動詞鋒而光落簡，揮利器而剚盤根③。

按：此人應是門蔭出身，首任司法參軍，十三年後再任司法參軍。看不出知識結構，但文詞書判可能不錯。

4. 崔抱貞：探賾索隱，析文刊誤⋯⋯大中之道，成乎志學⋯⋯起家萊州司法，超遷魏部司法，轉懷州武陟縣令。按獄以情，驅人心義④。

按：此人志學析文，出身不明，首任萊州司法參軍，再遷魏部司法參軍。

---

① 《補遺》第二輯《王順孫墓誌》，第 107 頁。
② 《補遺》第一輯《胡質墓誌》，第 473 頁。
③ 《補遺》千唐誌齋輯《李知玄墓誌》，第 75 頁。
④ 《補遺》千唐誌齋輯《崔抱貞墓誌》，第 55 頁。其中"魏部"的"部"字可疑。

5. 杜季方：能讀三墳之書，罕存一室之務。始以世資，弱冠為密王府法曹參軍……俄遷資州司兵參軍事……歲滿，授滄州弓高縣令①。

按：此人能讀古典，以門蔭首任法曹參軍。

6. 李沖：解褐潞王府法曹參軍，雕筵翠閣，坐曳長裾；清景良宵，方追飛蓋。轉蒲州永樂縣令，非所好也……除沛王府騎曹參軍……爰應八科之首。對策高第，令授岐州錄事參軍，改任並州太原縣令②。

按：此人曾應"八科舉"，對策高第，顯然具有一般的正統學問，只是應舉在首任法曹參軍之後。

7. 袁承嘉：年甫太學，志茂成人，略周金匱之書，即入玉階之侍。解褐朝散郎、鄧州司法參軍③。

按：此人祖、父都是法官，本人入學遍覽群書，但"入玉階之侍"不知何指，可能出身三衛之類。

8. 魏體玄：商榷九經，兼併四部……明經擢第，解褐授楚州司法參軍。江淮設險，狡猾成風。□獄無才，狴牢有滯。公之任也，朝誨以修德，夜泣之以受辜。黎庶感恩，囹圄空敞。轉豫州西平縣令、汴州司倉參軍④。

按：此人習讀九經四部，具正統科舉學問，出身明經，首任楚州司法參軍。

9. 王基：弱冠明經擢第，補崗州司法參軍。南海遐鄙，中典罕及。評刑斷獄，多闕矜慎。持法作吏，屢聞峭刻。我君蒞之，樹德斯在。改任泉州錄事參軍……秩滿，授武榮州南安令⑤。

按：此人明經出身，應具正統科舉知識。曰"補"不言"釋褐"，不知是否首任官。

10. 獨孤□：早廁膠庠……聞詩聞禮，釋妙旨於齠年。游泳翰林，翱翔文畹。年廿四，利用賓王，觀光上國，射策甲科。起家授坊州司法。

---

① 《補遺》第三輯《杜季方墓誌》，第484頁。
② 《補遺》第六輯《李沖墓誌》，第331—332頁。
③ 《補遺》第二輯《袁承嘉墓誌》，第371—372頁。
④ 《補遺》第五輯《魏體玄墓誌》，第298頁。
⑤ 《補遺》第二輯《王基墓誌》，第419頁。

考課連最，簡在屢聞，特除隆州司法①。

按：此人可能曾入學習讀詩禮，射策甲科後被授坊州司法參軍，再任隆州司法參軍。

以上10例，除2例出身于隋朝外，有4例為明經或其他科舉出身，3例門蔭，1例不明。大致都有學問，但似乎沒有專門習讀法律知識，就被授與司法參軍。其中第7例之被授與司法參軍，或許與其出身法官世家有關②。

（二）或精詩賦、或精書判、或為能吏者，4人

1. 崔哲：珪組盛門，膏腴貴冑……釋褐滁州司法參軍，稍遷衛州司倉參軍事，又除左武威衛倉曹參軍……于時河洛建都，高視萬國。咸京舊地，分置四州。以公幹識周材，制除宜州司法，經始郛郭，總統列曹……俄以北京肇建……尋除並州司倉參軍，又改並州孟縣令③。

按：此人應是門蔭出身，看不出有什麼學問，但"幹識周材"，屬於能吏，因此除兩任司法參軍外，還兩任司倉參軍，都是需要有能力的職務。

2. 王仁忠：詩書異等，容貌出徒……安步名教，詠歌典墳……解褐濮州司法參軍，要囚有倫，亂獄不作，泣下丹筆，情深赭衣。俄轉湖州司兵參軍……開元皇帝之潛春闈也，以府君后之季父……遷太常主簿……轉太常少卿……除左千牛衛將軍④。

按：此人為玄宗王皇后叔父，可能是門蔭出身，"詩書異等""詠歌典墳"，應該是文章詩賦均佳。

3. 顏杲卿：以文儒世家……杲卿以蔭調遂州司法參軍。性剛正，蒞事明濟……開元中……書判超等……再以最遷范陽戶曹參軍。安祿山……表為營田判官，假常山太守⑤。

按：此人門蔭出身，首任司法參軍後，因書判超等昇遷，應是精通書判的官員。

---

① 《長安新出墓誌》第101頁《獨孤□墓誌》。
② 參見《司法參軍問題》一文，第130頁。
③ 《補遺》第三輯《崔哲墓誌》，第33頁。
④ 《全唐文》卷二六四《王仁忠神道碑》，第2681頁。
⑤ 《新唐書》卷一九二《顏杲卿傳》，第5529頁。

4. 裴遵慶：自幼強學，博涉載籍……以門蔭累授潞府司法參軍……隨調吏部，授大理寺丞，剖斷刑獄，舉正綱條……遷司門員外、吏部員外郎，專判南曹……精覈文簿，詳而不滯，時稱吏事第一……天寶末……出為郡守。肅宗即位，征拜給事中、尚書右丞、吏部侍郎……遷黃門侍郎、同中書門下平章事①。

按：此人門蔭出身，任司法參軍可能是首任。本傳言其"剖斷刑獄，舉正綱條"，"時稱吏事第一"，應該是位能吏。不知首任司法參軍是否與此有關。

以上4例，均為門蔭出身，或通詩賦，或精書判，或為能吏，看不出首任司法參軍與法律知識有何關係。

（三）精通其他專門知識者，2人

1. 于璀：學孫、吳之兵，戎行重其略……解褐萬州司法參軍，非其好也。俄從武調，授右監門衛司階，遷右武衛貴安府長上果毅，歷京兆雲泉、神鼎二府折衝都尉、遊擊將軍②。

按：此例前已引。此人明明通兵書，好武職，首任卻被授予司法參軍，可見任命司法參軍與其知識背景關係不大。

2. 陸廣成：始以弱冠補國子生，明申公詩及左氏傳，登太常第，調補隨州司法參軍③。

按：此人專通申公詩和左氏傳，登的也是太常第，大約是想在禮樂方面謀一個職務，但卻被補為司法參軍。這一職務不知是否確為首任。

以上2例說明，選任司法參軍時，不大會考慮本人的知識背景或曰本人的專業。學兵書的也好、學經學禮學的也好，都可能被授予司法參軍。

（四）具有（或可能具有）法律知識者，4人

1. 柳明逸：學重專精……起家梁王府法曹參軍，又轉涇陽、咸陽二縣丞。……又轉洛州司兵、城門郎……乃授朝散大夫、襄澤二州長史、

---

① 《舊唐書》卷一一三《裴遵慶傳》，第3355頁。
② 《補遺》第五輯《于璀墓誌》，第336頁。
③ 《補遺》第一輯《陸廣成墓誌》，第433頁。

貝相二州司馬①。

按：此人學的"專精"，又被授予法曹參軍，懷疑這裡"專精"的知識可能是法律知識。

2. 邊惠：成均教胄，習六藝于虞庠；射策仙台，洞三章于呂訓。解褐隰州司法參軍事……秩滿鷹揚衛兵曹，尋遷司御衛長史……萬歲通天元年（696）……授朝散大夫，改泗州司馬②。

按：從"洞三章于呂訓"看，此人所學可能含有法律知識。首任司法參軍，或與此有關。

3. 趙倲：發憤讀書……日覽萬言……專精而見奇師友……乃假以蔭緒……名參羽衛……調補魏王府法曹參軍，從班例也。無何，貶授瀘溪郡潊浦縣尉，非其罪也……秩滿言歸……任優遊以卒歲③。

按：此人讀書雖多而廣，但突出的還是"專精"的學問。調補法曹參軍，或與此有關。但墓誌說以門蔭而宿衛，由宿衛而入王府（諸曹參軍），是"從班例"即按常規辦事，因此這裡的"專精"即使指法律知識，是否就和首任法曹參軍相關，還是有疑問的。

4. 騫晏：美材溫恭，郁為時傑。弱冠，以工甲令擢第，補洋州司法參軍，尋轉弘農郡湖城縣丞。詳刑則噬膚滅鼻，潔己乃枯魚在竿。無何，調遷中部郡宜君縣令④。

按：此人"工甲令"及第，然後補為司法參軍。這裡的"工甲令"應該指精通法學，但卻並未說是明法出身，也許是自學法律而後應舉，然後成為司法參軍的。此例可說是法律知識與首任司法參軍直接相關的唯一明確記載。

以上4例的出身或門蔭或不明，僅1例明確說因精通法律而被授司法參軍，其他3例只能說是法律知識與司法參軍之間疑似相關。

縱觀以上20例，可見首獲司法參軍的任命，與其知識背景沒有多大關係：習讀經書詩賦者可以任命，熟讀兵書者也可以任命，反而是精通

---

① 《補遺》第七輯《柳明逸墓誌》，第326頁。
② 《補遺》第七輯《邊惠墓誌》，第329頁。
③ 《補遺》千唐誌齋輯《趙倲墓誌》，第227—228頁。
④ 《補遺》第二輯《騫晏墓誌》，第23頁。

法律者被任命者不多，明確記載的僅1例。這或可證明，司法參軍也好，其他判司也好，朝廷對其專業知識並無硬性要求。

這裡還可以提一個反證，即真正學習法律知識，甚或明法出身者，極少有出任司法參軍的。我們找到了6例明法出身者，沒有1例出任過司法參軍，更不要說首任即授司法參軍了。我們舉唐前期明法2例，唐後期習律令者1例①：

1. 王植：字文端……特好九章之書，尤精五聽之術，歷代沿革，因時輕重，若視諸掌，悉究其源。年廿三，雍州貢明法省試擢第，授大理寺錄事……遷長安縣尉，目覽耳聽，片言折獄……應詔舉，遷魏州武陽縣令，仍在京刪定律令……授尚書省都事……遷太府寺丞，……詔以幹能可紀，授司農寺丞，推逆人房遺直等處事平反，詔以明習典憲，授大理寺丞……授涇州長史……授宗正寺丞，奉使越州推事。以龍朔二年（662）二月十日，寢疾卒於會稽郡，時年六十。②

按：此人明法及第，首任大理寺錄事（從九品上的小官），曾在縣令任上參與永徽律令的刪定③，但從未出任過司法參軍。

2. 李正本：讀書至哀敬折獄，因歎曰：我先祖皋陶為堯理官，豈可不明刑以求仕？乃明法舉，及第，解褐慈州昌寧縣主簿。未幾，應八科舉，敕除陝州河北縣尉……授蒲州河東縣尉。大邑繁劇，甚多疑獄。君到官斷決，皆使無訟。遷汾州孝義縣丞……除相州司士參軍……秩滿，授魏州頓丘縣令……歲滿……尋除洋州長史……以開元二年（714）……終。④

按：此人亦明法及第，首任縣主簿，此後也從未出任過司法參軍。以上兩例都是唐前期事。

3. 楊崢：七歲讀書，究典墳之奧旨，習諸律令，得刑法之微文；大理之長有聞，特狀奏為大理獄丞。官不稱才，怏然慚恥……次授金州司倉參軍……調補兵部主事……次授僕寺丞……授中書主書……拜衛尉寺

---

① 《司法參軍問題》一文在探討"司法參軍身份認同"時已引用，參見該文第134—136頁。
② 《補遺》第三輯《王植墓誌》，第379頁。
③ 參見《司法參軍問題》，第135頁。
④ 《補遺》第四輯《李正本墓誌》，第15—16頁。

丞……元和十四年（819）……歿。①

按：此人習讀律令，被大理寺長官看重，但首任只是大理獄丞（從九品下），自己都覺慚愧。這是唐代後期事，當時明法一科已經名存實亡，故這裡只是由法官去發現精通律令者。但此人後來也從未出任過司法參軍一職。

從這3個例子可以反證，朝廷授官司法參軍，不大考慮其法律知識背景。不具法律知識的人可能被授予司法參軍，具備法律知識的專業人員也可能不被授予司法參軍。

三　結論

通過以上舉例與分析，我們或可得出結論如下：

第一，唐朝擔任司法參軍者，無論是否科舉出身，大多擁有一般正統的經史詩賦知識。其中非科舉出身者，大都有較強的書判或辦事能力。若所任為虛銜，則亦有以武人擔任者。

第二，以上現象不獨司法參軍，其他判司大致也是如此。

第三，若從釋褐即首任為司法參軍的例子看，上述結論依然成立：朝廷授予司法參軍官職時，基本不考慮其知識背景。不具有專業法律知識者可以授予；具備專業法律知識者未必授予；甚或有習兵書不樂此職者也被授予。因此可以說，唐朝司法參軍的擔當者，是否具備專業法律知識，不是其任職的先決條件。

第四，那麼我們要問：唐朝司法參軍到底有無法律知識？如果沒有，他們如何判案？如果有，來自何處？

這一問題比較複雜。從前引例子看，有部分司法參軍或"究法家之學"（楊炭）；或"工甲令"（騫晏）；或"陰陽、數術、醫方、刑法之流，無不該洞"（殷踐猷）。也有"九章惟精"（楊志本）或"洞三章于呂訓"（邊惠）者。不過一來這樣的例子很少，二來後面的話很可能是墓誌作者因其為司法參軍而說的套話，不大靠得住。

因此，就大部分司法參軍而言，他們是否有法律知識呢？推測他們

---

① 《補遺》第二輯《楊嶧墓誌》，第43頁。

雖然沒有專門學習過，但可能還是應該有的。這些知識，可能是為應付"書判"考試，即出於學習、練習書判的需要而習得，不僅司法參軍，其他官員也都應該擁有。

我們知道，唐人想做有實際職務的職事官，要到吏部參加銓選，接受身、言、書、判的簡試，"每試判之日，皆平明集於試場，識官親送，侍郎出問目，試判兩道。或有糊名，學士考為等第"①。官員選滿參選，也要試判，"如書判寥落，又無善狀者，雖帶上考，亦宜量放"②。這樣，舉、選人為考試成功，往往事先要做模擬"判"的練習。這種練習集流傳下來、最有名的是白居易所作的《百道判》③。"禮、吏部舉選人，多以僕私試賦判傳為准的。"④ 關於《百道判》，歷來研究甚多，最近的研究有陳登武《白居易〈百道判〉試析——兼論經義折獄的影響》⑤。文章將《百道判》分為"單純法律案件""禮法相容或衝突的案件""單純禮教案件""無關禮法的事件"四類，其中第一類又分為刑事犯罪的法律案件、行政上觸犯法律的案件、訴訟犯罪、婚姻違法、國家取士的法律規定，以及其他犯罪案件。僅此即可知，要想寫好判詞，必須具備相當豐富的法律知識。

但是我們從白居易的本傳中，看到的是他鑽研儒學詩賦的刻苦，而絲毫沒有學習法律知識的記載。他本人也沒有當過司法參軍類官員："（祖、父）世敦儒業，皆以明經出身……居易……貞元十四年（798），始以進士就試，禮部侍郎高郢擢昇甲科，吏部判入等，授秘書省校書郎。元和元年（806）四月，憲宗策試制舉人，應才識兼茂、明於體用科，策入第四等，授盩厔縣尉、集賢校理。居易文辭富艷，尤精於詩筆……二年十一月，召入翰林學士。三年五月，拜左拾遺……除京兆府戶曹參軍……入朝，授太子左贊善大夫……授江州司馬。居易儒學之外，尤通

---

① 《唐六典》卷二《尚書吏部》，中華書局1992年版，第27頁。
② 《唐會要》卷七五《選部·雜處置》，中華書局1990年版，第1359頁。
③ 朱金城：《白居易集箋校》卷六六、卷六七，上海古籍出版社1988年版，第3561—3652頁。
④ 朱金城：《白居易集箋校》卷四五《與元九書》，第2793頁。
⑤ 台灣"中央"研究院歷史語言研究所會議論文集之八《傳統中國法律的理念與實踐》，2008年5月，第343—411頁。文章梳理了《判》以及白居易《百道判》研究的學術史，可參看。

佛典……與（元）稹書……曰：'……僕……五六歲，便學為詩，九歲諳識聲韻。十五六，始知有進士，苦節讀書。二十已來，畫課賦，夜課書，間又課詩，不遑寢息矣……。'……量移忠州刺史……召還京師，拜司門員外郎。明年，轉主客郎中、知制誥……轉中書舍人……凡朝廷文字之職，無不首居其選……除杭州刺史……復出為蘇州刺史……復授太子賓客分司……授太子少傅。"① 元稹為白居易集作序，也說："樂天……五六歲識聲韻，十五志辭賦，二十七舉進士。貞元末，進士尚馳競，不尚文，就中六籍尤擯落。禮部侍郎高郢始用經藝為進退，樂天一舉擢上第。明年，中拔萃甲科，由是《性習相近遠》、《玄珠》、《斬白蛇》等賦洎百節判，新進士競相傳于京師。"② 從這些記載我們看到的是：白居易的知識構成是儒學，是聲韻、辭賦、詩筆，是六籍經藝，還有佛典，其間沒有對法律知識的習讀。白居易的《百道判》中雖然蘊含了豐富的法律知識，但並沒有反映在他的傳記、自己的敘說，以及朋友的序言中。

　　這樣的記錄方式，或者暗含了兩種可能：第一，或許白居易並不精通法律知識，因此不足以將其寫入自己的知識構成中。第二，或許白居易不認為法律知識是學問，因此不屑於將其寫入自己的知識結構中。

　　但是無論如何，要想寫好《判》，必須擁有法律知識是毋庸置疑的。因此可以說，在唐朝，要想成為職事官官員，即使不是明法一類的法律專業出身，也要學習法律知識。只有具備了法律知識，才能在參加吏部銓選試"判"時取得合格的成績，才能成為正式的職事官官員。縣的主簿、尉如此，州府的判司如此，司法參軍自然也不例外。因此，雖然我們在司法參軍的知識背景中似乎很少看到有學習法律的經歷，但實際上他們應該是會學習法律的，只不過這種對法律知識的掌握，並不比其他如錄事、司戶、司倉等參軍要多，要專門。因此結論就變成：雖然看起來唐朝的司法參軍只擁有經史詩賦等正統科舉知識，但實際上卻具有一定的法律知識，只是擁有法律知識這一點並非任命為司法參軍的前提。其他判司乃至各級職事官官員也都如此，即他們也都具備一定的法律知識，所以才能在從其他職位遷轉到司法參軍時，能夠順利完成司法參軍所承

---

① 《舊唐書》卷一六六《白居易傳》，第 4340—4355 頁。
② 同上書，第 4356 頁。

擔的判案任務。這一點，是唐朝官員的特色，也是唐朝司法參軍知識背景的特色。到宋代，"議者以身、言、書、判為無益，迺罷"①，官員法律知識的普及度，以及司法參軍法律知識的來源，就和唐朝有所不同了。

第五，以上第四點實為推測，是從"判"中含有法律知識，反推出來參加試判的舉選人應該擁有法律知識的，但在史料中並無明證。如上所述，我們舉出的那麼多例子，真正記錄其學習律令等法律知識的，寥寥無幾。因此，那些沒有記錄其學習過法律知識的司法參軍，其法律知識的來源，還需要有確鑿實在的證據證明，才能使上述推測真正成立。

可以舉韓愈的例子。韓愈無疑是當時文章學問最好的文人，也考取了進士，但三試吏部，不能得官②，也許就是因為書判不好，不能通過。當時吏部還有科目選，最著名的兩個分別是"書判拔萃"科和"博學宏詞"科。韓愈考了後者，雖得通過，又黜於中書，仍然沒有得官。考"博學宏詞"不考"書判拔萃"，可能還是因為書判不好。書判不好的原因大概不在文字，而在於缺乏豐富的法律知識。因此後來他雖然也曾當過司法參軍，乃至刑部侍郎，但"朝廷有大獄大疑，文武會同，莫先發言，先生援經引決，考合傳記，侃侃正色，伏其所詞"③，卻是用"經"而非"法典"來決疑斷案的。這說明韓愈的學問確如自己所說，"其所讀皆聖人之書，楊墨釋老無所入於其心，其所著皆約六經之旨而成文"④，基本屬於儒家學說系統。從韓愈的例子我們看到，同樣是要參加試判的舉選人，有的擁有法律知識，有的則恐怕未必。

第六，或許更嚴謹一點，可以將法律知識分為一般法律知識和專業法律知識、把學習法律知識的人分為"兼習"和"專修"兩種。一般為考"判"而學習的屬於前者，明法類學生和專門攻讀律令的屬於後者。前者未必被記錄在個人的知識背景中，後者則往往有所記錄。即使這樣，

---

① 《宋史》卷一五八《選舉四》，第3703頁。
② 關於韓愈的得官情況，參見宋代程俱《韓文公歷官記》，點校本見屈文元、常思春主編《韓愈全集校注》附錄六，四川大學出版社1996年版，第3122頁。
③ 皇甫湜：《韓文公神道碑》，載《皇甫持正集》卷六。此處點校本出自《韓愈全集校注》附錄五，第3107頁。
④ 馬其昶校注：《韓昌黎文集校注》第三卷《上宰相書》，上海古籍出版社1998年版，第155頁。

參加考"判"的舉選人是否都"兼習"了一般法律知識，仍有待證明。

　　在區分了這兩種法律知識之後，無論第四點中的推測是否能夠證明，都不影響本文的結論。換言之，本文結論中的第一、二、三點，基本上還是能夠成立的。

唐代大理寺官員考略（之一）：大理評事

——以墓誌資料為中心

金石資料是歷史研究的重要史料來源，歷來受到史學家重視。現在的金石資料比以往有了成倍增長，僅唐代墓誌一項，近30年新發現或新公佈的就遠遠超過20世紀五六十年代之前。充分利用這些墓誌資料，應該是歷史研究者的自覺行為。本文即打算以唐代墓誌資料為基礎，對大理寺官員之一的"大理評事"進行初步研究。

一

唐代與司法相關的機構，有刑部、大理寺、御史台。前兩者一般被稱為"法司"，後者一般稱為"憲司"。御史台基本是監察機構，後來有了部分司法功能；刑部主要是司法行政機構，並不直接審判案件；因此真正的最高司法機構，實際是大理寺。研究唐代司法制度，必須首先研究大理寺。

關於大理寺的研究很多，就大理寺的官員而言，其長官和次官即大理卿和大理少卿，已經有專書予以梳理了[1]，而大理寺的其他官員，則專門梳理者少，研究者更少。這些官員主要是大理正、大理丞、大理司直和大理評事。

檢索《舊唐書》[2]中的大理正、大理丞、大理司直、大理評事，出現的頻率分別是12次、17次、21次、47次。大體是官品越低，出現的頻

---

① 胡可先：《唐九卿考》，中國社會科學出版社2003年版。
② 檢索的《舊唐書》為《四庫全書》本。

率越高。其中最高的是大理評事。那麼，大理評事出現次數多，只是因為它是大理寺中品級最低的官員嗎？是否還有其他原因呢？它的職掌、地位、作用究竟如何？它在唐代前後期是否有所變化？這些問題就都值得研究了。

按理說，研究大理寺的某類官員，應該結合其他官員一併研究，在比較中看異同。不過這需要在一系列個案研究之後才能進行，因此本文只是選擇了在史籍中出現較多的一類大理寺官員即大理評事予以分析，希望能得出一些值得注意的意見，為以後陸續研究其他如大理正、大理丞、大理司直等官員打下一個基礎。

為研究大理評事，筆者在唐代墓誌中進行了查找。由於時間關係，這一查找局限在《唐代墓誌彙編》①及《唐代墓誌彙編續集》②。兩本書中，一共找到120位曾任過大理評事的官員。此外在《舊唐書》等其他史籍中還找到59位，共179位。以下論述就建立在這179位大理評事資料的基礎上。當然。這一數字是極不完全的，有待將來繼續搜集補充。

二

大理評事的品級、職掌、員額，在史籍中有明確記載。

員額大致是設置12人③，但期間略有變化。據《唐會要·大理寺》，貞觀二十二年（648）置10員，後加2員，為12員。到元和十五年（820），"敕減大理評事兩員，以增六丞之俸"，又成了10員④。《新唐書·百官三》則說是8人⑤，不知何據。

品級則各書記載相同，都是從八品下。在它之上的大理司直是從六品上。大理評事與大理司直之間差了8級（從8品上、正8品下、正8品

---

① 周紹良主編：《唐代墓誌彙編》，上海古籍出版社1992年版。以下簡稱為《彙編》。
② 周紹良、趙超主編：《唐代墓誌彙編續集》，上海古籍出版社2001年版。以下簡稱為《彙編續集》。
③ 《唐六典》卷一八《大理寺》，中華書局1992年版，第503頁；《舊唐書》卷四四《職官三》，中華書局1975年版，第1884頁。
④ 《唐會要》卷六六《大理寺》，上海古籍出版社2006年版，第1356、1358頁。
⑤ 《新唐書》卷四八《百官三》，中華書局1975年版，第1257頁。

上、從7品下、從7品上、正7品下、正7品上、從6品下），為何這麼設計，令人費解。它造成的一個重要後果，就是從大理評事無法直接晉階大理司直，往往需要先晉階其他相近的品官。由於大理寺內缺少這一檔次的官員，因此大理評事的晉階往往不能在本寺實現。在史籍中由大理評事直接晉階為大理司直的記載也就十分稀少了。這一設計還使得唐後期幕府官員的"帶職"階遷造成混亂，直到宋代，大理司直降為正八品①，才解決了這一問題。

　　大理評事的職掌與大理司直類似，《新唐書·百官志》與《舊唐書·職官志》都是放在一起敘述。《舊唐書·職官志》說司直、評事"掌出使推核"②；《新唐書·百官志》則說司直、評事"掌出使推按。凡承制推訊長吏，當停務禁錮者，請魚書以往"③。《新唐書·百官志》的說法當來自《唐六典》，而《唐六典》卻是將司直、評事分開說的："司直掌承制出使推覆，若寺有疑獄，則參議之。評事掌出使推按。凡承制而出推長吏，據狀合停務及禁錮者，先請魚書以往，據所受之狀鞠而盡之。若詞有反覆，不能首實者，則依法栲之。凡大理斷獄，皆連署焉。"④《唐六典》的這一段話原缺，是後來的校注者依據《秘笈新書》以及《太平御覽》所引六典補上的⑤。查《通典》，也明確說評事"掌同司直"⑥。

　　總之，大理評事的職掌主要是出使推按。大理司直的職掌雖然也是出使，但似乎主要是推覆，即復查，與大理評事其實略有不同。大理評事出使推按的實際例子，例如有"開元中張九齡為五嶺按察使，有錄事參軍告齡非法，朝廷止令大理評事往按"⑦。《大唐新語》也有記載說："延和（712）中，沂州人有反者，詿誤坐者四百餘人，將隸于司農，未即路，系州獄。大理評事敬昭道援赦文刊而免之。時宰相切責大理：奈何免反者家口。大理卿及正等失色，引昭道以見執政，執政怒而責之。

---

① 《宋史》卷一六八《職官八》，中華書局1977年版，第4016頁。
② 《舊唐書》卷四四《職官三》，第1884頁。
③ 《新唐書》卷四八《百官三》，第1257頁。
④ 《唐六典》卷一八《大理寺》，第504頁。
⑤ 參見《唐六典》卷一八的校勘記30、31，第512頁。
⑥ 《通典》卷二五《職官七》，中華書局1992年版，第713頁。
⑦ 《舊唐書》卷一三七《盧南史傳》，第3761頁。

昭道曰：赦云'見禁囚徒'。沂州反者家口並系在州獄，此即見禁也。反覆詰對，至於五六，執政無以奪之。註誤者悉免。昭道遷監察御史。"①墓誌資料中有敬昭道墓誌，將此事記為："尋轉洛州王屋主簿，遷大理評事……擢拜監察御史，時鄴郡妖賊□聚千餘，俘餤黎人，郡縣不之禁，朝廷特使公杖斧□而督其罪焉。公以過誤所犯雖大□宥赦其支黨，但誅其元惡，餘一切奏免。恩詔許之。"②兩個記載的最大不同，是一個將此事記在他任大理評事時，一個則記為任監察御史時。從《大唐新語》的記載看，"時宰相切責大理""大理卿及正等失色"，應該是敬昭道擔任大理評事出使推按時的事情。兩項記載也有一個是一致的，即敬昭道是從大理評事陞遷為監察御史的。這就是上面所說，大理評事往上陞遷，本寺內沒有相應品級，只好陞任類似職掌的御史台官員。由此也可見，從大理評事陞任監察御史，從唐前期的睿宗玄宗時就是如此了。後期延續了這一做法，詳見後文。

　　大理評事掌出使推按，不僅唐前期如此，後期亦然。不過前期出使頻繁，並有"出使印"，後來此印作廢，以至出使時只能用州縣印，等於提前洩露了出使的目的任務等，因此到武宗時又重新刻製了三面出使印。對此，《唐會要》有詳細記錄：

> 會昌元年（841）六月，大理寺奏："當寺司直、評事應准勅差出使，請廢印三面。比緣無出使印，每經州縣及到推院，要發文牒追獲等，皆是自將白牒，取州縣印用，因茲事狀，多使先知，為弊頗深，久未厘革。臣今將請前件廢印，收鏁在寺庫。如有出使官，便令齎去，庶免刑獄漏泄，州縣煩勞。"勅旨："依奏，仍付所司。"其年十一月，又奏："請創置當寺出使印四面。臣於六月二十八日，伏緣當寺未有出使印，每准勅差官推事，皆用州縣印，恐刑獄漏泄，遂陳奏權請廢印三面。伏以廢印經用年多，字皆刓缺。臣再與當司官吏等商量，既為久制，猶未得宜。伏請准御史台例，置前件出使

_____
① 《大唐新語》卷四《執法第七》，中華書局1984年版，第62頁。
② 《彙編》開元222《敬府君墓誌銘》，第1310頁。

印。其廢印卻送禮部。"勅旨："宜量置出使印三面。"①

至於出使的具體例子，例如去世于大和元年（827）的韋冰，大約在元和時"拜大理評事。兩銜制命，連按大獄，酌三尺而出沒蕭章，覽片言而涵泳由也"②。去世于乾符二年（875）的楊思立，大約在武宗時"授鄠縣尉。秩滿，調授大理評事。時有辰州封肅者，輕犯朝典，詔君評決柱直，若執熱蒙濯，披雲見景。屬宰臣持權，橫庇封肅，閱君推牘，深不樂之，遣御史皇甫燠迭往覆之，意欲以翻變奸狀而寬肅之束也。君以貞正自守，剛健不拔，理直道勝，竟不能屈"③。

不過，後來卻出現了大理評事逃避出使現象，成了唐末大理寺的一個問題。史載："大中三年（849）三月，大理寺奏：'當寺司直、評事從前不循公理，到官便求分司，回避出使。致令官職失守，勞逸不均。伏請從今以後，待次充使後，即往分司。如未出使，不在分司限。'勅旨：'依奏'。"④ 大理評事為何要逃避出使呢？只是因為怕太勞累嗎？值得以後再認真探討。無論如何，到了大理評事都逃避出使推按的地步，唐代司法運作已經是效用、效率都大大下降了。

出使之外，大理評事因為熟悉法典，也經常參加法典的編纂工作。史籍中記載的有兩次，即參加太極元年（712）刪定格式律令的大理評事張名播，以及參加開元三年（715）刪定格式令的大理評事高智靜⑤。

大理評事有時也以大理寺官員身份充任"三司使"斷獄。例如德宗時"盧南史坐事貶信州員外司馬，至郡，准例得廳吏一人，每月請紙筆錢，前後五年，計錢一千貫。南史以官閑冗，放吏歸，納其紙筆錢六十餘千。刺史姚驥劾奏南史，以為贓，又劾南史買鉛燒黃丹。德宗遣監察御史鄭楚相、刑部員外郎裴溆、大理評事陳正儀充三司使，同往按鞫"⑥。

由此看來，大理評事官品雖低，但因掌推按、斷獄權力，比起同等

---

① 《唐會要》卷六六《大理寺》，第 1359 頁。
② 《彙編續集》大和 002《韋府君墓誌銘》，第 880 頁。
③ 《彙編》乾符 011《楊府君墓誌銘》，第 2479 頁。
④ 《唐會要》卷六六《大理寺》，第 1360 頁。
⑤ 《舊唐書》卷五〇《刑法志》，第 2149—2150 頁。
⑥ 《舊唐書》卷一三七《盧南史傳》，第 3761 頁。

品級的官員來說，更受朝廷重視，在用人選人等方面相對來說也會更嚴格一些。

例如武則天聖曆"三年（700）正月三十日勅：'監察御史，左右拾遺，赤縣簿、尉，大理評事，兩畿縣丞、主簿、尉，三任已上，及內外官經三任十考以上，不改舊品者，選敘日，各聽量隔品處分。余官必須依次授任，不得超越'"①。這裡特別提出"大理評事"等可以隔品提拔，而其他官員"必須依次授任"，應是對大理評事的重視。又，唐玄宗天寶"九載（750）三月十三日勅：'吏部取人，必限書判，且文學政事，本自異科，求備一人，百中無一。況古來良宰，豈必文人，又限循資，尤難獎擢。自今以後，簡縣令，但才堪政理，方圓取人，不得限以書判，及循資格注擬。諸畿、望、緊、上、中，每等為一甲，委中書門下察問，選擇堪者，然後奏授。大理評事，緣朝要子弟中，有未歷望、畿縣，便授此官，既不守文，又未經事。自今以後，有此色及朝要至親，並不得注擬'"②。此條敕文，是說取人不必一定書判、一定文人，最後特別說朝廷勢要至親，沒有經歷（望、畿）縣級職務，不能擔任大理評事。由此反推，可見以往擔任大理評事者，常有朝廷勢要的親戚。大理評事為人重視，於此可見一斑。再如，唐德宗"建中元年（780）正月勅：'大理司直、評事，授訖三日內，于四方館上表，讓一人以自代'"③。讓人自代，並非所有官職，這裡單提出大理司直、評事，亦可見朝廷對這兩官的重視。

總之，大理評事雖然只是從八品下的低級官吏，但由於掌握出使推按刑獄的權力，一直為朝廷所重視，也成為朝廷勢要親戚願意擔任的職務。特別是唐後期成了外官的"帶職"，使其更成為一個十分重要的職官了。

三

大理評事到唐後期，成了外官（主要是幕府職官）的"帶職"。關於

---

① 《唐會要》卷七五《雜處置》，第1610頁。
② 同上書，第1612頁。
③ 《唐會要》卷六六《大理寺》，第1357頁。

這一問題，研究成果甚多，陸續有張國剛、石雲濤、杜文玉、賴瑞和等人多角度多層次的研究。最近的研究則有馮培紅的《論唐五代藩鎮幕職的帶職現象——以檢校、兼、試官為中心》[①]。

根據這些研究可知：藩鎮幕職所帶的檢校、兼、試官官銜已經完全階官化了[②]；基層幕職如掌書記、推官、巡官所帶的職官（朝官憲官）並無固定搭配，比較多的有校書郎、協律郎、大理評事、監察御史、殿中侍御史等[③]；試、檢校官呈現從低到高的順遷趨勢，形成一條直線，它們與兼官在官品上重疊交錯；試、檢校官與兼官是各自獨立的兩條系統，屬於兩條直線[④]。

這些結論基本都是可以成立的，但也有可補充處。此外，上述成果都是綜合性研究，沒有專門探討某一種帶職，例如就沒有單獨探討大理評事的。不過，前面提到的研究者們大都發現了在這些帶職中，大理評事佔有重要地位，例如杜文玉說藩鎮時代的外官帶職"佐官多試大理評事、校書郎之類"[⑤]；《馮文》在列出試官的表格後也說："從試官的實際用例來看，秘書省的校書郎、太常寺的協律郎、大理寺的司直與評事、十六衛的左武衛兵曹參軍被試的現象尤為集中，頻率極高。"[⑥]

大理評事既然在帶職中佔有重要位置，從大理評事的角度研究帶職，也許能對以上前賢的研究有所補充。

由此，本文擬探討以下兩個問題：（1）為何大理評事會被列入帶職，並用例極多。（2）從大理評事看它是否必定與兼官屬於兩條各自獨立的直線。

唐代幕府官員的帶職，大致局限在幾個官職中，一定有他的道理，值得逐個仔細研究，否則各個品級所含官員甚多，為何大致固定在這樣一些官職上呢？

[①] 載京都大學人文科學研究所《唐代宗教文化與制度》，2007年，第133—210頁。以下簡稱為《馮文》。有關前人研究成果的梳理，請參看《馮文》。
[②] 《馮文》第138頁轉引張國剛觀點。
[③] 《馮文》第186—187頁歸納賴瑞和觀點，並提出自己看法。
[④] 《馮文》第177—178頁。
[⑤] 杜文玉：《論唐代員外官與試官》，《陝西師範大學學報》1993年第3期，第90—97頁，轉引自馮文第140頁。
[⑥] 《馮文》第175頁。

若僅就大理評事而言，我覺得可能有兩方面原因。一個原因大概在於大理評事本身的職掌。如上所述，大理評事的職掌是出使推按。他們必定熟悉法典章程。幕府中有這樣一個人，可以提供法律幫助。這不僅大理評事如此，大理司直也是這樣。例如大約天寶時的李朏，當時"主上慮宗子有才，精加搜擇，宗正卿嗣魯王以公有曹冏之文史，兼劉歆之經術，抗表聞薦，特授大理評事。公持法不撓，掌刑有倫，無冤著聲，全活斯眾……服闋，除大理司直。時諫議大夫李麟充河西隴右道黜陟使，以公閑練章程，詳明聽斷，乃奏公為判官，佐彼澄清，審於殿最，皇華之選，時論攸歸"①。這個李朏，就是因為懂法律，明章程，才被黜陟使用為判官的。他當判官，利用自己的優勢，"佐彼澄清，審於殿最"。

我們注意到，這是發生在天寶年間的事。這就與我們要說的第二個原因有關係了，即大理評事之所以在唐後期被用作帶職，有其歷史傳統。因為早在開元天寶年間，他們就被充作各種使節的判官之類幕職了。最早的例子是"開元九年（721）正月二十八日，監察御史宇文融請急察色役偽濫並逃戶及籍田，因令充使，於是奏勸農判官數人，華州錄事參軍慕容琦、長安縣尉王冰、太原司錄張坰、太原兵曹宋希玉、大理評事宋珣、長安主簿韋利涉、汾州錄事參軍韋洽、汜水縣尉薛侃、三原縣尉喬夢松、大理寺丞王誘、右拾遺徐楚璧、告成縣尉徐鍔、長安縣尉裴寬、萬年縣尉崔希逸、同州司法邊沖寂、大理評事班景倩、榆次縣尉郭庭倩、河南府法曹元將茂、洛陽縣尉劉日貞②。至十二年（724），又加長安縣尉王壽、河南縣尉于儒卿、左拾遺王惠翼、奉天縣尉何千里、伊闕縣尉梁勳、富平縣尉盧怡、咸陽縣尉庫狄履溫、渭南縣尉賈晉、長安縣尉李證、前大理評事盛廣等③，皆當時名士，判官得人，於此為獨盛"④。這次設置的"勸農使"判官，主要是縣尉，其次是大理寺官員，含大理評事3人，大理丞1人。考慮到大理評事總共只有12人，一次抽調2—3人，可見所佔比例不小。除此之外，還有州府的法曹司法參軍2人、司錄錄事

---

① 《彙編》天寶271《李府君墓誌銘》，第1721頁。
② 四庫本作"劉日正"。
③ 四庫本作"蕭廣業"。
④ 《唐會要》卷八五《逃戶》，第1851—1852頁。

參軍2人。這些人看來都是熟悉法律、含有法官或糾察性質的官員。要注意這是開元九年的事，可以說是比較早的品官充任幕府官員。由法官充任幕府官員的傳統，可能就由此被後來的使節繼承下來了①。比如一個叫李□字霞光的，原以縣尉"充本道勸農判官"，後來"轉大理評事。佐士師無頗類之嫌，倅皇華有澄清之志。劉日正廉問江介，復奏為判官"。以大理評事充判官，是因為他"持法標吏師之首"，即以其執法能力而被選為判官②。甚至宋慶禮還以大理評事的職官"充嶺南採訪使"。事情也發生在開元年間③。

　　總之，以大理評事充任幕府官員，既因其本身職掌，又有歷史傳統。順帶說一句，在討論帶職起源時，先前的研究很少使用勸農使及其判官的這條史料。我以為，開元九年宇文融出任勸農使時挑選帶職判官的做法，應該是各種使節幕府中官員帶職出現的源頭之一。

　　第二個問題是，雖然我們可以按照檢校、兼、試官的系列研究幕府官員的帶職問題，但其實這三個系列到唐末五代甚至宋初才比較清楚。宋人以此來推論唐代情況，多有不確之處。其實正如《馮文》已經指出的那樣，實際在唐代，這些帶職正處於形成過程，是逐漸變成三個系列（或兩個系列）的。

　　正因為如此，《馮文》認為唐代的帶職具有試官＋檢校，以及兼官兩個獨立的系列、獨立的直線能否成立，就值得商榷了。從大理評事（所謂試官）與監察御史（所謂兼官）關係的角度，我們先來看看實際的例子。

　　1. 大約高宗時，魏靖"弱冠應制舉，授成武尉、轉鄭縣尉、大理評事、監察御史、殿中侍御史，出為□縣令"④。這是唐前期直接從大理評事階任監察御史的例子。

　　2. 睿宗延和年間，敬昭道"秩滿調選，轉懷州獲嘉縣尉，尋轉洛州

---

①　這其中，由於縣尉不是朝官，自然被排除在幕府官員帶職的範圍內。
②　《彙編》天寶099《李府君墓誌銘》，第1600頁。其中的劉日正，可能就是開元九年曾為宇文融判官的劉日貞。若是，則四庫本《唐會要》所記"劉日正"是，而上古本的"劉日貞"則非。
③　《舊唐書》卷一八五下《宋慶禮傳》，第4814頁。
④　《彙編》開元241《魏公墓誌銘》，第1323頁。

王屋主簿，遷大理評事。時西戎叛喚，虔劉邊邑，是時天子大□斯怒，親齊六軍，乃命涼州都督薛訥為前鋒。公料其賊形，無庸必斃，乃抗表克日，請罷巡邊。聖旨回環，優問臧否，信宿軍書至，其日賊果敗亡。天子嘉之，擢拜監察御史。時鄴郡妖賊□聚千餘……（公）但誅其元惡，餘一切奏免……俄遷殿中侍御史"①。這條前面已引，也是直接從大理評事擢為監察御史的。當然，此時的大理評事與使職尚無關係。

3. 開元中杜暹"由是擢拜大理評事，開元四年（716），遷監察御史"②。這裡明確表明了從大理評事到監察御史的階遷關係。

4. 天寶中鄧景山"自大理評事至監察御史"③。這也是從大理評事遷監察御史。

5. 天寶中韋倫"楊國忠署為鑄錢內作使判官……改大理評事。會安祿山反，車駕幸蜀，拜倫監察御史、劍南節度行軍司馬，兼充置頓使判官"④。這裡大理評事與監察御史都是判官的帶職，但有遞遷關係。

6. 天寶末權皋"淮南採訪使高適表（權）皋試大理評事，充判官。屬永王璘亂，多劫士大夫以自從，皋懼見迫，又變名易服以免。玄宗在蜀，聞而嘉之，除監察御史"⑤。這也是從大理評事遷為監察御史的。

7. 肅宗上元時，陳皆"二京初複，寓居漢南，為節度使來瑱所器。洎襄陽兵亂，梁崇義用公之謀，方隅底寧，授大理評事、觀察支使，遷監察御史節度判官，轉殿中侍御史，拜均州刺史"⑥。這裡的大理評事已經是帶職了，是觀察支使的帶職，但並未兼監察御史，而是後來"遷"監察御史。這裡的監察御史是節度判官的帶職。大理評事與監察御史不是兩個獨立體系，而是一種前後銜接的階遷關係。

8. 肅宗時張翔"歷虢州閿鄉、陝州□（夏？）縣二縣尉，改左金吾衛兵曹參軍、太常寺協律郎攝監察御史，又改大理評事，特授監察御史。

---

① 《彙編》開元 222《敬府君墓誌銘》，第 1310 頁。
② 《舊唐書》卷九八《杜暹傳》，第 3076 頁。
③ 《舊唐書》卷一一〇《鄧景山傳》，第 3313 頁。
④ 《舊唐書》卷一三八《韋倫傳》，第 3780 頁。
⑤ 《舊唐書》卷一四八《權皋傳》，第 4001 頁。
⑥ 《彙編》貞元 130《陳公墓誌銘》，第 1933 頁。

自夏縣尉以後，皆在名公方鎮之幕，每一人延請，陪拜一官"①。這裡也是從縣尉到協律郎、大理評事、監察御史，是遞遷的，並非兩個系統，所以墓誌說"每一人延請，陪拜一官"，不斷陪遷。當然，這裡的監察御史也是帶職，所以張翔後來"真拜監察御史，轉殿中侍御史"了。

9. 代宗時李匯"解褐授恒王府參軍、太常寺協律郎、大理評事，佐陝運使幕，以轉輸勤勞，遷監察御史賜緋魚袋，使停冬薦，授河中府田曹參軍"②。這裡的大理評事是"陝運使幕"的帶職，後"遷"監察御史。

10. 代宗初張翃"時干戈未弭，太夫人寢疾，固求薄祿，就養於家，表授德清令，改大理評事。丁家艱，外除詣闕，吏部侍郎王公特為拜監察御史，轉殿中侍御史，遷屯田員外郎，轉本司郎中"③。這是唐後期的非帶職，仍然是從大理評事拜監察御史的。

11. 大曆初盧沈"弱冠孝廉登科，調補杭州富陽縣尉，遷左驍衛兵曹參軍，歷蕭山、海甯二縣令，大理評事，監察御史，豪、鄆二州刺史"④。這裡的大理評事和監察御史似非帶職，但有遞遷關係。

12. 大曆中呂渭，"杜相國鴻漸代領其鎮，表授公左金吾衛兵曹參軍，充節度掌書記。……兵部尚書薛義訓平山越□浙東，又辟公為節度巡官，假婺州永康令。……杭州刺史相里造業文求友，清榻邀路，以團練判官為公淹留之名。居歲余，御史大夫李公涵領浙江西道，表授公大理評事、充觀察支使。田承嗣以魏州叛，李公奉詔宣撫兩□，□英洛府，獨以公從慰。公反側感激，義勇籌策，簡劄悉出於公。使還，李大夫即真，公授監察御史，轉殿中侍御史。今上嗣統，權臣長備，以李公為太子少傅，官名抵李氏家諱。公據禮法，抗表極言，出諭其勢能，不宜退斥。上特嘉納，擢拜尚書司門員外郎，賜緋魚袋"⑤。這裡呂渭以大理評事充任觀察支使，是帶職；李涵"即真"御史大夫後，他陪任監察御史，這裡的監察御史應該不是帶職。從大理評事的從八品下，到監察御史的正八品

---

① 《彙編》建中 002《張府君墓誌銘》，第 1821 頁。
② 《彙編》元和 025《李府君墓誌銘》，第 1966 頁。
③ 《彙編》建中 001《張府君墓誌銘》，第 1820 頁。
④ 《彙編》永貞 002《盧府君夫人李氏墓誌銘》，第 1941 頁。
⑤ 《彙編續集》貞元 060《呂府君墓誌銘》，第 777 頁。

上、殿中侍御史的從七品上，最後是司門員外郎的從六品上，是遞遷的關係。

13. 大曆末建中初韋皋"行，月餘日到岐，岐帥以西川之貴婿，延置幕中，奏大理評事。尋以鞫獄平允，加監察。以隴州刺史卒，出知州事"①。這條顯示大理評事雖是帶職，也履行斷獄的職掌。他也是從大理評事"加"監察御史的。

14. 德宗時盧士瓊"知泗州院事，得協律郎。鄭少師之留守東都，奏為推官，得大理評事，韓尚書代為留守，請君如初。尚書節將陳許，奏充觀察判官，得監察御史。府罷，歲余，除河南府戶曹"②。這裡的協律郎、大理評事、監察御史都是帶職，實職分別是知泗州院事、東都留守推官、觀察判官。無論帶職還是實職，各自都是一個直線的遞遷關係，此外並非還有個兼官的階遷系統。

15. 德宗時皇甫鏞"試左武衛兵曹，充宣歙觀察推官，轉大理評事，詔徵授監察御史，改秘書郎殿中侍御史內供奉，始賜朱紱銀印"③。這個是從帶職的大理評事直接召入朝廷，階為監察御史的。

16. 德宗時崔元亮"解褐補秘書省校書郎，從事宣、越二府，奏授協律郎、大理評事。朝廷知其才，徵授監察，轉殿中，歷侍御史、膳部駕部員外郎、洛陽令、密州刺史"④。這個也是從帶職的大理評事直接階遷為朝廷的監察御史的。

17. 元和中于敖"釋褐秘書省校書郎。湖南觀察使楊憑辟為從事，府罷，鳳翔節度使李鄘、鄂岳觀察使呂元膺相繼辟召。自協律郎、大理評事試監察御史。元和六年，真拜監察御史。轉殿中"⑤。這時已形成了校書郎、協律郎、大理評事的序列，但他之所以能"真拜"監察御史，顯然與此前在藩鎮已得的大理評事試監察御史有關。

18. 文宗初楊假，"故相鄭覃刺華州，署為從事。從覃鎮京口，得大

---

① 李復言：《續玄怪錄》卷二《韋令公皋》，中華書局1982年版，第156頁。
② 《彙編》大和006《盧君墓誌銘》，第2098頁。
③ 朱金城箋校：《白居易集箋校》卷七〇《皇甫公墓誌銘》，上海古籍出版社1988年版，第3772頁。
④ 《白居易集箋校》卷七〇《崔公墓誌銘》，第3748頁。
⑤ 《舊唐書》卷一四九《于敖傳》，第4009頁。

理評事。入為監察，轉侍御史"①。這個也是因為有大理評事的帶職，入朝後才能得監察御史，可見由大理評事到監察御史之間的階遷關係。

19. 文宗時的盧伯卿"既冠，擢明經第，始調補絳州萬泉尉，秩滿再補陝州安邑尉……三補河中府猗氏縣主簿。縣當郇瑕氏之故地，沃饒近鹽，美聲浹於人謠，時泉貨之司願移公猗氏之理以成榷筦之用，授大理評事，充東渭橋給納使巡官，尋以本官知京畿雲陽院，遷監察御史，充兩池使判官。俄以統職有歸，不得專任，改知閬中院，轉殿中侍御史，領鹽城監。既而遇疾於淮上，北歸別業，命諸子謹飭家政，親服農圃。士君子謂公得出處之道焉。公嘗尉三縣，蒞五職，靜專一心，閑劇齊政"②。墓誌說他"尉三縣"，指萬泉尉、安邑尉和猗氏縣主簿；"蒞五職"則指東渭橋給納使巡官、知京畿雲陽院、兩池使判官、知閬中院、鹽城監；並不提大理評事等，知後者只是帶職。但從大理評事到監察御史、殿中侍御史，則為階遷關係。

20. 文宗時崔慎由"歷秘書省正字、試太常寺協律郎、劍南東川節度推官、浙江東道觀察判官、試大理評事、山南東道觀察推官、入台為監察御史、試秘書省秘書郎、兼殿中侍御史、義成軍節度判官，複入台為監察御史、轉殿中侍御史、兼集賢殿直學士、尚書戶部員外郎"③。這裡的正字、協律郎、大理評事、秘書郎等試官已成序列，但監察御史則非兼官，其入台階遷的基礎在於已是大理評事。可見二者有某種遞遷的關係。

總之，從上述20個實際的例子看，由大理評事階任監察御史，是早就存在的階遷路線，這一路線延續到後期的帶職時期。在幕府職官的帶職中，除非明確寫有"試大理評事兼監察御史"屬於試官＋兼官，即屬於兩個不同系列外，很多場合都是由大理評事階任監察御史，即二者構成一條直線。其原因就是上面已經談到的，在大理評事與大理司直之間相差8個等級，無法直接階任，需要有品級相近職掌相近的官員填充，

---

① 《舊唐書》卷一七七《楊假傳》，第4597頁。
② 《彙編》開成049《盧府君墓銘》，第2204頁。
③ 《彙編續集》咸通053《崔府君墓誌》，第1074頁。

監察御史就是這樣一類官員①。大致來說，德宗以後逐漸形成兼官制度，大理評事兼監察御史或成慣例，但之所以存在這種兼任關係，與歷史上大理評事多遷任監察御史是有關係的，因此即使德宗以後，仍然存在著由大理評事階遷監察御史的直線。因此之故，說試官與檢校官是一條直線，兼官是另一條直線的看法，似乎有商榷的必要。

最後附帶說一下光寺錢問題。

《馮文》最後提到，藩鎮幕職若想獲得帶職，必須向朝廷交納一筆台省禮錢，叫光台錢、光省錢。這些錢在五代記載比較詳細，據研究應該來自唐代。在唐代除此之外，還有光署錢和光院錢。文章在列舉了五代時帶職交納的台省禮錢後，說這些禮錢只收取檢校、兼官，級別較低的試官不徵收②。

現在可以補充的是，帶職中的試官似也要交錢，例如大理評事就要交"光寺錢"。《國史補》記載說"韓令為宣武軍節度使，張正元③為邕管經略使，王宗為壽州刺史，皆自試大理評事除拜，本寺移牒釀光寺錢，相次而至，寺監為榮"④。

這其中的"王宗"我們查不到，而韓令指韓弘。《舊唐書·韓弘傳》云："少孤，依母族，劉玄佐即其舅也，事玄佐為州椽，累奏試大理評事，玄佐卒，子士寧被逐，弘出汴州，為宋州南城將，劉全諒時為都知兵馬使，貞元十五年（799），全諒卒，汴軍懷玄佐之惠，又以弘長厚，共請為留後，環監軍使請表其事，朝廷亦以玄佐故，許之，自試大理評事檢校工部尚書，汴州刺史，兼御史大夫，宣武軍節度副大使，知節度事，宋亳汴穎觀察等使。"⑤確實是從"試大理評事除拜宣武軍節度使"。張正元，《舊唐書·德宗本紀》有記載說貞元十八年（802）八月"甲辰，以嶺南節度掌書記、試大理評事張正元為邕州刺史、御史中丞、邕

---

① 當然，也有從大理評事轉為其他官員的。但起碼可知，從大理評事階遷監察御史是其中的一條主要路徑，而不必為各走各的階遷路線。
② 《馮文》第206—208頁。
③ 《唐會要》卷五四《給事中》記為"張貞元"，第938頁。
④ 《唐國史補》卷上，上海古籍出版社1979年版，第31頁。
⑤ 《舊唐書》卷一五六《韓弘傳》，第4134頁。

管經略使,給事中許孟容以非次遷授,封還詔書"①。確實是從試大理評事階任邕管經略使,而且從《國史補》看,雖有封還詔書的舉措,任命還是實行了。

由此可見,大理評事雖然在唐後期常為幕府官員的帶職,但與本寺即大理寺仍有密不可分的關係,大約理論上仍屬大理寺管轄,佔有大理寺的名額。當然,交納光寺錢的大理評事是只局限于刺史或節度使經略使之類高官的帶職呢,還是作為一般巡官、推官、判官的帶職也要交納,我們就不十分清楚了。

總之,作為帶職的大理評事要交納"光寺錢",是對先前研究成果所言"光台錢""光省錢"的一個重要補充。

簡短結論

通過以上簡單分析,我們知道了作為大理寺最低一級官員,大理評事卻因為是幕府官員的帶職而頻繁出現在史籍中,出現頻率遠高於其上一級的大理司直。換句話說,擔任過大理評事的官員非常之多(特別是唐後期),像元載、盧杞、杜牧、李德裕、白敏中、王徽等都曾任此職。

大理評事擁有出使推按刑獄的權力,地位重要,其人選受到朝廷關注,武則天、唐玄宗、唐德宗都曾下詔書對此有所規範或規定,特別是玄宗時的詔書要求不要將大理評事輕易授給朝廷勢要的子弟或至親。這些詔書中的要求可以反襯大理評事職務的重要。因此它才能以區區從八品下的低級官吏,出任三司使,參與外出推覆案件。

也正因為其權力重要,加之擔當者多熟悉法典,閑練章程,因此最遲在開元時就陸續帶職成為各種使節(勸農使、採訪使、含嘉倉出納使、鑄錢內作使、河北海運使)的判官,到唐後期逐漸成為幕府帶職中最常見的官員,往往成為校書郎(正字、奉禮郎)、協律郎的上級帶職官員。

這一官員後來多帶"試"字,成為試官,也常"兼"監察御史,形成"試大理評事兼監察御史"的固定官銜。但除此之外、或曰在形成固定官銜過程中,大理評事往往可以直接階遷為監察御史,即大理評事可

---

① 《舊唐書》卷一三《德宗本紀》,第396—397頁。

以和監察御史構成一個階遷直線，而不是絕對分屬兩個相互獨立的系統。之所以會這樣，一個原因是大理評事之上缺少一個官品等差較小的官員供陪遷，而監察御史恰可以填補這一空缺，且二者職掌權力接近；另一個原因是從唐前期開始，大理評事遷階監察御史已經形成了歷史傳統。

　　幕府官員帶大理寺官或御史臺官，雖然只是為了使幕府官員擁有相應的品秩，但在奏授或表授這些官員時，也會考慮其本人是否熟悉法典章程，以及是否擁有推按的能力，因此帶職官員的選擇，應該與本官原有的職掌有一定關係。

　　有實職的大理評事在唐後期依然出使斷獄，武宗時還重新鑄造了三面出使印，說明其權力依然存在。但在唐後期，大理評事出使一定成了苦差事，才會出現任命後逃避出使，只想當閑官（分司東都）的現象。如何解釋這一現象，如何看待大理評事出現的這種變化，是留給我們今後的一個研究課題。

《應正論》與唐代前期的嚴刑[1]思想

一

自從先秦法家的嚴刑理論被漢代揚棄，儒家思想在朝廷中佔有優勢之後，"慎獄恤刑"的寬政就成了統治者的指導思想。漢以後的皇帝很少有公開宣揚實行嚴刑的詔敕，臣下也以勸導皇帝要"德主刑輔"為多。以唐代為例，討論應該實行寬簡之政的言論很多，特別出現在唐朝前期。例如唐高祖武德四年（621）四月有詔書云：

  緩刑議獄，哲王彝訓；解網泣辜，前賢茂軌。朕君臨海內，撫育黎元，一物乖所，納隍興慮。其益州道行台及夔州總管府，眾務臻集，統攝遐長，囚徒禁系，其數不少。或控告未申，多有冤屈；或注引肆意，濫及貞良。致使文案稽延，訟獄繁壅。念彼枉滯，情深潛惻。其益州管內諸州，委御史大夫無逸檢校，夔州管內，委趙郡公孝恭檢校。所有囚徒，悉令覆察，務使寬簡，小大以情。[2]

這裡提到了"緩刑議獄"是"哲王彝訓"，覆查囚徒應該"務使寬簡"。又如：

  貞觀元年（627），太宗謂侍臣曰："死者不可再生，用法務在寬

---

[1] 這裡的"嚴刑"，主要指嚴格執法、嚴厲執行，而非加重處罰的"重刑"。
[2] 宋敏求：《唐大詔令集》卷八三《益州夔州管內疏理囚徒制》，商務印書館1959年版，第447頁。

簡。古人云，驚棺者，欲歲之疫，非疾於人，利於棺售故耳。"①

這裡唐太宗也說到用法在於"寬簡"。

（唐高宗）永徽五年（654）五月，上謂侍臣曰："獄訟繁多，皆由刑罰枉濫，故曰刑者成也，一成而不可變。末代斷獄之人，皆以苛刻為明，是以秦氏網密秋荼，而獲罪者眾。今天下無事，四海乂安，欲與公等共行寬政。"②

到龍朔二年（662）二月又下詔書說：

哀矜折獄，義光呂訓。明慎用刑，事昭姬彖。朕以寡昧，嗣登宸極。思闡大猷，式隆景運。蹈冰彌懼，屬想於寰中；馭朽彌兢，馳襟於洛下。虛己待物，每從寬政。③

唐高宗在這裡也是屢屢提到要實行"寬政"。

雖然刑罰的寬嚴因時而異，但唐代統治者對此有個總的看法，即"馭之良者，不在於煩策，政之善者，無取於嚴刑。故雖寬猛相資，德刑互設，然不嚴而化，前哲所重"④。

"無取於嚴刑"，以致"不嚴而化"，是政治的最高境界，也是唐朝統治者追求的理想。

在這種氛圍之下，唐代君臣的言論都是提倡實行寬政，討論如何實行寬政的，唯恐主張嚴刑，被視為苛刻、暴虐、深文。史家在記錄當時人的言論時，恐怕也是選擇性地記錄了關於實行寬政的議論，以致我們會認為提倡寬政是當時人的必然思想和當然行事方式。

實則不然。唐朝前期的法官也有主張嚴刑的，並有自己引經據典的

---

① 吳兢撰，謝保成集校：《貞觀政要集校》卷八《論刑法第三十一》，中華書局2003年版，第428頁。
② 劉昫等：《舊唐書》卷五〇《刑法志》，中華書局1975年版，第2141頁。
③ 《唐大詔令集》卷八二《恤刑詔》，第471頁。
④ 魏徵等：《隋書》卷七四《酷吏傳史臣曰》，中華書局1973年版，第1702頁。

根據。其中最典型的就是保存下來的《應正論》。這篇《應正論》雖然不長，卻很重要，但似乎尚未引起研究法律史或法律思想史家的重視，這是令人遺憾的。本文即打算在介紹這篇珍貴文字的基礎上，就文章思想及其依據略作分析。

二

《應正論》的作者是王志愔。文章收入《舊唐書》卷一百《王志愔傳》①。依據本傳，我們知道王志愔是唐中宗玄宗時人，進士及第出身，神龍年間（705—707）為左台御史，"執法剛正，百僚畏憚，時人呼為'皁鵰'"，後升為大理正，遷駕部郎中；睿宗景雲元年（710）為左御史中丞，尋遷大理少卿。又授齊州刺史，充河南道按察使，遷汴州刺史，仍舊充河南道按察使。太極元年（712）以本官兼御史中丞，拜戶部侍郎，轉揚州大都督府長史，俱充本道按察使，"所在令行禁止"，召拜刑部尚書。唐玄宗開元九年（721）充京師留守，尋卒。

從他的以上經歷看，基本上是一直在做法官，即使擔當地方長官時，也同時充任按察使，即具有監察職能。總體來看，王志愔除了所擔任的監察官員之外，其出任法官的經歷為：大理正—大理少卿—刑部尚書。

《應正論》就作於他擔任大理正時期，具體時間是中宗景龍二年（708）。《冊府元龜·帝王部·慎罰》說："景龍二年七月，大理正王志愔奏言：'法令者，人之堤防，堤防不立，則人無所禁。竊見大理官僚，多不奉法，以縱罪為寬恕，以守文為苛刻。臣愚少執刑典，即為眾所謗。'②帝謂曰：'法急則傷人，寬則漏罪，情實實罰，在於中平。宜慎

---

① 以下所說王志愔的經歷以及《應正論》文字均出自於此（第3118—3123頁），不再注明。《舊唐書》之外，《文苑英華》卷七四九亦收入此文，文字稍有不同。《全唐文》卷二八二也收了此文（中華書局1983年版，第2858—2860頁），文字大致來自《文苑英華》。

② 《舊唐書》本傳引此句作"臣濫執刑典，實恐為眾所謗"（第3118頁），更突出了害怕為眾人誹謗的擔心。又，從"法令者"到"所謗"一段文字，《文苑英華》引為《應正論》的序言，見李昉等《文苑英華》卷七四九，中華書局1966年版，第3914頁。

之。'志愔因奏上《應正論》以見意。"① 簡單說，王志愔寫這篇文章的動機是害怕因為自己的執法嚴格而召人誹謗，因此要為自己的嚴格執法辯解。

文章的開頭幾段是說有來客擔心他執法剛正，不與別人相同，會遭遇不測。他在引用了《易·萃》後回答說：只要行的正，自會有好處，即所謂"居中履正""見引無咎"。又說與人共事，重要的是"和"而不是"同"。如果因為我的行事與眾人不同而被譏笑，"未敢聞誨"。

文章隨後為他的嚴刑提供思想上的依據：

客曰：和同乖訓，則已聞之。援法成而不變者，豈恤獄之寬憲耶？《書》曰："禦眾以寬。"《傳》曰："寬則得眾。"若以嚴統物，異乎寬政矣。

對曰：刑賞二柄，唯人主操之，崇厚任寬，是謂帝王之德。慎子曰："以力役法者，百姓也；以死守法者，有司也；以道變法者，君上也。"然則匪人臣所操。後魏游肇之為廷尉也，魏帝嘗私敕肇有所降恕，肇執而不從曰："陛下自能恕之，豈足令臣曲筆也？"是知寬恕是君道，曲從非臣節。人或未達斯旨，不料其務，以平刑為峻，將曲法為寬，謹守憲章，號為深密。內律："釋種虧戒，一誅五百人，如來不救其罪。"豈謂佛法為殘刻耶？老子《道德經》云："天網恢恢，疏而不漏。"豈謂道教為凝峻耶？《家語》曰："王者之誅有五，而竊盜不預焉。"即心辯言偽之流。《禮記》亦陳四殺，破律亂名之謂。豈是儒家執禁，孔子之深文哉？此三教之用法者，所以明真諦，重玄猷，存天綱，立人極也。

然則乾象震曜，天道明威。齊眾惟刑，百王所以垂範；折人以法，三后於是成功。所務掌憲決平，斯廷尉之職耳。《易》曰："家人嗃嗃，無咎；婦子嘻嘻，終吝。"嚴於其家，可移于國。昔崔寔達於理而作《政論》，仲長統曰："凡為人主，宜寫《政論》一通，置

---

① 王欽若等：《冊府元龜》卷一五一《帝王部·慎罰》，中華書局 1960 年版，第 1824—1825 頁。又，《冊府元龜》卷一五七《帝王部·誡勵二》所引文字全同，第 1901 頁。

諸坐側。"其大抵云為國者以嚴致平，非以寬致平者也。然則稱嚴者不必逾條越制，凝網重罰，在於施隱括以矯枉，用平典以禁非。刑故有常，罰輕無舍，人不易犯，防之難越故也。但人慢吏濁，偽積贓深，而曰以寬理之，可以無過。何異乎命王良馭駬，舍銜策於奔踶；請俞跗攻疾，停藥石於膚腠！適見秋駕轉逸，膏肓更深，醫人僕夫，何功之有？

文章接著讚揚了皇帝的守法，認為正因為皇帝的這種守法態度，他才可以"聚以正也，僕幸利見大人；引其吉焉，期養正於下位"。才感覺有保障，不擔心，能夠做到"中正是托，予何懼乎？"文章最後也略有無奈地認為，如果實在不被所容，也只好寄意煙霞，"高謝公卿，孝友揚名"了。但即使如此，也對那種"拜塵邀勢，括囊守祿"的人"深以為恥"。結果當然是他的議論說服了來客。

文章奏上後，史云："中宗覽而嘉之"，所以對他有後來的一系列陞官舉措。可見王志愔的嚴格執法及其理論根據得到了皇帝的認同。

三

下面我們來分析《應正論》中間一段關於嚴刑的議論及其思想根據。

在本段中，王志愔先模擬來客口吻提出疑問："《書》曰：'禦眾以寬。'《傳》曰：'寬則得眾。'若以嚴統物，異乎寬政矣。"即來客首先引《尚書》及其《傳》① 中語言提醒他應該實行寬政，說他所實行的"以嚴統物"與寬政是相違背的。

王志愔則首先引慎到的議論，認為所謂寬恕，是皇帝的事，臣下不能行之，並批評了"以平刑為峻，將曲法為寬，謹守憲章，號為深密"的所謂"寬政"現象，然後引釋、道、儒三家說法來證明嚴刑的合理。他說：

---

① "寬則得眾"雖出現在《傳》中，實際是《論語》中語言，見《論語·陽貨》（李學勤主編《論語注疏》卷一七《陽貨第十七》，北京大學出版社 1999 年版，第 235 頁。以下凡引《十三經注疏》者，均出此本）。

內律："釋種虧戒①，一誅五百人，如來不救其罪。"豈謂佛法為殘刻耶？

《道德經》云："天網恢恢，疏而不漏。"豈謂道教為凝峻耶？

《家語》曰："王者之誅有五，而竊盜不預焉。"即心辯言偽之流。《禮記》亦陳四殺，破律亂名之謂。豈是儒家執禁，孔子之深文哉？

這就是援引"佛法""道教""儒家"的文獻史料，來證明嚴刑的正當性，並指出不能因此而批評佛、道、儒是"殘刻"是"凝峻"是"深文"。這其中，所引《孔子家語》是說孔子誅少正卯後提到的有五種人該殺，即"一曰心逆而險，二曰行僻而堅，三曰言偽而辯，四曰記醜而博，五曰順非而澤"②；引《禮記》中提到的司寇職掌時說有四種人該殺，即"析言破律，亂名改作，執左道以亂政，殺。作淫聲、異服、奇技、奇器以疑眾，殺。行偽而堅，言偽而辯，學非而博，順非而澤以疑眾，殺。假于鬼神、時日、卜筮以疑眾，殺"③。

王志愔生活的時代，除儒教外，佛教和道教都十分興盛，因此他引佛、道、儒三家學說證成自己的行為，具有一定的說服力。而且他把三教嚴格執法的理論上陟到天地大法的高度，說："此三教之用法者，所以明真諦，重玄猷，存天綱，立人極也。""明真諦"指佛教，"重玄猷"是道教，"存天綱，立人極"為儒教。三教以嚴行法制為"真諦"，為"玄猷"，為存綱立極，將嚴刑抬到了無與倫比的高度。

為證成自己嚴格執法具有儒家學說的充分根據，王志愔不僅如上述，

---

① "戒"後，《文苑英華》所引有"律"字（第3515頁）。

② 王肅注：《孔子家語》卷一《始誅第二》，文淵閣《四庫全書》第695冊，上海古籍出版社1987年版，第6頁。但《孔子家語》在這裡說的是"天下大惡者五"，而非《應正論》所引"王者之誅有五"。不知是王志愔別有所據還是自己的提煉。如果是後者，則說明作者有意識地將"誅殺"提到"王者"施政的高度，與下面所說"齊眾惟刑"為"百王"垂範，出自同樣動機。

③ 《禮記正義》卷一三《王制》，第412頁。

選擇性地引用了孔子①或《禮記》中動輒殺戮的嚴刑觀點，而且更進一步地說："然則乾象震曜，天道明威。齊眾惟刑，百王所以垂範；折人以法，三后於是成功。"這其中，先利用《易經》，講天道本身就是"明威"的，然後說百王的執政傳統是"齊眾惟刑"。按"齊眾惟刑"一語未知出自何處②，要之，認為"齊眾"的方法要用"刑"，也是極言"刑"在治理民眾中的重要作用，與一般儒家的看法不同。而且說這種以刑來"齊眾"的方法，是"百王所以垂範"的，因此唐朝皇帝自然也應該使用這種方法。接著，文章又說伯夷、禹、后稷之所以成功，也在於"折人以法"。查《尚書·呂刑》，原文是"乃命三后，恤功于民，伯夷降典，折民惟刑"③。王志愔可能因為上句已用了"齊眾惟刑"，因此改此句為"折人以法"④。根據《正義》的解釋，此處所謂伯夷"降典"是降禮典，然後才能用刑。王志愔不引"降典"一句，只引"折民惟刑"，是為了反覆說明儒家經典中對刑法的強調，並將其提至百王治政傳統、三后成功保證的高度。作者接著又引《易經》說明"嚴於其家，可移于國"的道理。總之是反覆徵引儒家經典來為自己的嚴刑思想尋找依據。

　　與此同時，王志愔也有選擇地引用了兩段法家議論。文章在本段開始徵引慎子的話"以力役法者，百姓也；以死守法者，有司也；以道變法者，君上也"⑤。原文本意是強調法應該隨著社會的發展變化而調整變化，即君上應當隨時而"變法"，但王志愔在這裡引用，強調的卻是"刑賞二柄"應當為君上所掌握，與慎到的本意頗有出入。文章引用的另一位類似法家的議論，是東漢崔寔的《政論》。按崔寔《政論》提倡以嚴治

---

① 按《孔子家語》雖然一般認為出自西漢的孔安國，但也有許多學者認為是三國時人王肅偽造。從近年出土的漢簡看，《孔子家語》出自漢代是完全有可能的。無論如何，唐人將其視為儒家著作，認為其中內容為孔子所說，是沒有問題的。
② 《周易正義》卷二《師》卦說"初六：師出以律，否臧凶"。注云："齊眾以律，失律則散。"（第51頁）後代有把此處的"律"解釋為刑罰的，明葉山《葉八白易傳》就將此釋為"設刑罰以齊眾"。如果果真沒有出處，很可能就是王志愔自造出來的，摻在前後經典語言之間，冒充經典依據以增強文章的說服力（當然這只是推測）。
③ 《尚書正義》卷一九《呂刑第二十九》，第540頁。
④ 其中改"民"為"人"是避唐太宗的諱。
⑤ 此語不見於今本《慎子》，《慎子集校集注》將其列入逸文（出自《藝文類聚》）。見許富宏《慎子集校集注》，中華書局2013年版，第78頁。

國，明確說要想"濟時拯世"，不必"體堯蹈舜"①，因為"自非上德，嚴之則理，寬之則亂"②，指出在衰亂之世，不能用德教，只能用刑罰，並說世間都以為漢文帝除肉刑是輕刑，其實"文帝乃重刑，非輕之也；以嚴致平，非以寬致平也"③。王志愔高度評價崔寔的這個思想，甚至可以說他的嚴刑思想其實主要的源頭就是崔寔的《政論》。不過為了掩飾其思想來源於法家，他並沒有直接引用《政論》中的話，而只是闡述大意。因為他知道，直接宣揚法家思想很可能被質疑，因此他必須率先打出儒釋道三教的旗幟。

這樣我們就看到，王志愔為了給自己的嚴刑行為尋找理論依據，並減少被質疑的可能，首先打出的是佛、道、儒三家理論。儘管所引前兩家的說法比較草率、粗糙甚至可能是曲解④，但給人感覺是三教都支持嚴格執法，這對於崇信佛教、道教的唐朝皇帝來說還是很有說服力的。然後作者在文章中不惜餘力地反覆徵引儒家經典，包括《易經》《禮記》《尚書》，以及《孔子家語》等，有選擇地引用其中有關嚴厲行刑，以及以刑、法來"齊眾""折民"的說法，不提禮教，不提寬政，以證成自己嚴刑思想和行為的合理性。只是在最後，才提到了其實是他思想真正源頭的《政論》。由於《政論》雖在後代被視為法家著作，畢竟與先秦法家的過激議論有一定距離，因此適度提及尚不致引起太多批評。從這裡也可看出王志愔的良苦用心。

無論如何，這種強調以三教理論來證明嚴刑思想的文章，或以儒家經典來提倡只有"惟刑"治民才能成功的論述，在唐代十分罕見。由此可知即使在普遍宣揚寬政的背景下（而且這也可能是我們看到經過選擇的史料之後的印象），也有主張嚴刑的思想潮流。這種思想潮流雖然實質上繼承了法家學說，但展示出來的卻是從儒家經典，甚至從佛、道著作

---

① 孫啟治：《政論校注・昌言校注》，中華書局 2015 年版，第 38 頁。按崔寔的《政論》歷來被列入法家著作，唐代亦然。《舊唐書》卷四七《經籍下》就將其列入法家類（第 2031 頁）。
② 《政論校注・昌言校注》，第 57 頁。
③ 同上書，第 71 頁。
④ 承蒙中國社會科學院世界宗教研究所魏道儒先生教示，此處所引"內律"涉及佛教一個典故，是講釋迦一族中人若不守戒律，必得報應，如來也不能救。這裡宣揚的是因果報應，與違反戒律而被誅殺無關。由此更說明了王志愔不惜曲解佛典來證成自己的嚴刑思想。

中尋找依據，具有十分鮮明的時代特點，值得學者重視。它使我們不至於為那些充斥的有關寬政的言論所迷惑，也可以解釋所謂嚴刑思想，乃至法家思想，在中國古代其實一直是有市場的。它是在寬政、慎刑潮流底下的一種實際執政的思想，是因為史家的刻意選擇而被我們忽略了的一種法律思想。

餘　　論

還有兩個問題需要注意。

第一，王志愔的嚴刑思想與武周時期盛行的酷吏思想關係不大。我們知道所謂酷吏，主張的是超出法律之外的濫刑、重刑，特別是"起告密之刑，制羅織之獄"①，而王志愔《應正論》要論證的則是嚴刑思想，強調的是"為國者以嚴致平，非以寬致平也。然則稱嚴者不必逾條越制，凝網重罰，在於施隱括以矯枉，用平典以禁非"。文章提倡"用平典"，反對"逾條越制，凝網重罰"，這就與酷吏的濫刑、重刑思想有了明顯差別。甚至可以說他是刻意要與酷吏及其思想拉開距離，以免受眾勾起對以往武周時酷吏的回憶。此外就時人的評價看，二者也有明顯不同：酷吏是被批判的對象，多被史家歸入《酷吏傳》，而王志愔則是被肯定、被讚揚的，《舊唐書》作者稱他及其他那些列入同傳的人為"骨鯁清廉之士，懷忠抱義之臣"②。整個唐代，嚴格執法的大臣還有不少，但留下論證嚴刑思想合乎經典、應予提倡的議論卻極少。這也就是《應正論》的價值所在。

第二，《應正論》在《舊唐書·王志愔傳》中被全文迻錄下來，而在《新唐書·王志愔傳》只截取了其中的幾段。這固然與《新唐書》"文省事增"的編輯思想有關，但也多少反映了宋人的關注重點。在《新唐書》本傳中，只引用了《應正論》的四段話：第一段解釋為何叫《應正論》，即"由己居下位而中正是託，期於上應之"；第二段強調"刑賞之柄，惟人主操之"；第三段引了"為國當以嚴致平，非以寬之致平"的話；第四

---

① 《舊唐書》卷一八六上《酷吏上》，第4836頁。
② 《舊唐書》卷一○○《史臣曰》，第3133頁。

段舉列說明天子也要守法①。雖然引用的基本是《應正論》中的原話，但強調了皇帝才有"刑賞之柄"，同時要求皇帝也要守法，反映了宋朝士大夫關注的重點。傳中刪去了以儒、釋、道經典來論證嚴刑的議論，一方面反映宋人可能看到了其中的粗糙，另一方面也反映出對這些經典特別是儒教經典的不同看法或忌諱。

《冊府元龜》在引用此事時，將其編入帝王《慎罰》和《誡勵》兩類，並且沒有援引《應正論》原文，將王志愔的宣導申辯轉化為帝王的勸誡慎罰，歪曲並抹殺了王志愔很重要的論證嚴刑合理的思想。

《舊唐書·王志愔傳》應該抄自唐朝國史。在傳後的"史臣曰"中有"贊"云："尚書亞台，京尹方伯。我朝重官，云誰稱職？"② 從"我朝"這一詞語表現看，出自唐朝國史無疑③。因此，《舊唐書》的作者在《王志愔傳》中不惜筆墨，完整抄錄了這篇《應正論》的全文，使其流傳下來，為後來的讀者看到，似乎也不是偶然的，可能反映了《舊唐書》作者或嚴格說是唐朝《國史》作者從思想和理論角度對"嚴刑"的肯定與提倡，反映的是唐代史學家的書寫選擇。要之，它反映了《舊唐書》（或唐朝《國史》）作者在所處時代的司法現狀和法律思潮的影響下，對這篇《應正論》的欣賞，具有十分明顯的目的性。在正史中逐錄了這樣一篇有關法律思想的長文，值得我們今後進行更進一步地深入探討。

---

① 歐陽修、宋祁：《新唐書》卷一二八《王志愔傳》，中華書局1975年版，第4463—4464頁。

② 《舊唐書》卷一〇〇《史臣曰·贊》，第3134頁。

③ 很可能出自柳芳撰寫的一百三十卷的《國史》，參見黃永年《唐史史料學》，上海書店出版社2002年版，第6、10—11頁。

唐代"法治"芻議

　　唐代是否存在"法治",似乎是個不容置疑的問題:連中國現代社會都還沒有達到法治,遑論唐朝?但是,唐代又確實存在著完善的、以律令格式為代表的法律體系,存在著嚴格的"依法行政"制度。對於這些現象,如何來分析和解釋呢?以下不揣簡陋,提出幾點不完善的意見,供學界批評。

一

　　所謂"法治",有一些不同的標準,比如法律地位的至高無上,比如全社會法律意識的普及,等等。但是最簡單的表述,其實就是人人守法,人人按法律辦事①。按照這個標準,唐代自然不是"法治"社會,因為皇帝可以不守法,法律對皇帝沒有任何制約,甚至皇帝就是法的代表、法的化身。

　　以唐太宗為例。唐太宗已經算是"好皇帝"了,比較守法。但與其他皇帝一樣,他知道他的意志就是法律,他的言語就是法律,他的行為不受任何束縛。這一點,他自己非常清楚。例如他在談到人主不可驕縱時說:"朕若欲肆情驕縱,但出敕云,有諫者斬,必知天下士庶無敢更發直言。"② 正是看到了這一點,所以唐太宗總的說來,發言還是比較慎重的。不過這也從反面告訴我們:皇帝發出的"敕",本身就是法律,具有

---

① 至於這"法"如何產生,是否良法,則是另一問題。
② 吳兢撰,謝保成集校:《貞觀政要集校》卷四,中華書局2003年版,第212頁。以下簡稱為《貞觀政要》。

不容置疑的法律効力。它是凌駕於國家的制定法或曰成文法之上的。

　　皇帝還可以超越現行法律（成文法）處理案件。僅從《貞觀政要》看，唐太宗在暴怒之下欲殺人或後悔殺人的，就有多次。例如："太宗有一駿馬，特愛之，恒於宮中養飼，無病而暴死。太宗怒養馬宮人，將殺之"①；"太宗嘗怒苑西面監穆裕，命於朝堂斬之"②；"刑部尚書張亮坐謀反下獄，詔令百官議之，多言亮當誅，惟殿中少監李道裕奏亮反形未具，明其無罪。太宗既盛怒，竟殺之"③；"太宗曰：'往者盧祖尚不肯受官，朕遂殺之……祖尚不受處分，雖失人臣之禮，朕即殺之，大是傷急。一死不可再生，悔無所及'"④；"張蘊古為大理丞。相州人李好德素有風疾，言涉妖妄，詔令鞫其獄。蘊古言：'好德癲病有徵，法不當坐。'太宗許將寬宥，蘊古密報其旨，仍引與博戲。持書侍御史權萬紀劾奏之，太宗大怒，令斬於東市，既而悔之"⑤；如此等等。皇帝的這種操生殺大權，凌駕法律之上的地位，使得犯罪者非常害怕自己的案件被皇帝過問。魏徵就曾指出："頃年犯者懼上聞，得付法司，以為多幸。"⑥ 這就是說，案件到了法司，可能還會依法審判，而一旦到了皇帝手中，由於皇帝"取捨在於愛憎，輕重由乎喜怒"⑦，很可能被加重處罰，甚至丟了性命，因此罪犯寧肯由法司處理。

　　皇帝凌駕法律之上，換言之，法律對皇帝沒有任何束縛作用。僅此一點，就不能說唐朝是"法治"國家，或唐朝實行了"法治"。

　　不過對一把手的法律制約，即使當代也無法完全做到。如果只看這一點，從而得出結論說唐朝沒有"法治"，也不完全符合實際。事實上，除了皇帝不受法律制約外，其他臣民一概要遵守法律，依法行事，違法要受到處罰。從這個意義上，也可以說唐朝是除皇帝外，在相當程度上實行了"法治"的朝代。當然這裡還有個前提，即這個"法治"中的

---

① 《貞觀政要》卷二，第 99 頁。
② 同上書，第 111 頁。
③ 《貞觀政要》卷五，第 287 頁。
④ 《貞觀政要》卷六，第 351 頁。
⑤ 《貞觀政要》卷八，第 431 頁。
⑥ 《貞觀政要》卷五，第 295 頁。
⑦ 同上。

"法"具有那個時代的特殊性。

二

所謂當時的"法"的時代性，我們起碼能指出以下兩點。

第一，唐朝的法，具有明顯的等級性，這從《唐律疏議》規定的"八議"，即議親、議故、議賢、議能、議功、議貴、議勤、議賓[①]等能很清楚地看出來。有學者歸納唐律的真髓時說："唐律的等級制，以確立唐代社會的等級結構為基礎，主要原則可以概括為三條，即嚴別君臣，優崇官貴，異罰良賤。"[②] 在法律面前，君和臣不同、官和民不同，良和賤不同。這與現代法律觀念的"法律面前人人平等"顯然差距甚大。但是，當時社會就是這樣一個等級社會，法律不過是反映了這種社會的現實而已。要求唐朝人制定一個法律面前人人平等的法律是不可能的。同時要強調的是，"唐律中的等級特權原則與現代刑法相比，唐律中的等級特權原則確是'不平等'，但卻並不'超越法律'，因為唐律中不平等的特權是公開明白地規定在法律上，精確地說是'依法實行不平等'的等級特權原則"[③]。我們今天談唐朝的"依法"治國，就要明確當時所依的"法"是一部"不平等"的法。但它又確實是"法"，除皇帝外，一般臣民不能超越這樣的法律。

第二，唐朝的法，除"律"外，還有令、格、式。唐朝是律令格式體系發展的最完善最成熟的時期。大量行政法規、民事規定都體現在令格式中。因此我們講唐朝人的"依法"治國或"依法行政"，就不僅指依律，而且更重要更普遍的是指依令、依式。這與西方法律體系有很大不同，甚至與唐宋以後的法律體系也有區別。這可能也是唐朝的一個特殊的地方。

簡單地說，雖然唐朝的法律是個不平等的法律，但除皇帝外，理論上所有臣民都要依此法律辦事，特別是在官員行政和社會生活的主要方

[①] 《唐律疏議》卷一，中華書局1983年版，第16—18頁。
[②] 劉俊文：《唐律疏議箋解》，中華書局1996年版，第36頁。
[③] 錢大群：《唐律研究》，法律出版社2000年版，第84頁。

面，依令、依式，乃至依格行為是必須遵守的。我們講唐朝的"法治"或"依法治國"，第一要承認皇帝在此之外，即皇帝往往是破壞法治的魁首；第二要明白這裡"依法"的"法"具有唐朝的特殊性。

三

有了以上前提，我們再來談唐朝的"法治"，我想可以指出以下幾個主要方面。

（一）

首先是皇帝重視，特別是唐朝前期。雖然唐初奉行的是"德禮為政教之本，刑罰為政教之用"[①]的原則，但"德禮"不過是務虛，真正要處理事務，還是要依靠法律。唐太宗就很注意要"依法"處理政務，曾經自責地說"朕比來臨朝斷決，亦有乖於律令者"[②]。一旦對制度有所改動，馬上想到的是這一改動要體現在法律上。例如他認為"三師"作為皇帝老師，地位十分重要而唐初沒有設立，因此在講了許多置師傅的道理後說："可即著令，置三師之位。"[③] 因為他知道，只有形成法律，才能使制度長久，才能使後世依此法律執行。他甚至說出了"法者，非朕一人之法，乃天下之法"[④]這樣宣示遵守法律的語言。

另一位重視法律治國作用的是武則天。她在當皇太后掌握實權的文明元年（684年，6年後她當了皇帝）說"律令格式，為政之本"[⑤]，第一次明確提出法律是施政的根本，與前面所引唐初的"德禮為政教之本，刑罰為政教之用"就有所不同。後來她還作了詳細解釋："近見所司進律令格式，一一自觀。至於經國成務之規，訓俗懲違之范，萬目咸舉，一事無遺。但能奉以周旋，守而勿失，自可懸諸日月，播之黎庶，何事不理?! 何化不成?!"[⑥] 武則天認為"律令格式"已經規範了從政務到習俗

[①] 《唐律疏議》卷一，第3頁。
[②] 《貞觀政要》卷一，第35頁。
[③] 《貞觀政要》卷四，第201頁。
[④] 《貞觀政要》卷五，第280頁。
[⑤] 《唐會要》卷三九《定格令》，中華書局1955年版，第705頁。
[⑥] 《唐大詔令集》卷八二《頒行律令格式制》，商務印書館1959年版，第472—473頁。

的方方面面，只要遵從這些法律，以此治國，就能達到天下大治。

中國古代社會，皇帝擁有至高無上的地位。皇帝重視法律作用，提倡遵守法律，是"法治"能否實施的重要保證。唐朝前期，幾乎每位皇帝即位，首先就要修定法律，連續出現了武德律令、貞觀律令、永徽律令、開元律令①等一系列成熟律令格式，以及垂拱格、神龍格、太極格等補充法律。這樣高頻度地修定法典，是唐前期諸事依法辦理的法律基礎。

（二）

與皇帝重視法律，提倡"法律為施政之本"相適應，是百官的依法行政。這種依法行政表現在以下幾個方面。

第一，法官審判依據的是法律條文，即依法審判。《唐律疏議》明確規定："諸斷罪皆須具引律、令、格、式正文，違者笞三十。"② 從實踐看，這一點基本是做到了③，以致"比來有司斷獄，多據律文，雖情有可矜而不敢違法"④。所以一個案件，如果到了皇帝那裡，不能保證依法斷罪，但如果只是在法司審判，一般情況下是會依法處置的。唐太宗時的大理少卿戴胄曾就一個案件的處理與太宗爭辯。太宗力主處死，戴胄則"據法斷流"。爭論幾個回合後，戴胄對太宗說："陛下當即殺之，非臣所及，既付所司，臣不敢虧法。"⑤ 武周時張易之誣告崔真慎與魏元忠同謀，武則天讓監察御史馬懷素按鞫，想讓馬構成其罪，但馬執正不受命。"則天怒，召懷素親加詰問，懷素奏曰：'……陛下當生殺之柄，欲加之罪，取決聖衷可矣。若付臣推鞫，臣敢不守陛下之法？'則天意解。"⑥ 唐玄宗時武強縣令裴景仙乞取贓五千匹，玄宗要殺他，大理卿李朝隱認為若是枉法贓，十五匹就該死，而乞取贓，數千匹也只是流刑。玄宗仍不同意。李朝隱又說："有斷自天，處之極法。生殺之柄，人主合專；輕重有條，臣下當守……若今乞取得罪，便處斬刑，後有枉法當科，欲加何辟？所

---

① 武周應該也修定過律令，但史籍隱諱不言。
② 《唐律疏議》卷三〇《斷獄》，第561頁。
③ 酷吏時代另當別論。但即使是酷吏，也不過是誣陷百官謀反等，到斷獄階段，仍然要依法判決。
④ 《貞觀政要》卷八，第438頁。
⑤ 《貞觀政要》卷五，第281頁。
⑥ 《舊唐書》卷一〇二《馬懷素傳》，中華書局1975年版，第3163—3164頁。

以為國惜法，期守律文。"① 這就是說，一個案件，如果皇帝插手，法司不能阻攔（實際也可反對但比較困難），而如果走正常法律程式，交由法司處理，則應該"據法"處置，遵守"律文"。

第二，國家機構的制度規定在法律中，是依法設置。唐朝的政府組織，包括機構隸屬、人員多少、品級大小、職掌職務，都明確規定在法律中。《開元令》的前幾篇令文為"一曰《官品》，二曰《三師三公台省職員》，三曰《寺監職員》，四曰《衛府職員》，五曰《東宮王府職員》，六曰《州縣鎮戍岳瀆關津職員》，七曰《內外命婦職員》"②。《開元令》共有27篇，其中占四分之一的是政府機構與人員設置，可見法律中政府組織制度所占的比重。不僅如此，政府組織的變動，也都要反映到法律中。上面舉出的唐太宗設置"三師"並要求"著於令"就是一例。因此我們看到，到《開元令》中，"三師"已經赫然規定在法律中了。高宗時候有兩次改變官府和官員的名號，改變之後，兩次都必須修入法律，這就是龍朔二年（662）與儀鳳二年（677）兩次修定法律的原因。由此可知，唐朝的政府機構，無論設置還是變動，都必須入法，即必須體現在法典之中。

第三，百官處理政務要遵守法律，是依法行政。唐《獄官令》規定："諸司斷事，悉依律令格式正文。"③ 這就是說，百司處理事務，也都要依據法律正文。舉個例子。唐代公文的收發、處理，是有程限的。《公式令》規定："諸內外百司所受之事，皆印其發日，為之程限，一日受，二日報。其事速及送囚徒，隨至即付。小事五日程（謂不須檢覆者），中事十日程（謂須檢覆前案及有所勘問者），大事二十日程（謂計算大簿帳及須諮詢者），獄案三十日程（謂徒已上辨定須斷結者）。"④ 我們看看實際執行情況。出土的吐魯番文書中有一件是處理安西鎮士兵孟懷福因患病在柳中安置，病好後要回本貫，申請行糧的事情。由倉曹發文"關"戶

---

① 《唐會要》卷四〇《臣下守法》，第724頁。
② 《唐六典》卷六《尚書刑部》，中華書局1992年版，第183頁。
③ 此為復原唐令。參見天一閣博物館、中國社會科學院歷史研究所天聖令整理課題組《天一閣藏明抄本天聖令校證（附唐令復原研究）》，中華書局2006年版，第647頁。
④ ［日］仁井田陞原著，栗勁、霍存福等編譯：《唐令拾遺》，長春出版社1989年版，第527頁。

曹。文是開元廿一年正月廿一日發的，廿二日錄事"受"，同日"付"戶曹參軍。符合"一日受，二日報"。戶曹參軍梁元璟廿三日判曰"檢案"並"責問"，孟懷福回答了責問，① 廿五日西州都督府都督王斛斯判曰："既有保人，即非罪過，依判。"廿九日戶曹參軍將處理結果（"准給去，依勘過"）留檔，並注明"正月廿二日受，廿九日行判"②。這一事務因為需要"檢案"和"勘問"，屬於"中事"，法律規定了十日的處理程限。實際處理從"廿二日受"到"廿九日行判"，沒有超過程限。說明當時雖遠在新疆地區，公務處理仍然是"依法"進行。

　　百官在執政過程中，要時時關注並遵守法律規定，對不符合法律規定的事，要依法拒絕。例如"折衝楊師，身年七十，准令合致仕"③，是說要依法退休。又如"有公主之子，請補弘文、崇文館諸生，（許）孟容舉令式不許。主訴於上，命中使問狀。孟容執奏竟得"④。許孟容時為禮部員外郎。雖然此事公主試圖通過皇帝插手達到目的，無奈許孟容堅持依法辦事，以"令式"沒有規定為由，拒絕了公主的法外行事。此外，只要法律沒有規定，百官就可以自由行事。文宗太和七年（833）"御史台奏：均王傅王堪男禛，國忌日於私第科決罰人。詔曰：'准令，國忌日禁飲酒、舉樂。決罰人吏，都無明文。起今後從有此類，不須舉奏。王禛宜釋放。'"⑤ 這就是說，只要"令"中沒有規定，就可以去做。這也從反面告訴我們，百官行事，是必須遵守"令式"即法律規定的。又，宣宗大中四年（850）有詔書說："諸州府及縣官到任已後，多請遠假，或稱周親疾病，或言將赴婚姻。令式既有假名，長吏難為止遏。"⑥ 這就是說，即使到了晚唐，官員仍然可以依據《假寧令》等令式中對婚嫁、疾病給假的規定請假，而長官則無可奈何。可知"依法"辦事執行得甚為徹底。

---

　　① 這以後的處理環節因文書有闕文而不明。
　　② 《吐魯番出土文書》第9冊，文物出版社1990年版，第52—55頁。
　　③ 劉俊文：《敦煌吐魯番唐代法制文書考釋》引《文明判集殘卷》，中華書局1989年版，第448頁。
　　④ 《舊唐書》卷一五四《許孟容傳》，中華書局1975年版，第4100頁。
　　⑤ 《舊唐書》卷一七下《文宗本紀下》，第548頁。
　　⑥ 《冊府元龜》卷五〇八《邦計部·俸祿》，中華書局1960年版，第6095頁。

"令式"在行政事務中作用如此之大,以至宰相牛仙客當政時,"百司有所諮決,仙客曰:'但依令式可也。'"① 依照令式辦事,就是依法行政。唐朝百官處理政務都要依據"令式",是唐代"法治"即"依法治國"的很重要的特色。

(三)

在社會生活的主要方面,無論百官還是庶民,也都要遵守法律規定,雖然這規定體現著鮮明的等級性。比如衣生活方面:冠服規定在《衣服令》中,而常服則規定在《禮部式》裡。《唐律疏議》引《禮部式》說"五品以上服紫,六品以下服朱",並說"違式文而著服色者,笞四十"②。行生活方面:《儀制令》規定"三品已上遇親王于路,不合下馬";"四品已下遇正一品、東宮四品已下遇三師、諸司郎中遇丞相,皆下馬";"諸行路巷街,賤避貴,少避老,輕避重,去避來"③;等等。住生活方面:《營繕令》規定"諸王公已下,舍屋不得施重栱藻井。三品已上,堂舍不得過五間九架……五品已上,堂舍不得過五間七架……六品已下及庶人,堂舍不得過三間五架……其士庶公私第宅,皆不得造樓閣,臨視人家"④。其他如喪葬方面,《喪葬令》規定有"五品以上聽立碑,七品以上立碣。塋域之內,亦有石獸"⑤;"去京城七里外,不得葬埋"⑥,如此等等,不勝枚舉。

這些在社會生活的主要方面都有種種規定的"令式",制約著臣民的日常生活。臣民們必須依法按等級規定地去穿衣、住宿、行走、婚嫁,不能違反。如果違反,就要受到刑事處分。我們從當時的詔敕中,也能看到不許違反令式即不得違反法律規定而生活的話語。例如唐太宗貞觀十一年(637)曾下詔說:"自今已後,送葬之具有不依令式者,仰州府縣官明加檢察,隨狀科罪。"⑦ 唐高宗咸亨五年(674)下敕曰:"如聞在

---

① 《舊唐書》卷一〇三《牛仙客傳》,第3196頁。
② 《唐律疏議》卷二七,第522頁。
③ 《唐令拾遺》,第425、443頁。
④ 同上書,第737頁。
⑤ 《唐律疏議》卷二七,第517頁。
⑥ 《天一閣藏明抄本天聖令校證》,第359頁。
⑦ 《貞觀政要》卷八,第453頁。

外官人百姓,有不依令式……自今以後,衣服上下,各依品秩,上得通下,下不得僭上。仍令有司嚴加禁斷。"① 從這裡提到的"不依令式"看,正常情況應該是"依令式"的。對那些不依令式的行為,必須嚴加懲處。從中可以看出,無論官人也好,百姓也好,都必須"依令式"生活。這種全民必須"依令式"生活,是當時"依法治國"或曰"法治"的重要體現。

四

通過以上分析,可以得出如下簡短結論:

唐朝由於皇帝凌駕于法律之上,不能說是實行了"法治"。但是,只要皇帝尊重法律,不過多干涉法律實施,知道自己的詔敕與經法典編纂程序後成為"永以為式"的正式法律有所不同,甚至清楚知道"律令格式,為政之本"的話,在此前提下,我們可以說唐朝還是一定程度上實行了"法治"或者說實行了"依法治國"的。若沒有法治沒有規矩,這麼大的國家怎麼可能治理,行政怎麼可能有效運行?

當然,無論是"法治"的"法",還是"依法治國"中的"法",都是體現著種種不平等的具有等級性的"法"。但是,它卻又是將不平等公開寫進法律的"法"。在當時社會,所謂"法治"所謂"依法治國"只能依據這樣的"法"。此外,這種"法"不僅是律,更重要的是還有令、格、式。這種以律令格式組成的法律體系,是唐朝"法"的很重要的特色。說唐朝人"依法"云云,主要就是指他們依據著"律令格式"而非僅僅依律來行為。

這種一定程度的"法治"體現在幾個方面:首先是一些皇帝提倡法治,有著"法是天下人的法"的概念,甚至將法律看作施政的根本。皇帝的這種法律意識是實施法治的基本保證。第二是百官必須依法行政。這其中的"法"主要是體現著行政法或政府組織法等"令式"。第三是百官和庶民在社會生活的主要方面,都必須嚴格依據法律。依法穿衣、依法住房、依法行路、依法婚喪,等等,如果不依法,要受到刑事處分。

---

① 《唐會要》卷三一《章服品第》,第569頁。

這裡的"法"主要也是"令式"。由此也可知當時所謂"法治"所謂"依法治國",不能不包括"令式"的種種規定。所以武則天才說法律的規定是"萬目咸舉,一事無遺"。法律已經滲透到行政與生活的各個層面,依法也已經達到了這些層面。

當然,唐朝的"法"中滲透了"禮"的精神。但那是"法"的問題,與"依法"與否沒有關係。還有,雖然我們說唐朝的"法治",說當時人必須依法行事,自然那時也存在有法不依和執法不嚴的問題,這一問題有時還表現得非常嚴重。這一點,也是不容置疑的。

第三編　《天聖令》編

《天聖令》所附唐令中有關社會生活的新資料

北宋《天聖令》殘本自從2006年全文公佈後，學者從各個方面對它進行了研究。對於社會生活史的研究者來說，首先要把握的是：這些令文為我們提供了哪些新的信息呢？這就是本文所要回答的問題。在具體行文之前，先要交待以下幾個問題：

第一，本文引用的《天聖令》除特別標明者外，均見於《天一閣藏明抄本天聖令校證》一書（以下簡稱為《校證》）[①]中著錄的"清本"。

第二，本文只整理歸納《天聖令》所附唐令（即所附"不行之令"）中的資料。這是因為所附唐令基本上可以說是唐令原文，資料比較原始。至於《天聖令》中的宋令部分，雖然大部分也可復原為唐令，但終究不是唐令原文，文字常有可商榷處。

第三，更重要的是，本文著重令文中的"新"資料，即基本不見於以往各種史籍的資料，因此將其設定在唐令範圍內比較容易把握。而在宋令部分，復原的唐令若是根據存世史籍復原，則已不是新資料；若僅據日本令復原，文字部分又有不確定處。因此關於《天聖令》宋令部分的新資料，我們將在對唐令復原工作做得更扎實之後，再予以整理和歸納。

第四，所謂社會生活，雖然只指政治生活、經濟生活之外的生活，其實範圍依然很廣，因此必須有所限定：本文的"社會生活"主要指衣食住行及婚喪生活。另外要說明的是，《天聖令》所附唐令中直接規範這

[①] 天一閣博物館、中國社會科學院歷史研究所天聖令整理課題組：《天一閣藏明鈔本天聖令校證（附唐令復原研究）》，中華書局2006年版。

些生活的條文很少，為引起研究者注意，我們會將範圍稍稍擴大，指出一些間接涉及這些生活的令文。

第五，以下歸納整理的體例為：首先按照自《田令》至《雜令》的順序列出令文，然後在每條令文下略加按語。

一　衣生活

與衣生活相關的令文不多。大約有以下幾條。

1.《倉庫令》唐22條：諸給時服，稱一具者，春秋給夾袍一領，絹汗衫一領，頭巾一枚，白練夾袴一腰，絹褌一腰，韈一量並氈。（其皮以麂鹿牛羊等充，下文准此。）夏則布衫一領，絹汗衫一領，頭巾一枚，絹袴一腰，絹褌一腰，韈一量。冬則複袍一領，白練襖子一領，頭巾一枚，白練複袴一腰，絹褌一腰，韈一量。其稱時服一副者，除襖子、汗衫、褌、頭巾、韈，餘同上。冬服衣袍，加綿一十兩，襖子八兩，袴六兩。其財帛精麤，並依別式。即官人外使經時，應給時服者，所須財帛，若當處無，以鄉土所出者充，給訖申省。

按：此條文字多數已見於《唐六典》卷三《金部郎中》條[1]，但後者比令文簡略[2]，有些文字還是令文獨有的。比如"夾袍"就不見於《唐六典》。還有"靴"的材料，令文明確規定用"麂鹿牛羊"之皮，這也是全新的資料。因此我們可知唐人的靴子主要有麂皮靴、鹿皮靴、牛皮靴和羊皮靴。其等級大約也是麂皮高於鹿皮，鹿皮高於牛皮，牛皮高於羊皮。《唐六典》卷六《都官郎中》條記給官奴婢的衣服，就只給"牛皮靴"[3]。還有，無論時服中的春秋服，還是夏服、冬服，都發給靴子而不是鞋子，可見唐人中的官員，在一般情況下都是穿靴子的。

由於令文規定得十分詳細，以致我們可以知道出使官員的標準服飾及其顏色：

---

[1]《唐六典》，中華書局1992年版，第82頁。

[2] 李錦繡：《唐開元二十五年〈倉庫令〉研究》在研究《唐六典》卷三《金部郎中》條構成時，分別引用了《唐六典》的文字和《天聖倉庫令》此條文字，並指出"《六典》文字有省略"（《唐研究》十二卷，北京大學出版社2006年版，第13頁）。

[3]《唐六典》卷六，第193頁。

春秋服：上身內穿絹汗衫，外穿夾袍（袍色當依官品而有所不同）。"汗衫"是貼身穿的，應無疑問。下身內穿絹內褲，外穿白練夾褲。夾褲是白的，體現了官服的樸素，但因穿在夾袍內，露出的不多，所以對視覺並不造成衝擊。頭上戴頭巾（即襆頭）。腳穿靴並墊有氈墊。

夏服：上身內穿絹汗衫，外穿布衫。可見同是"衫"，汗衫與衫是不同的。又可知凡言"衫"者雖形式上同"袍"，但為夏天所穿，故不稱"袍"；凡言"袍"者，即指春秋穿的"夾袍"或下面要提到的冬天穿的"複袍"。下身內穿絹內褲，外穿絹褲。春秋的"夾褲"用"練"而夏服的"褲"用"絹"，可能因為"絹"要涼快一些吧。頭上仍戴頭巾，腳上也穿靴但不墊氈墊了。

冬服：上身內穿裝有8兩絲棉的白練襖子，外穿裝有10兩絲棉的複袍。襖子之內還穿汗衫嗎？令文沒有說，估計還是要穿的。但襖子一定是穿在複袍之內，否則單穿一件白色襖子，不像官員模樣。綿襖外面再加綿袍，禦寒應該足夠了。下身內穿絹內褲，外穿裝有6兩絲棉的白練複褲。頭上戴頭巾，腳上穿靴。令文沒有說到氈墊，應該是遺漏了。

唐代官服（常服）的種類主要就是這些。其他男子服飾也與此類似，區別只在於材料和顏色。比如士兵春衣或冬衣中的袍、衫、襖、褲，用的材料比官服低檔，一般是貲布或絁布，顏色則除襖、褲穿在裡面因而有白有黃外，袍、衫多是黑色[①]。

此條令文又說，官員出使開始沒有給時服者，如果出使時間長了，就要補給，但如果出使的當地沒有與令文規定相同的衣料如絹、練等，可"以鄉土所出者充"，即可以因地取材。這說明給官員時服時，給的是衣料而不是成衣。過去我曾在《S.964v號文書與唐代兵士的春冬衣》一文中說發放春冬衣"是只發給布匹，由當地州縣負責組織加工製作"[②]。本條令文證明了這一點。

我們還有個旁證。從《天聖雜令》復原為唐雜令的第32條云："諸官人緣使，及諸色行人請賜訖停行者，並卻徵。已發五百里外者，徵半；

[①] 參見黃正建《S.964v號文書與唐代兵士的春冬衣》，載《英國收藏敦煌漢藏文獻研究》，中國社會科學出版社2000年版，第237—251頁。

[②] 同上書，第238頁。

一千里外者，停徵。已造衣裳，聽兼納。"① 令文說得很清楚：出使者的賜物實是絹布類。不派遣了，要將絹布交回。即使已經做成衣裳，也要將衣裳和剩餘絹布一併交回。由此可證，給出使官員發放春冬服（即時服），一般來說，是按"一具"或"一副"的標準發放絹布料（其尺寸當在《式》中規定），拿到絹布料後，再根據自己的體型和官品，找人製成成衣。

　　2. 《關市令》唐 6 條：諸錦、綾、羅、縠、繡、織成、紬、絲絹、絲布、氂牛尾、真珠、金、銀、鐵，並不得與諸蕃互市及將入蕃，（綾？不在禁限。）所禁之物，亦不得將度西邊、北邊諸關及至緣邊諸州興易，其錦、繡、織成，亦不得將過嶺外。金銀不得將過越巂道。如有緣身衣服，不在禁例。其西邊、北邊諸關外戶口須作衣服者，申牒官司，計其口數斟量，聽於內地市取，仍牒關勘過。

　　按：此條前半段，即"不得將度西邊、北邊諸關及至緣邊諸州興易"之前部分，《唐令拾遺》據《唐律疏議》和《唐會要》復原為唐關市令第四條（文字稍有不同）②，而後半部分則為新資料。從令文的後半看，雖然禁止將高級絲織品帶到關外，但若做成衣服則不受限制，可以帶出。不僅如此，如果關外百姓要做衣服，在履行了一定手續後，可以進關買絲綢布料，並在關卡核實後帶出。這就是說，本條令文要禁止的只是與諸蕃、緣邊諸州、西北北邊關外，以及嶺外的絲織品交易，但不禁止非盈利的、用於日常衣服消費的小筆買賣（但要履行手續），也允許旅行者攜帶隨身的絲綢衣物。

　　如果令文被嚴格遵守，那麼"絲綢之路"上的那些長途販運絲綢並進行買賣的行為又當如何解釋呢？

　　另外從令文我們也可看到，當時買布（甚或從關外到內地去買）做衣服（而非自家織布）的現象還是很多的。這可說是衣生活中市場因素增加的一個表現吧。市場因素的另一表現是成衣的買賣。這在城市更為突出。比如長安西市就有"衣肆"。曾有任氏"以衣服故弊，乞衣於

---

① 《校證》，第 740 頁。
② ［日］仁井田陞原著，栗勁、霍存福等編譯：《唐令拾遺》，長春出版社 1989 年版，第 643 頁。

(韋)崟。崟將買全綵與之，任氏不欲，曰：願得成制者。崟召市人張大為買之，使見任氏，問所欲……竟買衣之成者，而不自紉縫也"①。當然這是題外的話，與本文要談的令文沒有直接關係。

3.《營繕令》唐2條：諸營造雜作，應須女功者，皆令諸司戶婢等造。其應供奉之物，即送掖庭局供。若作多，及軍國所用，量請不濟者，奏聽處分。其太常祭服、羽葆、伎衣及雜女功作，並令音聲家營作，綵帛調度，令太常受領，付作家。

按：此條令文不見於其他史籍。從令文可知，當時朝廷消費所需女功，由這樣幾種人完成：一是諸司戶婢，負責制作諸司所需女功。二是掖庭局屬下的宮人犯婦等②，負責製做供奉之物。三是太常寺屬下的音聲家，負責制作太常寺所需女功。四是若軍國所需量大，則由朝廷臨時處分③。

在這些女功中，許多就與衣服相關。唐代常有宮女縫製軍衣，邊境兵士"于短袍中得詩"④的傳說就是一個旁證。此外如太常寺的"祭服"明顯是祭祀時所用服飾，"伎衣"則是十部伎所服衣物。"羽葆"雖非衣服⑤但也屬裝飾。制做這些服飾的是"音聲家"。我們知道，太常寺有"音聲人"，地位與雜戶相同⑥。從本條令文我們又知道了：這些音聲人是以"家"為單位在太常寺服務的，在正式的令文中被稱為"音聲家"。這是我們從此條令文中得到的新知識。

但是這裡也有個問題：按唐前期的制度（見於《唐六典》）設計，宮內有"尚衣局""供天子衣服，詳其制度，辨其名數，而供其進御"⑦；

---

① 《太平廣記》卷四五二《任氏》，中華書局1981年版，第3696頁。任氏雖是狐仙，但反映的社會背景應該是真實的。

② 《天聖雜令》唐18條記："諸犯罪配沒……其婦人，與內侍省相知，簡能縫作巧者，配掖庭局。"見《校證》第433頁。

③ 這種處分，若參照日本養老《營繕令》"須女工條"，就是"役京內婦女"（《令義解》卷六，吉川弘文館1985年版，第223頁），即讓京城內的婦女承擔。

④ 《唐詩紀事》卷七八"開元宮人"條，上海古籍出版社1987年版，第1120頁。

⑤ "孔穎達曰：羽葆者，以鳥羽注於柄頭如蓋，謂之羽葆，謂蓋也。"見《資治通鑒》卷四三，漢廣武帝建武十三年三月條胡注，中華書局1976年版，第1382頁。

⑥ 《唐律疏議》卷三，中華書局1983年版，第74頁。

⑦ 《唐六典》卷一一《尚衣局》，第326頁。

朝廷有"織染署""供天子、皇太子及群臣之冠冕,辨其制度,而供其職務"①。特別是織染署,有織紝之作十、組綬之作五、紬線之作四、練染之作六,是很龐大的作坊。那麼,這些制度和本條令文所規定的制度不是有重複或有矛盾嗎?對這種矛盾應該如何解釋呢?,我想也許有兩種可能:第一,尚衣局或織染署只制做供皇帝、皇太子,以及百官的服飾,其他服飾如"伎衣"等就由各司的婦女承擔了。第二,尚衣局或織染署只是從制度上把握和管理,具體的制作者則為諸司戶婢、掖庭局犯婦、音聲家等。如果後一種推測成立,則可知在唐代宮廷內或作坊內,從事具體縫製衣物工作的都是賤民。只有所需量甚大時,才會役使其他良民婦女。

4.《營繕令》唐3條:諸州鎮戍有旗旛須染者,當處斟量役防人,隨地上所有草木堪用者收染。

按:此條令文也是新資料。前引《唐六典》卷二二《少府監》織染署條,記其屬有練染之作六,並說"凡染大抵以草木而成,有以花、葉,有以莖、實,有以根、皮,出有方土,採以時月"②。這是講中央機構染布料的方法。看來在地方上也相同,即利用當地的"草木堪用者收染"。比起礦物質顏料,或許用植物染色是唐代更為流行的染色方法。

二　食生活

關於食生活的令文也很少。主要是涉及糧食品種,以及一些對官吏、學生、防人、官戶、奴婢等給食的規定。新資料大致有以下幾條:

1.《倉庫令》唐1條:諸倉窖貯積者,粟支九年;米及雜種支五年。下濕處,粟支五年;米及雜種支三年。貯經三年以上,一斛聽耗一升;五年以上,二升。其下濕處,稻穀及粳米各聽加耗一倍。此外不得計年除耗。若下濕處,稻穀不可久貯者,折納大米及糙米。其折糙米者,計稻穀三斛,折納糙米一斛四斗。

按:此條前半("其下濕處"之前),《唐令拾遺》據《唐六典》卷

---

① 《唐六典》卷二二《織染署》,第575頁。
② 同上書,第576頁。

一九《太倉署令》條復原為倉庫令第六條（文字則簡略許多）；最後一句（"其折糙米者"以下），《唐令拾遺》據《夏候陽算經》復原為倉庫令第三條[①]。中間部分則是新資料。從此條令文看，涉及穀物品種的詞彙有：粟、米、雜種、稻穀、粳米、大米、糙米數種。它們之間是什麼關係呢？由於稻穀屬於"雜種"（詳下），因此是否可以這樣認為：穀物品種只有粟和雜種兩類。米屬於粟；稻穀（包括大米、粳米、糙米）屬於雜種。

2. 《倉庫令》唐2條：諸輸米粟二斛，課槀一圍；（圍長三尺。凡圍皆准此。）三斛，橛一枚。米二十斛，籧篨一番；粟四十斛，苫一番。（長八尺，廣五尺大小。）麥二斛，槀一圍；三斛，橛一枚；二十斛，籧篨一番；七十斛，䵚一斛。麥飯二十斛，籧篨一番。並充倉窖所用，即令輸人營備。不得令官人親識判窖。修營窖草，皆取乾者，然後縛稈。（大者徑一尺四寸，小者徑四寸。）其邊遠無槀之處，任取雜草堪久貯者充之。若隨便出給，不入倉窖者，勿課倉窖調度。

按：此條中"米二十斛，籧篨一番"一句，為《唐令拾遺補》據《太平御覽》卷七六六《雜物部》復原為《倉庫令》補一條（文字略有不同）[②]，其他為新資料。從此條令文可知，除上一條提到的穀物品種外，又多了麥、䵚、麥飯。這裡有兩個問題：第一，為何在規定課槀、籧篨等倉窖用物時，要以粟、麥為標準，而不以粟、稻為標準？這與上一條強調稻穀的行文明顯不同。第二，麥飯到底是什麼？為何與穀物相提並論？

3. 《倉庫令》第4條：諸倉出給，雜種准粟者，稻穀、糯穀一斗五升、大麥一斗二升、蕎麥一斗四升、小豆九升、胡麻八升，各當粟一斗。黍谷、糜谷、秫谷、麥飯、小麥、青稞麥、大豆、麻子一斗，各當粟一斗。給末鹽一升六合，當顆鹽一升。

按：關於此條令文，《唐令拾遺補》據《通典》復原了一句，即"諸出給雜種准粟者，稻穀一斗五升當粟一斗"[③]，比本令條少了許多內

[①] 《唐令拾遺補》據《通典》將這句與他句合併，追加為三乙條，反而有誤。參見《唐令拾遺補》，東京大學出版會1997年版，第784頁。

[②] 《唐令拾遺補》，第784頁。

[③] 其下接《天聖倉庫令》唐1條末句，誤。見《唐令拾遺補》，第784頁。

容。除此之外都是新資料。由這些文字可知，唐代糧食或經濟作物的主要品種有粟、稻穀、糯谷、黍谷、穈谷、秋穀、大麥、蕎麥、小麥、青稞麥、麥飯；其他有小豆、胡麻、大豆、麻子。又可知：第一，粟是唐代糧食的標準物，凡俸祿、賞賜、給食均以粟為准，所以要規定其他品種與粟的換算①。第二，這些作物只分為"粟"和"雜種"兩類。凡非粟者均可視為雜種。第三，令文不提"米"，可見"米"是泛稱，實際包含不同種類，比如有粟米、稻米（又分大米、糙米、粳米）等。如果不特別指出，"米"一般就指粟米了。第四，令文仍然提到了"麥飯"，且仍然與其他作物並列。這就要求我們對"麥飯"作一點小的考證。

按"麥飯"，唐人顏師古為《急就篇》"餅餌麥飯甘豆羹"作注，釋為"麥飯，磨麥合皮而炊之也……麥飯豆羹皆野人農夫之食耳"②。據此，麥飯有兩個特徵，第一，它是將麥連皮一起磨碎，但不是磨為面。第二，因此它很粗糙難吃，是窮人的飯食。下面我們看其他史籍的記載，特別關注它是否是熟食。

首先，麥飯確實不好吃。唐高祖武德七年（624）太子建成欲起兵圖李世民，事泄，建成"詣上謝罪"，高祖將建成"置之幕下，飼以麥飯"③，可證麥飯不好吃。其次，麥飯是熟食嗎？據上條資料，似是熟食，但還有為生食的確切記載。武則天臨朝稱制，徐敬業反，其謀士魏思溫對徐說："山東豪傑以武氏專制，憤惋不平，聞公舉事，皆自蒸麥飯為糧，伸鋤為兵。"④ 從"麥飯"要蒸看，它又不是熟食。再次，麥飯多作為可攜帶的軍糧。《新唐書》卷五十《兵志》述府兵制度，言府兵每人應有"麥飯九斗，米二斗，皆自備"⑤。一人要備9斗麥飯，可知出征時的主要軍糧是麥飯，且攜帶極多。《朝野僉載》卷四記李敬玄為元帥討吐蕃，"聞劉尚書沒蕃，著靴不得，狼狽而走。時將軍王杲、副總管曹懷舜

---

① 不僅作物如此，凡"鹽鐵雜物等，並准粟為輕重"。見《天聖雜令》唐5條。
② 史遊著，顏師古注、王應麟補注：《急就篇》卷二，岳麓書社1989年版，第132—133頁。
③ 《資治通鑒》卷一九一，第5986頁。
④ 《資治通鑒》卷二百三，第6426頁。
⑤ 《新唐書》，中華書局1975年版，第1325頁。

等驚退，遺卻麥飯，首尾千里，地上尺餘"①。雖然包括司馬光在內的史學家都認為這一記載有誇大的嫌疑，但若每個兵士都帶9斗麥飯，遺灑下來，也確很可觀。無論如何，這條材料可證明軍隊出征，攜帶麥飯的量很大。

這樣，我們或者可以說：麥飯是一種將麥與皮一起磨碎後的顆粒狀乾糧（類似後代玉米磨成的"棒碴"之類）。它應該不是熟食，吃時可以蒸或炒，口感粗糙。史籍中提到的"麥飯"有時指生食如"蒸麥飯為糧"或"麥飯九斗"；有時又指熟食如"飼以麥飯"。麥飯主要為士兵所帶，用於軍事行動，可能在出發前要將其蒸熟或炒熟。唐倉庫令特別規定了要收納麥飯，可知麥飯的需求量十分巨大。這裡我們要特別指出：第一，按《新唐書・兵志》所言，府兵的麥飯要自備，但到開元年間［如果認為天聖令所附唐令為開元二十五年（737）令的話］，麥飯已經集中收納到倉庫中，再統一發給需要者比如兵士了。這是軍事制度變化引起的倉庫收貯糧食品種的變化，值得注意。第二，唐代倉庫不儲藏"面"類經研磨的糧食，但卻儲藏經過加工的麥飯。這麼多麥飯在哪裡加工？如何保證它們不變質（加工後就不如加工前好保存）？是我們要關注的重要問題。到宋以後，隨著加工能力的加大以及飲食口味的變化②，"麥飯"的食用就越來越少了。

唐代開元時期的倉庫裡要儲存麥飯，是我們從天聖唐令中得到的新知識。

4.《倉庫令》唐3條：諸給糧，皆承省符。丁男一人，日給二升米，鹽二勺五撮。妻、妾及中男、女，（中男、女謂年十八以上者。）米一升五合，鹽二勺。老、小男，（謂十一以上者。）中男、女，（謂年十七以下者。）米一升一合，鹽一勺五撮。小男、女，（男謂年七歲以上者，女謂年十五以下。）米九合，鹽一勺。小男、女年六歲以下，米六合，鹽五撮。老、中、小男任官見驅使者，依成丁男給，兼國子監學生、針・醫生，雖未成丁，依丁例給。

按：此條在《唐六典》卷一九《太倉署》條記："給公糧者，皆承

---

① 《朝野僉載》，中華書局1979年版，第89頁。
② 這時還將"麥"與"粟""稻"一樣作為"飯"來吃，後來這種吃法就逐漸少了。

尚書省符（丁男日給米二升、鹽二勺五撮，妻、妾、老男、小則減之。若老、中、小男無官及見驅使，兼國子監學生、針·醫生，雖未成丁，亦依丁例）"①；在卷六《都官郎中》條記：給官戶、官奴婢糧，"丁口日給二升，中口一升五合，小口六合"②。這兩條記載顯然來自令文，但令文給我們的信息要比《唐六典》多。這個新信息就是：在給糧時，除了2升、1升5合、6合三個等級外，還多了1升1合、9合兩個等級。它意味著中男實際有兩個等級，小男也有兩個等級。這都是研究唐代人口政策的重要新資料③。當然其中提到的給鹽標準，也是值得注意的新資料。它讓我們知道了鹽在生活中的重要，以及每日的消費量。

總之，此條令文提醒我們：唐代給糧標準，或曰唐代公糧消費的實際情況，比我們原先知道的要複雜。

本條令文講的是按年齡的給糧標準，而不是給糧對象，但間接提到了給糧對象，即：除應給糧者外，無官之老、中、小男而在官府服務者，以及國子監學生和太常寺的針生、醫生均按丁男給。

那麼，所謂應給糧對象包括哪些呢？

甲、在京流外官長上者，身外別給2口糧，每季一給（《倉庫令》唐6條）。此條《唐六典》卷三《倉部郎中》條作"流外長上者，外別給兩口糧"④，顯然沒有令文清楚。根據令文，這些在京長上的流外官，除給身糧外，還要給兩口糧。這兩口糧的標準按丁給，且是一季一給。大約這就是流外官所得的報酬了。《唐六典》引文中的"外別給"當是"身外別給"、給糧當是"每季一給"，這都是我們由令文所補充得到的新知識。並可推知，凡給家口糧者，都應該是每季一給。

乙、牧尉給5口糧、牧長4口糧（《倉庫令》唐6條）。此條見於《唐六典》卷三《倉部郎中》，文字全同。所給的4口或5口糧中，2口按丁的標準，其餘按中男給。

---

① 《唐六典》，第527頁。
② 同上書，第194頁。
③ 關於本條令文中中男、女，以及小男、女的複雜情況，李錦繡寫有《唐開元二十五年〈倉庫令〉所載給糧標準考——兼論唐代的年齡劃分》一文，載《傳統中國研究集刊》第4輯，上海人民出版社2008年版，第304—316頁，可參考。
④ 《唐六典》，第84頁。下同。

甲、乙兩條都是除身糧外還給家口糧，規定的是常年上班即非上番者的待遇，是給公糧的最高標準。至於為何給牧尉、牧長家口糧比較多，想來是因為他們舉家都在牧監，而非個人上班的緣故。

丙、給身糧者則有：1. 牧監獸醫上番日。2. 衛士、防人以上征行，或在鎮、衛番還。3. 當地人任監、關、津番官者上番日（如尉、史）。這些規定見倉庫令唐7條，《唐六典》除個別字不同外，幾乎全文照錄。

丁、官奴婢皆給公糧。其官戶上番充役者亦如之。並季別一給，有剩（？）隨季折（倉庫令唐8條）。《唐六典》除沒有"季別一給，有剩（？）隨季折"一句外，其他與倉庫令同。從令文所言"季別一給"可知，官奴婢是給身糧和家口糧的，但官戶只上番充役者給，為何也是每季一給？是個疑問。

官戶之外，雜戶也是給糧對象：

5.《雜令》唐23條：諸官奴婢及雜戶、官戶給糧充役者，本司明立功課案記，不得虛費公糧。其丁奴每三人當二丁役；中〔奴若丁婢，二當一役；中婢，三當一役。〕

此條令文的前半是新的資料。其中的問題是：令文提到雜戶充役也給糧，而上引倉庫令唐8條卻只有"官戶"而無"雜戶"。這該如何解釋？關於"官戶"內是否包括"雜戶"，史料中有兩種不同說法。榎本淳一認為在《貞觀令》中官戶是包括雜戶的，到《永徽令》以後，就不包括了[1]。從本條令文看，雜戶與官戶並列，顯然官戶內不包括雜戶。那麼，倉庫令唐8條是漏掉了"雜戶"呢？還是其依據的是不同年代的唐令？

此條令文的後半見於《唐六典》卷六《都官郎中》，括弧內補的字依據的也是《唐六典》的文字。問題是這裡的"丁奴每三人當二丁役"是何意？按《唐六典》的解釋，似指勞役的課程，即三個丁奴幹的活等於兩個良人白丁。但細讀令文，是在講給糧問題（下一條就講給衣問題），要求不要"虛費公糧"，那麼，這句話的意思有沒有可能指在公糧消費上，三個丁奴所給的量只相當於2個良丁？即它規定的不是賤民的勞役

---

[1] 〔日〕榎本淳一：《〈新唐書‧百官志〉中的官賤民》，載戴建國主編《唐宋法律史論集》，上海辭書出版社2007年版，第27—30頁。

標準而是給糧的標準問題。

以上給糧對象（官員俸祿除外）雖《唐六典》記錄了大致內容，但令文還是為我們提供了許多新鮮消息，值得重視①。

令文除規定了給糧對象外，還規定了"給食"對象。給糧對象和標準是在《倉庫令》中，而給食對象則在《雜令》中。即：

6.《雜令》唐9條：諸司流內、流外長上官，國子監諸學生，醫、針生，俊士，（視品官不在此例。）若宿衛當上者，並給食。（京兆、河南府並萬年等四縣佐、史，關府、史亦同。其國子監學生、俊士監（？）等，雖在假月假日，能于學內習業者亦准此。）其散官五品以上當上者，給一食。

按：此條令文提供的是新資料。它告訴了我們給食的對象，其基本原則是長年上班上學的才給，番官不給（除非另有敕，或改為長上，才給，見《雜令》唐13條）。宿衛者上番時給，散官五品以上也是上番時給。此外，雖在假期但不休息的學生給食，倒是鼓勵學習的政策。

現在的問題是：這裡的"給食"與倉庫令中的"給糧"是不是一回事呢？我們檢索了唐代主要史籍中兩個詞的用例，發現它們雖然有時混用，但區別還是明顯的。簡單說來，"給糧"主要指給祿米，或賞賜的糧食，所以常見有"給糧祿（米）"或"給糧賜"的搭配。比如朝廷優待郭子儀，"給糧千五百人"②；大中六年（852）考功奏："今按倉庫令：諸給糧祿，皆以當處正倉充"③；開元時健兒"應給糧賜，所司速作條例處分"④；等等。

"給食"則與此不同，常有"給食料"的搭配，且多是光祿寺供給，因此當是指供給膳食。比如中書舍人知制誥"給食於政事堂"⑤；集體撰

---

① 李錦繡：《唐代財政史稿（上卷）》（北京大學出版社1995年版）是研究唐前期財政支出最全面的大作，其中辟專節探討了對官奴婢、諸色人夫、胥吏等的給糧問題，但由於《天聖令》尚未發現，故所述多有可商榷和補充處。僅此也可知這批新資料的重要。
② 《新唐書》卷一三七《郭子儀傳》，第4608頁。
③ 《唐會要》卷八二《考下》，第1510頁。
④ 《唐大詔令集》卷一〇七《遣榮王琬往隴右巡按處置敕》，商務印書館1959年版，第554頁。
⑤ 《新唐書》卷四七《百官二》，第1211頁。同書卷一二五《蘇頲傳》記為蘇頲"加知制誥，給政事食，給食自頲始"，第4400頁。

書者"衛尉供帳,光祿給食"①;三衛彉騎疾病者"移就三衛廚,給食料將養"②;等等。《唐六典》卷一五《光祿寺太官署》云:"凡朝會、燕饗,九品已上並供其膳食……凡宿衛當上及命婦朝參、燕會者,亦如之。"③ 這最後一句中的"宿衛當上……亦如之"與本條令文中的"宿衛當上者,並給食"顯然所指相同。因此,考慮到法典用詞的精確性,此處雜令中的"給食"與《倉庫令》中的"給糧"當有不同意義,前者指"給膳食"。所以本條最後才會有"給一食"的規定。

"給"的意義不同,"給"的對象自然也不同。因此除此條令文外,涉及給食的令文還有一條:

7.《雜令》唐11條:諸州朝集使至京日,所司准品給食。親王赴省考日,依式供食,衛尉鋪設。

這兩處的"給食"和"供食"都應該是給膳食,而不是給糧給米。還要注意:供食的標準不在《倉庫令》也不在其他令中,而是"依式",即規定在《式》中。

區別《倉庫令》的"給糧"和《雜令》的"給食",並分別兩種"給"的對象、標準,是我們從《天聖令》附唐令中得到的又一重要知識。沒有這種區分,在研究唐人消費或財政支出方面就會不夠準確了。

三 住生活

與住生活有關的令文更少,加上"用具雜物"類,也就只有如下幾條:

1.《賦役令》唐26條:諸丁有所營造,皆起八月一日從役,四月一日以後停。其營屯田、銅冶及鐵作、磚瓦、運木之處,不在此例。若量事要須,不可停廢者,臨時奏裁。

按:此條令文為新見資料。唐代所謂"營造",一般指營建、築造,即土木工程,特別是建築物的建造。令文規定的是"諸丁"的使役時間,

---

① 《新唐書》卷八〇《濮恭王泰傳》,第3570頁。
② 《唐大詔令集》卷一一四天寶三年《三衛彉騎疾病給食料敕》,第595頁。
③ 《唐六典》,第446頁。

但間接告訴我們營造只能在八月到四月，換句話說，就是只能在秋、冬、春施工，夏季則停。這是為何呢？難道春季施工不妨害農時嗎？或者因為夏天太熱，施工後品質沒有保證？總之，這是個需要探討的問題。

不過也有例外：凡為營造提供建材的地方，可以一年四季都施工。這些地方包括銅冶鐵作、燒制磚瓦和運送木材①。

2.《賦役令》唐27條：諸朝集使赴京貢獻，皆盡當土所出。其金銀、珠玉、犀象、龜貝，凡諸珍異之屬；皮革、羽毛、錦、罽、羅、紬、綾、絲、絹、絺、布之類，漆、蜜、香、藥及畫色所須，諸是服食器玩之物，皆准絹為價，多不得過五十匹，少不得減二十匹，兼以雜附及官物市充。無，則用正倉。其所送之物，但令無損壞穢惡而已。不得過事修理，以致勞費。

按：此條令文《唐令拾遺》復原為《賦役令》二七條，《唐令拾遺補》據《養老賦役令》三十五條作了全文補訂，作：

> 諸諸州朝集使貢獻，皆盡當土所出。其金銀、珠玉、皮革、羽毛、錦、罽、羅、縠、紬、綾、香藥、彩色、服食、器用，及諸珍異之類，准絹為價，不得過五十匹，並以官物充市。其所送之物，但令無損壞穢惡而已，不得過事修理，以致勞費。

《天聖唐令》與此比較，在貢獻的物品中，多了犀象、龜貝、絲、絹、絺、布、漆、蜜、畫色所須物等。這些都是新的信息。這其中，"畫色所須物"可能指繪畫用顏料，與日本令中的"彩色"也許屬一類物品。服食器玩，日本令改為"服食、器用"，與唐令稍有不同。至於唐令中的"服食""器玩"具體何指，還需要作專門考證。

數年前我曾寫過《試論唐代前期皇帝消費的某些側面——以〈通典〉卷六所記常貢為中心》②，其中統計分析了各地貢品的種類，指出其中最多是藥材類，有123種、食物類23種、絹布衣物化妝品類61種、鋪設傢俱類18種、雜物品類32種。其中雜物品類有：剪刀、火筯、雕翎、銅

---

① "營屯田"不提供建材，是個例外。也許因為屯田所獲要供軍用等，因此不能停工。
② 《唐研究》第六卷，北京大學出版社2000年版。

鏡、墨、扇、蠟燭、硯瓦、豹尾、瓷器、各種金、銀、紙、金漆、庫路真、箭簳、各種香、狐尾、翠毛、象牙、玳瑁、真珠、鶻子、烏鶻、熟青、熟綠、碁子等。這其中大部分都與令文要求進貢的物品相合，但與實際情況可能仍有一定差距。

我們以"畫色所須"為例。上述《通典》所載常貢有雁門郡貢熟青二十兩、熟綠二十兩，以及可能是顏料也可能是藥物的空青（廣陵郡 3 兩）、朱砂（會稽郡 10 兩、黔中郡靈溪郡 10 斤、普寧郡 20 斤）、胡粉（鄴郡 100 團）。實際需要如何呢？按唐代繪畫顏料以礦物顏料為主，主要顏料及好顏料的產地據張彥遠《歷代名畫記》記載則是：

武陵水井之丹，磨嵯之沙，越巂之空青，蔚之曾青，武昌之扁青（上品石綠），蜀郡之鉛華（黃丹也，出本草），始興之解錫（胡粉），研鍊、澄汰、深淺、輕重、精麁。林邑、崑崙之黃（雌黃也，忌胡粉同用）、南海之蟻鉚（紫鉚也，造粉燕脂吳綠，謂之赤膠也）①。

《通典》所記常貢與之比較，只有青、綠、紅、白色，而無黃、紫等色。貢這些顏料的州郡也均非上好顏料的產地。因此，此條令文提醒我們唐代常貢實際情況可能因時間不同而有很多變化。此外《通典》所記常貢中的物品到底是作什麼用的，也還要作更細心的研究。

3.《關市令》唐 7 條：諸居在禁鐵之鄉，除緣身衣服之外，所須乘具及鍋釜農器之類要須者，量給過所，於不禁鄉市者，經本部申牒商量須數，錄色目給牒聽市。市訖，官司勘元牒無剩，移牒本部知。

此條是以前不知的全新的資料，內容涉及"行"與"雜用"。內容是說居住在禁鐵之鄉的民眾，如果需要在"不禁鄉"買鐵製的乘騎用具（如馬鐙、銜等）、烹飪用鍋釜、耕作用農器之類，要在本地申報所需色目，經批准後可以去買。買完過關時，核查色目無誤，可放行並通知當地政府。此規定主要針對邊地特別是西北邊地的民眾，可想而知，對他們的生活造成了一定程度的不便。

---

① 張彥遠著，韓放等校點：《歷代名畫記》卷二，京華出版社 2000 年版，第 22 頁。點校本無注，注據《四庫全書》本補入。

4.《喪葬令》唐5條：諸庶人以上在城有宅，將屍柩入者，皆聽之。

此條也是以前不知的全新資料。此條的意義是告訴我們：當迎親屬棺柩回來時，只有城中有住宅的人，才有資格將棺柩迎入，否則不許棺柩入城。這也隱含著一種規定，即只有在城中有宅的人才是城裡人，才能享受城裡人的權利。那些流浪無住所之人就享受不到這一權利了。當然也有另一種可能，即因為城中有宅，才有地方停棺柩，無宅就無處停，會影響市容或造成混亂。總之它告訴我們，在唐人的住生活中，是否"有宅"是非常重要的。

由於法律允許屍柩進城，就會發生將士兵和兵器藏在棺柩中，入城後攻佔城市的事件。可見是否允許屍柩入城，在當時十分重要，所以才特意在法令中予以明確規定。

5.《雜令》唐7條：諸文武職事、散官三品以上及爵一品在兩京，若職事、散官五品以上及郡、縣公在諸州縣，欲向大街開門，檢公私無妨者，聽之。

此條基本是新資料，但相關信息我們在《唐會要》中可以看到，即《唐會要》卷八六《街巷》所云：

> 太和五年（831）七月，左右巡使奏：伏準令式及至德長慶年中前後勑文，非三品已上，及坊內三絕，不合輒向街開門，各逐便宜，無所拘限。因循既久，約勒甚難，或鼓未動即先開，或夜已深猶未閉，致使街司巡檢，人力難周，亦令奸盜之徒，易為逃匿。伏見諸司所有官宅，多是雜貨，尤要整齊。如非三絕者，請勒坊內開門。向街門户，悉令閉塞。勑旨：除準令式各合開外，一切禁斷。餘依①。

此段史料中所提到的"令式"，應該包括天聖雜令所附的雜令第7條。因為此條正是規定了三品以上在兩京可以向大街開門，此外不能"向街開門"。從《唐會要》所引奏文看，這一規定常被破壞，造成唐代禁夜制度不能很好執行（"或鼓未動即先開，或夜已深猶未閉"）。同時也

---

① 《唐會要》，四庫全書本。中華書局本文字與此不同，恐有錯字或漏字。

知道,到太和年間整頓向街開門,依據的除敕文外,仍然是"令式"。因此可以認為,令式在唐晚期仍然是政府治理秩序的重要依據。

此條令文的"新"的地方,在於讓我們知道了不僅在兩京有限制向街開門的規定,在地方上也有類似規定,即"五品以上及郡、縣公"如果不妨礙公私事務,在州縣可以向街開門。唐代制度,最高的縣令(京兆、河南、太原府諸縣令)才是正六品,因此在地方特別是縣城,一般是不允許向街開門的。

於是我們知道了,唐代無論地方還是都城,里坊制都執行的比較嚴格,但上述《唐會要》的史料告訴我們:到晚唐,出現了大量向街開門的現象。這其中,所謂"坊內三絕"可以向街開門的規定,一定出自"至德長慶年中前後勅文"。這說明從法律上到唐晚期已經開了許多"例外"的口子。在這種形式下,雖然朝廷重申令式,對隨意向街開門的現象予以制止,但城市發展的趨勢將使這種制止收效甚微。

6.《雜令》唐11條:諸州朝集使至京日,所司准品給食。親王赴省考日,依式供食,衛尉鋪設。

此條是全新資料,涉及"食"與"住"。關於"食",我們在本文前半部分"食生活"中已經涉及,這裡只談"住"。按衛尉寺,掌管祭祀和朝會時的"帷帟、茵席"事,具體執行者是守宮署。對貢舉人,要"供帷幕";對王公婚禮,要"供帳具";對京城諸司的長上官,要"給其床蓐";對蕃客也要供"帷帟"①。這其中對京城諸司長上官"給其床蓐",是天聖雜令宋19條的依據,我們已據此將宋19條復原為唐令了②。

此條令文的"新"處在於:從《新唐書》等書所載制度中,沒有記載衛尉寺要為赴京的親王服務。此條令文則明確了這一點。那麼,對來京的朝集使是否提供"鋪設"服務呢?我在標點此條令文時傾向於不提供,因此在"所司准品給食"後面標了句號。現在想來,也許應該標為分號,即令文的意思是說對朝集使和親王要依不同標準供食(一個"准品";一個"依式",因為親王不能按品分級),然後統一規定由衛尉負責

---

① 《新唐書》卷四八《百官三》,中華書局1975年版,第1249—1250頁。
② 參見《天一閣藏明抄本天聖令校證》,第740頁。

"鋪設"①。

另外一點：《新唐書》所載制度中，衛尉寺主要提供的是臨時禮儀用的"帷幕""帳具"等，但此條令文則明確說是"鋪設"。可見對親王（或還有朝集使）來京後的待遇，不是提供參加儀式時的帷幕帳具，而是提供日常生活用的"鋪設"。這與住生活就聯繫的更緊密了。

四　行生活

行生活的令文很多，其中有關運送雜種、租粟的車、船等令文這裡暫不涉及，只將其他相關內容簡述於下。

行生活中有一大部分涉及驛、傳制度，這部分新資料甚多，集中在《廄牧令》、《關市令》等令中。孟彥弘《唐代的驛、傳送與轉運——以交通與運輸之關係為中心》②《唐代過所中的副白、錄白及改請》③、宋家鈺《唐〈廄牧令〉驛傳條文的復原及與日本〈令〉、〈式〉的比較》④ 等討論了《天聖令》中這些新見令文，特別是其中的傳制，值得讀者關注。

以下將有關令文列於下，以為參考：

關於驛傳馬不見於唐代史籍的令文有：

1. 《廄牧令》唐 13 條：諸驛馬以"驛"字印印左髆，以州名印印項左；傳送馬、驢以州名印印右髆，以"傳"字印印左髀。

2. 《廄牧令》唐 21 條：諸州有要路之處，應置驛及傳送馬、驢，皆取官馬驢五歲以上、十歲以下，筋骨強壯者充。如無，以當州應入京財物市充。不充，申所司市給。其傳送馬、驢主，於白丁、雜色（邑士、駕士等色。）丁內，取家富兼丁者，付之令養，以供遞送。若無付者而中男豐有者，亦得兼取，傍折一丁課役資之，以供養飼。

3. 《廄牧令》唐 22 條：諸府官馬及傳送馬、驢，非別敕差行及供傳送，並不得輒乘。本主欲于村坊側近十里內調習者聽。其因公使死失者，

---

① 當然只負責親王的可能性還是存在。
② 《唐研究》十二卷，第 27—52 頁。
③ 收入《〈天聖令〉與唐宋制度研究》，中國社會科學出版社 2011 年版，第 146—173 頁。
④ 同上書，第 174—212 頁。

官為立替。在家死失及病患不堪乘騎者，軍內馬三十日內備替，傳送馬六十日內備替，傳送驢隨闕立替。若馬、驢主任流內九品以上官及出軍兵余事故，馬、驢須轉易，或家貧不堪餘（飼？）養，身死之後，並於當色回付堪養者。若先闕應須私備者，各依付馬、驢時價酬直。即身死家貧不堪備者，官為立替①。

　　4.《廄牧令》唐25條：諸府官馬及傳送馬、驢，若官馬、驢差從軍行者，即令行軍長史共騎曹同知孔目，明立膚、第，親自檢領。軍還之日，令同受官司及專典等，部領送輸，亦注膚、第；並齎死失、病留及隨便附文鈔，具造帳一道，軍將以下連署，赴省句勘訖，然後聽還。

　　5.《廄牧令》唐26條：諸官人乘傳送馬、驢及官馬出使者，所至之處，皆用正倉，準品供給。無正倉者，以官物充；又無官物者，以公廨充。其在路，即於道次驛供；無驛之處，亦於道次州縣供給。其於驛供給者，年終州司總勘，以正租草填之。

　　6.《廄牧令》唐27條：諸當路州縣置傳馬處，皆量事分番，於州縣承直，以應急速。仍準承直馬數，每馬一疋，於州縣側近給官地四畝，供種苜蓿。當直之馬，依例供飼。其州縣跨帶山澤，有草可求者，不在此例。其苜蓿，常令縣司檢校，仰耘鋤以時，（手力均出養馬之家。）勿使荒穢，及有費損；非給傳馬，不得浪用。若給用不盡，亦任收茭草，擬〔至？〕冬月，其比界傳送使至，必知少乏者，亦即量給。

　　7.《廄牧令》唐34條：諸驛馬三疋、驢五頭，各給丁一人。若有餘剩，不合得全丁者，計日分數准折給。馬、驢雖少，每驛番別仍給一丁。其丁，仰管驛州每年七月三十日以前，豫勘來年須丁數，申駕部勘同，關度支，量遠近支配。仰出丁州，丁別准式收資，仍據外配庸調處，依格收腳價納州庫，令驛家自往請受。若于當州便配丁者，亦仰州司準丁一年所輸租調及配腳直，收付驛家，其丁課役並免。驛家願役丁者，即於當州取。如不足，比州取配，仍分為四番上下。（下條准此。）其粟草，准系飼馬、驢給。

　　8.《廄牧令》唐35條：諸傳送馬，諸州令、式外不得輒差。若領蕃

---

① 此條《唐令拾遺》復原了其中"因公事死失者，官為立替。在家死失，卅日內備替"（第637頁）一句，且與本令文亦有不同。

客及獻物入朝，如客及物得給傳馬者，所領送品官亦給傳馬。（諸州除年常支料外，別敕令送入京及領送品官，亦准此。）其從京出使應須給者，皆尚書省量事差給，其馬令主自飼。若應替還無馬，騰過百里以外者，人糧、粟草官給。其五品以上欲乘私馬者聽之，并不得過合乘之數；粟草亦官給。其桂、廣、交三府於管內應遣使推勘者，亦給傳馬。

關於驛及驛馬，以前我們知道的比較多，但關於傳馬傳驢就知道的比較少。從天聖令的新資料，我們完全可以重建唐代的傳馬制度。比如僅據以上令文，就知道傳馬在令文中的正式稱呼往往是"傳送馬"①。可見其性質中"迎送""運送""遞送"的成分很大。傳馬上印有"傳"字，設在路邊的州縣中，由州縣管理。傳馬分配給私人飼養，輪番上直。主要用於官人出使，迎送蕃客也可使用。使用傳馬的資格和享受的馬匹數，都規定在令式中。

關於傳馬驢及傳送制度還有一些令文不見於以前史籍：

9.《醫疾令》唐11條：諸藥品族，太常年別支料，依本草所出，申尚書省散下，令隨時收采。若所出雖非本草舊時收採地，而慣用為良者，亦令采之。每一百斤給傳驢一頭，不滿一百斤附朝集使送太常，仍申帳尚書省。須買者豫買。

從此條令文中的"傳驢"看，它設置在地方，主要從事運送工作。

10.《醫疾令》唐15條：諸行軍及作役之處，五百人以上，太常給醫師一人。五千人以上給二人。自此以上，率五千人加一人。其隴右監牧、西使、南使，各給二人。餘使各一人。仍簡擇充，（監牧，醫師、糧料、勞考，准獸醫官例。）並量給藥。每給醫師二人，以傷折醫兼之，並給傳乘。

此條令文規定向行軍、作役、監牧處派醫師，要給"傳乘"。唐代史籍中關於給"傳乘"的記載不多，令文中更少，此條令文是其中珍貴的一條。同樣是給"傳乘"，還有以下一條：

11.《獄官令》唐5條：諸流移人，州斷訖，應申請配者，皆令專使送省司。令量配訖，還附專使報州，符至，季別一遣。（若符在季末至者，聽與後季人同遣。）具錄所隨家口、及被符告若發遣日月，便移配

---

① 這8條令文，除唐27條、35條（35條是傳送馬與傳馬均有）外，都稱為傳送馬。

處，遞差防援。（其援人皆取壯者充，余應防援者，皆准此。）專使部領，送達配所。若配西州、伊州者，並送涼州都督府。江北人配嶺以南者，送付桂、廣二都督府。其非劍南諸州人而配南寧以南及巂州界者，皆送付益州大都督府，取領即還。其涼州都督府等，各差專使，准式送配所。付領訖，速報元送處，並申省知。（其使人，差部內散官充，仍申省以為使勞。若無散官，兼取勳官強幹者充。又無勳官，則參軍事充。其使並給傳乘。）若妻、子在遠，又無路便，豫為追喚，使得同發。其妻、子未至間，囚身合役者，且於隨近公役，仍錄已役日月下配所，即於限內聽折。

此條專門規定押送流移人，與"出行"有很大關係。《唐令拾遺》獄官令十四條復原了其中配流地的一段，文字不足本條的三分之一。其中"其使並給傳乘"沒有復原。由此可知，押送流移人，要派專使，"准式"押送。對這些專使，是要給"傳乘"的。

12.《獄官令》唐 1 條：諸州斷罪應申覆者，刑部每年正月共吏部相知，量取歷任清勤、明識法理者充使，將過中書門下，定訖奏聞，令分道巡覆。若應勾會官物者，量加判官及典。刑部錄囚姓名，略注犯狀，牒使知。（嶺南使人以九月上旬，馳驛發遣。）……

此條《唐令拾遺》獄官令四條作了大體復原，但上引注文中的一句話，《唐令拾遺》復原為"嶺南使以九月上旬，先發遣"。"先發遣"與"馳驛發遣"顯然有很大不同。按"馳驛"是驛傳制度中的一項重要制度，其詞彙史籍常見，但令文如何規定，以前並不知道。這條令文出現，使我們知道了刑部向各道派遣使節，只有派向嶺南道者才要求"馳驛"前往。這對理解唐代驛傳制度是很有幫助的。

13.《雜令》唐 13 條：諸勳官及三衛諸軍校尉以下、諸蕃首領、歸化人、迡（邊？）遠人、遙授官等告身，並官紙及筆為寫。（其勳官、三衛校尉以下附朝集使立案分付；迡（邊？）遠人附便使及驛送。）若欲自寫，有京官職①及緦麻以上親任京官為寫者，並聽。

此條令文告訴我們地方一些武官或邊遠官員的告身，要想送到京城，有幾個途徑：第一，通過進城的朝集使；第二，托便使；第三，正式通

---

① "職"，現在一般識讀為"識"。

過驛來遞送。

關於馬、車的令文還有幾條：

14. 《廄牧令》唐30條：諸有私馬五十匹以上，欲申牒造印者聽，不得與官印同，並印項。在余處有印者，沒官。蕃馬不在此例。……

我們知道，唐代對民眾擁有的馬數是有規定的。好像規定還很嚴格。但從此令文看，當時私人可以擁有50匹以上的馬，還可以在私馬上印字以與官馬相區別。這是我們過去所不知道的。

15. 《捕亡令》唐1條：諸追捕盜賊及逃亡，先盡壯馬，二日以內，一日一夜馬行二百里，步行一百里；三日以外，一日一夜馬行一百五十里，步行八十里。若人馬有代易者，自依初制。如期會須速及力堪進者，不用此數。

此條令文是全新資料。過去我們只知道規定人馬的行程是："凡陸行之程：馬日七十里，步及驢五十里，車三十里。"① 其他法令規定除赦書日行500里外，就很少知道了。此條令文告訴我們，在追捕盜賊及逃亡者時，要求馬日行200—150里，步行100—80里。步行只比馬行慢一半，可見其速度甚快。這是珍貴的有數量標準的出行史料。

16. 《喪葬令》唐2條：諸使人所在身喪，皆給殯斂調度，造輿差夫遞送至家。其爵一品、職事及散官五品以上馬輿，餘皆驢輿。有水路處給舡，其物並所在公給，仍申報所遣之司。

此條第一句，《唐令拾遺·喪葬令》十乙已復原，但後半為新資料。據此可知送喪回家，在運送工具上也有等級差別。五品以上是馬輿，其他是驢輿。第一，可證驢的等級低於馬；第二，可知只分了兩個等級，而以五品為限。

關於過關等的新資料有：

17. 《關市令》唐1條：諸請過所，並令自錄副白，官司勘同，即依署給。其輸送官物者，檢鈔實，付之。

18. 《關市令》唐2條：諸丁匠上役度關者，皆據本縣曆名，共所部送綱典勘度。其役了還者，勘朱印鈔並元來姓名年紀同，放還。

19. 《關市令》唐3條：諸將物應向互市，從京出者，過所司門給，

---

① 《唐六典》卷三《尚書戶部》，中華書局1992年版，第80頁。

從外州出者，從出物州給，皆具載色數，關司勘過。

20.《關市令》唐4條：諸隔關屬州縣者，每年正月造簿付關，其須往來，就關司申牒，勘簿判印聽過，日收連為案。其州縣雖別而輸課稅之物者，亦據縣牒聽過，隨了即停。

21.《關市令》唐5條：諸關官司及家口應須出入余處關者，皆從當界請過所。其於任所關入出者，家口造簿籍年紀，勘過。若比縣隔關，百姓欲往市易及樵采者，縣司給往還牒，限三十日內聽往還，過限者依式更翻牒。其興州人至梁州及鳳州人至梁州、岐州市易者，雖則比州，亦聽用行牒。

22.《關市令》唐6條：諸錦、綾、羅、縠、繡、織成、紬、絲絹、絲布、犛牛尾、真珠、金、銀、鐵，並不得與諸蕃互市及將入蕃，（綾？不在禁限。）所禁之物，亦不得將度西邊、北邊諸關及至緣邊諸州興易，其錦、繡、織成，亦不得將過嶺外。金銀不得將過越雟道。如有緣身衣服，不在禁例。其西邊、北邊諸關外戶口須作衣服者，申牒官司，計其口數斟量，聽於內地市取，仍牒關勘過。

23.《關市令》唐7條：諸居在禁鐵之鄉，除緣身衣服之外，所須乘具及鍋釜農器之類要須者，量給過所，於不禁鄉市者，經本部申牒商量須數，錄色目給牒聽市。市訖，官司勘元牒無剩，移牒本部知。

以上7條，除第6條前半為《唐令拾遺》復原為《關市令》四條外，都是新見資料。其中第1條中的"副白"請參見前引孟彥弘文。第2條規定丁匠赴役如何度關：出關時要拿上"本縣曆名"（或即史籍所見之"由曆"），與押送他們的綱典一同核查。作役完畢，要在"本縣曆名"上蓋紅印，回來入關時，要核查紅印以及上面注的姓名年紀，相同才能放行。審查相當嚴格。

第3條規定若帶物品出關做買賣，從京出時，由司門給過所，從外州出，由當州給過所。物品數目都要記在過所上，以備關司檢查。

第4條規定如果關兩邊屬同一州縣，只要每年正月造簿付關就行了。須來往時，不用過所，只要向關司申牒，關司核簿後就可以放過，但要留下過關記錄連為案備查。輸租稅也可憑縣牒就行，不用申請過所過關，以簡化手續。

第5條規定關司自己或家口如果過別的關，要請過所；過自己的關，只要造簿即可。如果百姓要經常過關到別縣去打柴或交易，縣裡可給"往還牒"，相當於月票，30 日有效，但可申請延長。比較特別的是興州人、鳳州人出州，去梁州或岐州也不用過所，而可用上述"行牒"。這一點是饒有趣味的。為何這兩州人特別？而且他們也只能去梁州岐州時能享受這一待遇？值得探討。

第 6 條講禁止某些絲織物等出關，但隨身衣服不在禁帶之例。西北邊關外人要到關內做衣服或買衣服者，只要申牒，也允許放行。

第 7 條規定在禁鐵之鄉者要買生活用鐵器，可以給過所，到不禁鄉去買。

這些令文豐富了我們關於唐代度關制度的認識，使我們知道當時除申請過所外，還有用"縣牒""往還牒""行牒""簿籍"等各種方式，以適應不同情況簡化過關手續，並盡可能地照顧關內外百姓砍柴、製衣、買賣等日常生活的方便。

其他令文還有：

24.《雜令》唐 6 條：諸三師三公參朝著門籍，及人馬供給，並從都省。太子三師三少，即從詹事府。

按唐代出入宮門，有門籍制度。《唐六典》卷二五《諸衛府》云："左、右監門衛大將軍·將軍之職，掌諸門禁衛門籍之法。凡京司應以籍入宮殿門者，皆本司具其官爵、姓名，以移牒其門，（若流外官承腳色，並具其年紀、顏狀。）以門司送於監門，勘同，然後聽入。"[①] 唐代宗大曆元年（766）顏真卿曾上疏說："太宗著《門司式》云：'其無門籍人，有急奏者，皆令門司與仗家引奏。'"胡三省注云："唐制：門籍，流內記官爵、姓名，流外記年齒、狀貌。月一易其籍，非遷解不除。"[②] 關於門籍制度，史籍記載不多。此條令文告訴我們三師三公參朝，要著門籍。由於門籍都是本司出具，三師等沒有本司，所以要特別規定由"都省"出具；而太子三師三少，則由東宮詹事府出具。

過所、行牒、門籍等，都是唐人出入要持有的通行證。《天聖令》所附唐令的大量記載對我們加深理解這些制度提供了重要的新資料，值得

---

① 《唐六典》，第 640 頁。
② 《資治通鑒》卷二二四，代宗大曆元年二月條，中華書局 1956 年版，第 7189 頁。

研究社會生活的研究者予以充分注意。

　　以上我們分衣、食、住（含雜用）、行四部分，介紹了《天聖令》所附唐令中以前不見於史籍的新令文，並對某些問題做了初步探討或提示。這些介紹和探討都是十分簡單的，目的只是儘快將我所體會到的這些史料的價值公開出來，以引起關心這些問題的研究者的興趣，並共同在今後加強對《天聖令》的研究，同時利用《天聖令》，把唐宋社會生活史的研究推向深入。

《天聖令·雜令》的比較研究

天一閣藏北宋《天聖令》殘本的發現，給唐宋史學界帶來了許多新知識，成為研究唐宋法制史乃至社會政治史的重要史料。

要想充分利用《天聖令》[①] 來研究唐宋史，首先要從文獻層面研究它的構成、性質，如果可能的話，儘量就每篇《令》作詳盡研究，然後才能從整體上分析《令》在法律體系中的作用、地位、演變等一系列重要問題。

本文即打算從《天聖令》中的《雜令》入手，將其與前後代《雜令》，以及同時代《雜律》等作比較研究，或許能得出一些有意義的結論，以利於《天聖令》及唐宋律令制度的研究。

一 《天聖令·雜令》概況

天一閣藏明抄本《天聖令》殘存十卷十二篇令，其中最後一篇是《雜令》，存宋令[②]41條，唐令23條，其中唐23條未完。據研究，唐23條可根據《唐六典》卷六《尚書刑部》補足，其後尚可補唐24條"給衣服條"，[③] 因此，目前我們知道的《雜令》條文總數當為65條，但由於習慣上我們只依據《天聖令》立論，因此一般說來，我們還是稱《天聖令·雜令》為宋令41條、唐令23條，合計64條。

---

① 本文以下所說《天聖令》均指天一閣發現的明抄本《天聖令》殘本，不再說明。
② 以下引用《天聖令》，使用《天一閣藏明抄本天聖令校證》（中華書局2006年版）中的清本（簡稱為《校證》），所用"宋令""唐令"的界定亦見該書。
③ 《校證》，第379、747頁。

64（或65）條雜令基本上應該是《雜令》條文的全部。就整個《天聖令》看，除去《獄官令》71條外，條數第二多的就是《雜令》。其他50條以上的只有《田令》56條、《賦役令》50條。這就是說，《雜令》"64（或65)"條，①僅從條數上就可知它基本上是一篇完整的《雜令》。

　　這是我們的第一個結論，即《天聖令·雜令》基本是完整的。我們知道，當一篇令文我們不清楚它是否完整的時候，是沒辦法就其性質、特色進行研究的。比如《賦役令》，當我們不知道完整的《賦役令》時，就無法判定其構成，也就影響了對唐代賦役體系的理解。《天聖令·賦役令》發現後，現在我們知道了它包括四部分內容，即"賦（課）"的部分、課役免除部分、"役"的部分、雜則部分。②這就為全面理解《賦役令》的性質、特色，乃至唐代賦役體系提供了一個完整的分析基礎。同樣道理，完整《雜令》的存在，其本身就提供了深入研究的前提。只有在完整《雜令》的基礎上，才能理解《雜令》在整部《令》中的地位，及其性質和特色，並對其進行比較研究，而在《天聖令》發現之前，這一工作是沒有辦法完成的。

　　正因為如此，儘管學界前輩在唐代《雜令》的復原和研究上作了大量工作，但由於見不到完整的《雜令》，因而無法從整體上將《雜令》與其他律令進行比較和研究。這一任務只有在發現了《雜令》全文的今天方能得以完成。

二　與前後《雜令》的縱向比較

（一）《雜令》位置比較

　　一部《律》或《令》，篇目的排列順序常能反映不同時代背景和對法

---

①　從下面論述可知，《金令》雜令只有49條。

②　關於四部分的具體名稱，學者有不同意見，但都同意分為四部分。參見李錦繡《唐賦役令復原研究》，《校證》，第457頁；大津透《日唐律令制の財政構造》，岩波書店2006年版，第198頁；渡辺信一郎《唐代前期賦役制度の再檢討——雜徭を中心に》，《唐代史研究》第11號，2008年8月，第4頁。

律功能的不同認識。對此，古人早有明確意識。例如《法經》，據說①其篇目順序及根據為："王者之政，莫急於盜賊，故其律始於《盜》《賊》。盜賊須劾捕，故著《網（囚？）》、《捕》二篇。其輕狡、越城、博戲、借假不廉、淫侈、踰制以為《雜律》一篇，又以《具律》具其加減。"②到曹魏時，隨著對法典形式認識的提高，認為漢律在《具律》後增加三篇，使《具律》成為九篇中的第六篇，結果"罪條例既不在始，又不在終，非篇章之義。故集罪例以為《刑名》，冠於律首"③。《刑名》置於律首，不僅反映時人對法律體系的認識，而且這種認識是通過位置的變化實現的。

這是篇目位置的一種情況，即通過位置變化反映法典編撰者的編撰邏輯或編撰思想。同時還有另一種情況，即盡可能保留前代篇目的位置而不做改動。以上是《律》篇目變動的例子，④下面將涉及《律》篇目不動的例子。我們結合《令》特別是《雜令》的位置來一併闡述。

按單篇的《令》雖在秦漢已能見到，但一般認為，與《律》對等，並與其具有不同性質的《令》，始于魏晉，特別是晉之《泰始令》。⑤《唐六典》卷六《尚書刑部》記有《晉令》四十篇的篇目，其中《雜令》分三篇，分別位於十八、十九、二十，基本位於全部令的中間。其後是類似後代的《職員令》等，最後還有《軍戰》和《軍法》八篇，《雜法》二篇。這種排序，與律是一樣的。按《晉律》二十篇，其中《雜律》第十一，也是位於中間。這實際上反映了律令排序的另一個規律，即除了必須改變者（如上文提到的《具律》即《刑名》）外，儘量不改變前代律令的排序。《法經》六篇，雜法在第五，其後是具法，漢律不改變雜律位置，只在其後加了戶、興、廄三律，雜律就變到了中間。魏晉律將《具律》改在律首，但《雜律》位置不變，後面又增加了多篇律，《雜

---

① 關於《法經》的真實性，學界有不同意見，參見仁井田陞《唐令歷史的研究》，《唐令拾遺》中譯本，長春出版社1989年版，第802頁。
② 《晉書》卷三〇《刑法志》，中華書局1974年版，第922頁。
③ 同上書，第924頁。
④ 關於各篇律的位置及其意義，到唐代，《唐律疏議》有很好的說明。
⑤ 關於律令特別是令的演變，最近比較詳盡的研究是高明士《從律令制的研究看唐宋間的變革》，《台灣大學歷史學報》第32期，2003年12月。

律》更在中間了。① 此種儘量不改變前代排序的現象，在後代還可以看到。

現就《晉令》來說，《雜令》排在中間已如前述，但還有一個問題，即為何《晉令》中除《雜令》外還另有《雜法》？

我以為這是因為在晉代，雖然"律"和"令"已被有意識地分開，並賦予不同作用，但這種分別還不太明顯，"令"中有一部分還攙有"律"的因素。《晉令》的編撰者認為，有一些法雖然性質與律類似，但屬臨時措施，所以"權設其法，太平當除"②，先放在"令"裡。換句話說，這些法本來是可以編入"律"的，但因其"未得皆從人心"③，具有臨時性質，所以暫時編為"令"。這一意義上的"令"，我們可稱其為"法令"。《隋書》卷三三《經籍二》"故事"類有言："晉初，甲令已下，至九百余卷，晉武帝命車騎將軍賈充，博引群儒，刪採其要，增律十篇。其餘不足經遠者為法令，施行制度者為令。"④ 這裡就分別了兩種令，一種是有律的因素但屬臨時性質的"法令"；一種是單純規定制度的"令"。

於是我們看到，《晉令》中有的帶有罰則，帶有律的因素。例如"晉令曰：誤舉烽燧，罰金一斤八兩，故不舉者，棄市"⑤；"晉令曰：凡民不得私煮鹽，犯者四歲刑，主吏二歲刑"⑥ 等。這些所謂"令"，即《隋書》所說"法令"，構成了《晉令》中《雜令》以前的部分。而《雜令》以後的部分就是單純"存事制"⑦ 的"令"了。換言之，《晉令》中的所謂《雜法》可能是區別於《雜令》的單純與制度有關的雜規定。

如果以上推測成立，即《晉令》中包含有"法令"和"令"兩種類型的"令"，那麼《雜令》在其中表面看是排在整個《晉令》的中間，實際則處於"法令"的最後一篇。

---

① 以上自《法經》到晉律的篇目，俱見（唐）李林甫等《唐六典》卷六《尚書刑部》，中華書局 1992 年版，第 180—181 頁。
② 《晉書》卷三〇《刑法志》，第 927 頁。
③ 同上。
④ 《隋書》，中華書局 1973 年版，第 967 頁。
⑤ 《太平御覽》卷三三五《兵部六六》，中華書局 1960 年版，第 1540 頁。
⑥ 《太平御覽》卷八六五《飲食部二三》，第 3840 頁。
⑦ 《太平御覽》卷六三八《刑法部四》引"杜預律序曰：律以正罪名，令以存事制"，第 2859 頁。

到梁代，律和令的區分應該更清楚，[1] 於是《梁令》去掉了《晉令》中的軍法和雜法部分，但由於"儘量不改變前代篇目順序"的原則，因此仍將《雜令》置於全部令的中間，即三十篇中的十八篇、十九篇、二十篇（《梁律》中《雜律》仍然在二十篇律的中間即第十一篇）。

於是我們有了第二個結論：晉代已經有了律令分開、對等的意識，但《晉令》中仍有帶有律因素的"法令"和單純制度規定的"令"這兩種不同的"令"。若僅就"法令"而言，《雜令》實際排在"法令"的最後；就整部"令"而言，《晉令》似仿照漢魏律乃至晉律，將《雜令》排在了全部"令"的中間。《梁令》同此。這種排法只是延續了前代的排序（沒什麼特別意義），說明律令篇目本身具有相當的穩定性。

至北齊律令則一變：北齊律與晉、梁律不同，雜律排在了整個律的最後。其改變的根據何在？由於史料缺載，不能有效解釋，或許與北齊制度遠承古典有關？從上述可知，《法經》六篇，除《具律》外，《雜律》位於最後。因此若將《具律》變成《刑名》置於律首，《雜律》自然就成最後一篇了。而且從邏輯上說，只有在成"類型"的"律"之後，才能把剩下的"雜"律歸納成篇。北齊多律令世家，北齊人多通曉法律，[2] 他們一方面回到古典，另一方面按邏輯歸納，以致將雜律排在整部律的最後，是很有可能的。此後，雖然《隋律》將《雜律》置於倒數第三，位在《捕亡》《斷獄》之前，但就"刑名"性質而言，雜律仍屬排在最後。《唐律》依然。

至於令，《北齊令》"取尚書二十八曹為其篇名"，[3] 與晉、梁令的構成大相徑庭。這是為何？我以為，這是因為《北齊令》"四十卷，大抵採魏晉故事"，[4] 而魏晉是"品式章程者為故事，各還其官府"[5] 的。魏晉"故事"以"官府"為類別，《北齊令》用魏晉"故事"，宜其以"曹

---

[1] 但天監元年（502）詔中仍說："前王之律，後王之令"，見《隋書》卷二五《刑法志》，第697頁。
[2] 程樹德：《九朝律考》卷六《北齊律考》，中華書局1963年版，第393、410頁。
[3] 《唐六典》卷六《尚書刑部》，第184頁。
[4] 《隋書》卷二五《刑法志》，第705頁。這裡的"故事"或以為泛指，即"舊例"之意，但我認為它是特指魏晉的另種法典形式即《故事》。
[5] 《隋書》卷三三《經籍二》，第967頁。

司"為篇名。以曹司為篇，自然沒有《雜令》排序問題，故《北齊令》不在我們比較的範圍內。

到《隋令》，或許是受北齊《律》的影響，將《雜令》排在整部令的最後。這符合"令"的排列邏輯。① 此後《唐令》及北宋令如《天聖令》，都將《雜令》排在最後。這是《雜令》順序的第一次變化，即從整部《令》的中間變到最後。這一排序上承《法經》，下參北齊律，並符合《令》的編排邏輯，因而是"令"編撰思想成熟的體現。

到金《泰和令》，增加了一些唐、北宋令沒有的篇目，按照前面所說"令篇目順序的穩定性"，這些新增篇目都排在原來最後一篇《雜令》的後面，使《雜令》在整部29篇令中位列25，即不再位於最後了。這是《雜令》順序的第二次變化。排在《雜令》後面新增的令是釋道、河防、服制。② 另一篇《營繕》則是舊令。為何將《營繕令》從《雜令》前挪到《雜令》後，與新增令排在一起，是值得研究的問題。這或許是因為新設了《河防令》，而《營繕令》性質與其相仿，所以單抽出來放在了《雜令》後面，《河防令》之前？

南宋《慶元令》的篇目順序我們不清楚。日本學者仁井田陞在《唐令拾遺·序論》中將慶元令《雜令》排在第19篇，其他新增令18篇均置於《雜令》之後。③ 其後，日本學者（近以《唐令拾遺補》為代表）對《慶元令》篇目順序重新作了推測。按照推測，《雜令》的位置變為第32篇，其後排有新增令中的道釋、營繕、河渠、服制、驛④各令。這一推測，顯然是參考《金令》得出的。《慶元令》的篇目順序究竟如何，實際我們並不知道。就《雜令》位置而言，起碼有三種可能：第一，如《唐令拾遺補》所推測的那樣，按《金令》或元《條格》的順序，只將上述5篇新增令置於《雜令》後，即《雜令》位於第32篇。第二，若依上述

---

① 至於《隋令》其他篇目順序的調整及其意義，前引高明士文有很好的分析，可以參看。
② 參考南宋《慶元令》中的《服制令》，其內容大致包括唐、北宋令中的《喪葬令》和"五服年月"，嚴格說不是新增的令，但改《喪葬令》為《服制令》，即將"五服年月"入令，構成了不同於此前令的新面貌，因此也可以算是一篇新令了。
③ 《唐令拾遺》中譯本，第834—835頁。
④ 參見（日）池田溫（編集代表）：《唐令拾遺補》（東京大學出版會1997年版）中所列表，第317—318頁，但表中有一些錯字，需要注意。

"令篇目順序具有穩定性"原則，新增令 18 篇（包括軍器、吏卒、場務、輦運、進貢、理欠等令）全部補在《雜令》後面，即像仁井田陞推測的那樣，位於第 19 篇。第三，遵從隋唐令的編排邏輯，仍將《雜令》置於全令之末，即位於第 37 篇。從《慶元條法事類》的編排看，全部門類疑有 33 門，其中"雜門"位於最末，或可證《慶元令》也是將《雜令》放在全令之末的。但這一問題目前無法徹底解決，只能暫時存疑。

元代的《條格》，其表現形式雖與前代的《令》不同，但實質仍是令，篇目順序也與《令》同。元《通制條格》篇目中《雜令》的位置與金《泰和令》接近，在全部 27 篇中位於第 21，其後為僧道、營繕、河防、服制、站赤、權貨。① 新近發現的《至正條格》亦然。② 這種排列顯然是延續了《金令》的傳統。

於是我們的總結論就是：《雜令》位置在《晉令》和《梁令》中位於全令中間，其緣起在於《晉令》中"法令"與"令"的區別。自《隋令》始，《雜令》位置為之一變，變為位於諸令之末。這符合《令》典編撰邏輯，反映了隋唐法典編撰水準的提高。這一位置後來經《唐令》，至北宋《天聖令》保持不變。此後的《金令》、元《條格》將新增令置於《雜令》之後，而非插入相關令左右，使《雜令》不再位於全令之末，這導致了《雜令》位置的第二變。這一變有尊重前代《令》傳統即儘量不改變前代《令》篇目順序的意圖，同時卻破壞了《令》典的編撰邏輯，反映了金元時代法典的編撰思想和水平。

（二）《雜令》內容比較

《雜令》內容的比較可以從幾方面進行。以下順序言之。

1. 從分量上比較

晉《雜令》有三卷之多，加上《雜法》兩卷，共有五卷。梁《雜令》也有三卷。到隋《雜令》，只有一卷。《唐令》乃至北宋《天聖令》延續了這一分量。從天聖《雜令》看，這一卷的《雜令》大致有 64 條或

---

① 參見仁井田陞《唐令歷史的研究》，《唐令拾遺》中譯本，第 838 頁。
② 從《至正條格校注本》（韓國學中央研究院 2007 年版）可知，其篇目除比《通制條格》增加了《獄官令》外，其他相同。實際上，《通制條格》亦有《獄官令》，只是缺了而已。

65條。到金《雜令》，只有49條，① 是否佔一卷不明。慶元《雜令》有多少條，我們不清楚。現存《慶元條法事類》只有36卷，不到全部80卷的一半。從這36卷統計，共有《雜令》68條。② 元《通制條格》中的《雜令》有兩卷，有類目64。③ 從以上統計看，《雜令》從晉到隋，分量日益縮小。隋以後除南宋《慶元令》情況不明外基本保持在一卷六七十條左右。這反映了各朝編令者儘量只在《雜令》中收錄無法歸入其他令的條文。一旦相關條文足以成篇，就要從《雜令》中將其剔除出去了。

2. 從歸類上比較

我在以前曾經說過：晉梁有多達三卷的《雜令》，說明當時在政治或社會生活中，出現了一些要用令來規範的現象，但這些現象還不夠多，沒有達到相當分量，還不足以單獨成篇，於是只好歸於《雜令》。像隋、唐令中已獨立成篇的儀制令（這在《晉令》中尚無，到《梁令》中已與"公田公用"合為一篇）、鹵簿令、公式令、倉庫令、廄牧令、營繕令、假寧令等，可能在晉、梁時都還只能屬於《雜令》的範疇。這是造成晉、梁《雜令》篇數龐大的重要原因。

到隋唐時代，隨著社會的變化，一些原屬於《雜令》的條款不斷增多，不斷獨立出來，單獨成篇，屬於《雜令》的條目就減少到一卷了。此後，除條文數目外，《雜令》的內容繼續隨著社會發展而發生某種變化。例如隋、唐《雜令》中的許多條款，隨著社會的變化，以及相應問題的增多，就從《雜令》中分離了出來。我們看到唐《雜令》中較多關於"官戶、奴婢"，以及關於"質舉"的規定等，在南宋《慶元令》的《雜令》中已經不見了。④ 這其中"官戶、奴婢"規定的消失，是因為社會發生變化，唐代的官戶到宋代已不復存在；而"質舉"等規定則是因為相關行為增多及需要管理的程度加大，可以獨立成篇或歸入其他相關

---

① 《金史》卷四五《刑法志》，中華書局1975年版，第1024頁。
② 台灣新文豐出版公司1976年影印本《序》統計有78條，不確；日本學者川村康在《慶元條法事類と宋代の法典》中統計為82條（實有68條）（載滋賀秀三編《中國法制史基本資料の研究》，東京大學出版會1993年版，第338頁）。
③ 每類有一至若干條，每條是一事。大致而言，"類目"相當於唐宋《令》中的條。又，《通制條格·雜令》佔兩卷，不是因為類目多，而是因為事例多。
④ 當然這是就現存《慶元令》而言。

的令中去了。

　　舉例而言：唐《雜令》（包括天聖《雜令》，下同）中的"取水溉田條"，在慶元《雜令》中被歸入《河渠令》；"以財物出舉條"被歸入《關市令》；"畜產觝人條"被歸入《廄牧令》，等等。同樣，慶元《雜令》中也有很多令文不見於唐《雜令》，例如"品官有官酒條""甲頭救火條""聖節集妓樂條"等。它們都是適應新情況而增加進去，還不足以單獨成篇的一些新的規定。①

　　現在要補充的是：

　　（1）除上述舉出的確切條文外，推測還有這樣一些變化。例如唐（包括天聖）《雜令》中的"禁殺雜畜條"，可能會歸入慶元《時令》；"官人投驛止宿條"，可能會歸入慶元《驛令》；"道釋造籍條"可能會歸入慶元《道釋令》中。此外，唐《雜令》中關於上番諸色人的規定，可能會歸入慶元《吏卒令》中。由此也可知唐代這些諸色人的身份性質，實際相當於"吏卒"。

　　（2）這種不斷將《雜令》中相關內容調整出去，又將新內容補充進來的做法延續到元代的《條格》。《通制條格‧雜令》全部65類中，與唐宋《雜令》相同或類似的只有"侵佔官街、船路阻害、屠禁、違例取息、闌遺、地內宿藏、禁書、監臨營利"8類，其他57類都是新加的。而且同樣是元代《條格》，到《至正條格》對《雜令》又作了調整。按現存《至正條格》缺《雜令》部分，但從其他殘存的條文中還是能發現調整痕跡的。例如《通制條格》②雜令"冒領官物"（總613）條在《至正條格》中被調整到《倉庫令》；"闌遺"類可能整體被從《雜令》中剔除，其中有5條（總588、590、591、592、593）被挪至《廄牧令》"闌遺"類，有1條即總第594條被挪為"斷例"下"廄庫"之"闌遺頭匹"類；③剩下的3條應該也不再在《雜令》中，但由於《至正條格‧雜令》缺，此點不能確證；此外，還有《雜令》的"金銀"類（總537條）被

---

① 黃正建：《天聖雜令復原唐令研究》，《校證》，第718頁。
② 方齡貴校注：《通制條格校注》，中華書局2001年版。
③ 《條格》與《斷例》可以互調，可見元人對二者性質的模糊認識。此說受本所元史專家劉曉先生啟發。

調整為《關市令》"買賣金銀"類；等等。由此可見，編令者先將無法歸類的放在《雜令》，待有新的認識或相關條文增多後，隨時會將它們調整出去，再把更新的無法歸類的條文放入《雜令》。這應該不只是元代《條格》如此，唐宋令可能也是如此。

這裡還有個問題，即關於"闌畜"的規定，《唐令》已經在《廐牧令》中，北宋《天聖令》亦然，① 為何到南宋《慶元令》又將其挪至《雜令》，② 並為元《通制條格‧雜令》所繼承，直至元《至正條格》才重新歸入《廐牧令》？其原因是源自法典編撰本身，還是社會經濟形勢的變化？值得探討。

（3）《雜令》的歸類變化，各朝代都在醞釀和實施，其過程可能會延續很長時間。例如唐《雜令》的"畜產觝人條"，一直延續到北宋天聖《雜令》，仍然存在（宋27條）。但在《唐律疏議》中，此條被放入《廐庫律》疏議，預示它與"廐庫"的關係更密切。《唐律疏議》明確引用的《雜令》只有3條，其他2條在《雜律》中，唯此在《廐庫律》裏。待發展到南宋《慶元令》，就徑直將其調整到《廐牧令》中去了。同樣，《宋刑統》所引《雜令》，有兩條放在《戶婚律》中，相信到《慶元令》，它們應該也脫離《雜令》被調整到例如《戶令》等令中了。

這兩個例子說明，唐宋法典編撰者不斷在考慮《令》條文的歸屬問題，一旦他們意識到某令文與其他類別相近，隨著時間推移，早晚會將其歸入相關類別中去的。這在《雜令》條文的歸屬上表現得十分明顯。

3. 從條文內容上比較

《雜令》內容的特點是"雜"。我曾經試圖給天聖《雜令》的64條分類，結果發現至少可分為23類，有些類其實只有1條。如果實在要說《雜令》內容構成的話，大致可以說包含有以下內容：

（1）就官員而言，除去俸祿等待遇外，其他雜待遇，比如能否臨街開門、床席褥如何配給、紙筆如何配給等都在《雜令》中規定。

（2）官員之外"在官有職掌"的諸色人的揀選，即除去經銓選的流內流外官外，其他人如何揀選等，都在《雜令》中規定。

---

① 宋家鈺：《唐開元廐牧令的復原研究》，《校證》，第509頁。
② 戴建國點校：《慶元條法事類》，黑龍江人民出版社2002年版，第906頁。

（3）對賤民的法律規定，集中體現在《雜令》中。

（4）經濟方面的法規，例如所有權問題（宿藏物的所有、山澤礦產的所有、漂失物的所有等）、債務問題（訴訟、質舉、財物與粟麥出舉等）。

（5）其他與生活相關的法規，如度量衡、禁屠宰、藏冰、用水、過河、制止畜傷人、投驛住宿、標幟猛獸等。

《雜令》內容的"雜"，使其變化比其他各令都大，造成《雜令》令文各時代有很大不同，因此比較起來十分困難。但同時，《雜令》也有一些條文具有很強的延續性，我們舉兩個例子以為比較。

第一個例子是《雜令》中的"諸有猛獸條"：

《太平御覽》卷八九二引"晉令曰"：

> 諸有虎，皆作檻穽籬柵，皆施餌。捕得大虎，賞絹三疋，虎子半之。①

此條《晉令》，程樹德《九朝律考》卷三《晉律考下·晉令》將其歸為"不敢定為屬於某篇"類，② 即不知它屬於哪篇令。我以為，此條《晉令》，很可能屬於《雜令》，因為我們在唐《雜令》中看到有類似的條文，即依據《南部新書》復原的唐令65條：③

> 諸有猛獸之處，聽作檻穽、射窩等。得即送官，每一頭賞絹四疋。捕殺豹及狼，每一頭賞絹一疋。若在監牧內獲者，各加一疋。其牧監內獲豹，亦每一頭賞得絹一疋。子各半之。

到北宋天聖《雜令》宋41條，作：

> 諸有猛獸之處，聽作檻穽、射窩等，不得當人行之路。皆明立

---

① 《太平御覽》卷八九二，第3960頁。
② 《九朝律考》，第306頁，但錯將《太平御覽》的卷數寫作卷八〇九了。
③ 參看《校證》，第747、753頁。

標幟，以告往來。

此時令文中沒有了關於"賞物"的規定。① 到南宋《慶元令》，相關規定變成2條：②

    1. 諸有猛獸，聽施檢設坑阱③之類，不得當人行之路，仍明立標識。

    2. 諸獲猛獸（謂虎、豹、狼），以皮納官（虎並睛納），附綱上京，餘給捕人。猛獸多處，仍量招置虎匠，官賞外，民願別備賞召人捐者，聽。

由此可見，從《晉令》到南宋《令》，將近1000年的時間內，《雜令》中的此條內容基本延續下來。區別在於：第一，《晉令》只提到"虎"，唐宋《令》則作"猛獸"。從遺留下的《晉令》看，往往是一事一物即一條，還不大會抽象，所以《晉令》卷數和條數的分量都很大。第二，《晉令》和《唐令》中有"賞物"的規定，而《宋令》中沒有，其原因蓋在於宋將"賞物"規定在了《格》《式》或《賞令》等中（詳後）。

元《條格》延續了宋制，將此規定列入《賞令》中的《捕虎》類④。

第二個例子是《雜令》中的"宿藏物條"：

唐《雜令》復原40條為：

    諸於官地內得宿藏物者，皆入得人；於他人私地得者，與地主中分之。若得古器形制異者，悉送官酬直。

北宋天聖《雜令》宋26條與此相同，作：

---

① 此時可能將"賞物"規定置於《格》或《式》中。詳後。
② 《慶元條法事類》點校本，第895—896頁。
③ 《慶元條法事類》影印本（新文豐出版公司1976年版）第597頁作"穽"。
④ 《通制條格校注》卷二十《賞令》，第579頁。

諸於官地內得宿藏物者，皆入得人；於他人私地得者，與地主中分之。若得古器形制異者，悉送官酬直①。

南宋慶元《雜令》中也有此條，作：

諸官地內得宿藏物者，聽收。若他人地內得者，與地主中分之。即器物形制有異者，悉送官，酬其直。②

元《通制條格·雜令》仍有此條，作：

今後若有於官地內掘得埋藏之物，於所得物內壹半沒官，壹半付得物之人。於他人地內得者，依上與地主停分。……如得古器、珍寶、奇異之物，隨即申官進獻，約量給價。……③

此條很有名的關於"所有權"的令文，從《唐令》到元《條格》，800年來一直存在於《雜令》中。當然變化還是很明顯的，即唐宋元此條規定，在涉及"私地"中"物"所有權時，沒有疑義，但關於"官地"中"物"的所有權，則有不同規定。唐《雜令》和宋天聖《雜令》規定在官地發現宿藏物，都給發現者；而南宋慶元《雜令》規定要被官方沒收，這是否反映了官方對官地的絕對所有權，亦即南宋人官地所有權意識較強？到元條格《雜令》，規定官方與發現者一人一半，將"官地"等同於"私地"，這是否反映了元人官地所有權意識較弱？④

通過以上兩個例子，可知《雜令》中個別條文具有很強的延續性，但同時，各時代的令，在相似條文下，實際還存在一些變化，這些變化

---

① 以上唐宋令，參見《校證》，第742頁。
② 《慶元條法事類》點校本，第906頁。
③ 《通制條格》點校本，第687頁。
④ 當然這只是對唐、南宋、元此條差異原因的一點推測，論證很不充分。不過我想，在施行均田制時代，時人對"官地"的概念，與不施行均田制時代時人對"官地"的概念，應該是不一樣的。又，開始《慶元令》中的"聽收"，也有學者認為指"聽"發現人"收"，而非言官府沒收。

與社會的變化、人們認識事物水準的變化，以及法律意識的變化都有直接關係，值得今後予以認真探討。

下面再用一個例子綜合說明《雜令》內容的比較。

唐《雜令》復原35條：①

　　諸訴田宅、婚姻、債負，起十月一日，至三月三十日檢校，以外不合。若先有文案，交相侵奪者，不在此例。

天聖《雜令》宋22條：

　　諸訴田宅、婚姻、債負，（於法合理者。）起十月一日官司受理，至正月三十日住接詞狀，至三月三十日斷畢。停滯者以狀聞。若先有文案，及交相侵奪者，隨時受理。

比較這兩條《雜令》，第一，分量不同，唐《雜令》此條字數要少於天聖《雜令》。第二，從歸類上說，唐《雜令》此條，是據《宋刑統》復原的，而《宋刑統》將其歸在《戶婚律》"婚田入務"門，說明當時的法學家已經有意識地將其與《雜令》其他內容區別開來。當然到天聖年間，沒有繼續這一趨勢，仍將其置於《雜令》中（這可能是拘泥于《唐令》的緣故），估計到南宋《慶元令》，可能就把它剔除出《雜令》了。第三，從內容看，唐宋令有許多變化，比如《宋令》更具體規定受理案件"至正月三十日"止；如果三月三十日不能斷案，要"狀聞"；有例外則"隨時受理"。這種不同，亦即天聖《雜令》的這種修正，依據的是修《宋刑統》時的"參詳"。按此"參詳"云：

　　臣等參詳，所有論競田宅、婚姻、債負之類，（債負謂法許徵理者。）取十月一日以後，許官司受理，至正月三十日住接詞狀，三月三十日以前斷遣須畢，如未畢，具停滯刑獄事由聞奏。如是交相侵奪及諸般詞訟，但不干田農人戶者，所在官司隨時受理斷遣，不拘

---

① 依據為《宋刑統》卷一三第207頁的"準《雜令》"。

上件月日之限。①

很顯然，《天聖令》的編修者參用了此條"參詳"，遵循了其中的法理，使用了其中的語句，只是更簡明更像法律條文（但實際效果反不如"參詳"清楚明白）。從這個例子可知《天聖令》修訂《唐令》以撰新令，曾依據《宋刑統》，並吸收了其中"參詳"的內容，但又摒棄了"參詳"中一些詞語，以便於與《令》的條文語言相融合。②

三　與其他法律形式的橫向比較

（一）與《雜律》的比較

按唐《雜律》二卷，內容與雜令一樣，也是"拾遺補闕，錯綜成文，班雜不同"。③《雜律》共有律文62條，從"疏議"所引《令》的篇目看，涉及有《廄牧令》《關市令》《營繕令》《儀制令》《衣服令》《喪葬令》《宮衛令》《軍防令》《祠令》《公式令》《雜令》等，可見內容之雜。其中引《雜令》的條文，分別涉及度量衡諸條、私行人投驛條、宿藏物條、出舉負債諸條，④其他相關的條文還涉及有官戶奴婢、猛獸處立標幟、侵街巷、山澤之利、修堤防橋航、船舶運輸等。這些表明《雜律》與《雜令》在內容上存在某種一致性。

但是，《唐律》是有罪名有罰則的，這與《令》有相當的不同。因此《雜律》中有大量內容不見於《雜令》。舉其大者，例如有關於強姦和姦的7條、關於失火救火的7條、關於棄毀亡失官私物軍器的12條等。這些條文都規定了罰則，屬於刑事犯罪，在程度上要重於令。

而且它們大部分沒有相應的令文，可見所謂"違令有罪則入律"⑤只

---

① 《宋刑統》，中華書局1984年版，第207頁。
② 比如仍使用唐《雜令》此條中的"先有文案、交相侵奪"，而不用宋臣《參詳》中的"交相侵奪及諸般詞訟"等。
③ 《唐律疏議》卷二六，中華書局1983年版，第479頁。
④ 明確寫"雜令"字樣的只有"度量衡諸條"與"私行人投驛條"。
⑤ 《晉書》卷三〇《刑法志》，第927頁。

適用於部分律令。① 在《雜律》和《雜令》中最符合這種精神的只有一條，即《雜令》中的"宿藏物條"。此條內容前面已經引過，違反了此令就要得罪，於是《雜律》中規定了相應的一條，即《唐律》（《雜律》）447 條：②

  諸於他人地內得宿藏物，隱而不送者，計合還主之分，坐贓論減三等（若得古器形制異，而不送者，罪亦如之）。

由於《雜令》規定在官地內發現宿藏物，歸發現者，因此不存在違令問題。而在他人地內發現，如果違令不送（即不與地主中分），就要依應給地主的部分計算，按坐贓論減三等治罪。這就是"違令有罪則入律"。

慶元《雜令》相關律文沒有找到，《通制條格·雜令》此條則明確說："如有詐偽隱匿，其物全追沒官，更行斷罪"③，也是違令則入律的意思。不過元代條格《雜令》，既有正面規定，又有違反了要"斷罪"的規定，和唐宋《令》均不同，獨具元代法律特點。

（二）看與《格》的關係

由於唐《格》按官司為篇名，沒有《雜格》，因此無法與《雜令》進行比較。其他存世的唐《格》中，也沒有找到能與《雜令》相比較者。但到南宋《慶元令》時代，《格》發展演變成也按"類"名篇，於是出現了《雜格》。不過這時《格》性質發生了變化，變成了一種具有"標準"意義的規定，含有定額、期限等具體標準。比如《慶元條法事類》共引《雜格》2 條，一條是關於雇人抬轎子所差幹辦官和屬官人數的規定，另一條是關於"諸州催納二稅日限"的規定。這樣一種規定，與唐及天聖《雜令》關係不大。

但是唐《雜令》與《慶元令》中其他的《格》還是可以比較的。這指的主要是《賞格》。因為如前所述，在宋代，將《雜令》相關條文中與

---

① 也許在律令剛分開的魏晉時代，律令各自的條文存在相應性，後來慢慢才疏遠了。
② 《唐律疏議》卷二七，第 520 頁。
③ 《通制條格》點校本，第 687 頁。

"賞物"有關的規定調整到了《賞格》中。

例如前面提到的唐《雜令》"諸有猛獸條",規定了捕獲者的賞額,以及特別規定"子各半之",即捕獲猛獸之子,獎賞減半。這一規定到南宋《慶元令》就被調整到《賞格》中,作:

> 諸色人:獲猛獸,每頭(小而未能為害者,減半),虎匠:狼,絹二匹,錢一貫;豹,絹三匹,錢二貫,虎,絹五匹,錢五貫。餘人:狼,絹二匹;豹,絹三匹;虎,絹五匹。①

雖然賞額不同,但"子半之"的法律精神依舊。

再如《雜令》"諸竹木條"。唐《雜令》復原18條作:

> 諸公私竹木為暴水漂失有能接得者,並積於岸上,明立標牓,於隨近官司申牒。有主識認者,江河五分賞二、余水五分賞一。限三十日外,無主認者,入所得人。

明確規定了賞物比例。北宋天聖《雜令》宋14條亦然,作:

> 諸竹木為暴水漂失有能接得者,並積於岸上,明立標牓,於隨近官司申牒。有主識認者,江、河五分賞二、余水五分賞一。非官物,限三十日外,無主認者,入所得人。官失者不在賞限。②

但到了南宋慶元《雜令》,簡化為:

> 諸收救得漂失竹木,具數申官。

沒有了關於"賞物"比例的規定。這一規定也是被調整到了《賞格》中,作:

---

① 《慶元條法事類》點校本,第896頁。
② 以上兩條見《校證》,第738頁。

收救得漂失私竹木：諸河，給二分。江、淮、黃河，給四分。無主者，全給。①

《賞格》中的比例雖然與前此的《雜令》不同，但"賞物"按比例付給則是一樣的。

由此可見，《雜令》與《格》的關係，主要發生在《格》的性質發生變化了的宋代，或者說只發生在《賞格》出現的時候，而與《雜格》關係不大。同時，這種關係當然不限於《雜令》，其他《令》中規定的"賞物"，可能有一些也被刪除，而挪到《賞格》中去了。

最後，看與《式》的關係。

按《式》在唐代，也主要以官司名篇，沒有《雜式》，因此無法與《雜令》進行比較。至於其他的《式》，因存世太少，也無法進行比較。到《慶元令》時代，《式》變為公文格式，於是出現了《雜式》。《慶元條法事類》共引《雜式》6條（加上重複，共8條），內容都是公文格式，例如有"保官狀""初驗屍格目"等。這樣一些格式，與唐及天聖《雜令》似無多少共同處。② 此處就不作比較了。

四　小結

綜上所述，《雜令》與《雜律》一樣，源遠流長，"穩定性最強"③。從《晉令》中即開始存在，直至元代《條格》仍有其篇目。但《雜令》因其內容之"雜"，變化又是諸令中最大的。這道理很簡單：其他《令》涉及的類別相對固定，新增條文只能局限在規定範圍內，量就不會太大。而《雜令》沒有範圍限制，只要是社會需要制定的規範，都可以增加到《雜令》中來。因此我們看到各時代《雜令》中內容有很大不同，不斷有

---

① 以上《雜令》與《賞格》，見《慶元條法事類》點校本，第907、908頁。
② 按日本《延喜式》（吉川弘文館1988年版）卷五〇有《雜式》，內容中關於度量衡、公廨出舉、任聽百姓私採銀等條，似與《雜令》有關，但大量的條文與《雜令》不相干，特別是最後有長篇關於釋奠禮和祝文的規定，不似《式》文。知此《雜式》與《延喜式》整體體例不合，故暫不置論。
③ 劉俊文：《唐律疏議箋解》卷二六《雜律》解析，中華書局1996年版，第1772頁。

條文分出去，更有大量新設條文增加進來。

　　《雜令》的變化可以從幾方面看到：從分量看，由三卷逐漸變為一卷；從排序看，由位於《令》的中間變為《令》末，然後又回到中間；從歸類看，常有《雜令》條文分出歸入其他《令》，也有個別條文從其他《令》反歸《雜令》；從內容看，不同時代各有大量新增條文，但也有一些令文延續達千年。這些跨時代的令文適應社會變化，在總體內容不變的情形下，實際有許多值得注意的具體變化。

　　《雜令》與《雜律》具有許多一致性，但真正能對應上、即能做到"違令入罪"的條文卻很少；隨著《格》性質的變化，到宋代，《雜令》中有關"賞物"的規定被調整到《賞格》中；而《雜令》與《雜格》《雜式》的關係似乎不大。

　　以上結論，著眼於整個《雜令》，餘下的問題還有很多。例如天聖《雜令》為何將23條唐《雜令》棄之不用，就是需要我們一條條地進行細緻研究的一個十分重要的問題。

《天聖令》中宋令及《養老令》對唐令修改的比較

一 前言與凡例

《天聖令》的研究現在已經進入了平穩發展階段。如何進一步深入研究這一千年前的珍貴法典，是學者面臨的重要問題。從研究實踐看，部分學者從個別法典入手，研究單篇令文；部分學者利用法典內容，繼續研究唐宋史的相關問題；還有部分學者致力於從整體進行研究，涉及全部篇目和令文。日本學者服部一隆就是站在日本令研究的立場上，對《天聖令》全部令文進行細緻研究的一位學者。

2011年，服部一隆發表了《養老令と天聖令の概要比較》[①]（以下簡稱為《服部文》）。文章通過將《養老令》與《天聖令》的數值化，探討《養老令》繼受[②]唐令的程度。作者設計了比較的方案：1. 將《天聖令》中含有《養老令》大部分字句的條文用◎表示；2. 將《天聖令》中含有《養老令》數處文字的條文用○表示；3. 將《天聖令》中含有《養老令》個別字句的條文用△表示；4. 根據條文排列和內容，可以判定《天聖令》與《養老令》存有關聯的條文，用▲表示；5. 與《天聖令》無對應關係，即《養老令》的"獨自條文"，用☆表示。

《服部文》將《天聖令》中的宋令簡稱為"宋"、不行唐令簡稱為

[①] 載日本明治大學古代學研究所編《古代學研究所紀要》第15號，2011年，第33—46頁。以下引文均譯成漢語後表述。

[②] "繼受"是個日語詞，意思是繼承和接受，很難用一個漢語詞準確翻譯，這裡暫且原樣使用，希讀者諒察。

"唐",二者相加簡稱為"計",《養老令》簡稱為"養"。再根據以上相似度的標準,對《天聖令》殘卷的12篇令逐篇統計,計算出各自的"不行唐令率(唐÷計的百分比)""繼受率(養÷計的百分比)""繼受度([◎+○]÷養的百分比)",以各種圖表展示出來,清晰明白,一目了然。

《服部文》的結論是:

① 從"不行唐令率"看,平均是43%,分類來看:田、廄牧、醫疾令在60%以上,捕亡、賦役、倉庫令在50%前後,雜、關市令在30%左右,假寧、獄(官)、營繕、喪葬令在20%以下。不行唐令率越高,唐令的復原精度就高,與日本令的比較也越易進行。

② 從日本令對唐令的"繼受率"看,平均是66%,其中捕亡、獄(官)令在90%前後,賦役、醫疾、關市、田、雜令在70%—60%,廄牧、營繕、倉庫、假寧、喪葬在50%前後。這一指標意在說明唐令中有多少條文進入了《養老令》中。

③ 從《養老令》對唐令的"繼受度"看,平均是73%。分類來看:營繕、捕亡令在90%左右,獄(官)、關市、假寧、醫疾令在80%前後,賦役、倉庫、田令在70%前後,喪葬、雜、廄牧令在50%左右。這一指標意在說明《養老令》條文與《天聖令》條文有多大程度的共通性,或者說,《養老令》在多大程度上照抄了唐令的內容。要注意的是,由於《天聖令》的部分內容改編自唐令,因此對唐令的實際"繼受度"要高於此指標。

《服部文》將我們以前關於日本令對唐令繼承情況的認識精確化、直觀化了,是一種對《天聖令》令文的基礎性研究,給人以許多啟示。但同時,這種統計也存在一定的問題。這種問題主要表現有二:

第一,正如《服部文》所說,《天聖令》部分內容改編自唐令,因此實際"繼受度"要高於統計指標。其實從理論上說,《天聖令》是宋代法典,晚於《養老令》250年,《養老令》怎麼可能"繼受"《天聖令》呢?這在邏輯上是不通的。換句話說,即使《天聖令》中宋令的條文字句與《養老令》相同,也不能說《養老令》"繼受"了《天聖令》。計算"繼受率""繼受度",只能涉及《天聖令》中唐令而非《天聖令》全部。

第二,《服部文》所謂《天聖令》中含有《養老令》大部分字句的條文用◎表示、含有數處文字的條文用○表示、含有個別字句的條文用△表示，云云，這裡的"大部分""數處""個別"字句的標準是什麼？如何界定？而如果沒有確切標準的話，統計就會比較隨意，得出的結果就有很大出入了。我們舉幾個《雜令》的例子。

　　宋10：諸州界內有出銅礦處官未置場者，百姓不得私採。金、銀、鉛、鑞、鐵等亦如之。西北緣邊無問公私，不得置鐵冶。自餘山川藪澤之利非禁者，公私共之。①
　　養老令9 國內條：凡國內有出銅鐵處，官未採者，聽百姓私採。若納銅鐵，折充庸調者聽。自餘非禁處者，山川藪澤之利，公私共之。②

這兩條屬於《服部文》所謂比較後的○，即二者有數處文字相同。再看下例：

　　宋30：諸王、公主及官人不得遣官屬、親事、奴客、部曲等在市肆興販，及於邸店沽賣、出舉。其遣人於外處賣買給家、非商利者，不在此例。
　　養老令24 皇親條：凡皇親及五位以上，不得遣帳內資人，及家人、奴婢等，定市肆興販。其於市沽賣、出舉，及遣人於外處貿易往來者，不在此例。

這條屬於《服部文》所謂比較後的△，即有個別字句相同者。問題是，這兩條宋令和《養老令》的關係，在我看來十分類似：都有若干相同的字句，也有日本令根據本國情況改變的字句，因此從整體看，這兩條《養老令》對宋令（其前身的唐令）的繼承是很明顯的。但是按照

---

①　《天聖令》引文，與服部文章所引相同，即出自天一閣博物館、中國社會科學院歷史研究所天聖令整理課題組《天一閣藏明抄本天聖令校證（附唐令復原研究）》（以下簡稱為《校證》）中的清本，中華書局2006年版）。
②　以下《養老令》令文，均引自"日本思想大系"版《律令》（岩波書店2001年版），標點按中式標點有所改動。

《服部文》規定，"繼受度"的計算只有◎和○，而排除了△，也就是說，《養老令》24條不是繼承自宋30條（其前身亦為唐令）。那麼，這一判斷是準確的嗎？按照這一判斷來進行計算後的結果還是可靠的嗎？

因此筆者認為《服部文》的計算還是稍有缺陷的，主要是沒有把基本相同、大部分相同、個別相同的條文全部列出來，以致我們無法判斷他的分類是否正確。本文即為克服這一弊病，將全部比較的條文列出，同時將標準列出，讀者可檢驗我們的分類判斷是否正確。

現在讓我們拋開《服部文》的缺陷，接受文章給我們的啟示，在他的方法基礎上略作修正，來看看我們需要解決的問題。這個問題就是：《天聖令》中的宋令和《養老令》都是改編自唐令，在對同一條唐令作修改時，除去因制度不同所作的修改外，在字句上究竟誰更忠實於唐令原文，或曰誰修改的比重更大一些？如果能用數值來說明這個問題，是不是會更有說服力呢？

為此，特擬凡例如下：

1. 以宋令為順序，以復原唐令為依據（其中基本依據宋令或養老令復原的唐令概不採用，因此實際上只是使用了復原唐令的序號，內容則多依《唐令拾遺》或《唐令拾遺補》，對復原令文個別有不同意處則修改之），將宋令和養老令與唐令進行比較，[①] 並將原文順序列出。

2. 三種令文（唐令、宋令、養老令）條文不同者不予比較，只比較三者有大致相同文字的令文，即其中任意二種令而非三種令有相同文字者不予比較。某條令文中若只有部分相同，只比較相同部分的文字。

3. 所謂"相同者"，其中若因制度不同者——如"州縣"與"國郡"之不同，以及因物產不同如是否有"象""驢"之類——而產生的不同，一般不計算為不同。亦即我們只比較文字的異同，而不比較制度的異同。[②] 此外，避諱字也不計算為不同。

4. 比較結果，將令文相同者區別為三種情況：

（1）文字基本相同者用◎表示（個別字可以不同，但"諸"與

[①] 其中《養老令》出處已見上注。復原唐令見《校證》中的復原清本，復原根據見各令的復原論文；宋令亦使用《校證》中的清本。

[②] 但有時文字的不同即反映制度的不同，因此此點把握起來很難。

"凡"的不同不計算為不同；屬漏字、誤字者也不計算為不同）。

（2）大部分相同者用○表示。其中的不同若有數處，用阿拉伯數字注於○標誌之後。這種場合的令文，總體看句式是相同的（因制度因素造成的不同除外）。如果一條句式大體相同的令文中，有某一句（或某幾句）出現字詞與句式異同，則字不同但句式同者，加△符號；字不同句式亦不同者，加▲符號。

（3）僅個別字相同者，用●表示，同時用阿拉伯數字表示相同處數量。

（4）各令的不同或相同處，均用黑體字並加底線，以示區別。

5. 要強調的是：復原唐令若依據的是《唐六典》，因《唐六典》所引並非唐令原文，因此比較結果會稍有出入（個別不同處可能會忽略不計，即在此場合下，比較的標準相對寬鬆一些）；若依據的是《宋刑統》，因《宋刑統》所引令文的時代不明（從種種跡象看，很可能是五代宋初令，故而比較接近天聖令），因此比較結果也會不夠準確。出自《大唐開元禮》者，其文字與《令》文也會小有不同，比較時作寬鬆處理。

6. 有時，文字的不同與令文時代的不同相關，但很難判斷。這種情況下，為提供更多信息，還是儘量將這些不同表現出來。

7. 若有相關說明或提示，在令文下作"按"語。

8. 除《天一閣藏明抄本天聖令校證（附唐令復原研究）》外，《唐六典》《通典》《唐律疏議》《宋刑統》，均用中華書局點校本；《唐會要》，用中華書局標點本；《唐令拾遺》用長春出版社的中譯本；《唐令拾遺補》用東京大學出版會本；《養老令》用岩波書店 2001 年的《律令》本。

二　令文比較的正文

（一）田令

1. 復原唐令 18：……鄉土不宜者，任以所宜樹充。（出自《通典》）
宋令 2：鄉土不宜者，任以所宜樹充。◎
養老令 16：鄉土不宜**及狹鄉**者，**不必滿數**。○2

2. 復原唐令 33：諸田為水侵射，不依舊流，新出之地，先給被侵之家……。（出自《宋刑統》）

宋令 4：諸田為水侵射，不依舊流，新出之地，先給被侵之家……。◎

養老令 28：凡田為水**侵食**，不依**舊派**，新出之地，先給被侵之家。○2

3. 復原唐令 35：諸競田，判得已耕種者，後雖改判，苗入種人；耕而未種者，酬其功力。未經斷決，強耕[種]者，苗從地判。（出《宋刑統》①）

宋令 5：諸競田，判得已耕種者，後雖改判，苗入種人；耕而未種者，酬其功力。未經斷決，強耕種者，苗從地判。◎

養老令 30：凡競田，判得已耕種者，後雖改判，苗入種人；耕而未種者，酬其功力。未經斷決，強耕種者，苗從地判。◎

以上《田令》共 3 條：

宋令◎、◎、◎——基本相同者 3 條。

養老令○2、○2、◎——基本相同者 1 條；大部相同者 2 條（其中不同者 4 處）。

（二）賦役令

1. 復原唐令 2：諸課戶……其調[絹、絁、布]② 各隨鄉土所出……若當戶不成疋、端、屯、綟者，皆隨近合成……。（出自《通典》）

宋令 1：諸稅戶**並**隨鄉土所出，紬、絁、布等若當戶不成匹端者，皆隨近合成……。○1▲

養老令 1、2：凡調絹絁系綿布，**並**隨鄉土所出……凡調，皆隨近合成……。○1△

2. 復原唐令 13：諸邊遠州有夷獠雜類之所，應輸課役者，隨事斟量，不必同之華夏。（出自《通典》）

宋令 5：諸邊遠州有夷獠雜類之所，應**有輸**役者，隨事斟量，不必同之華夏。○1▲

養老令 10：凡邊遠國有夷**人**雜類之所，應輸**調**役者，隨事斟量，不

---

① "種"，依《養老令》和宋令補。

② 《通典》原有此三字（見卷六《食貨六·賦稅下》，中華書局 1992 年版，第 107 頁），復原時不取是不對的。

必同華夏。○2、○1△

　　按：從"應輸"看，《養老令》更忠實于唐令。

　　3. 復原唐令14：諸任官應免課役者，皆待蠲符至，然後注免。符雖未至，驗告身灼然實者，亦免。其雜任被解應附者，皆依本司解時日月據徵。（出自《通典》）

　　宋令6：諸戶役，因**任官應免**者，**驗告身灼然實者**，**注免**。其見充**雜任**、授流內官者，皆准此。自餘者不合。●5

　　養老令11：凡應免課役者，皆待蠲符至，然後注免。符雖未至，驗位記灼然實者，亦免。其雜任被解應附者，皆依本司解時日月據徵。◎

　　4. 復原唐令20：諸孝子、順孫、義夫、節婦，志行聞於鄉閭者，申尚書省奏聞，表其門閭，同籍悉免課役。有精誠通感（致應）者，別（則）加優賞①。（出自《通典》《唐六典》）。

　　宋令7：諸孝子、順孫、義夫、節婦，志行聞於鄉閭者，**具狀以聞**，表其門閭，同籍悉免**色役**。有精誠冥感者，別加優賞。○1○1▲

　　養老令17：凡孝子、順孫、義夫、節婦，志行聞于國郡者，申太政官奏聞，表其門閭，同籍悉免課役。有精誠通感者，別加優賞。◎

　　5. 復原唐令30：……收手實之際，即（降）作九等定簿……凡差科，先富強，後貧弱；先多丁，後少丁。……（出自《令集解》《唐律疏議》）

　　宋令9：……**每因外降戶口**，即作五等定簿……凡差科，先富強，後貧弱；先多丁，後少丁。……○1

　　養老令22、23：……**因對戶口**，即作九等定簿……凡差科，先富強，後貧弱；先多丁，後少丁。……○1

　　按：從《宋令》與《養老令》相似看，唐令原文似也應作"對戶口"云云，作"收手實之際"出自"穴云"和"贊云"，或是早期《令》的規定。

---

　　① 復原原文作"州縣申尚書省奏聞"，系拼合《通典》與《唐六典》而成。按《養老令》作"申太政官奏聞"，無"國郡"即類似"州縣"一類詞語。今據《養老令》與唐令的相似度，似不當復原"州縣"二字。"通感"，《唐六典》原文作"致應"，李錦繡認為是"致感"之誤，開元二十五年令應為"通感"，宋令避諱，改為"冥感"。"別"，《唐六典》原文作"則"，李錦繡據《天聖令》和《養老令》改為"別"。

以上《賦役令》共5條：

宋令○1▲、○1▲、●5、○1○1·▲、○1——大部相同者4條（其中不同者5處，有3處句式亦不同）；個別相同者1條（相同者5處）。

養老令○1△、○2○1△、◎、◎、○1——基本相同者2條；大部相同者3條（其中不同者5處，有2處句式相同）。

（三）《倉庫令》

1. 復原唐令2：……對……吏人執籌數函……（出自《唐六典》①）

宋令2：……**對**輸人掌**籌**交受……。●2

養老令2：……共輸人**執籌**對受……。●2

按：從"執籌"看，《養老令》更忠實于《唐令》。

2. 復原唐令9：凡粟出給者，每一屋一窖盡，剩者附計，欠者隨事科徵……（出自《唐六典》②）

宋令5：諸**倉屋及窖**出給者，每**出**一屋一窖盡，**然後更用以次者**。有剩附帳，**有**欠隨事**理罰**……。○3○2▲

養老令3：凡**倉**出給者，每出一**倉**盡，剩（乘）者附**帳**，欠者隨事**徵罰**……。○2○2△

按：從句式看，養老令更符合唐令，因此復原時不應完全按照宋令的句式。李錦繡復原為："諸倉屋及窖出給者，每出一屋一窖盡，然後更用以次者。有剩附帳，有欠隨事征罰"，後兩句的句式采"有……""有……"，完全依從宋令，而非《唐六典》與《養老令》的"……者""……者"句式，恐不大正確。似應以《唐六典》和《養老令》的句式為準復原。

3. 復原唐令25：……非理欠損者，坐其所由，令徵陪之。（出自《唐六典》③）

宋令15：……非理欠損者，**理所由人**。○1

---

① 《唐六典》恐非唐令原文，但《唐令拾遺》及李錦繡均將此句復原為唐令。

② 《唐六典》恐非唐令原文，但李錦繡據宋令復原，對此有較大修改，亦未必正確。今暫依《唐六典》為准。

③ 李錦繡根據《宋令》和《養老令》，將最後8字復原為"徵所由人"，是。但《唐六典》為何有此不同說法（字數不是省略，而是擴大）？或是《唐六典》所據唐令與《天聖令》《養老令》所據唐令有所不同？錄以備考。

養老令 5：……非理欠損者，**徵所由人**。○1

《倉庫令》共 3 條：

宋令 ●2、○3○2▲、○1——大部相同者 2 條（其中不同者 6 處，有 2 處句式亦不同）、個別相同者 1 條（相同者 2 處）。

養老令 ●2、○2○2△、○1——大部相同者 2 條（其中不同者 5 處，有 2 處句式同）、個別相同者 1 條（相同者 2 處）。

（四）《廄牧令》

1. 復原唐令 2：凡象日給槀六圍，馬駝牛各一圍，羊十一共一圍（每圍以三尺為限也），**蜀**馬與騾各八分其圍……青芻倍之。（出自《唐六典》①）

宋令 2：……象一頭，**日給槀五圍**；馬一疋，供御及帶甲、遞鋪者，**各日給槀八分**，餘給七分，蜀馬給五分……驢每頭，日給槀五分……駝一頭，日給槀八分；牛一頭，日給槀一圍。●1●1▲②

養老令 1：……**日給細馬**……中馬……駑馬……乾草**各五圍**……（**週三尺為圍**。）**青草倍之**……●2●1△

按：這裡所謂句式相同，指唐令為"每圍以三尺為限"與養老令"週三尺為圍"。由於《唐六典》未必是唐令原文，故可能唐令句式本來同於養老令。

2. 復原唐令 47：……其諸州鎮等所得闌遺畜，亦仰當界內訪主。若經二季無主識認者，並當處出賣。先賣充傳驛，得價入官。後有主識認，勘當知實，還其③價。（出自《宋刑統》）

宋令 10：……其諸州鎮等所得**闌畜**，亦仰當界內訪主。若經二季無主識認者，並當處出賣，④ 得價入官。後有主識認，勘當知實，還其本價。○2

---

① 此處全據《唐六典》，與宋家鈺的復原不同。但《唐六典》文字確非唐令原文，但我們也不能用依據宋令復原的唐令來探討宋令對唐令的修改，只好暫依《唐六典》文字。

② 關於"日給槀八分"與"各八分其圍"的不同，後者可能不是令文原文，所以此處的比較不盡可靠。又，此條令文的比較，凡相同者，雖數字不同仍按相同文字處理。

③ 據宋家鈺的復原，"其"後應依宋令和養老令補一"本"字，是。因此不計算為不同。

④ 此處在"當處出賣"後，據《宋刑統》補了"先賣充傳驛"數字（《校證》，第399頁），但在復原研究文章所引令文中，沒有補這幾個字（《校證》，第509頁）。

養老令23：凡國郡所得**闌畜**，皆仰當界內訪主。若經二季無主識認者，**先充傳馬，若有餘者出賣**，得價入官……後有主識認，勘當知實，還其本價。○2

3. 復原唐令53：諸官畜在道有羸病，不堪前進者，留付隨近州縣養飼、療救，粟、草及藥官給……（出《唐律疏議》）

宋令14：諸官畜在道有羸病，不堪前進者，留付隨近州縣養飼、**救療**，粟、草及藥官給……○1

養老令28：凡官畜在道羸病，不堪前進者，留付隨近國郡養飼、療救，草及藥官給……◎

按：從"療救"看，《養老令》更忠實於《唐令》。又，此處無"粟"字，當因制度不同。

《廄牧令》共3條：

宋令：●1●1▲、○2、○1——大部相同者2條（其中不同者3處）；個別相同者1條（相同者2處，其中1處句式不同）。

養老令：●2●1△、○2、◎——基本相同者1條；大部相同者1條（其中不同者2處）；個別相同者1條（相同者3處，其中1處句式相同）。

（五）《關市令》

1. 復原唐令1：諸度關者，先經本部本司請過所……（出自《唐六典》）

宋令1：諸欲度關者，皆經**當處官司**請過所……○1

養老令1：凡欲度關者，先經本部本司請過所……◎

按：從"本部本司"看，《養老令》更忠實於唐令。

2. 復原唐令17：諸市，每肆立標，題［行名］①……（出自《倭名類聚抄》）

宋令10：諸市……每肆**各標**行名……○1

養老令12：凡市，每肆立標，題行名……◎

按：從"立標，題行名"看，《養老令》更忠實於唐令。

---

① "行名"，據《養老令》和宋令補。孟彥弘將此句據宋令復原為"每肆各標行名"而非"每肆立標，題行名"，恐誤。

3. 復原唐令21：諸賣買奴婢牛馬駝騾驢等，用本司本部公驗以立券。（出自《唐六典》）

宋令13：諸**賣牛馬駝騾驢**，皆價定**立券**，**本司**朱印給付……●3

養老令16：凡**賣奴婢**，皆經**本部**官司，取保證，**立券**付價。（其馬牛，唯責保證，立私券）。●3

4. 復原唐令24：諸以偽濫之物交易者沒官，短狹不中量者還主。（出自《唐六典》）

宋令16：諸以**行濫**之物交易者沒官，短狹**不如法**者還主。◎①

養老令19：凡以**行濫**之物交易者沒官，短狹**不如法**者還主。◎

《關市令》共4條

宋令：○1、○1、●3、◎——基本相同者1條；大部相同者2條（其中不同者2處）；個別相同者1條（相同者3處）。

養老令：◎、◎、●3、◎——基本相同者3條；個別相同者1條（相同者3處）。

（六）《捕亡令》

1. 復原唐令1：諸囚及征人、防人、流人、移鄉人②逃亡及欲入寇賊者，經隨近官司申牒，即移亡者之家居所屬及亡處比州比縣追捕。承告之處，下其鄉里村保，令加訪捉……捉得之日，移送本司科斷。其失處、得處並各申尚書省……（出自《唐律疏議》與《宋刑統》）

宋令1：諸囚及**征防、流移人**逃亡及欲入寇賊者，經隨近官司申牒，即移亡者之家居所屬及亡處比州比縣追捕。承告之處，下其鄉里村保，令加訪捉……捉得之日，移送本司科斷。其失處、得處並各申**所屬**……○2

養老令1：凡囚及征人、防人、衛士、仕丁、流移人逃亡及欲入寇賊者，經隨近官司申牒，即**告**亡者之家居所屬及亡處比國比郡追捕。承告

---

① 此處宋令和養老令全同，當為唐令原文，但如何解釋《唐六典》的文字？是沒有照抄令文，還是依據了不同時代的令文？此處暫依前者，但將不同處標出，以示注意。

② 《宋刑統》引《捕亡令》作"征防、流移人"，與宋令同。《唐律疏議》引《捕亡令》分別例舉，與養老令同。若此，則《宋刑統》所引令或非唐令而是五代宋初令，所以與《天聖令》接近。

之處，下其鄉里鄰保，令加訪捉。捉得之日，送①本司依法科斷。其失處、得處並申太政官。〇4

2. 復原唐令2：諸有盜賊及被傷殺者，即告隨近官司、村坊、屯驛。聞告之處，率隨近軍人及夫，從發處追捕。（出自《唐律疏議》②）

宋令2：諸有賊盜及被傷殺者，即告隨近官司、村坊、耆保。聞告之處，率隨近軍人及捕盜人，從發處尋蹤，登共追捕。◎

養老令2：凡有盜賊及被傷殺者，即告隨近官司、坊里。聞告之處，率隨近兵及夫，從發處尋蹤，登共追捕。◎

3. 復原16：諸得闌遺物，皆送隨近縣……所得之物，皆懸於門外，有主識認者，檢驗記，責保還之。……經一周年無人認者，沒官錄帳，申省處分……（出自《宋刑統》③）

宋令9：諸得闌遺物者，皆送隨近官司，封記收掌，錄其物色，牓于要路，有主識認者，先責伍保及其失物隱細，狀驗符合者，常官隨給。……滿百日無人識認者，沒官附帳。●3

養老令15：凡得闌遺物者，皆送隨近官司……所得之物，皆懸於門外，有主識認者，驗記責保還之。……經一周無人認者，沒官錄帳，申官廳④處分……◎

《捕亡令》共3條

宋令：〇2、◎、●3——基本相同者1條；大部相同者1條（其中不同者2處）；個別相同者1條（相同者3處）。

養老令：〇4、◎、◎——基本相同者2條；大部相同者1條（其中不同者4處）。

（七）《醫疾令》

1. 復原唐令3：醫生習本草、甲乙、脈經，兼習張仲景、小品等方。

---

① 與宋令比較，"送"前少一"移"字。又，養老令的"鄰保"當是唐令原文，不知孟彥弘為何沒有採用。

② 其中的"盜賊"在《唐律疏議》兩處《捕亡令》引文中，分別作"賊盜"與"盜賊"。《唐令拾遺》復原作"盜賊"，是據養老令；孟彥弘復原作"賊盜"，是據宋令。今依《唐令拾遺》。

③ 其中"隨近縣"，養老令與宋令均作"隨近官司"，孟彥弘即復原為"隨近官司"。

④ "廳"原作"聽"。

針生習素問、黃帝針經、明堂、脈訣，兼習流注、偃側等圖、赤烏神針等經①。（出自《唐六典》與《千金方》）

宋令3：……**醫學**習甲乙、脈經、本草，兼習張仲景、小品、集驗等方。**針學**習素問、黃帝針經、明堂、脈訣，兼習流注、偃側等圖、赤烏神針等經。◎

養老令3：……醫生習甲乙、脈經、本草，兼習小品、集驗等方。針生習素問、黃帝針經、明堂、脈訣，兼習流注、偃側等圖、赤烏神針等經。◎

2. 復原唐令4：……讀本草者，即令識藥形、知藥性；讀明堂者，即令驗圖識其孔穴；讀脈訣者，即令遞相診候，使知四時浮、沉、澀、滑之狀。讀素問、黃帝針經、甲乙、脈經，皆使精熟。（出自《唐六典》）

宋令4：……讀本草者，即令識藥形、知藥性；讀明堂者，即令驗圖識其孔穴；讀脈訣者，即令遞相診候，使知四時浮、沉、澀、滑之狀。次讀素問、黃帝針經、甲乙、脈經，皆使精熟……◎

養老令4：……讀本草者，即令識藥形藥性；讀明堂者，即令驗圖識其孔穴；讀脈訣者，令遞相診候，使知四時浮、沉、澀、滑之狀。次讀素問、黃帝針經、甲乙、脈經，皆使精熟……◎

3. 復原唐令23：合和御藥（或"合藥供御"）②……（出自《唐律疏議》《唐六典》）

宋令10：諸合藥供御……◎

養老令23：合和御藥……◎

4. 復原唐令25：每歲常合傷寒、時氣、瘧、痢、傷中、金瘡之藥……（出自《唐六典》）

宋令11：……**每歲量合諸藥**……○1

養老令25：……每歲量合傷寒、時氣、瘧、利、傷中、金創諸雜

---

① 此據《唐令拾遺補》，唯依《天聖令》改"傷寒"為"張仲景"，文字前半與程錦復原稍不同。

② 《唐令拾遺》據《唐律疏議》復原為此四字，後《唐令拾遺補》根據《唐六典》等，改為"合藥供御"，程錦因《天聖令》亦作此四字而贊成之。但是《養老令》作"合和御藥"。或許《唐律疏議》和《養老令》根據的是《永徽令》，而《唐六典》與《天聖令》根據的是《開元令》。今將二者均列出。

藥……◎

《醫疾令》共 4 條

宋令：◎、◎、◎、○1——基本相同者 3 條；大部相同者 1 條（其中不同者 1 處）。

養老令：◎、◎、◎、◎——基本相同者 4 條。

（八）《假寧令》

1. 復原唐令 10：斬衰三年、齊衰三年者，並解官……（出自《大唐開元禮》）

宋令 6：……斬衰三年、齊衰三年者，並解官……◎

養老令 3：……**遭父母喪**，並解官……○1

2. 復原唐令 15：無服之殤……（出自《大唐開元禮》）

宋令 11：諸無服之殤（生三月至七歲）……◎

養老令 4：凡無服之殤（生三月至七歲）……◎

3. 復原唐令 16：諸師經受業者喪，給［假］三日。（出自《大唐開元禮》）

宋令 13：諸師經受業者喪，給假三日。◎

養老令 5：凡師經受業者喪，給假三日。◎

4. 復原唐令 18：諸若聞喪舉哀，其假三分減一……（出自《大唐開元禮》）

宋令 15：諸聞喪舉哀，其假三分減一……◎

養老令 7：凡聞喪舉哀，其假**減半**……○1

5. 復原唐令 19：周已上親皆給程。[①]（出自《唐六典》）

宋令 16：……朞以上並給程……。◎

養老令 8：……三月服以上並給程。◎

按：這裡有"並"和"皆"的不同，前述《賦役令》第 1 條，則有"並"與"各"的不同。

《假寧令》共 5 條

宋令：◎、◎、◎、◎、◎——基本相同者 5 條。

養老令：○1、◎、◎、○1、◎——基本相同者 3 條；大部相同者 2

---

① 此非令文原文。

條（其中不同者2處）。

（九）《獄官令》

1. 復原唐令1：諸有犯罪者，皆從所發州縣推而斷之。在京諸司……（出自《唐六典》）

宋1：諸犯罪，皆於事發處州縣推斷。在京諸司……◎

養老令1：凡犯罪，皆於事發處官司推斷。在京諸司……◎

2. 復原唐令2：諸犯罪者，杖罪以下，縣決之；徒以上，縣斷定送州……（出自《唐六典》與《唐律疏議》）

宋令2：諸犯罪，杖〔罪？〕以下，縣決之；徒以上，**送州推斷**……○1▲

養老令2：凡犯罪，**笞罪**郡決之；杖罪以上，郡斷定送國……○1△

按：從"郡斷定送國"看，句式同唐令，是《養老令》文字更忠實于唐令。

3. 復原唐令6：……先檢行獄囚枷鎖、鋪席及疾病、糧餉之事，有不如法者，皆以狀申。（出自《唐六典》）

宋令4：……**常**檢行獄囚鎖枷、鋪席及疾病、糧餉之事，有不如法者，**隨事推科**。○2

養老令4：……先檢行獄囚枷杻、鋪席及疾病、糧餉之事，有不如法者，亦以狀申……◎

4. 復原唐令7：……其京城及駕在所，決囚日，尚食進蔬食，內教坊及太常寺，並停音樂。（出自《通典》）

宋令5：……其京城及駕所在，決囚日，內教坊及太常並停音樂……○1

養老令5：……其京內決囚日，雅樂寮停音樂。○1

按：宋令和養老令都沒有"尚食進蔬食"的規定。

5. 復原唐令8：諸決大辟罪，皆防援至刑所，囚一人防援二十人，每一囚加五人。五品以上聽乘車，並官給酒食，聽親故辭訣，宣告犯狀，皆日未後乃行刑……即囚身在外者，奏報之日，不得驛馳行下。（出自《通典》）

宋令6：諸決大辟罪皆**於市，量囚多少，給人**防援至刑所。五品以上聽乘車，並官給酒食，聽親故辭訣，宣告犯狀，皆日未後乃行刑……即

囚身在外者，**斷報**之日，**馬遞**行下。○4

養老令6：凡**斷罪行刑之日，並**宣告犯狀。決大辟罪囚，皆防援**著枷**至刑所，囚一人防援廿人，每一囚加五人。五位以上及皇親，聽**乘馬**，並官給酒食，聽親故辭訣，仍日未後行刑，即囚身在外者，奏報之日，不得驛馳行下。○3

按：從"奏報"等看，養老令忠實于唐令，但將"宣告犯狀"挪到了前面。宋令沒有具體防援人數，省略為"量囚多少，給人"。

6. 復原唐令10：諸決大辟罪，官爵五品以上，在京者，大理正監決；在外者，上佐監決，餘並判官監決。從立春至秋分，不得奏決死刑。若犯惡逆以上及奴婢、部曲殺主者，不拘此令。其大祭祀及致齋、朔望、上下弦、二十四氣、雨未晴、夜未明、斷屠月日及假日，並不得奏決死刑。在京決死囚，皆令御史、金吾監決。若囚有冤枉灼然者，停決奏聞。（出自《通典》與《唐律疏議》）

宋令7、8：諸**決大辟罪，在京**及諸州，遣它官與掌獄官監決。春夏不行斬刑，十惡內，**惡逆以上**四等罪**不拘此令**。乾元、長寧、天慶、先天、降聖節各五日……天貺、天祺及元正、冬至、寒食、立春、立夏、太歲、三元、大祠、國忌等日，及雨雪未晴，皆不決大辟……諸監決死囚，若**囚**有稱冤者，**停決**別推。●5

養老令8：凡決大辟罪，五位以上，在京者，刑部少輔以上監決；在外者，次官以上監決，餘並少輔及次官以下監決。從立春至秋分，不得奏決死刑。若犯惡逆以上及家人奴婢、部曲殺主者，不拘此令。其大祀及齋日、朔望、晦、上下弦、廿四氣、假日，並不得奏決死刑。在京決死囚，皆令彈正衛士府監決。若囚有冤枉灼然者，停決奏聞。○1

按：此處養老令少了"雨未晴、夜未明、斷屠月日"等規定，其他與唐令，除制度不同者外，包括句式都很類似，而宋令則大不同。

7. 復原唐令12：諸犯流以下，應除、免、官當，未奏身死者，免其追奪。（謂不奪告身①。若奏時不知身死，奏後云先死者，依奏定。其常

---

① "免其追奪"以下九字，雷聞復原為"告身不追"，是。但依我們的凡例，據《天聖令》或《養老令》復原者不能比較異同，因此還是按《唐六典》的文字。這些文字與令文確是有所出入。

赦所不原者，不在免限）雜犯死罪以下……會赦者，解見任職事。（出自《唐六典》與《唐律疏議》）

宋令9：諸犯流以下，應除、免、官當，未奏身死者，告身不追。即奏時不知身死，奏後云先死者，依奏定。其常赦所**不免**者，**依常例**。若雜犯死罪，獄成會赦全原者，解見任職事。◎

養老令10：凡犯流以下，應除、免、官當，未奏身死者，位記不追。即奏時不知身死，奏後云先死者，依奏定。其常赦所**不免**者，**依常例**。若雜犯死罪，獄成會赦全原者，解見任職事。◎

按：考慮到《唐六典》文字非令文原文，因此宋令和養老令應該都是基本抄自唐令的。

8. 復原唐令13：諸犯流斷定，及流移之人，① 皆不得棄放妻妾……（出自《唐六典》與《唐律疏議》）

宋令10：諸流人科斷已定，及移鄉人，皆不得棄放妻妾……◎

養老令11：凡流人科斷已定，及移鄉人，皆不得棄放妻妾……◎

9. 復原唐令14：諸流人應配者……（出自《宋刑統》）

宋令11：諸流人應配者……◎

養老令12：凡流人應配者……◎

10. 復原唐令20：諸犯徒應配居作者，在京送將作監……在外州者，供當處官役……犯流應住居作者，亦准此。婦人亦留當州縫作及配舂。（出自《宋刑統》與《唐六典》）

宋令15：諸犯徒應配居作者，在京分送東、西八作司，在外州者，供當處官役。……犯流應住居作者，亦準此。**若婦人待配者，為針工**。○1

養老令18：凡犯徒應配**居役**者，畿内送京師，在外供當處官役。其犯流應住居作者，亦准此。婦人配縫作及配舂。○1

11. 復原唐令21：諸流徒罪居作者……不得著巾帶。每旬給假一日……不得出所役之院。患假者陪日，役滿，遞送本屬。（出《宋刑統》）

宋令16：諸流配罪人居作者，不得著巾帶。每旬給假一日……不得

---

① 《唐令拾遺補》據養老令將其改為"諸流人科斷已定，及移鄉人"。所改雖對，但不合本文凡例，故不取。

出**所居**之院。患假者，**不令陪日。役滿則放**。○2

養老令19：凡流徒罪居作者……不得著**巾**。每旬給假一日，不得出所役之院。患假者陪日，役滿，遞送本屬。◎

12. 復原唐令23：諸流移囚在途，有婦人產者，並家口給假二十日，家女及婢給假七日。若身及家口遇患，或逢賊、津濟水漲不得行者，隨近官每日檢行，堪進即遣。若祖父母、父母喪者，給假十五日；家口有死者，七日。（出自《高麗史》）①

宋令18：諸流移**人**在**路**有產，並家口**量給假**。若身及家口遇患，或逢賊**難**、津濟水漲不得行者，**並經隨近官司申牒請記**，每日檢行，堪進即遣。……若祖父母、父母喪，及家口有死者，亦**量**給假。○6

養老令21：凡流移囚在**路**，有婦人產者，並家口給假廿日。（家女及婢給假七日）若身及家口遇患，或津濟水漲不得行者，**並經**隨近國司每日檢行，堪進即遣。……若祖父母、父母喪者，給假十日；家口有死者，三日……○3

按：正如雷聞指出的那樣，唐令和養老令常有具體日數，而宋令往往只是籠統說"量給假"。同樣情況又見宋令6條等。（《校證》第620頁）又，從"流移囚"看，《養老令》更忠實于唐令。還有個問題，如果《高麗史》引的確是唐令的話，其中為何有"家人""家女"字樣而與日本制度同？如果所引來自日本令，又為何假日數與《養老令》不同？

13. 復原唐令26：諸婦人在禁臨產月者，責保聽出。死罪產後滿十日、流罪以下滿三十日。（出自《高麗史》）

宋令19：諸婦人在禁臨產月者，責保聽出。死罪產後滿二十日、流罪以下產滿三十日……。◎

養老令23：凡婦人在禁臨產月者，責保聽出。死罪產後滿廿日、流罪以下產後滿卅日……◎

14. 復原唐令33：諸犯罪事發，有贓狀露驗者，雖徒伴未盡，見獲者先依狀斷之，自外從後追究。（出自《宋刑統》）

宋令27：諸犯罪事發，有贓狀露驗者，雖徒伴未盡，見獲者先依狀

---

① 雷聞根據《天聖令》和《養老令》對《唐令拾遺補》的復原作了修正，因不符本文凡例而不取，但其中的"暇"均改為"假"，則予以採用。

斷之，自外從後追究。◎

養老令30：凡犯罪事發，有贓狀露驗者，雖徒伴未盡，見獲者先依狀斷之，自外從後追究。◎

15. 復原唐令34：諸犯罪未發及已發未斷決，逢格改者，若格重，聽依犯時；若格輕，聽從輕法。（出自《唐律疏議》《宋刑統》《唐六典》）

宋令28：諸犯罪未發及已發未斷決，逢格改者，若格重，聽依犯時；格輕者，聽從輕法。◎

養老令31：凡犯罪未發及已發未斷決，逢格改者，若格重，聽依犯時；若格輕，聽從輕法。◎

16. 復原唐令35：諸告言人罪，非謀叛以上者，皆令三審。應受辭牒官司並具曉示虛得反坐之狀。……官人於審後判記，審訖，然後付司。若事有切害者，不在此例。（切害，謂殺人、賊盜、逃亡，若強姦及有急速之類。）……若前人合禁，告人亦禁，辨定放之……（出自《通典》）

宋令29：諸告言人罪，非謀叛以上者，**受理之官皆先面審**，示以虛得反坐之**罪，具列於**狀，**判訖**付司。若事有切害者，不在此例。（切害，謂殺人、賊盜、逃亡，若強姦及有急速之類。）……若前人合禁，告人亦禁，辨定放之……○3

養老令32：凡告言人罪，非謀叛以上者，皆令三審。應受辭牒官司並具曉示虛得反坐之狀。……官人①於審後**署**記，審訖，然後**推斷**。若事有切害者，不在此例。（切害，謂殺人、賊盜、逃亡，若強姦及有急速之類。）若前人合禁，告人亦禁，辨定放之。◎

17. 復原唐令36：諸告密人，皆經當處長官告。長官有事，經佐官告。長官、佐官俱有事者，經比界論告。若須有掩捕，應與余州相知者，所在準法收捕。事當謀叛已上，馳驛奏聞。且稱告謀叛已上不肯言事意者，給驛，部送京。其犯死罪囚，及緣邊諸州鎮防人等，若犯流人告密，並不在送限。（出自《唐六典》②）

---

① 《養老令》原文作"受辭官人"（第464頁），誤。據《通典》（《唐令拾遺》據以復原，第710頁），"受辭"後有注文，還有"別日受辭"一語，因此"受辭"二字當屬上。

② 其中"長官、佐官俱有事"的"事"，《唐令拾遺》引《唐六典》作"密"；"准法"，作"准狀"，不知何據。

宋令30：諸告密人，皆經當處長官告。長官有事，經次官告。若長官、次官俱有密者，任經比界論告。……若須掩捕者，即掩捕。應與余州相知者，所在官司準狀收掩。事當謀叛以上，雖檢校，仍馳驛奏聞。……**其有告密**……**不肯道事狀者，禁身，馳驛奏聞**。若稱是謀叛以上者，給驛，差使部領送京……其犯死罪囚，及緣邊諸州鎮防人，若配流人告密者，並不在送限……○1

養老令33：凡告密人，皆經當處長官告。長官有事，經次官告。若長官、次官俱有密者，任經比界論告。……若須掩捕者，即掩捕。應與余國相知者，所在國司準狀收掩。事當謀叛以上，雖檢校，仍馳驛奏聞。……若直稱是謀叛以上不吐事狀者，給驛，差使部領送京。……其犯死罪囚，及配流人告密者，並不在送限……◎

按：此《唐六典》文字非唐令原文，所以對宋令和養老令的文字作寬鬆處理。其實不同處還有，如《唐六典》的"佐官"後者作"次官"；《唐六典》的"有事"後者作"有密"；《唐六典》的"犯流人"後者作"配流人"，等等。

18. 復原唐令38：諸察獄之官，先備五聽，又驗諸證信，事狀疑似猶不首實者，然後拷掠。每訊相去二十日，若訊未畢，更移他司，仍須拷鞫者，（囚移他司者，連寫本案俱移。）則通計前訊，以充三度。即罪非重害，及疑似處少，不必皆須滿三。若囚因訊致死者，皆俱申牒當處長官，與糾彈官對驗。（出自《通典》與《唐六典》）

宋令32：諸察獄之官，先備五聽，又驗諸**證據**，事狀疑似猶不首實者，然後考掠。每考（訊？）相去二十日，若訊未畢，更移它司，仍須考鞫者，（囚移它司者，連寫本案俱移。）則連計前訊，以充三度。即罪非重害，及疑似處少，不必皆須滿三度。若囚因訊致死者，皆具申牒當處〔長官？〕，**委它官親驗死狀**。○1○1▲

養老令35：凡察獄之官，先備五聽，又驗諸證信，事狀疑似猶不首實者，然後拷掠。每訊相去廿日，若訊未畢，移他司，仍須拷鞫者，（囚移他司者，連寫本案俱移。）則通計前訊，以充三度。即罪非重害，及疑似處少，不必皆須滿三。若囚因訊致死者，皆具申當處長官，**在京者，與彈正對驗**。○1△

19. 復原唐令39：諸訊囚，非親典主司，皆不得至囚所聽聞消息……

（出自《宋刑統》）

　　宋令33：諸訊囚，非親典主司，皆不得至囚所聽問消息……◎

　　養老令36：凡訊囚，非親訊司，不得至囚所聽聞消息。◎

20. 復原唐令41：諸問囚，……辭定，……主典依口寫訖，對判官讀示。（出自《宋刑統》）

　　宋令35：諸問囚……辭定……主典依口寫訖，對判官讀示。◎

　　養老令38：凡問囚，辭定，訊司依口寫訖，對**囚**讀示。◎

　　按：這裡有重要差異：唐宋令是對"判官"讀示，日本令則是對"囚"讀示。但這應屬於制度的不同，因此不視為不同。

21. 復原唐令42：諸禁囚，死罪枷杻，婦人及流罪以下去杻，其杖罪散禁。年八十及十歲，並廢疾、懷孕、侏儒之類，雖犯死罪，亦散禁。（出自《宋刑統》）

　　宋令36：諸禁囚，死罪枷杻，婦人及流罪以下去杻，其杖罪散禁。……年八十**以上**、十歲**以下**及廢疾、懷孕、侏儒之類，雖犯死罪，亦散禁。○1

　　養老令39：凡禁囚，死罪枷杻，婦女及流罪以下去杻，其杖罪散禁。年八十、十歲，及廢疾、懷孕、侏儒之類，雖犯死罪，亦散禁。◎

　　按：從"八十""十歲"看，《養老令》更忠實於唐令，但宋令更準確嚴謹。

22. 復原唐令43：諸獄囚①應入議請者，皆申刑部。集諸司七品以上，於都座議定。若有別議，所司料簡，具狀以聞。（出自《唐六典》與《唐律疏議》）

　　宋令37：諸犯罪應入議請者，**皆奏**。應議者，諸司七品以上，並於都座議定。……其意見有別者，人別自申其議，所司料簡，以狀奏聞……○1▲

　　養老令40：凡犯罪應入議請者，皆申太政官。應議者，大納言以上，及刑部卿、大輔、少輔、判事於官議定。……若意見有異者，人別因申其議，**官斷簡**，以狀奏聞。○1

　　按：宋令往往將唐令和養老令中的"申刑部（尚書省、太政官）"中

---

① 此處的"獄囚"出自《唐六典》，原文很可能是"犯罪"，因此不計算為不同。

的官司省略，改為"奏（聞）"而不規定具體對象。比如前述《賦役令》第 4 條中的"申尚書省（太政官）奏聞"，宋令改為"具狀以聞"；《獄官令》第 1 條中的"申尚書省（太政官）"，宋令改為"申所屬"；第 25 條中的"申刑部（太政官）"，宋令改為"附申"等都是如此。高明士認為這一改動反映了"從中央集權到君主獨裁"的演變，說"可窺知唐令立法意旨傾向於循由官僚運作，而宋令則在於強化皇權，助長獨裁"。高明士舉的例子除"奏聞"外還有"聽旨"。[①] 這其中，"聽旨"的增加，可以佐證高氏觀點，但"奏聞"則稍有不同，因為宋令在這裡只是把"申尚書省（太政官）奏聞"省略為"奏聞"而已，並非指直接上奏皇帝。所以宋令裡還有"申所屬"（改唐令的"申尚書省"而成）、"附申"（改唐令的"申刑部"而成）這樣的說法。換句話說，宋令只是因為申報對象與唐代不同因而省略了對象機構名稱，並非不經過"官僚運作"。

23. 復原唐令 46：諸職事官五品以上、散官二品以上，犯罪合禁，在京者皆先奏；若犯死罪及在外者，先禁後奏……（出自《宋刑統》）

宋令 39：諸**文武官**犯罪合禁，在京者皆先奏**後禁**，若犯死罪及在外者，先禁後奏……○2

養老令 43：凡五位以上犯罪合禁，在京者皆先奏；若犯死罪及在外者，先禁後奏……◎

按：從"先奏"看，《養老令》更忠實於唐令，但宋令的表述更清楚。又，宋令不分五品以上與否，全部文武官都享受"先奏後禁"待遇，這與唐以及日本均不同。

24. 復原唐令 49：……五日一慮……若淹延久系，不被推詰，或其狀可知而推證未盡，或訟一人數事及被訟人有數事，重事實而輕事未決者，咸慮而決之。（出自《唐六典》）

宋令 42：……十日一慮……其囚延引久禁，不被推問，若事狀可知，雖支證未盡，或告一人數事，及被告人有數事者，若重事得實，輕事未了，如此之徒，慮官並即斷決。◎

養老令 46：……十五日一檢行……其囚延引久禁，不被推問，若事

---

① 高明士：《"天聖令學"與唐宋變革》，《漢學研究》第 31 卷第 1 期，2013 年，第 84—86 頁。

状可知，雖支證未盡，或告一人數事，及被告人有數事者，重事得實，輕事未畢，如此之徒，檢行官司並即斷決。◎

按：考慮到《唐六典》所引非令文原文，故宋令和養老令除制度不同有所變化外，當基本照抄了唐令原文。

25. 復原唐令50：……各依本犯，具發處日月，[年]① 別總作一帳，附朝集使申刑部。（出自《唐六典》）

宋令43：……所在官司**具發年月**、事狀，聞奏附**申**。●2●1▲

養老令47：……各依本犯，具錄發及斷日月，年別總帳，附朝集使申太政官。◎

26. 復原唐令52：諸鞫獄官與被鞫人有五服內親，及大功以上婚姻之家，並受業師，經為本部都督、刺史、縣令，及有讎嫌者，皆須聽換推。經為府佐、國官，於府主亦同。（出自《宋刑統》）

宋令44：諸鞫獄官與被鞫人有五服內親，及大功以上婚姻之家，並受業師，經為本部都督、刺史、縣令，及有讎嫌者，皆須聽換推。經為**屬佐**，於府主亦同。◎

養老令49：凡鞫獄官司與被鞫人有五等內親，及三等以上婚姻之家，並受業師，及有讎嫌者，皆聽換推。經為帳內資人，于本主亦同。◎

27. 復原唐令56：贖死刑八十日，流六十日，徒五十日，杖四十日，笞三十日。若應徵官物者，準直：五十疋以上，一百日；三十疋以上，五十日；二十疋以上，三十日；不滿二十疋以下，二十日。若負欠官物，應徵正贓及贖物，無財以備，官役折庸。其物雖多，止限三年。一人一日，折絹四尺。（出自《唐律疏議》與《唐會要》）

宋令48：諸贖，死刑限八十日，流六十日，徒五十日，杖四十日，笞三十日。……若應理官物者，準直：五十疋以上，一百日；三十疋以上，五十日；二十疋以上，三十日；不滿二十疋以下，二十日。若欠負官物，應理正贓及**贖罪銅**，貧無以備者，**欠無正贓，則所屬保奏聽旨。贖罪銅則本屬長吏取保放之**……○2

養老令52：凡贖，死刑限八十日，流六十日，徒五十日，杖卅日，笞卅日……若應徵官物者，准直：五十端以上，一百日；卅端以上，五

---

① "年"，據《養老令》補。

十日；廿端以上，卅日；不滿廿端以下，廿日。若欠負官物，應徵正贓及贖物，無財以備者，官役折庸。其物雖多，限止五年。（一人一日，折布二尺六寸。）◎

28. 復原唐令58：諸杖，皆削去節目，長三尺五寸。……決笞者，腿、臀分受；決杖者，背、腿、臀分受……考訊者亦同……（出自《通典》等）

宋令50：諸杖，皆削去節目。**官杖**長三尺五寸……**考訊者臀、腿分受**。○2

養老令63：凡杖，皆削去節目，長三尺五寸。……**其決杖笞者，臀受；考訊者，背、臀分受**……○1

29. 復原唐令60：諸獄囚有疾病，主司陳牒，長官親驗知實，給醫藥救療，病重者脫去枷、鎖、杻，仍聽家內一人入禁看侍。其有死者，若有他故，隨狀推斷。（出自《宋刑統》）

宋令52：諸獄囚有疾病者，主司陳牒，長官親驗知實，給醫藥救療，病重者脫去枷、鎖、杻，仍聽家內一人入禁看侍。……其有死者……若有它故，隨狀推科。◎

養老令54：凡獄囚有疾病者，主守**申牒**，判官以下親驗知實，給醫藥救療，病重者脫去枷杻，仍聽家內一人入禁看侍。其有死者……若有它故者，隨狀推科。○1

30. 復原唐令61：囚去家懸遠絕餉者，官給衣糧，家人至日，依數徵納。（出自《唐律疏議》）

宋令53：諸流人……並給官糧……其見**囚絕餉**者，亦給之。●1▲

養老令56：凡流人……去家懸遠絕餉……者，官給衣糧，家人至日，依數徵納……◎

31. 復原唐令68：諸傷損於人，及誣告得罪，其人應合贖者，銅入被告及傷損之家。即兩人相犯俱得罪，及同居相犯者，銅入官。（出自《宋刑統》，缺字用《慶元令》補）

宋令59：諸傷損於人，及誣告得罪，其人應合贖者，銅入被告及傷損之家。即兩人相犯俱得罪，及同居相犯者，銅併入官。◎

養老令62：凡傷損於人，及誣告得罪，其人應合贖者，銅入被告及傷損之家。即兩人相犯俱得罪，及同居相犯者，銅入官。◎

《獄官令》共31條：

宋令：◎、○1▲、○2、○1、○4、●5、◎、◎、◎、○1、○2、○6、◎、◎、◎、○3、○1、○1○1▲、◎、○1、○1▲、○2、◎、●2●1▲、◎、○2、○2、◎、●1▲、◎——基本相同者13條；大部相同者15條（其中不同者31處，有3處句式不同）；個別相同者3條（相同者9處，其中2處句式不同）。

養老令：◎、○1△、◎、○1、○3、○1、◎、◎、◎、◎、○1、○3、◎、◎、◎、◎、○1△、◎、◎、◎、○1、◎、◎、◎、○1、○1、◎、◎——基本相同者21條；大部相同者10條（其中不同者14處，有2處句式相同）。

（十）《營繕令》

1. 復原唐令1：諸計功程者，四月、五月、六月、七月為長功，二月、三月、八月、九月為中功，十月、十一月、十二月、正月為短功。（出自《唐六典》）

宋令1：諸計功程者，四月、五月、六月、七月為長功，二月、三月、八月、九月為中功，十月、十一月、十二月、正月為短功……◎

養老令1：凡計功程者，四月、五月、六月、七月為長功……二月、三月、八月、九月為中功……十月、十一月、十二月、正月為短功……◎

2. 復原唐令6：……公私第宅，皆不得起樓閣，臨視人家。（出自《唐會要》）

宋令6：諸公私第宅，皆不得起樓閣，臨視人家。◎

養老令3：凡私第宅，皆不得起樓閣，臨視人家……◎

3. 復原唐令7：修理宮廟，太常先擇日以聞。（出自《唐六典》）

宋令7：宮城內有大營造及修理，皆令司天監擇日奏聞。◎

養老令3：……宮內有營造及修理，皆令陰陽寮擇日。○1

按：此條唐令出自《唐六典》，恐非原文。《養老令》與宋令的差別，主要在前者沒有"奏聞"字樣。此種差別屬於字詞還是制度，很難判斷，我們暫按"不同"處理。

4. 復原唐令8：諸營軍器，皆鐫題年月及工人姓名……（出自《唐六典》）

宋令8：諸營造軍器，皆……鐫題年月及工匠、官典姓名……◎

養老令4：凡營造軍器，皆……令鐫題年月及工匠姓名……◎

5. 復原唐令10：諸羅、錦、綾、絹、紗、縠、絁、紬之屬，皆闊尺八寸，長四丈為匹……（出自《唐六典》與《通典》）

宋令10：諸造錦、羅、紗、縠、紬、絹、絁、布之類，皆闊二尺，長四丈為匹……。◎

養老令5：凡錦、羅、紗、縠、綾、紬、絟之類，皆闊一尺八寸，長四丈為匹。◎

6. 復原唐令22：兩京城內諸橋及當城門街者，並將作修營，餘州縣料理。（出自《唐會要》）

宋令18：京城內諸橋及**道**，當城門街者，並分作司修營，自餘州縣料理。○1

養老令11：凡**京內大橋**及宮城門前橋道者，並木工寮**修營**，**自餘**役京內人夫。●3

7. 復原唐令30：諸近河及大水，有堤防之處，刺史、縣令以時檢校。若須修理，每秋收訖，量功多少，差人夫修理。若暴水泛溢，毀壞堤防，交為人患者，先即修營，不拘時限。（出自《唐律疏議》）

宋令26：諸近河及**陂塘**大水，有堤堰之處，州縣長吏以時檢行。若須修理，每秋收訖，**勸募眾力，官為總領**。……若暴水泛溢，毀壞堤防，交為人患者，先即修營，不拘時限……○2

養老令16：凡近大水，有堤防之處，國郡司以時檢行。若須修理，每秋收訖，量功多少……差人夫修理。若暴水泛溢，毀壞堤防，交為人患者，先即修營，不拘時限……◎

8. 復原唐令32：……其堤內外各五步並堤上，種榆柳雜樹……充堤堰之用。（出自《文苑英華》）

宋令28：……其堤內外各五步並堤上，多種榆柳雜樹……充堤堰之用。◎

養老令17：凡堤內外**並**堤上，多**殖**榆柳雜樹，充堤堰用。○2

《營繕令》共8條：

宋令：◎、◎、◎、◎、◎、○1、○2、◎——基本相同者6條；大部相同者2條（其中不同者3處）。

養老令：◎、◎、〇1、◎、◎、●3、◎、〇2——基本相同者5條；大部相同者2條（其中不同者3處）；個別相同者1條（相同者3處）。

（十一）《喪葬令》

1. 復原唐令2：……左右兆域內，禁人無得葬埋……（出自《唐六典》與《唐會要》）

宋令2：……**去陵一里**內不得葬埋。〇1

養老令1：……兆域內，不得葬埋……◎

2. 復原唐令11：諸賻物應兩合給者，從多給。（出自《通典》）

宋令7：諸賻物兩應給者，從多給。◎

養老令6：凡賻物兩應給者，從多給。◎

3. 復原唐令33：諸身喪戶絕者，所有部曲、客女、奴婢、店宅、資財，……官為檢校。若亡人在日，自有遺囑處分，證驗分明者，不用此令。（出自《白氏六帖》與《宋刑統》）

宋令27：諸身喪戶絕者，所有部曲、客女、奴婢、宅店、資財……官為檢校。若亡人存日，自有遺囑處分，證驗分明者，不用此令……◎

養老令13：凡身喪戶絕**無親**者，所有家人奴婢及宅、資……**共**為檢校。……若亡人**存日處分**，證驗分明者，不用此令。〇3

4. 復原唐令35：諸職事官三品以上、散官二品以上，暑月薨者，給冰。（出自《通典》）

宋令29：諸職事官三品以上，暑月薨者，給冰。◎

養老令14：凡親王及三位以上，暑月薨者，給冰。◎

5. 復原唐令36：諸百官身亡者，三品以上者稱薨，五品以上稱卒，六品以下達于庶人稱死。（出自《大唐開元禮》）

宋令31：諸百官身亡者，三品以上稱薨，五品以上稱卒，六品以下達于庶人稱死……◎

養老令15：凡百官身亡者，親王及三位以上稱薨，五位以上及皇親稱卒，六位以下達于庶人稱死。

6. 復原唐令37：諸喪葬不得備禮者，貴得同賤，賤不得同貴。（出自《五代會要》）

宋令33：諸喪葬不能備禮者，貴得同賤，**賤雖富**，不得同貴。〇1

養老令16：凡喪葬不能備禮者，貴得同賤，賤不得同貴。◎

《喪葬令》共6條：

宋令：○1、◎、◎、◎、◎、○1——基本相同者4條；大部相同者2條（其中不同者2處）。

養老令：◎、◎、○3、◎、◎、◎——基本相同者5條；大部相同者1條（其中不同者3處）。

（十二）《雜令》

1. 復原唐令1：諸度……十分為寸，十寸為尺，（一尺二寸為大尺一尺。）十尺為丈。（出自《唐會要》與《唐律疏議》）

宋令1：諸度……十分為寸，十寸為尺，（一尺二寸為大尺一尺。）十尺為丈。◎

養老令1：凡度，十分為寸，十寸為尺，（一尺二寸為大尺一尺。）十尺為丈。◎

2. 復原唐令2：諸量……十合為升，十升為斗，（三斗為大斗一斗。）十斗為斛。（出自《唐會要》與《唐律疏議》）

宋令2：諸量……十合為升，十升為斗，（三斗為大斗一斗。）十斗為斛。◎

養老令1：量，十合為升，（**三升為大升一升**。）十升為斗，十斗為斛。○1

3. 復原唐令3：諸權衡……二十四銖為兩，（三兩為大兩一兩。）十六兩為斤。（出自《唐會要》與《唐律疏議》）

宋令3：諸權衡……二十四銖為兩，（三兩為大兩一兩。）十六兩為斤。◎

養老令1：權衡，廿四銖為兩，（三兩為大兩一兩。）十六兩為斤。◎

4. 復原唐令4：……此外官私悉用大者。（出自《南部新書》）

宋令4：……官私**皆用之**。○1

養老令2：……此外官私悉用小者。◎

按：此處雖然日本和宋代都因制度不同而改，但同時宋令改"悉"為"皆"。

5. 復原唐令5：……斗、升、合等樣，皆以銅為之。（出自《南部新書》與《唐會要》）

宋令5：……斗、升、合等樣，皆以銅為之……◎

養老令 3：……**其樣**皆銅為之。○1

6. 復原唐令 6：諸度地，五尺為步，三百六十步為一里。（出自《夏侯陽算經》）

宋令 6：諸度地，五尺為步，三百六十步為里。◎

養老令 4：凡度地，五尺為步，三百步為里。◎

按：若據《南部新書》，作"三百步為一里"則與《養老令》全同。詳細分析見《校證》第 733 頁。

7. 復原唐令 9：每年預造來歲曆……玄象器物、天文圖書，苟非其任，不得與焉。觀生不得讀占書，所見徵祥、災異，密封聞奏，漏泄有刑……每季錄……送門下、中書省，入起居注，歲終總錄，封送史館。（出自《唐六典》）

宋令 9：諸**每年司天監預造來年曆日**……**上象器物、天文圖書**，不得輒出監。**監生不得讀占書**，其仰觀**所見**，不得**漏泄**。若有祥兆、**災異**，本監奏訖，季別具錄，**封送**門下省、**入起居注**。年終總錄，封送史館……●1▲●7

養老令 6、8：凡陰陽寮**每年預造來年曆**……**玄象器物、天文圖書**，不得輒出。**觀生不得讀占書**……**所見**，不得**漏泄**。若有**徵祥、災異**，陰陽寮奏，訖者，季別**封送**中務省，入國史……●7

按：雖然宋令和養老令與唐令應該大部分相同，但因《唐六典》非唐令原文，不好比較，只好將相同處挑出來。

8. 復原唐令 12：諸州界內有出銅、鐵處，官未採者，聽百姓私採。……自餘山川藪澤之利，公私共之。（出自《唐六典》）

宋令 10：諸州界內有**出銅礦處，官未置場者**，百姓不得私採。……自餘山川藪澤之利非禁者，公私共之。○1

養老令 9：凡國內有出銅、鐵處，官未採者，聽百姓私採。……自餘……山川藪澤之利，公私共之。◎

9. 復原唐令 13：諸知山澤有異寶、異木及金玉銅鐵、彩色雜物處，堪供國用者，奏聞。（出自《唐六典》）

宋令 11：諸知山澤有異寶、異木及金玉銅銀、彩色雜物處，堪供國用者，皆**具以狀聞**。○1▲

養老令 10：凡知山澤有異寶、異木及金玉銀、彩色雜物處，堪供國

用者，皆申太政官奏聞。◎

　　按：雖然《唐六典》所引非令文原文，但從"奏聞"看，原文應如養老令的句式，而宋令改變了這一句式。這與前述《賦役令》第4條相同。

　　10. 復原唐令18：諸公私竹木為暴水漂失有能接得者，並積於岸上，明立標牓，於隨近官司申牒。有主識認者，江河五分賞二、餘水五分賞一。限三十日，無主認者，入所得人。（出自《宋刑統》）

　　宋令14：諸竹木為暴水漂失有能接得者，並積於岸上，明立標牓，於隨近官司申牒。有主識認者，江河五分賞二、餘水五分賞一。……限三十日外，無主認者，入所得人……◎

　　養老令11：凡公私**材木**為暴水漂失有**採得**者，並積於岸上，明立標牓，**申隨近官司**。有主識認者，五分賞一。限三十日外，無主認者，入所得人。○2○1▲

　　按：此條宋令區分了"官物"和"非官物"，但由於我們只比較相同而不比較不同，所以不列出（用省略號省略）。

　　11. 復原唐令35：諸訴田宅、婚姻、債負，起十月一日，至三月三十日檢校，以外不合。若……交相侵奪者，不在此例。（出自《宋刑統》）

　　宋令22：諸訴田宅、婚姻、債負，……起十月一日官司受理……至三月三十日**斷畢**。……若……交相侵奪者，**隨時受理**。○2

　　養老令17：凡訴訟，起十月一日，至三月卅日檢校，以外不合。若交相侵奪者，不在此例。◎

　　12. 復原唐令36：諸家長在……而子孫弟侄等，不得輒以奴婢、六畜、田宅及餘財物私自質舉，及賣田宅。……若不相本問，違而與，及買者，物即還主，錢沒不追。（出自《宋刑統》）

　　宋令23：諸家長在，子孫、弟侄等不得輒以奴婢、六畜、田宅及餘財物私自質舉，及賣田宅。……若不相本問，違而輒與，及買者，物追還主。◎

　　養老令18：凡家長在，而子孫弟侄等，不得輒以奴婢、**雜畜**、田宅及餘財物私自質舉，及賣。若不相本問，違而輒與，及買者，依律科斷。◎

　　13. 復原唐令37：諸公私以財物出舉者，任依私契，官不為理。每月取利，不得過六分。積日雖多，不得過一倍。……又不得回利為本。……若違法積利、契外掣奪，及非出息之債者，官為理。收質者……若計利過本不贖……如負債者逃，保人代償。（出自《宋刑統》）

宋令 24：諸**以財物**出舉者，任依私契，官不為理。每月取利，不得過六分。積日雖多，不得過一倍，亦不得回利為本。……若違法責（積？）利、契外掣奪，及非出息之債者，官為**理斷**。收質者若計利過本不贖……。如負債者逃，保人代償。○2

養老令 19：凡公私以財物出舉者，任依私契，官不為理。每六十日取利，不得過八分之一。雖過四百八十日，不得過一倍。……不得回利為本。若違法責利、契外掣奪，及非出息之債者，官為理。**其**質者……若計利過本不贖，……如負債者**逃避**，保人代償。○2

14. 復原唐令 38：諸以粟、麥出舉……者，任依私契，官不為理。仍以一年為**斷**，不得因舊本更令生利，又不得回利為本。（出自《宋刑統》）

宋令 25：諸以粟、麥出舉……者，任依私契，官不為理。仍以一年為斷，不得因**舊本生利**，又不得回利為本。○1

養老令 20：凡以稻、麥出舉者，任依私契，官不為理。仍以一年為斷，……不得因舊本更令生利，**及**回利為本……○1

15. 復原唐令 41：諸畜產抵人者，截兩角；踏人者，絆足；齧人者，截兩耳。（出自《唐律疏議》）

宋令 27：諸畜產抵人者，截兩角；踰人者，絆之；齧人者，截兩耳……◎

養老令 23：凡畜產抵人者，截兩角；蹈人者，絆之；齧人者，截兩耳……◎

16. 復原唐令 45 甲：諸王、公主及官人不得［遣］親事帳內邑士、奴客、部曲等在市肆興販，及［於］邸店沽賣、出舉。（出自《白氏六帖》）

宋令 30：諸王、公主及官人不得遣官屬、親事、奴客、部曲等在市肆興販，及於邸店沽賣、出舉……◎

養老令 24：凡皇親及五位以上不得遣帳內、資人及家人、奴婢等定市肆興販，**其於市**沽賣、出舉……。○1

17. 復原唐令 46：……欲投驛止宿者，聽之……並不得輒受供給。

(出自《唐律疏議》)

宋令31：……欲投驛止宿者，聽之，並不得輒受供給。◎

養老令25：……欲投驛止宿者，聽之……並不得輒受供給。◎

18. 復原唐令62：……官人，不得……請射田地……與人爭利。(出自《唐六典》)

宋令38：……官人，不得……請占田宅……與百姓爭利……◎

養老令36：……官人，不得……請占田宅，與百姓爭利……◎

《雜令》共18條：

宋令：◎、◎、◎、○1、◎、◎、●1▲●7、○1、○1▲、◎、○2、◎、○2、○1、◎、◎、◎、◎——基本相同者11條；大部相同者6條（其中不同者8處，有1處句式不同）；個別相同者1條（相同者8處，其中1處句式不同）。

養老令：◎、○1、◎、◎、○1、◎、●7、◎、◎、○2○1▲、◎、◎、○2、○1、◎、○1、◎、◎——基本相同者11條；大部相同者6條（其中不同者9處，有1處句式不同）；個別相同者1條（相同者7處）。

三　分析與結論

根據以上比較，我們將結果列為表1：

表1　　　　《宋令》《養老令》與《唐令》異同情況比較

令文篇名（省略"令"字）與比較的條數	宋令與養老令（簡稱為"宋"和"養老"）	基本相同者◎	大部相同者○	大部相同者中的不同處	大部相同者中不同處的句式異▲同△	個別相同者●	個別相同者中的相同處	個別相同者中相同處的句式異▲同△
田3	宋	3						
	養老	1	2	4				
賦役5	宋		4	5	3▲	1	5	
	養老	2	3	5	2△			

续表

令文篇名（省略"令"字）與比較的條數	宋令與養老令（簡稱為"宋"和"養老"）	基本相同者◎	大部相同者○	大部相同者中的不同處	大部相同者中不同處的句式異▲同△	個別相同者●	個別相同者中的相同處	個別相同者中相同處的句式異▲同△
倉庫3	宋		2	6	2▲	1	2	
	養老		2	5	2△	1	2	
廄牧3	宋		2	3		1	2	1▲
	養老	1	1	2		1	3	1△
關市4	宋	1	2	2		1	3	
	養老	3				1	3	
捕亡3	宋	1	1	2		1	3	
	養老	2	1	4				
醫疾4	宋	3		1				
	養老	4						
假寧5	宋	5						
	養老	3	2	2				
獄官31	宋	13	15	31	3▲	3	9	2▲
	養老	21	10	14	2△			
營繕8	宋	6	2	3				
	養老	5	2	3		1	3	
喪葬6	宋	4	2	2				
	養老	5	1	3				
雜18	宋	11	6	8	1▲	1	8	1▲
	養老	11	6	9	1▲	1	7	
合計93	宋	47	37	63	9▲	9	32	4▲
	養老	58	30	51	1▲ 6△	5	18	1△

通過以上比較可知：

第一，《養老令》與唐令的相似程度要高於《宋令》與唐令的相似程度。就基本相同的條數看，是58：47，《養老令》要高於《宋令》。

第二，就大部相同的條數而言，《養老令》對唐令的修改處與《宋令》對唐令的修改大致相同。即宋令是 37 條大部相同，其中共 63 處不同，平均 1 條有約 1.7 處不同；養老令有 30 條大部相同，其中共 51 處不同，平均 1 條也約有 1.7 處不同。如果我們將基本相同與大部相同的條數相加，則宋令 84 條中有 63 處不同，平均每條有約 0.75 處不同；養老令的 88 條中有 51 處不同，每條有約 0.58 處不同。因此總體看來，《宋令》對唐令的修改要多於《養老令》對唐令的修改。

第三，就個別相同的條數而言，《養老令》少於《宋令》，說明宋令許多條文只是個別處與唐令相同，這種條數越多，越說明從整體上相似者少。而在這一背景下，即就個別相同條數的相同處計算，宋令對唐令的修改仍稍多於養老令對唐令的修改：前者 9 條共有 32 處相同，平均 1 條有 3.56 處相同；後者 5 條有 18 處相同，平均 1 條有約 3.6 處相同。

第四，就條文中的不同或相同處而言，往往宋令除字詞外還改變了唐令句式，而養老令則多是保持了唐令的句式。從不同處看，宋令有 9 條不僅改變了字詞還改變了句式；養老令共 7 處，除 1 處外，均為僅改變了字詞而沒有改變句式。從相同處看，宋令有 4 處字詞相同但改變了句式，養老令的 1 處則不僅字詞相同句式也相同。我們可以舉幾個例子如下（詳見正文）：

（一）《賦役令》復原唐令 13、宋令 5、養老令 10

唐令： 應輸課役者

宋令： 應有輸役者

養老令：應輸調役者

按：這屬於字詞不同而宋令改變了句式、養老令沒有改變句式者。

（二）《賦役令》復原唐令 2、宋令 1、養老令 1、2

唐令： 絹、絁、布，各隨鄉土所出……

宋令： 並隨鄉土所出，紬、絁、布等……

養老令：絹、絁、系、綿、布，並隨鄉土所出……

按：這屬於字詞不同而宋令改變了句式、養老令沒有改變句式者。

（三）《倉庫令》復原唐令 9、宋令 5、養老令 3

唐令： 剩者附計，欠者隨事科徵

宋令：　有剩附帳，有欠隨事理罰
養老令：剩者附帳，欠者隨事徵罰
按：這屬於字詞不同而宋令改變了句式、養老令沒有改變句式者。
（四）《獄官令》復原唐令2、宋令2、養老令2
唐令：　徒以上，縣斷定送州
宋令：　徒以上，送州推斷
養老令：徒以上，郡斷定送國
按：這屬於宋令不僅改變字詞也改變了句式，而養老令沒有改變句式者。
（五）《獄官令》復原唐令38、宋令32、養老令35
唐令：　若囚因訊致死者……與糾彈官對驗
宋令：　若囚因訊致死者……委它官親驗死狀
養老令：若囚因訊致死者……與彈正對驗
按：這屬於宋令不僅改變字詞也改變了句式，而養老令沒有改變句式者。
（六）《雜令》復原唐令13、宋令11、養老令10：
唐令：　奏聞
宋令：　具以狀聞
養老令：申……奏聞
按：此條唐令依據的是《唐六典》，恐非唐令原文，原文應也是"申……奏聞"。在申報事務場合，宋令往往省略具體官司名稱。這既是改變字詞，也應是制度不同所致。同樣的例子還有如：
《賦役令》復原唐令20、宋令7、養老令17：
唐令：　志行聞於鄉閭者，申尚書省奏聞
宋令：　志行聞於鄉閭者，具狀以聞
養老令：志行聞於國郡者，申太政官奏聞
《獄官令》復原唐令43、宋令37、養老令40：
唐令：　應入議請者，皆申刑部
宋令：　應入議請者，皆奏
養老令：應入議請者，皆申太政官
總之，《雜令》此條屬於宋令不僅改變字詞也改變了句式，而養老令沒有改變句式者。至於這種刪改的意義並非意味著"從中央集權到君主獨裁",參前述《獄官令》第 22 條的按語。

那麼,有沒有反過來的情況,即宋令保持了唐令的句式,而養老令改變了唐令句式呢,我們只找到了一例:

《雜令》復原唐令 18、宋令 14、養老令 11:

唐令:　明立標牓,於隨近官司申牒

宋令:　明立標牓,於隨近官司申牒

養老令:明立標牓,申隨近官司

我們不清楚這種改變是否有制度原因,但終究有所不同。不過,比起宋令改變唐令句式的例子來,養老令的改變就少多了。這其中還有一個原因,即由於此處的唐令復原依據是《宋刑統》,而《宋刑統》所引令是何時的《令》尚無定論,因此它與宋令接近不排除其本身就是五代或宋初令的可能。只是我們現在假設它是唐令罷了。

除句式外,在字詞上也往往是《養老令》更忠實于唐令,雖然宋令的更改可能使令文更嚴謹。舉幾個例子:

(一)《倉庫令》復原唐令 2、宋令 2、養老令 2:

唐令:　執籌

宋令:　掌籌

養老令:執籌

按:這裡有"執"與"掌"的不同。

(二)《廄牧令》復原唐令 53、宋令 14、養老令 28:

唐令:　留付隨近州縣養飼、療救

宋令:　留付隨近州縣養飼、救療

養老令:留付隨近國郡養飼、療救

按:這裡有"療救"與"救療"的不同。

(三)《關市令》復原唐令 1、宋令 1、養老令 1

唐令:　先經本部本司請過所

宋令:　皆經當處本司請過所

養老令:先經本部本司請過所

按:這裡有"本部"與"當處"的不同。

(四)《關市令》復原唐令 17、宋令 10、養老令 12

唐令：　每肆立標，題［行名］
宋令：　每肆各標行名
養老令：每肆立標，題行名
按：這裡有"立標"與否的不同。

（五）《獄官令》復原唐令8、宋令6、養老令6
唐令：　奏報之日，不得驛馳行下
宋令：　斷報之日，馬遞行下
養老令：奏報之日，不得驛馳行下
按：這裡有"奏報"與"斷報"的不同。

（六）《獄官令》復原唐令42、宋令36、養老令39
唐令：　年八十及十歲……亦散禁
宋令：　年八十以上、十歲以下……亦散禁
養老令：年八十、十歲……亦散禁
按：這裡養老令忠實于唐令，而宋令增加了"以上""以下"，但宋令改變後顯得更嚴謹。

（七）《獄官令》復原唐令46、宋令39、養老令43
唐令：　犯罪合禁，在京者皆先奏……在外者，先禁後奏
宋令：　犯罪合禁，在京者皆先奏後禁……在外者，先禁後奏
養老令：犯罪合禁，在京者皆先奏……在外者，先禁後奏
按：這裡養老令更忠實于唐令，但宋令增加了"後禁"二字後，使令文更有邏輯性。

　　以上我們對宋令改變唐令字詞和句式多於《養老令》改變唐令字詞和句式情況作了進一步的舉例說明。不用說，宋令改變了唐令的字詞和句式，有制度變化的原因在內，但也有純粹表述形式的改變。無論如何，它說明就對唐令的改寫而言，無論表現在字詞上，還是表現在句式上，兩方面都是宋令多於《養老令》。因此結論是：從總體看，宋令對唐令的改寫要多於《養老令》對唐令的改寫（包括字詞和句式），因此在利用宋令和《養老令》復原唐令時，當涉及具體詞句而無法判定該使用哪個令的表述時，在排除了其他制度性因素之後，似乎應該更相信《養老令》，即應更多地採用《養老令》的表述。

　　這就是本文在作了大量統計後得出的初步結論。

唐令復原芻議

——以《雜令》為中心

一

　　所謂唐令復原，是指這麼一種作業：從現存史料中搜集與唐令有關的資料，採用嚴謹而符合邏輯的方法，把久已逸失的《唐令》恢復出來。唐令復原包括有篇目復原、令條順序復原，以及令條文字復原。

　　為什麼要進行唐令復原呢？原因有三：第一，唐令是唐代法律體系即律、令、格、式中的重要組成部分，規定了唐代的國家制度，是研究唐代歷史不可或缺的重要法典文獻。換句話說，是《唐令》在歷史研究、法史研究中的重要作用決定了有必要將其復原。第二，唐令曾經影響了中國的周邊國家如日本、朝鮮、越南等。日本令就基本是仿照唐令制定的。復原唐令有利於對日本令的研究。第三，《唐令》自明代以後就逸失了，復原唐令是我們目前能真切感知《唐令》原貌的唯一途徑。

　　唐令復原工作在 20 世紀的大部分時間內都是由日本學者完成的，並且取得了很大成就。這些日本學者主要是日本史學者和法律史學者，復原立場也主要是日本史研究的立場[1]。到 20 世紀末，中國學者因北宋《天聖令》的發現而加入唐令復原的隊伍中。這些中國學者主要是唐宋史學者，復原立場主要是唐宋史研究的立場。

　　唐令復原可以分為三個階段，各階段的標誌是一部代表性著作。

---

[1]　參見［日］大津透《北宋天聖令の公刊とその意義——日唐律令比較研究の新段階——》，《東方學》114 輯，2007 年。譯文見《中國史研究動態》2008 年第 9 期。

第一，以《唐令拾遺》出版為標誌的第一階段。早在日本明治三十四年（1901）東京大學法學部教授宮崎道三郎就倡導復原唐令，其學生中田薰在明治三十七年（1904）發表了《唐令與日本令的比較》，根據《唐六典》《通典》《唐會要》、日本《養老令》等復原了戶令、田令、賦役令的主要部分。此後由中田的學生仁井田陞，用4年時間，遍查漢日典籍，使用漢籍64部、日本漢籍11部，於昭和八年（1933）出版了《唐令拾遺》一書，以開元二十五年令為主，包括其他令，共復原唐令715條，約占開元令1546條的一半。此書用功甚勤，復原嚴謹，事實證明所復原的條目絕大部分是正確的，因此出版以後受到學術界一致好評，第二年就榮獲日本學士院恩賜獎。1964年出版了第二版，1983年第二版第二次印刷。中國國內由栗勁等譯成中文，1989年由長春出版社出版。但中譯本有些問題①。

第二，以《唐令拾遺補》出版為標誌的第二階段。在《唐令拾遺》出版50年後，考慮到又發現了一些唐令逸文，以東京大學池田溫教授為首的日本學者在1983年開始準備編輯出版《唐令拾遺補》，參加者有大津透、坂上康俊、古瀨奈津子等，多是研究日本史以及日本法制史的學者。他們的工作除了將仁井田陞後來寫的有關論文刊行之外，對唐令的復原研究主要表現在：1. 對已有資料的進一步研究，比如對敦煌發現永徽職員令的再研究、對《太平御覽》《文苑英華》中唐令逸文的搜集等。2. 擴大復原資料的選定範圍，包括有《天地祥瑞志》《集古今佛道論衡》《白氏文集》《四時纂要》《南部新書》《營造法式》《職官分紀》等。3. 依據唐前令、唐後令乃至日本令來推補。特別是注意到可以用敕文來補唐令條文。在利用這些研究的基礎上，《唐令拾遺補》訂正了《唐令拾遺》的一些錯誤。該書於1997年3月出版，附有"唐日令對照表"，使用方便，是研究和使用唐令的必讀書。

第三，以《天一閣藏明抄本天聖令校證》的出版為標誌的第三階段。上面講過，在唐令的復原研究上，中國學者貢獻很少，但這種狀況近年有了改變，其契機就是1998年明抄本北宋《天聖令》在寧波天一閣的被發現。發現者是上海師範大學的戴建國先生，公佈是在1999年，因此我

---

① 參見黃正建《重讀漢譯本〈唐令拾遺〉》，《中國史研究》2006年第3期。

們現在一般將1999年作為《天聖令》發現的年份。《天聖令》發現後，戴建國、大津透、渡邊信一郎等學者進行了《田令》《賦役令》《捕亡令》《雜令》的復原工作。到2005年，中國社會科學院歷史研究所成了了以黃正建為主持人的"《天聖令》整理研究課題組"，9位學者（宋家鈺、李錦繡、孟彥弘、程錦、趙大瑩、雷聞、牛來穎、吳麗娛、黃正建）分別對12篇令中的宋令進行了復原為唐令的工作。在總數514條令文中，復原了487條，剩下的條文中，有6條明確是宋代新設之令，不能復原；有19條懷疑是唐令，因無確切根據，暫未復原。復原條文與未復原條文數字相加，與514條總數不合的原因，在於有些宋令是一條復原為兩條唐令，或者兩條乃至三條宋令復原為一條唐令。除此之外，學者們從其他史料中又增加復原了10條令文，因此若全部算起來（包括未能復原的"疑為唐令"的條文），共復原了唐令516條。至於復原的是否正確，還有待學術界的檢驗。事實上，已經有不少學者對我們的復原提出了種種商榷意見。因此，唐令復原的第三階段才剛剛開始，方興未艾。

二

關於唐令復原的原則，《唐令拾遺》和《唐令拾遺補》多有論述，這裡想結合具體的北宋《天聖令》特別是《雜令》中宋令復原為唐令的實踐，略談幾點感想。

（一）關於篇目復原

以往的復原都以《唐六典》卷六《尚書刑部》所列篇名次序為准，並視為開元七年（或四年）令。但《唐六典》所列27篇令中所沒有、但又見於史籍中的學令、封爵令、祿令、樂令、捕亡令、假寧令位置如何？有無這些令是否反映開元七年令與開元二十五年令的區別，就成為唐令篇目復原的重要問題[①]。現在《天聖令》的發現，為我們解決這一問題提供了非常重要的線索。

1. 在《天聖令》中，一些令是附在另些令之後的，例如《捕亡令》附在《關市令》之後，《假寧令》附在《醫疾令》之後，分別寫作：《關

---

① 參大津透前文。

市令》卷第二十五（捕亡令附）、《醫疾令》卷第二十六（《假寧令》附）。很有可能在《令》的總目錄中，只寫了《關市令》和《醫疾令》，而沒有寫附在其後的《捕亡令》和《假寧令》，以至造成《唐六典》在引唐令篇目時，只寫《關市令》和《醫疾令》而不寫《捕亡令》和《假寧令》。由於日本令例如《養老令》中有《捕亡令》和《假寧令》，而《養老令》依據的應是早于《唐六典》所引《令》的《唐令》，而我們又知道開元二十五年令中有《捕亡令》和《假寧令》，因此《唐六典》所引《令》篇目中沒有這兩個令，是很奇怪的。《唐六典》所引《令》中也應該有《捕亡令》和《假寧令》，只不過因為是附令而沒有在篇目中出現罷了。《唐令拾遺》認為是否有《捕亡令》等令，是區別是否開元二十五年令的一個標準[①]的看法[②]，因《天聖令》的發現而要有所改變了。其他《學令》《封爵令》《祿令》《樂令》的位置，也應作如此考慮，即也有可能是附令，只是附在哪篇令後，還要繼續研究[③]。

2.《天聖令》殘存十卷十二篇令中其他令的篇目順序，與《唐六典》所引《令》的篇目完全一致，與推測的《永徽令》的篇目也完全相同[④]，可知《唐令》篇目基本是一脈相承的。

3.《雜令》的位置自隋以來基本沒有變化，復原時作為《唐令》最後一篇，應該沒有問題。

（二）關於條文順序復原

《唐令拾遺》復原各《令》的條文順序，一個重要參考資料是《養老令》的順序，當然如《田令》《賦役令》等，還有《通典》所引開元二十五年令為依據。具體到《雜令》，主要依《養老令》的順序。

將《天聖令》復原為唐令，我們制定了幾個原則：

1. 綜合各令情況，總體而言，《天聖令》中的"宋令"加"唐令"（這裡要說明的是，"宋令"和"唐令"是我們現在所給予的稱呼，在《天聖令》中，前者指"並因舊文、以新制參定"的令文，後者指"右

[①] [日] 仁井田陞原著，粟勁、霍存福等編譯：《唐令拾遺》，長春出版社1989年版，第854頁。

[②] 《唐令拾遺》復原的《捕亡令》就全部標為"開元二十五年令"，《唐令拾遺補》亦然。

[③] 參大津透前文（譯文第23—24頁）。

[④] 《唐令拾遺補》（東京大學出版會1997年版）所列《歷代令篇目一覽表》，第317頁。

令不行"的令文，韓國學者就分別稱其為"現（令）"和"舊（令）"而不稱為"宋令"和"唐令"①），就是完整的《唐令》②。因此復原條文，主要指將"宋令"與"唐令"混排後，"宋令"應該插在哪裡的問題。

2. 根據各《令》的復原經驗，在將《天聖令》"宋令"與"唐令"混排時，一般而言，無論宋令還是唐令，序號在前的，混排後依然在前；序號在後的，混排後依然在後，不大會出現序號在後的令條，復原後變到序號在前的令條之前的情況。

3. 事實證明，《養老令》各《令》條文的順序，與《唐令》的相似程度非常高，因此在復原《唐令》令條順序時，《養老令》是主要參考資料和復原標尺。

4. 按照以上原則，《天聖令》《雜令》在條文順序復原時，將宋令和唐令混排後序號情況如下：宋1、宋2、宋3、宋4、宋5、宋6、宋7、宋8、宋9、唐1、唐2、宋10、宋11、宋12、宋13、唐3、唐4、宋14、宋15、宋16、宋17、唐5、宋18、唐6、唐7、宋19、唐8、唐9、唐10、唐11、唐12、宋20、宋21、唐13、宋22、宋23、宋24、宋25、唐14、宋26、宋27、唐15、宋28、宋29、宋30、宋31、宋32、宋33、唐16、宋34、宋35、宋36、唐17、唐18、唐19、唐20、唐21、唐22、唐23、唐24（後補）、宋37、宋38、宋39、宋40、宋41。基本符合"無論唐宋令，序號都是從前向後排"的原則。

台灣學者黃玫茵不同意這一原則，認為《雜令》在開元二十五年令後仍不斷補充新令，所以會出現序號不連貫的現象。依她的復原，宋4在宋11之後；唐15在唐9之前；宋31、37、38在宋22之前；宋30在宋26之前；等等③。這種隨意的復原排序似根據不足：宋人編《天聖令》，為何要將秩序如此打亂？例如宋4條是關於度量衡用途的規定，理應和宋1、2、3條對度量衡的規定連排，《養老令》也是這麼排的，為什麼黃氏的復原要將它放在宋11條"知山澤條"後面呢？證據顯然不足，即沒有唐令如此排序的根據。並且，這一條在《養老令》中也有，顯然

———

① 河元洙等：《天聖令譯注》，韓國2013年版。
② 說"總體而言"，是因為個別《令》中有的條文是宋代設定的，不能復原為《唐令》。
③ 《唐研究》第十四卷，北京大學出版社2008年版，第560—562頁。

不是開元二十五年令後新增的，怎麼會在編《天聖令》時特意將它從十幾條後面提到第 4 條呢？從邏輯上似也講不通。因此，除非有確切證據，目前我們仍然認為上述條文復原原則基本是正確的。

（三）關於令文文字復原

文字復原是最難的，根據復原實踐，《天聖令》中宋令的復原也遵循了幾個原則：

1. 只有《唐令》"令文"根據的，才能原文復原。對《唐六典》、兩《唐書》等史籍中的相似文字，在使用其復原時要說明它們只是"取意文字"而不是原文。

2. 由於《天聖令》和《養老令》都是參照《唐令》制定的，因此，當《天聖令》和《養老令》中令文文字一致時，它一定是《唐令》的文字，可以據以復原為唐令。

3. 當唐代史籍中有類似內容，《天聖令》和《養老令》中也都有該條，使我們知道此條應是《唐令》，但文字與《天聖令》和《養老令》均不同時，如何取捨就成了非常困難的事情：有些學者更相信《天聖令》，使用了《天聖令》中詞語復原；有些學者更相信《養老令》，使用《養老令》中的詞語復原。這種情況下我們很難判斷誰對誰錯，但從總體而言，《養老令》的用語似乎更符合《唐令》原文①。

4. 當唐代史籍中有類似內容，《天聖令》有相應條文，但《養老令》沒有相應條文的情況下，為謹慎起見，只能說該條令文"疑為《唐令》，而目前不能復原"。

以上我們論述了復原唐令時的幾種情況，即篇目復原、條文復原和令文文字復原。在將《天聖令》復原為《唐令》時，還有幾個問題需要說明：

第一，將《天聖令》中的"宋令"復原為《唐令》，是沒有問題的，但《天聖令》中的"唐令"是否有必要復原為《唐令》呢？對此有不同意見。我們認為，對《天聖令》中的"唐令"還是有必要進行復原作業的。這裡面有兩種含義：

---

① 參見黃正建《〈天聖令〉中宋令及〈養老令〉對唐令修改的比較》，《中國古代法律文獻研究》第八輯，社會科學文獻出版社 2014 年版，第 298 頁。現已收入本書。

1.《天聖令》所附"唐令"雖然已是唐令,似乎沒有復原問題,但由於它被置於全令之後,若與"宋令"混排,其位置如何?換句話說,這些所附"唐令"依然存在一個在復原唐令中的條文順序復原問題。

2.《天聖令》所附"唐令"雖然是唐令,但個別用詞似乎也存在一個復原的問題。例如《雜令》唐22條令文中有"朞喪"一詞。若按唐開元二十五年令復原,這裡應該是"周喪"(避唐玄宗李隆基諱)。那麼到底要不要改,某種意義上說也是一個復原的問題。當然這一問題與我們下面要說的唐令年代問題密切相關。

第二,復原唐令的年代問題。《唐令拾遺》復原的唐令,十分強調復原的是哪個年代的唐令,這是十分正確的。但是《天聖令》所依據的唐令,以及所附的唐令是哪個年代的呢?直到今天仍然有不同意見。天聖令發現者戴建國、日本學者坂上康俊、岡野誠都認為是開元二十五年令,而中國學者如盧向前、楊際平、黃正建等都認為這一唐令是唐後期修改過的令①。因此,在將《天聖令》復原為唐令時,有的學者徑直稱其復原的唐令為開元二十五年令;有的學者則只稱其為復原唐令而不說是何時的唐令。就以上面提到的《雜令》唐22條來說,如果認為復原唐令應該是開元二十五年令的話,"朞喪"就應該復原為"周喪";如果認為它不是開元令的話,就不必復原為"周喪"了。

第三,復原的嚴謹性。唐令復原的界限是個很複雜的問題。在沒有根據或根據不足的情況下,任意刪改或推補,會冒很大危險。在復原實踐中,有的學者比較謹慎,沒有根據寧肯不復原,有些學者則比較大膽,稍有根據就據以復原。例如《天聖·賦役令》宋15條為:

> 諸丁匠在役遭父母喪者,皆本縣牒役所放還,殘功不追。貫不屬縣者,皆所由司申牒。

此條復原大津透、渡邊信一郎依宋令復原,其中渡邊說:此條多大程度上改變了唐令?不明,由於《養老令》中有對應條文,因此暫依

---

① 黃正建《〈天聖令〉所附〈唐令〉是否為開元二十五年令》一文對此有綜合評述。文載《〈天聖令〉與唐宋制度研究》,中國社會科學出版社2011年版,第48—52頁。

《天聖令》復原①。渡邊所說的《養老令》為《賦役令》28 條，作：

> 凡丁匠在役，遭父母喪者，皆國司知實申役所，即給役直放還。

戴建國認為：日本制定《養老令》的時期，行政區劃為國、郡、里三級，與唐制異，顯然《養老令》據日本制度作了部分修改，將"本縣"改作"國司"。不過除此之外，唐令究竟以宋令為准，還是以《養老令》為准，尚不能確定②。他們都是屬於在復原時比較慎重者。

但是李錦繡比較而言就稍微大膽了一些，她將此條復原為唐令如下：

> 諸丁匠在役遭父母喪者，皆本縣牒役所，即納資放還。貫不屬縣者，皆所由司申牒。

李錦繡復原的句式結合了宋令和《養老令》，其中"即納資放還"一句模仿《養老令》句式。但她同時認為"給役直"是日本制度，不能復原，"殘功不追"是宋代制度，也不能復原，因此復原為"納資"。她說：唐代工匠可納資代役，"丁匠遭喪，可能也納資放還。宋代放鬆了對丁匠的人身役使，故能殘功不追"③。

對此復原，趙晶提出了質疑，認為根據不足。理由有二：1.《賦役令》唐 19 條說："諸遭父母喪及嫡孫承重者，皆待服闋從役"。同是遭喪，為何不提"納資"代役？2. 在《養老令》中，"給雇直"和"給役直""給役日直"應該是一個意思，而李錦繡為何只將"給役直""給役日直"復原為"納資"（宋 13、15 條；《養老令》26、28 條），而不把"給雇直"復原為"納資"（宋 11 條；《養老令》25 條）？趙晶復指出："在日本古代雇役制下，'雇直'、'役直'、'役日直'皆是償付給雇役丁的報酬，而唐制'納資'恰與其相反，即服役者以納資的方式免去應服

---

① 渡边信一郎：《北宋天聖令による唐開元二十五年賦役令の復原並びに訳注（未定稿）》，《京都府立大學學術報告（人文、社會）》第 57 號，第 128—129 頁。
② 戴建國：《天一閣藏〈天聖令·賦役令〉初探（上）》，文史 2004 年第 4 輯，第 151 頁。
③ 李錦繡：唐賦役令復原研究，載《天一閣藏明抄本天聖令校證》（以下简稱為《校證》），第 470—471 頁。

之役,兩種法律關係中的給付人與受領人恰好相反,如何能夠作為復原的理據?"①

當然,唐令原文究竟是何文字,仍然需要繼續研究。這裡舉出這個例子,無非是想說明復原的難度,以及不同學者在復原時採取了各不相同的復原標準。

(四) 復原依據的版本問題

前面講過,唐令復原除中國現存的各種史籍(主要是唐宋史籍)外,一個重要依據是日本的《養老令》。而《養老令》主要保存於《令集解》《令義解》中。由於《令集解》有不同版本,使用不同版本對復原唐令有一定影響。這是我們中國學者要特別注意的。例如《唐令拾遺》復原《賦役令》第五條為:"除程糧外,各唯役齎私糧。"其依據是《令集解》賦役令"歲役條"《釋云》"唐令云:除程糧外,各唯役齎私糧者"②。這句令文顯然不通,但仁井田陞出於謹慎,沒有改動。可是如果我們看"國史大系本"的《令集解》,同一句話寫作"除程糧外,各准役日齎私糧"③。這就比較通順了。《唐令拾遺補》雖然沒有說理由,但將《唐令拾遺》中的這句令文改成了"除程糧外,各准役日齎私糧"④。那麼仁井田先生的問題出在哪裡呢?是版本問題。因為他使用的是東京大學所藏國書刊行會編的《令集解》。據查,此本《令集解》中本句令文正作"除程糧外,各唯役齎私糧"。所以,版本的不同對復原唐令確實會有一定的影響,不容忽視。

順便說一句,"國史大系本"《令集解》所引此句令文,其中的"准"字,原也作"唯",僅眉批云:"准,原作唯,今意改",即改"唯"為"准"只是"意改",沒有文字根據。現在《天聖令》出來,與此令文相應的是《賦役令》宋10條,作"除程外,各准役日,給公糧赴作"。雖然唐宋制度在給糧與否方面有所不同,但"准"和"役日"赫然在令文中,是來自唐令無疑。所以它可以作為《令集解》編校者改

---

① 趙晶:《〈天聖令〉與唐宋法制考論》,上海古籍出版社 2014 年版,第 178 頁。
② 《唐令拾遺》,東方文化學院東京研究所 1933 年版,第 671 頁。中譯本同,第 600 頁。
③ 《令集解》,吉川弘文館 1981 年版,第 389 頁。
④ 《唐令拾遺補》,第 767 頁。

"唯"為"准"的重要依據。這也是《天聖令》在復原唐令時所起作用的一個小例子。

三

以下以天聖令《雜令》的復原為基礎，談一點唐令文字復原的具體問題。

將《天聖令》中的宋令復原為唐令，大致有八種情形。其中除第八種"令文為宋代所制定，無法復原"外（《雜令》不存在這一情形），還有七種。現逐一敘述（以下凡言令文"宋某條"者，均指天聖令中的《雜令》，並從"清本"中引用，原文中的注釋放在括弧中。復原經過具見《天一閣藏明抄本天聖令校證》中拙作《天聖雜令復原唐令研究》）。

（一）有"唐令"依據，且天聖令文字與其相同，可直接復原

宋1—3條即是如此。例如宋1條：

諸度，以北方秬黍中者，一黍之廣為分，十分為寸，十寸為尺，（一尺二寸為大尺一尺。）十尺為丈。

此條有唐令根據多種，最接近的是《南部新書》卷九"壬"所引唐令[①]，文字與天聖令完全一樣，作：

令云：諸度，以北方秬黍中者，一黍之廣為分，十分為寸，十寸為尺，（一尺二寸為大尺一尺。）十尺為丈。

字句與天聖令完全相同，可直接復原為：

諸度，以北方秬黍中者，一黍之廣為分，十分為寸，十寸為尺，（一尺二寸為大尺一尺。）十尺為丈。

---

① 《南部新書》，中華書局2002年版，第147頁。

(二) 有"唐令"依據，但天聖令文字與之不同

這其中又分兩種情況：

1. 只有一種"唐令"依據，文字雖與《天聖令》不同，但可據以復原，並依《天聖令》《養老令》等作適當修訂。

例如宋 14 條：

> 諸竹木為暴水漂失有能接得者，並積於岸上，明立標牓，於隨近官司申牒。有主識認者，江、河五分賞二、餘水五分賞一。非官物，限三十日外，無主認者，入所得人。官失者不在賞限。

《宋刑統》卷二七《雜律》引《雜令》[①]，作：

> 准雜令，諸公私竹木為暴水漂失，有能接得者，並積於岸上，明立標牓，於隨近官司申牒。有主識認者，江、河五分賞二分、餘水五分賞一分。限三十日，無主認者，入所得人。

這裡，唐令與宋令文字稍有不同，反映了唐宋間的變化。復原唐令，可直接使用《宋刑統》引《雜令》，同時，天聖令在"三十日"後有一"外"字，《養老令》亦有[②]；《天聖令》作"賞一"不做"賞一分"，《養老令》亦然。下面是《養老令》的文字：

> 諸公私材木為暴水漂失，有採得者，並積於岸上，明立標牓，申隨近官司。有主識認者，五分賞一。限卅日外，無主認者，入所得人。

據此，我們復原時基本使用《宋刑統》所引《唐令》，唯在"三十日"後增加了一個"外"字，並去掉"分"字。這也反映了我們的復原

---

① 《宋刑統》，中華書局 1984 年版，第 446 頁。
② 《令義解》，吉川弘文館 1985 年版，第 335 頁。關於是"材木"還是"竹木"，岡野誠先生下引文章中有考證，從略。

原則：凡《天聖令》與《養老令》相同，一定是唐令原文。復原令文作：

> 諸公私竹木為暴水漂失有能接得者，並積於岸上，明立標牓，於隨近官司申牒。有主識認者，江、河五分賞二、餘水五分賞一。限三十日外，無主認者，入所得人。

2. 有多種"唐令"依據，文字各異，且均與天聖令文字不同，所以復原時要考證、取捨。

例如宋 4 條：

> 諸積秬黍為度、量、權衡者，調鍾律、測晷景、合湯藥、造制冕，及官私皆用之。

《唐會要》卷六六《太府寺》引唐《雜令》① 作：

> 雜令……諸積秬黍為度、量、權衡者，調鍾律、測晷景、合湯藥、及冕服制用之外，官私悉用大者。

《南部新書》卷九"壬"所引《令》作②：

> 令云……諸積秬黍為度、量、權衡，調鍾律、測晷景、合湯藥、及冕服制，則用之，此外官私悉用大者。

《唐六典》卷三《戶部・金部郎中》雖未標"令"字樣，但實際來自令文，作③：

> 凡積秬黍為度、量、權衡者，調鍾律、測晷景、合湯藥及冠冕

---

① 《唐會要》，中華書局 1990 年版，第 1154 頁。
② 《南部新書》，第 147 頁。
③ 《唐六典》，中華書局 1990 年版，第 81 頁。

之制則用之,內、外官司悉用大者。

顯然,上述幾種唐令文字中,《南部新書》所引"令"最通順,所以據以復原。又因天聖令、《唐會要》引雜令、《唐六典》此條在"權衡"後都有"者"字,故復原時應該加上。此條復原文字為:

  諸積秬黍為度、量、權衡者,調鍾律、測晷景、合湯藥、及冕服制則用之,此外官私悉用大者。

(三) 有部分令文根據,同時有《天聖令》《養老令》的根據,可據後二者復原
宋26、宋27條均如此。例如宋27條:

  諸畜產抵人者,截兩角;蹋人者,絆之;齧人者,截兩耳。其有狂犬,所在聽殺之。

《唐律疏議》卷十五《廐庫律》207條疏議引雜令[①]曰:

  依《雜令》:"畜產抵人者,截兩角;蹋人者,絆足;齧人者,截兩耳。"

這一令文是不完全的。《唐令拾遺》只能據以復原到這個程度。現在《天聖令》出來,使我們知道了令文全文,但《天聖令》是宋令,不能單據該令復原。好在《養老令》也有此條,即"畜產觝人條"[②],作:

  凡畜產抵人者,截兩角;蹈人者,絆之;齧人者,截兩耳。其有狂犬,所在聽煞之。

---

① 《唐律疏議》,中華書局1983年版,第286頁。
② 《令義解》卷一〇,第338頁。

顯然，養老令此條與《天聖令》此條除"凡"與"諸"以及個別異體字外，完全一樣。因此雖然只有部分唐令的證據，仍可依據"《天聖令》與《養老令》文字相同，必為唐令原文"的原則，將《天聖令》此條全文復原為唐令。作：

　　諸畜產抵人者，截兩角；踢人者，絆之；嚙人者，截兩耳。其有狂犬，所在聽殺之。

（四）沒有令文根據，但史籍記載有類似內容，又有《養老令》為證，可據以復原

宋9、宋15、宋40都是如此。例如宋15條：

　　諸取水溉田，皆從下始，先稻後陸，依次而用。其欲緣渠造碾磑，經州縣申牒，檢水還流入渠及公私無妨者，聽之。即須修理渠堰者，先役用水之家。

此條沒有明確寫有"令"字樣的文字存世，但在《唐六典》中有不多的類似文字①，作：

　　凡用水自下始。

《唐令拾遺》據此及慶元令，只復原了9個字，很不完全。現知《養老令》有令文與《天聖令》很接近②，作：

　　凡取水溉田，皆從下始，依次而用。其欲緣渠造碾磑，經國郡司，公私無妨者，聽之。即須修治渠堰者，先役用水之家。

因為《養老令》與《天聖令》很接近，我們將二者相同的文字挑出

---

① 《唐六典》卷七《水部郎中》，第226頁。
② 《令義解》卷一〇，第335頁。

來（像"先稻後陸"是不是唐令文字，還有不同意見①），就可以復原為唐令。但其中1.《養老令》中的"國郡司"是日本制度，應復原為《天聖令》的"州縣"。2.《天聖令》有"申牒"字樣而《養老令》無。根據唐朝制度，此處似應將"申牒"復原。3.《天聖令》中的"修理"，《養老令》作"修治"。"理"是避唐高宗"李治"之諱，日本令沒必要避諱，故仍寫作"治"，復原唐令時似應復原為"修理"。因此全文復原當作：

諸取水溉田，皆從下始，依次而用。其欲緣渠造碾磑，經州縣申牒，公私無妨者，聽之。即須修理渠堰者，先役用水之家。

（五）只有史籍根據，沒有包括《養老令》在內的其他根據，僅能復原出唐令條文的大意，而不能復原為原文

宋12、宋19、宋29、宋33都是如此。例如宋33條：

諸貯藁及貯茭草：高原處，藁支七年、茭支四年；土地平處，藁支五年、茭支三年；土地下處，藁支四年、茭支二年。

此條無唐令根據，《養老令》亦無相應條文，《唐令拾遺》未提。《天聖令》出來後，我們翻檢到《唐六典》中有類似記載，作：

高原藁支七年，茭草支四年；平地藁支五年，茭草支三年；下土藁支四年，茭草支二年②。

此段記載顯然是令文的簡寫，可以據以復原為唐令，但是由於沒有其他證據，我們只能按《唐六典》的記載復原。復原後的文字雖依《天

---

① 岡野誠在《北宋天聖雜令中の水利法規について》（《法史學研究會會報》第11號，2006年）一文中認為"先稻後陸"在《新唐書》中有記載，應是唐代用語，所以應復原入唐令。第8—10頁。

② 《唐六典》卷七《虞部郎中》條注，標點依點校本，第225頁。

聖令》該條改變了標點，但仍不是唐令原文，作：

　　高原：棗支七年、茭草支四年；平地：棗支五年、茭草支三年；下土：棗支四年、茭草支二年。

（六）只有《養老令》依據，文字與《天聖令》不同，可以選擇兩者相同的文字復原為唐令。

宋16、宋36、宋37、宋39條均如此。例如宋16條：

　　諸要路津濟不堪涉渡之處，皆置船運渡，依至津先後為次。州縣所由檢校，及差人夫充其渡子。其沿河津濟所給船艘、渡子，從別勅。

此條僅在《養老令》中有相應條文，《天聖令》未發現前，《唐令拾遺》及《唐令拾遺補》都沒有貿然復原。《養老令·雜令》"要路津濟"條作①：

　　凡要路津濟不堪涉渡之處，皆置船運渡，依至津先後為次。國郡官司檢校，及差人夫充其度子，二人已上十人以下，每二人船各一艘。

此條前半，除有"國郡官司"與"州縣所由"的不同外，幾乎全同。我們根據"凡《天聖令》與《養老令》相同的文字，一定是唐令原文"的原則，可以將前半復原為唐令，只是改"國郡官司"為"州縣所由"②。令文後半，《天聖令》中有"從別敕"字樣。我在另篇文章③中已證明，凡寫"從別敕"者，必是宋代增添的文字，因此不能將從"其"

---

① 《令義解》，第335頁。
② 當然，"州縣所由"是不是唐令原文，也還是可以討論的。
③ 黃正建：《〈天聖令〉中的律令格式敕》，《唐研究》第十四卷，北京大學出版社2008年版。

到"從別勑"的文字復原為唐令①。從《養老令》此條後半有具體的"渡子"和"船艘"的數目看,可能唐令原文中原本也有相關規定,到了宋代,才改為依據不同情況"從別敕"而定了。但這是推測,目前還沒有相關證據。復原後的唐令只能取《天聖令》與《養老令》相同的文字,作:

> 諸要路津濟不堪涉渡之處,皆置船運渡,依至津先後為次。州縣所由檢校,及差人夫充其渡子。

(七) 僅有史籍中的類似記載,沒有其他根據,只能認為該條"疑似唐令"而不能復原

宋17、宋18、宋21、宋28、宋32即是如此。例如宋32條:

> 諸貯稾及茭草成積者,皆以苫覆,加笆籬泥之。其大不成積者,並不須笆籬。在京冬受、至夏用盡者,皆量為小積,不須苫覆。貯經夏者,苫覆之。其所須苫、橛、笆籬等調度,官為出備。若有舊物堪用,及計貯年近者,無須調度。

此條內容不見於史料,但唐代法律中應有相應規定。《文苑英華》②卷五四三《貯稾判》曰:"所司貯稾,以三千圍為積苫覆,無苊籬,合科何罪?"對曰:"貯積之法,《令》條有文。數越三千,理則多僻。從(縱?)勤苫覆,終闕苊籬。施功不同,處事彌爽。犯既非謬,幸不免科。"從此《判》可知,其中的"苊籬"定是宋32條中的"笆籬",特別是提到了"《令》條有文",可證唐令中一定有類似規定,惜無相應資料,目前無法復原。

以上我們列舉了復原唐令的八種情況。實際復原中,情況要複雜得

---

① 但岡野誠上述文章認為此句也是唐令文字,可據以復原(第12頁)。對此,筆者尚持懷疑態度。因為整個《天聖令》中凡有"從別敕"的文字,必是宋代修改的文字。將"從別敕"復原為唐令,根據不足。

② 《文苑英華》,中華書局1966年版。

多。這主要是因為宋代修天聖令時，有取唐令全部，也有取其一部分；有將幾條唐令合為一條宋令，也有將一條唐令拆分為幾條宋令等各種複雜情形。即使全條相同，文字也常適應宋代社會而有所改變。前面講過，我們常遇到的一個重要問題是：當《天聖令》和《養老令》都有類似文字時，是取《天聖令》的文字復原還是取《養老令》的文字復原？換句話說，是《天聖令》更忠實于唐令，還是《養老令》更忠實于唐令[①]？雖然根據我的研究，是《養老令》文字更忠實于《唐令》[②]，但具體問題仍要具體分析，因此，關於《天聖令》復原唐令問題必定還會繼續討論並進行下去，而這一點就需要廣大唐宋史學者的共同努力了。

[①] 當然，這裡面還牽扯一個重要問題就是所復原的唐令的年代問題，有時可能是不同時代的令造成了《天聖令》與《養老令》文字的不同。

[②] 參見前引《〈天聖令〉中宋令及〈養老令〉對唐令修改的比較》一文。

《天聖令》與《令集解》淺議

　　井上光貞先生是日本史研究的著名學者，其研究《令集解》的成果有一部分體現在《日本思想大系》的《律令》譯注和解說中。我于日本史和日本法制史完全是外行，但《律令》是我經常要參考的重要著作，因此謹就《天聖令》與《令集解》關係等撰一小文，借以紀念井上光貞先生的百年誕辰。

　　《天聖令》是 1998 年發現於中國浙江寧波天一閣的北宋令文，由於其中附有唐令，受到唐令研究者的重視。《令集解》是日本《養老令》注釋的集大成著作，歷來受到研究《養老令》和唐令復原學者的重視。利用《天聖令》復原唐令，是學者從《天聖令》發現伊始就開始從事的一項工作。在《天聖令》整理和復原的初步工作完成，即出版了《天一閣藏明抄本天聖令校證（附：唐令復原研究）》[①]（以下簡稱為《天聖令校證》）後，中國學者通過舉辦"《天聖令》讀書班"等形式，繼續研讀《天聖令》，試將《天聖令》譯為現代漢語。在以上復原唐令和理解唐令法意並予以翻譯的過程中，《令集解》均起到了很大作用。以下就結合參加復原和研讀的學者的論文、發言等資料[②]，加上我自己的理解，試作以下分析。

一　《令集解》所引注釋在復原唐令中的作用

　　（一）注釋中提到唐令、本令者

　　《令集解》彙集的注釋（以下簡稱為《注釋》）中，引用了許多"唐

[①] 天一閣博物館、中國社會科學院歷史研究所天聖令整理課題組：《天一閣藏明抄本天聖令校證（附唐令復原研究）》，中華書局 2006 年版。

[②] 主要見於《天聖令校證》的相關研究和考證，具體撰寫人請參照《天聖令校證》各有關章節。

令"或"本令"。這些"唐令""本令"是復原唐令的依據，在復原唐令中起到了重要作用。《天聖令》發現後，參照《天聖令》提供的新資料，我們對《注釋》中所引"唐令""本令"的作用可以看的更加清楚。大致有以下幾個方面：

1. 《天聖令》證明以往依據《令集解》注釋所引唐令的復原是正確的

養老《田令》"荒廢"條引《古記》云："《開元令》云：令其借而不耕，經二年者，任有力者借之。即不自加功，轉分與人者，其地即回借見佃之人。若佃人雖經熟訖，三年之外不能種耕，依式追收，改給也。"①

《唐令拾遺》據此復原為唐《田令》二十七條②。《唐令拾遺補》以為後半非唐令，將"即不自加功"至"改給也"刪除③。

天聖《田令》所附唐令 30 條："其借而不耕，經二年者，任有力者借之。則不自加功，轉分與人者，其地即回借見佃之人。若佃人雖經熟訖，三年外不能耕種，依式追收，改給。"④

從天聖《田令》此條看，雖有個別文字的不同（"其"與"令其"、"則"與"即"、"外"與"之外"、"種耕"與"耕種"），但二者顯然出自同一條令文⑤。因此天聖《田令》證明仁井田陞依據《古記》所引唐令的復原是對的，《唐令拾遺補》的刪除則可商榷⑥。

2. 《天聖令》證明以往依據《令集解》注釋所引唐令的復原是正確的，但可補充

由於《注釋》所引唐令往往只是片段，因此利用《天聖令》所附唐令，可以補充以往唐令復原的不完整。此類例子很多，例如：

---

① 《令集解》卷一二《田令》，新訂增補國史大系本，吉川弘文館 1985 年版，第 370 頁。
② ［日］仁井田陞原著，栗勁、霍存福等編譯：《唐令拾遺》，長春出版社 1989 年版，第 571 頁。
③ ［日］池田溫編集代表：《唐令拾遺補》，東京大學出版會 1997 年版，第 753—754 頁。
④ 《天聖令校證》校錄本，第 258—259 頁。
⑤ 現在的《天聖令校證》清本，依據《古記》所引《田令》，在"其"前加"令"字，將"則"改為"即"，在"外"前加"之"字。這些改動是否需要以及是否應該，其實還可以探討。我以為，起碼"令"和"之"字也可以不加。
⑥ 《天聖令校證》，第 440 頁。

養老《賦役令》"歲役"條集解引"《釋》云：唐令：遣部曲代役者。"①

《唐令拾遺》據此並養老《賦役令》，復原為《賦役令》第四條的後半："遣部曲代役者，聽之。"這一復原是對的（《唐令拾遺補》將此句刪除，誤②），但不完整。天聖《賦役令》所附唐22條可補充此復原令文的後半段如下：

其丁赴役之日，長官親自點檢，並閱衣糧周備，然後發遣。若欲雇當州縣人及遣部曲代役者，聽之，劣弱者不合。即於送簿名下各注代人貫屬、姓名。其匠欲當色雇巧人代役者，亦聽之③。

前述"遣部曲代役者，聽之"一句赫然在其中。可知《唐令拾遺》據《注釋》所引唐令的復原是對的，但可據《天聖令》的新資料予以補充④。

3. 《天聖令》證明以往依據《令集解》注釋所引"本令"的復原是可以商榷的

《唐令拾遺》依據養老《公式令》"任授官位"條集解所引"《穴》云"，復原了《獄官令》的第二十條："案本令……奏報之日，刑部徑報，吏部令進位案，注毀字，並造簿。○依本令⑤獄令，刑部申都省日，位記俱副進耳。"⑥

這條復原的唐令顯然不是唐令原文，例如"位案""位記"即均非唐朝語言。《唐令拾遺》復原的依據除"《穴》云"中的"本令"外，還參考了養老《獄令》"應除免"條（二十八條）：

---

① 《令集解》卷一三《賦役令》，第392頁。
② 《唐令拾遺補》，第766頁。
③ 《天聖令校證》清本，第393頁。
④ 同上書，第468頁。
⑤ 此"令"字，《唐令拾遺補》刪。
⑥ 《唐令拾遺》，第708頁。

　　　　凡犯罪，應除、免及官當者，奏報之日，除名者，位記悉毀，
官當及免官、免所居官者，唯毀見當、免及降至者位記。降所不至
者，不在追限。應毀者，並送太政官毀，式部案注"毀"字（以太
政官印，印"毀"字上）。

天聖《獄官令》宋25條作：

　　　　諸犯罪，應除、免及官當者，計所除、免、官當給降至告身，
贖追納庫。奏報之日，除名者官、爵告身悉毀；（婦人有邑號者，亦
准此。）官當及免官、免所居官者，唯毀見當免及降至者告身；降所
不至者，不在追限。應毀者，並送省，連案，注"毀"字納庫；不
應毀者，斷處案呈付。若推檢合復者，皆勘所毀告身，狀同，然後
申奏。

顯然，天聖《獄官令》宋令此條與養老《獄令》二十八條很相似，均出
自唐令無疑。因此可據天聖《獄官令》復原出比《唐令拾遺》所復原的
唐令更準確的唐令文字①。

4. 據《令集解》注釋提供的"本令"信息，參照《天聖令》與養老
令可復原唐令

養老《廐牧令》"官畜"條："凡官畜應請脂藥療病者，所司豫料須
數，每季一給。"據此條令文集解引《穴》云："依本令，繫飼並牧同
給"②，是唐令應該有此一條，不過由於沒有唐代史料的支持，《唐令拾
遺》沒有將其復原為唐令。

《天聖令》發現後，其《廐牧令》宋5條與上引令文很相似，為：
"諸官畜應請脂藥、糖蜜等物療病者，每年所司豫料一年須數，申三司勘
校，度支處分，監官封掌，以時給散。"這條令文顯然來自唐令，可證唐
令中有類似的一條。因此，結合"《穴》云"中關於"本令"的提示，
以及《養老令》和《天聖令》，可以將其復原為唐令，文字暫依《養老

---

① 《天聖令校證》，第622—623頁。
② 《令集解》卷三八《廐牧令》，第917頁。

令》文字,作:"諸官畜應請脂藥療病者,所司豫料須數,每季一給。"①

5. 雖有《令集解》注釋提供的"本令"信息,《天聖令》相關條文仍不能復原

養老《喪葬令》"官人從征"條集解:"古記云:……又撿本令:'送葬堪者不給',然此間,廣給耳。"《唐令拾遺》據此復原為《喪葬令》十甲:"撿本令,送葬堪者不給。"此外據《唐律疏議》等復原了十乙:"諸征行及從行、使人所在身喪,皆給殯殮調度,遞送至家。"②

查閱天聖《喪葬令》,唐 2 條與上述復原的十乙相關,但只有"使人"沒有"征行及從行",作:"諸使人所在身喪,皆給殯斂調度,造輿差夫遞送至家。其爵一品、職事及散官五品以上馬輿,餘皆驢輿。有水路處給舡,其物並所在公給,仍申報所遣之司。"可見十乙的復原不完整,可依據天聖《喪葬令》此條復原出完整的一條令文。

至於"撿本令,送葬堪者不給",則遍查天聖《喪葬令》,無論宋令還是唐令,都找不到相關內容。只有宋 30 條,懷疑有可能是從此條本令發展而來。宋 30 條作:"諸在任官身喪,聽於公廨內棺斂,不得在廳事。其屍柩、家屬並給公人送還。其川峽、廣南、福建等路死于任者,其家資物色官為檢錄,選本處人員護送還家。官賜錢十千,仍據口給倉券,到日停支。(以理解替後身亡者,亦同。)",但也無直接證據。因此不僅宋 30 條無法復原為唐令,即"送葬堪者不給"也不能在《天聖令》中找到相應條文③。

6. 依據《令集解》注釋所引"本令"判斷復原令文的文字

《唐令拾遺》據《唐六典》復原《廄牧令》第一條首句為"諸象一給二丁"④;養老《廄牧令》第一條首句為"凡廄,細馬一匹……"⑤;天聖《廄牧令》宋 1 條首句為"諸繫飼,象,各給兵士"。那麼,復原唐令的首句,到底應該是"諸"還是"諸廄"還是"諸繫飼"?查該條集解引《穴》云:"按本令,於廄繫飼,故云繫飼。粟草並於廄所貯積使供。

---

① 《天聖令校證》,第 507 頁。
② 《唐令拾遺》,第 751 頁。
③ 《天聖令校證》,第 685—686 頁。
④ 《唐令拾遺》,第 625 頁。
⑤ 《令集解》卷三八《廄牧令》,第 915 頁。

今改繫飼稱廄"。這裡的"本令"即唐令，但在《天聖令》未發現之前，《唐令拾遺》不敢貿然採用"繫飼"復原。現在有《天聖令》的證據，又有"《穴》云"引"本令"的證據，因此復原唐令此條首句應該是"諸繫飼"①。

（二）《令集解》所引注釋中未提唐令，但注釋對復原唐令有所幫助

《令集解》所引注釋中，即使沒有涉及"唐令""本令"等，但由於《養老令》出自唐令，許多對《養老令》的解釋與對唐令的解釋有相通處，因此，依據這些《注釋》，結合《天聖令》，對復原唐令也可以起到幫助作用。

1. 依據《注釋》結合《天聖令》證明以往的復原是正確的

《唐令拾遺》依據《宋刑統》引《田令》，復原了《田令》二十六條："諸田為水侵射，不依舊流，新出之地，先給被侵之家。若別縣界新出，依收授法。其兩岸異管，從正流為斷，若合隔越受田者，不取此令。"復原參考，只有宋慶元《田令》，但內容有相當差距②。而天聖《田令》宋4條與此卻很相似："諸田為水侵射，不依舊流，新出之地，先給被侵之家。若別縣界新出，亦準此。其兩岸異管，從正流為斷。"結合《令集解》所引注釋："謂：新出之地堪佃者，不待班年，給被侵之家。若別縣界出者，非也"；"《穴》云：新出地，謂一郡之內所出也。隔越者，隨故耳"③。由於養老《田令》此條並無"別縣界""隔越"等字樣④，因此這些《注釋》是依據唐令所作的注釋。凡此，均證明《宋刑統》所引《田令》中養老《田令》沒有的後幾句話，確為唐令，因此，《唐令拾遺》的復原是正確的⑤。

2. 依據《注釋》結合《天聖令》證明以往的復原是可商榷的

《唐令拾遺補》據養老《田令》及《元典章》，復原了《田令》補二："諸官人、百姓，不得將奴婢、田宅，舍施、典賣與寺觀。違者，價

---

① 《天聖令校證》，第502—503頁。
② 《唐令拾遺》，第570—571頁。
③ 《令集解》卷一二《田令》，第369頁。
④ 養老《田令》此條僅云：凡田為水侵食，不依舊派，新出之地，先給被侵之家。
⑤ 《天聖令校證》，第443頁。

錢沒官，田宅、奴婢還主。"① 天聖《田令》宋 3 條作"諸官人、百姓，並不得將田宅舍施及賣易與寺觀。違者，錢物及田宅並沒官"。其中沒有禁止"奴婢"施捨寺觀的規定。查《令集解》引《義解》的注釋云："捨施者，猶佈施也……奴婢牛馬等，不在禁限。"② 因此，復原的唐令中，應該沒有"奴婢"字樣③。

3. 依據《注釋》結合《天聖令》可以復原唐令

養老《僧尼令》"准格律"條集解："古記云：……又獄令云：凡犯罪，徒以上及姦盜，依律科斷，餘犯依僧尼法。"④ 一般認為，這裡的"獄令"是大寶令，為《養老令》所刪除。由於沒有唐朝方面的資料支持，因此此條"獄令"無法復原為唐令。《天聖令》發現後，天聖《獄官令》唐 11 條作："諸道士、女冠、僧、尼犯罪，徒以上及姦盜、詐脫法服，依律科斷，餘犯依僧道法。"其行文方式與《獄令》此條相同，可見此條《注釋》中所引《獄令》當來自唐代，或可據此並參照天聖《獄官令》再復原出一條《獄官令》的令文⑤。

4. 依據《注釋》看令文的時代性

天聖《廄牧令》宋 10 條有"闌畜"一詞，《宋刑統》引《廄牧令》作"闌遺畜"，而養老《廄牧令》"國郡"條也作"闌畜"。據《廄牧令》"闌遺物"條集解引《義解》："闌遺之物者，廣據畜產及財物等"⑥，知所謂"闌遺"包括財物。又《職員令》刑部省贓贖司"闌遺雜物"集解引伴云："妄出入為闌也，言馬牛自逸也；忘落財物為遺也。"⑦ 也說明"闌遺"與"闌"不同。由此可知《養老令》與《天聖令》同用"闌"，當是沿自唐前期令，而《宋刑統》作"闌遺"，可能是晚唐五代或宋初

---

① 《唐令拾遺補》，第 755 頁。
② 《令集解》卷一二《田令》，第 367 頁。
③ 《天聖令校證》，第 442—443 頁。
④ 《令集解》卷八《僧尼令》，第 241 頁。
⑤ 《天聖令校證》，第 638—639 頁。
⑥ 《令集解》卷三八《廄牧令》，第 937 頁。
⑦ 《令集解》卷四《職員令》，第 110 頁。

的令①。

5. 依據《注釋》判斷復原令文的詞語

此類例子甚多，例如：

《唐令拾遺》據《唐六典》等復原的《喪葬令》第一條，首句為"諸諸陵"②；天聖《喪葬令》宋 2 條首句為"先皇陵"，沒有"諸"字，但是養老《喪葬令》第一條首句作"凡先皇陵"，有"凡"字③。那麼，復原的唐令究竟是否應該加"諸"字呢？查《公式令》"天子神璽"條集解引《義解》云："此條不稱凡者，依唐令，平闕之上，皆無諸字。故此令亦不以凡字加平闕之上。但喪葬令……凡先皇陵置陵戶令守，是製作之紕繆，不可為別例也。"又《跡》云："此條顯不置凡字者，為平出故。"④ 這就是說，遇見平出的詞彙，不應有"凡""諸"字樣。天聖《喪葬令》就是很好的例證。由此，復原唐令此條，也不應有"諸"字⑤。

6. 依據《注釋》判斷復原令文詞句的增刪

此類例子亦復不少，例如：

《唐令拾遺》據《唐律疏議》引《廄牧令》及養老《廄牧令》，復原了唐《廄牧令》二十三條："諸官畜在道……死者，充當處公用。"⑥ 其中的"死者，充當處公用"依據的是養老《廄牧令》二十八條。天聖《廄牧令》宋 14 條文字與養老《廄牧令》此條文字極相似，但末句不同，作"諸官畜在道……死者，並申所屬官司，收納皮角"。到底官畜在道死後，是否要上報？復原唐令是否要復原"申所屬官司"一句？查《廄牧令》"官畜條"集解引朱云："其死者充當處公用者，未知死狀移所司不？答：可移送者。"⑦ 可知也要申報所屬官司的。因此復原唐令此條時，應

---

① 《天聖令校證》，第 510 頁。又據趙晶研究，《唐律疏議》引《軍防令》有"闌得甲仗"的說法，說明"闌"也可指"財物"，不一定只指"妄出入"的馬牛。參見他撰寫的讀書班報告。

② 《唐令拾遺》，第 741 頁。

③ 《令集解》卷四〇《喪葬令》，第 954 頁。

④ 《令集解》卷三四《公式令》，第 851 頁。

⑤ 《天聖令校證》，第 677 頁。

⑥ 《唐令拾遺》，第 640 頁。

⑦ 《令集解》卷三八《廄牧令》，第 940 頁。

該復原"申所屬官司"一句①。

二 《令集解》注釋對理解
《天聖令》詞句的作用

《令集解》注釋除在復原唐令時起到了重要作用之外,在我們理解《天聖令》令文時,也有重要的幫助作用。這當然是因為這些注釋是日本明法家對令文所作的當時的解釋,並且《天聖令》與《養老令》令文十分接近的緣故。

這類例子也有許多,其實以上談到關於復原唐令問題時,舉的例子也涉及《注釋》對理解《天聖令》令文的幫助,我們再舉一例:

> 天聖《廄牧令》唐28條:"諸贓馬、驢及雜畜,事未分決,在京者,付太僕寺,於隨近牧放。(在外者,於推斷之所,隨近牧放。)斷定之日,若合沒官,在京者,送牧;在外者,准前條估。"

如何理解"在外者,准前條估"?由於唐28條是講贓畜的處理,而前面的唐27是講州縣傳馬承直給地的問題,這兩條令文在贓畜處理的問題上並不存在前後相承的關聯。故唐27不能用於解釋唐28"在外者,准前條估"一句。

現在我們看養老《廄牧令》"闌遺物贓畜條":"凡闌遺之物。五日內申所司。其贓畜。事未分決。在京者付京職。斷定之日。若合沒官出賣。在外者准前條。"這裡的"前條"指"國郡得闌遺物條":"凡國郡所得闌畜。皆仰當界內訪主。若經二季無主識認者。先充傳馬。若有餘者出賣。得價入官。其在京。經二季無主識認者。出賣。得價送贓贖司。後有主識認。堪當知實。還其本價。"

對其中的"在外者准前條"一句,《令集解》解釋得很清楚:"釋云:在外准前條,謂先充傳馬,餘者出賣。古記云:准前條,謂如闌遺

---

① 《天聖令校證》,第512頁。由於唐人更多使用"申所司",因此復原文字或當改"申所屬官司"為"申所司"。

之畜之也。"①

依據此《注釋》，天聖《廄牧令》復原為唐令時，唐28條所謂"准前條"的"前條"不是唐27條，而應該是宋10條："諸官私闌馬、駝、騾、牛、驢、羊等，直有官印、更無私記者，送官牧。若無官印及雖有官印、復有私記者，經一年無主識認，即印入官，勿破本印，並送隨近牧，別群牧放。若有失雜畜者，令赴牧識認，檢實委無詐妄者，付主。其諸州鎮等所得闌畜，亦仰當界內訪主。若經二季無主識認者，並當處出賣，先賣充傳驛，得價入官。後有主識認，勘當知實有（？），還其本價。"②

這就是《令集解》所引注釋，對理解《天聖令》令文有所幫助的一例。

又如：

> 天聖《獄官令》唐1條："諸州斷罪應申覆者，刑部每年正月共吏部相知，量取歷任清勤、明識法理者充使，將過中書門下，定訖奏聞，令分道巡覆。若應勾會官物者，量加判官及典。刑部錄囚姓名，略注犯狀，牒使知。（嶺南使人以九月上旬，馳驛發遣。）見囚事盡未斷者，催斷即覆，覆訖，使牒與州案同封，申牒刑部。（若州司枉斷，使人推覆無罪，州司款伏，灼然合免者，任使判放，仍錄狀申。其降入流、徒者，自從流、徒。若使人與州執見有別者，各以狀申。其理狀已盡，可斷決而使人不斷，妄生節目盤退者，州司以狀錄申。附使人考。）其徒罪，州斷得伏辨及贓狀露驗者，即役，不須待使，以外待使。其使人仍總按覆，覆訖，同州見者，仍牒州配役。其州司枉斷，使判無罪，州司款伏，及州、使各執異見者，准上文。"

其中有"州司款伏""州斷得伏辨"一類詞句。這裡的"伏"為何意？養老《獄令》"國斷條"也有類似令文，作"國司款伏""國斷得伏

---

① 《令集解》卷三八《廄牧令》，第938頁。
② 趙晶在"《天聖令》讀書班"所作報告資料。

辨"。《令義解》注釋說:"款,誠也,服罪輸誠之書。是為款伏。即伏辨亦同也。"①《令集解》第廿九《獄令》逸文也有:"釋云:款,誠重也。伏,辨一種。凡被問而報書謂之款。"② 我們知道,唐代的"辯"有"答辯""保辯""伏辯"等多種,"辯"後來向"款"演變③。《令集解》引"《釋》云"說"被問而報書謂之款",而不是"辯",是否意味著此時"款"已經具有了"辯"的功能?這對於理解唐《獄官令》此條令文,以及"辯"與"款"的關係都有很大的作用。

再如:

> 天聖《廄牧令》宋13條為:諸因公使乘官、私馬以理致死,證見分明者,並免理納。其皮肉,所在官司出賣,價納本司。若非理死失者,理陪。
>
> 宋14條為:諸官畜在道有羸病,不堪前進者,留付隨近州縣養飼、救療,粟、草及藥官給。差日,遣專使送還本司。其死者,並申所屬官司,收納皮角。④

同樣是死馬,同樣是死馬的皮肉處理,為何分為兩條令文,有兩種處理方法?這裡我們就需要借助《令集解》的註釋了,因為《養老令》中也有相關的兩條令文:

> 養老《廄牧令》:"因公事"條:凡因公事,乘官私馬牛,以理致死,證見分明者,並免徵。其皮肉,所在官司出賣,送價納本司。若非理死失者,徵陪。
>
> "官畜"條:凡官畜,在道羸病,不堪前進者,留付隨近國郡,養飼療救,草及藥官給。差日,遣專使送還所司。其死者,充當處公用。

---

① 《令義解》卷一〇《獄令》,第312頁。
② 《令集解逸文》,第11頁。
③ 黃正建:《唐代法律用語中的"款"和"辯"》,《文史》2013年第1期,已收入本書。
④ 《天聖令校證》清本,第399頁。

關於以上兩條的區別，《令集解》引用的註釋云：謂：上條云送價納本司者，據驛傳馬。此文非為驛傳，故云充當處公用。釋云：上條送價納本司者，此驛馬也。此條不在驛傳馬，故充當處公用。[1]

這就是說：凡驛傳馬即有所屬機構的，皮肉的處理所得要交納原屬機構，而非驛傳馬則充當地公用。這一解釋對理解宋 13、14 條很重要。我們也可以以是否驛傳馬，或有無所屬機構，來理解宋令的這兩條令文以及令文規定的對死馬皮肉的處理。於是產生了一個相應問題，即宋 14 條沒有"充當處公用"而改為"申所屬官司，收納皮角"。《天聖令校證》復原唐令，採用了宋 14 條的語言，但如果唐代也存在非驛傳系統的官畜的話，則"充當處公用"的處理方式是否也可能存在？換句話說，參照《養老令》上述兩條令文的區別，唐代若也存在這種區別的話，復原的令文就要重新考慮了[2]。

這也是《令集解》註釋在理解《天聖令》條文間關係方面起到的重要作用。

三　《天聖令》對理解《養老令》及其注釋的作用

以上我們綜述了《令集解》所引注釋對《天聖令》中宋令復原為唐令的幫助，以及對理解《天聖令》令文詞語的幫助。有時候，《天聖令》令文對理解《養老令》及其注釋，也可能有一些作用。這方面例子不多，且多為推測，例如：

養老《獄令》"流移人條"："凡流移人，未達前所，而祖父母、父母在鄉喪者，當處給假三日發哀。其徒流在役，而父母喪者，給假五十日舉哀。祖父母喪承重者亦同。二等親七日，並不給程。"其中對"不給程"，《義解》的解釋是："謂，不聽出禁所。其雖父母喪，亦不得從喪。

---

[1] 《令集解》卷三八《廄牧令》，第 940 頁。
[2] 最近趙晶有《敦煌吐魯番文書所見唐代前期死亡官畜的處理方法——讀〈天聖令·廄牧令〉宋 13·14 與唐 31 條札記二則》（會議論文），對此有更詳細的分析。文章似乎不贊同有復原"充當處公用"一句令文的可能性。

即餘條稱不給程者,皆准此例。"① 《律令》的注釋對此表示懷疑,認為給 50 天假又不讓離開禁所,是否符合法意?②

這一疑問是有道理的。《天聖令》與此條相似的為《獄官令》唐 7 條:"諸流移人未達前所,而祖父母、父母在鄉喪者,當處給假七日發哀,周喪給假三日。其流配在役而父母喪者,給假百日舉哀,祖父母喪承重者亦同,周喪給柒日,並除給程。"令文規定給假百日,比《養老令》多了一倍。緊接著的唐 8 條有流罪以下在配所給婚假的規定,為:"諸犯流罪以下,辭定,欲成婚者,責保給假七日,正、冬三日。已配役者亦聽。並不給程。無保者,唯給節日假,不合出。"③ 這是說凡有保人的,給婚假節日假不給程;無保人的,只給節日假,但不合出。說明"不給程"的含義只是不給路程時間,但應允許離開禁所,只有說"不合出"者才是不讓離開。否則,為何要給 100 天喪假呢?因此,天聖《獄官令》的唐 7、唐 8 條或可證明《律令》注釋者的懷疑是有道理的,這裡的"不給程"不一定是不讓離開禁所。

又如:

養老《關市令》"除官市買"條(20 條):"凡除官市買者,皆就市交易,不得坐召物主,乖違時價。不論官私,交付其價,不得懸違。"《律令》在對"懸違"作注時說:"懸違,是指用與時價相差很大的價格買賣。'懸'是遙遠的意思。但是據《古記》《穴記》等,懸違與懸賒相同,是賒買賒賣的意思。'懸'是價的一部分後付;'違'是全額後付。"④ 就是說,《律令》譯注者對"懸違"有兩種解釋,一種是與時價相差很大,另一種是賒買賒賣。後一種解釋出自《令集解逸文》⑤。不過從《律令》對此條令文的訓讀看,似乎採用了第一種解釋。

查天聖《關市令》宋 18 條:"諸官有所市買,皆就市交易,不得乖違時價。市迄,具注物主戶屬、姓名,交付其價,不得欠違,仍申所司

---

① 《令義解》卷一〇《獄令》,第 318—319 頁。
② [日]井上光貞等:《律令》,岩波書店 2001 年版,第 461—462 頁。
③ 《天聖令校證》清本,第 420 頁。
④ 《律令》卷第十《關市令第廿七》,第 445 頁。
⑤ 《令集解逸文》關市令,第 7 頁。

勘記。"① 此條令文雖然是宋令，但顯然來自唐令，與上述也來自唐令的養老《關市令》20 條多有相似處。其中"欠違"的"欠"是避宋諱而改，原本也應是"懸"。不過，改"懸"為"欠"，說明二者有相似處，即"欠違"應該基本就是"懸違"的意思。如果這一推斷能夠成立，則"懸違"的意思接近"欠違"，"懸"的意思接近"欠"，因此《令集解》所引《古記》和《穴記》的解釋恐怕是對的②。

再如：

養老《營繕令》"在京營造條"中有"支料之外，更有別須，應科折者，亦申太政官"一句。其中的"科折"，《義解》《古記》《穴記》等都認為是以某物折變某物之意。只有《私記》說"科折二字，或書作科料"，依據是"依本令可造料字"③。《律令》在注釋"科折"一詞時，依據一般注釋書，將其解釋為"品目的追加或者流用轉換"④。但是天聖《營繕令》宋 12 條也有此句，作"支料之外，更有別須，應科料者，亦申奏聽報"⑤。由於此句的前三小句與養老《營繕令》"在京營造條"完全相同，相信它亦來自唐令，而句中使用的却正是"科料"而非"科折"。因此，很可能養老《營繕令》此條中的"科折"當為"科料"，《私記》的注釋可能是對的。

以上三條，都是《天聖令》或能幫助理解《養老令》及其注釋的例子。

以上主要以《天聖令校證》中的研究為例，拉雜綜述了《令集解》在我們研讀和復原《天聖令》中所起的重要作用，最後簡單敘述了《天聖令》對理解《養老令》及其註釋或有幫助的幾個例子。所述挂一漏萬，錯誤在所難免，敬請各位方家批評指正。

---

① 《天聖令校證》校錄本，第 308 頁。
② 從天聖《關市令》宋 18 條首句"諸官有所市買"看，令文講的是官方市易的規定，而養老《關市令》20 條首句說"凡除官市買者"，變成了私人市易規定。這是很可疑的。因為私人貿易只能去市場，為何會要求私人買賣必須去市場呢？"不得坐召物主"也只能是對官家的要求，私人買賣不存在"坐召物主"的問題。因此很可能此句中的"除"字是衍文，此令文的首句或也應該是"凡官市買者"。
③ 《令集解》卷卅《營繕令》，第 761 頁。
④ 《律令》卷第七《營繕令第廿》，第 360 頁。
⑤ 《天聖令校證》校錄本，第 346 頁。

附　　　錄

唐式摭遺（一）

——兼論《式》與唐代社會生活的關係

律令格式是唐代政治生活、社會生活的規範。近代以來學術界在有關律令的研究方面已有相當成績，但對《式》的研究似乎還比較薄弱。這當然和唐式條文存世太少有關。1994年韓國磐先生寫《傳世文獻中所見唐式輯存》，輯錄了除敦煌吐魯番出土唐式之外的傳世文獻所見唐式計40餘條[1]，為唐式輯佚做了一些開拓性的工作。除此之外，傳世文獻中的唐式佚文還有一些。例如日本古籍《倭名類聚抄》就集中保存了一些佚文。日本學者對這些佚文可能比較熟悉但中國學者可能就比較陌生，因此本文擬首先將這些佚文盡數列出，略加按語，然後就《式》的特點及其在研究唐代社會生活中所起的作用等問題略陳管見。需要說明的是，《倭名類聚抄》所存唐式多斷章殘句。儘管如此，由於唐式存世實在太少，因而這些斷章殘句對於我們瞭解唐式原貌以及提供今後的輯佚線索、對於我們研究唐代社會生活，恐怕還是會有一定幫助的。

一

《倭名類聚抄》為源順所撰，大約成於天曆五年（後周廣順元年，公元951年），內容是應延長第四公主的要求，"上自日月星辰、下至人倫、形體、飲食、器皿、調度、鳥獸、蟲魚、草木，皆就日用所觸之事物而類之聚之。每條錄倭漢二名，以詳明其義"[2]。書共十卷二十四部百二十

---

[1] 文載《廈門大學學報》1994年第1期，但所輯唐式中有許多並非唐式原文。
[2] 明治十六年（1883）刊《箋注倭名類聚抄》序。

八門，文化年間（1804－1812）狩谷掖齋為之箋注①。由於源順在釋詞時引用了當時所能見到的許多著作，包括唐代的令、格、式，因此是書成為近人輯佚的重要參考書之一。本文據中國社會科學院歷史研究所藏明治十六年（1813）刊十卷本的狩谷《箋注倭名類聚抄》，依原書順序將書中提到的唐式佚文羅列於下，雖隻言片語亦皆備載，以供研究者參考。

　　1. 唐式云：皇子乳母，皇孫乳母。　卷一人倫部男女類"乳母"條
　　2. 唐式云：白絲布。　　　　　卷三布帛部絹布類"白絲布"條
　　3. 唐式云：紵布三端　　　　同上，"紵"條
　　4. 唐式云：揚州庸調布　　　同上，"調布"條
　　5. 唐式云：貲布　　　　　　同上，"貲布"條
　　按：以上2、3、4、5四條，狩谷認為是唐《戶部式》佚文。
　　6. 唐式云：庶人帽子，皆寬大露面，不得有掩蔽。　卷四裝束部冠帽類"烏帽"條

　　按：《唐會要》卷三一《章服品第》云："（開元）十九年六月敕：……庶人……帽子皆大露面，不得有掩蔽"。② 據此可知，此條唐式源自開元十九年（731）敕，因此當為開元二十五年（737）的《式》。又，《唐會要》所云"大露面"較唐式之"寬大露面"少一"寬"字，似唐式的文字更合理些。不過關於此條唐式，還有一點需要說明，即狩谷《箋注》說"下總本"將此處的"唐式"寫作"唐令"。看來此條文字作為《唐令》也是有可能的（理由詳後）。

　　7. 唐式云：並州每年造粉五十石，以官驢汰（馱?）運送有司。卷四飲食部麴蘗類"粉"條

　　按：查《唐六典》《通典》《元和郡縣圖志》，並州貢物中沒有屬於"麴蘗"類的"粉"，因而此條《式》當不屬於《戶部式》。又查《唐六典》卷十九《司農寺導官署》職掌有云："凡九穀之用，有為糗糒，有為麴蘗③，有為粉脂，皆隨其精粗，差其耗損，而供給之"。據此，此條

---

① 《倭名類聚抄》有十卷本和二十卷本兩種本子行世。狩谷認為二十卷本非源順所撰，故所箋注者為十卷本的本子。
② 《唐會要》，中華書局1955年版，第570頁。
③ 《唐六典》，中華書局1992年版，第528頁。按：此處的"蘗"字誤，當為"糵"字。

《式》可能應為《司農寺式》。

  8. 唐式云：鐵鍋食單各一。 卷四器皿部金器類"鍋"條

  按：原文"鐵鍋"作"鐵鍋"。"（鐵）"即"鐵"字。又，卷六調度部廚膳具"食單"條亦引此句，文字全同。

  9. 唐式云：大盤 卷四器皿部漆器類"大槃"條

  10. 唐式云：飯椀、羹疊子。 同上，"疊子"條

  11. 唐式云：尚食局：漆器三年一換。供每節料朱合等，五年一換。卷四器皿部漆器類"合子"條

  按：9 條唐式下，源順注："本朝式云：朱漆台盤"云云。狩谷為之箋注說："所引本朝式，延喜內膳司式文……又見齋宮寮齋院司內匠寮等式"。內膳司負責御膳，似相當於唐的殿中省尚食局，11 條唐式中即明確提到了"尚食局"。因此這幾條式文似應屬於殿中省式。但是唐式三十三篇中沒有殿中省式，因而比照《延喜式》，從與飲食、禮儀，以及供百官物品考慮，這幾條式文可能屬於唐的《膳部式》《太常寺式》或《少府監式》。

  12. 唐式云：行床牙腳。 卷四器皿部木器類"机"條

  13. 唐式云：少府監，每年供蠍燭七十挺。 卷四燈火部燈火類"蠍燭"條

  按：狩谷《箋注》引干祿《字書》等證"蠍燭"即"蠟燭"。此《式》或為《少府監式》。

  14. 唐式云：諸置燧之處置火台，臺上插橛。 卷四燈火部燈火類"烽燧"條

  按：《唐六典》卷五《尚書兵部》言職方郎中"掌天下之地圖及城隍、鎮戍、烽候之數"[①]。故此條《式》可能是《職方式》。

  15. 唐式云：每城油一斗，松明十斤。 卷四燈火部燈火具"松明"條

  16. 唐式云：燈籠（源順注：見開元式）。 卷四燈火部燈火器"燈籠"條

  17. 唐式云：每城，燈盞七枚。 同上，"燈盞"條

---

① 《唐六典》，第 162 頁。

按：《通典》卷一五二《兵典五》云："松明……巡城照，恐敵人夜中乘城而上。夜中城外每三十步縣（懸）大燈於城半腹"①。此三條屬《兵部式》的可能較大，但其中第 16 條也可能屬於《太常寺式》。又，16 條應該是出自《開元式》。

18. 唐秘書省式云：寫書料，每月大墨一挺。　　卷五調度部文書類"墨"條

按：此條是《倭名類聚抄》中唯一一條明確提到式名的《式》，即本條出自《秘書省式》。由此或可知道，當時的《式》用的是有司的全名，故稱《秘書省式》而不稱《秘書式》。

19. 唐式云：染麻紙廿五張、穀紙五十張、縹紙廿張。　　卷五調度部文書類"縹紙"條

按：狩谷《箋注》云縹紙又見延喜式中的圖書寮等式。此條唐式或許也屬於《秘書省式》。

20. 唐式云：諸府衛士，人別弓一張、征箭卅隻。　　卷五調度部征戰具"征箭"條

21. 唐式云：弓袋。　　卷五調度部弓箭具"弓袋"條

22. 唐式云：弦袋　　同上，"弦袋"條

按：《新唐書》卷五十《兵志》云："人具弓一、矢三十"②。狩谷在第 21 條《箋注》云："弓袋又見兵庫寮式"。此三條恐當屬《兵部式》或《庫部式》。

23. 唐式云：諸蕃客入朝，調度、帳幕、鞍轡、鞦䩞，量事供給。　　卷五調度部鞍馬具"鞦"條

按：《唐六典》卷四《尚書禮部》言主客郎中掌"諸蕃朝聘之事"③，故此條有可能屬《主客式》。但從供給的角度說，也可能屬於《少府監式》，參下列第 28 條。

24. 唐式云：剉碓一具。　　卷五調度部鞍馬具"剉碓"條

按：狩谷《箋注》引《軍防令》云："凡兵士每火，剉碓一具"。並

---

① 《通典》，中華書局 1992 年版，第 3896 頁。
② 《新唐書》，中華書局 1975 年版，第 1325 頁。
③ 《唐六典》，第 129 頁。

說兵部省馬寮等式中有"剉"。查《新唐書》卷五十《兵志》，也說衛士每火有"碓"一①。此條或許屬於《兵部式》。

25. 開元式云：台州有金漆樹。　　　　　卷五調度部細工具"金漆"條

按：狩谷《箋注》疑"樹"字為衍文，又引《唐六典》卷三《尚書戶部》，云諸道貢賦中有"台州金漆"字樣。故此條或為《戶部式》。

26. 開元式云：白粉卅斤。　　　　　卷六調度部容飾具"白粉"條

按：《唐六典》卷二十《太府寺》言右藏署所藏"邦國寶貨"，有"相州之白粉"②。故此條或屬《太府寺式》。又查《唐六典》卷三《尚書戶部》，相州貢物中有"胡粉"③。"胡粉"即"白粉"，因而此條式也可能屬《戶部式》。

27. 開元式云：食刀切机各一。　　　　　卷六調度部廚膳具"俎"條

按：此條可能屬於"掌邦國酒醴膳羞之事"④的《光祿寺式》。又，第25、26、27三條均明言出自《開元式》。

28. 唐式云：鴻臚蕃客等器皿油單及雜物，並令少府監支造。　　卷六調度部廚膳具"油單"條

按：由於唐式中沒有《鴻臚寺式》，故此條可能屬於《少府監式》。又，前述第23條與此相類，故第23條可能也屬於《少府監式》。

29. 唐式云：衛尉寺，六幅幕、八幅幕。　　　　　卷六調度部屏障具"幕"條

按：由於唐式三十三篇中沒有《衛尉寺式》，故此條可能屬於《兵部式》或《監門宿衛式》之類。

30. 唐式云：三品以上遇雨，聽著雨衣、氈帽至殿前。　　卷六調度部行旅具"雨衣"條

---

① 《新唐書》，第1325頁。
② 《唐六典》，第545頁。
③ 《唐六典》，第67頁。
④ 《唐六典》卷十五《光祿寺》，第443頁。

按：由於禮部掌官員朝參等禮儀，故此條可能屬於《禮部式》。

31. 唐式云：諸府衛士，人別行纏一具　　　同上，"行纏"條

按：《新唐書》卷五十《兵志》記每府衛士備"行縢"一①。此條或亦屬唐《兵部式》。

以上我們不厭其碎地列舉了十卷本《倭名類聚抄》中保存下來的全部唐式佚文，共31條。這些佚文從歸屬看，有一條即第18條可明確斷定屬《秘書省式》，其他則可能分屬《戶部式》《兵部式》《禮部式》《庫部式》《膳部式》《職方式》《主客式》《太常寺式》《太府寺式》《少府監式》《監門宿衛式》等，不能確知。從《式》的時間看，第16、25、26、27四條可確定為《開元式》，第6條若是《式》的話，也應是《開元式》，其他則不能確知。這些唐式佚文，雖然少的只有一兩個詞，多的也不過一兩句話，但由於它們都直接來自唐式原文，應該比較接近唐式原貌，因此在唐式極少存世的今天，就顯得特別珍貴了。

二

唐式與律、令、格一樣，都是規範當時人們行為的法律。那麼，《式》與律、令、格相比，在規範當時的社會生活方面有哪些特點呢？換句話說，《式》在當時的社會生活中起著什麼樣的作用呢？我們知道，《式》基本上是一種行政法。《新唐書》卷五六《刑法志》說："式者，其（指百官有司——筆者注）所常守之法也"②，就把《式》看作是百官有司平常行事應該遵守的法規③。唐式的這一性質其實從唐式篇名以行政機構的名稱命名即可推知。從《式》的這一基本性質出發，我們可以說，《式》在唐代社會生活中所起的基本作用是規範官員而不是一般庶民的生活行為。除去作為行政部門的職能需要涉及的外④，唐式一般不涉及庶

---

① 《新唐書》，第1325頁。
② 《新唐書》，第1407頁。
③ 霍存福《唐式性質考論》（《吉林大學社會科學學報》1992年第6期）雖然認為《新唐書》的定義有不確之處，但仍同意《式》是行政法。
④ 例如從規範戶部徵收租稅的職掌出發，就要規定庶民交納租稅的數量等。

民。例如《唐會要》卷三一引《禮部式》關於官員"導從"數量的規定①;《唐律疏議》卷八引《主客式》關於州縣官不得與蕃客相見的規定②;《唐律疏議》卷十引《駕部式》關於六品以下官員給馬給驢的規定③;《唐會要》卷三一引《少府式》關於公主縣主出降用車的規定④等都是如此。特別是最後一條,由於此前的令、式都沒有關於庶民乘車的規定,因此在文宗太和六年(832)的敕中才特意對"商賈""庶人"的乘具作了規定。

關於這一點還可以多說幾句。我們知道,唐令與唐式有許多相似之處,二者都規範了官員的行為。但是,唐令的涉及面要更廣泛一些。這從唐令篇名中如《衣服令》《醫疾令》《營繕令》《喪葬令》等不以特定的機構命名即可明知。特別是隨著社會的不斷庶民化,唐令在不斷修訂中需要增加對"庶民"的規定。開元二十九年有敕云:"古之送終,所尚乎儉。其明器墓田等,令於舊數內減。三品以上明器,先是九十事,減至七十事,七十事減至四十事。四十事減至二十事。庶人先無文,限十五事。"⑤ 我們要注意"庶人先無文"這句話。它意味著此前的唐令(或即《喪葬令》)中原本沒有限制庶人的文字。後來隨著庶民地位的變化,才不得不增加對庶民的規定。前述唐式第6條來源於開元十九年敕,也是將對庶民服飾的補充規定變成了法律條文。從這一理由出發,前述第6條中的"唐式"可能確是"唐令"之誤。因為只有唐令才可能不斷補充對庶民的新的規定,而唐式受體例與性質的限制,似不必作這種補充規定。到宋代,隨著社會的更加庶民化,宋令中關於庶民(宋令中一般稱為"民庶")的規定就更多了。以《慶元條法事類》卷三"服飾器物"類中所引《儀制令》為例,所引的八條令文中,幾乎每條都提到了"民庶",例如有"民庶器許用銀不得塗金""(鞍轡)民庶不得以銀飾""民庶之家許用項珠耳墜"⑥ 等等。《令》的這種可以對庶民行為做出補充規

---

① 《唐會要》,第573頁。
② 《唐律疏議》,中華書局1983年版,第178頁。
③ 《唐律疏議》,第210頁。
④ 《唐會要》,第574頁。
⑤ 《通典》卷八六《禮四六》,第2328頁。
⑥ 《慶元條法事類》,新文豐出版公司1976年版,第8—9頁。

定的功能,使得《令》的壽命比較長,而《式》由於缺乏這種功能、這種彈性,因此相對就比較短命了。

《式》不僅一般來說只是"官員"社會生活的規範,而且更確切地說,它又只是官員"官場生活"的一種規範。例如在衣生活中規定"三品以上若遇雨,聽著雨衣、氈帽至殿門前"(前述唐式第30條)。這條規定規定的是三品以上官員入朝時遇雨可穿雨衣戴氈帽,屬於官場生活範疇。至於這些官員出外遊玩時遇雨穿什麼戴什麼,《式》就不管了。明白這一點很重要。它告訴我們,在唐代(引申開來可能在任何朝代),由於官員比一般庶民多了一個"官場生活"的空間,因而官員在社會生活中所受到的法律限制要遠多於一般民眾。

為了讓"百官有司"在各項工作時都有規可循,《式》的規定就必須廣而且細。所謂"廣",就是這種規定要涉及百官官場生活的方方面面;所謂"細",就是所有規定一定要具體落實到數額,要定量化。《式》的這種廣和細,是它相對於律、令、格而言的另一大特色,也是它在唐代社會生活中的重要作用所在。就拿前述三十一條唐式佚文來說,雖大多只有隻言片語,即已涉及唐代社會生活用品中的鐵鍋、食單、大盤、飯碗、羹疊子、油單、朱合(盒)、雨衣、氈帽、行纏、白粉、行床、幕、松明、燈籠、燈盞、蠟燭、墨、麻紙等許多種類;涉及數額的也有每年造粉五十石、朱合(盒)五年一換、每年供蠟燭七十挺、每城油一斗松明十斤、每月大墨一挺、染麻紙廿五張,等等。[1] 可惜的是保留下來的唐式文字太少,否則我們完全可以據此來瞭解唐代官員在官場生活中的各個方面。即使如此,現存極少的唐式還是能夠幫助我們瞭解當時生活的一些具體情形的。我們舉一個飲食生活的例子。唐人李匡乂在《資暇集》卷下說:"不托,言舊未有刀機之時,皆掌托烹之。刀機既有,乃云'不

---

[1] 《式》的這種數額化、定量化在日本現存的《延喜式》中可以看得很清楚。隨便舉幾例,如《圖書寮式》有"凡兔毛筆一管,寫真行書一百五十張,注一百張。墨一挺,書三百張"云云;《大膳式》列五月五日節料,有"粽料:糯米(參議已上別八合,五位已上別四合)、大角豆(五位已上一合)、搗栗子(參議已上四合,五位已上三合)、甘葛汁(五位已上一合)、枇杷(參議已上二合,五位已上一合)……大陶盤、洗盤各四口,叩甕五口"等規定。可惜唐式沒有留下如此詳細的文字。

托'。"① 這其中的"刀機",有些學者認為是一種食品加工的簡單機械②,以此來證明唐代烹飪技術的進步。但是這是對"刀機"的誤解。我們看前述唐式佚文的第27條,有"食刀切机各一"的記載("机"不能寫作"機")。這其中的"食刀切机"其實就是"刀機"。換言之,"刀機"中的"刀"指"食刀"即切食物的刀,"機"則是"切机"即放置食物以備切削的几案③。所以李匡乂的話只是說明,在沒有"刀"和"机(案)"之前,"不托"是用手掌托著製做的,有了"刀"和"机(案)"以後,就不用手托而改為用刀在案上製做了。李匡乂的話正確與否且不去管它,毫無疑問的是,"刀機(机)"與食品加工的簡單機械沒有任何關係,不能用它來說明唐代烹飪技術和食品工業技術的進步。從這一事例或可看出,唐式佚文對於研究當時的社會生活還是很有幫助的。而這一點正得益于唐式條文涉及事物的廣和細。

不過也許正因為唐式的廣和細,使它逐漸不能適應時代的發展變化。試想到唐後期,各級行政機構的設置在變化,百官人員的數額也在變化。在這種情形下,像"每年供蠟燭七十挺""每月供大墨一挺"之類對供應物品數額的規定勢必逐漸不合需要。因而這種過於定量化的規範反而會使有關法式變得徒有其名起來。這可能也是唐《式》消亡較快的原因之一。

總的說來,唐式的"行政法"的性質,決定了它對唐代社會生活的影響和它在社會生活中的地位,即:《式》主要是唐代前期百官官場生活的行為規範,它以其條文的廣和細涉及了官員官場生活的各個方面。因此就唐代社會生活研究而言,《式》可以幫助我們瞭解唐代某一類人(即官員)在某種範圍內(即官場)的生活,並推知其他人在其他場合的生活。從這一點看,《式》在研究唐代社會生活上有著律、令、格所不能替代的作用,因而是研究唐代社會生活的重要資料。

補記:本文原為1998年撰寫的會議論文,後來收入《'98法門寺唐文化國際學術討論會論文集》(陝西人民出版社,2000年)。雖然文章寫

---

① 《資暇集》,中華書局2012年版,第202頁。
② 見陶文台《中國烹飪史略》、馬宏偉《中國飲食文化》等書。筆者也曾相信過此說。
③ 因此點校本中的"機",應是"机"之誤。

的較早，當時對唐代法典特別是令、式的認識很不充分甚至有誤，但文章較早從社會生活角度關注《式》，所涉內容或許對以後研究法典與社會生活史的相互關係小有裨益，且因收在會議論文集中，一般讀者尋找不易，因此不揣簡陋，將其收入本文集中。文章基本保持了原貌，只是核查並補充了文獻出處的相關信息。

從"簡""揀"字看敦煌文書與
法典古籍校勘關係

——以《唐律疏議》為例

敦煌文書研究已經百年，學者們在整理敦煌文書、以敦煌文書來校勘傳世文獻方面積累了大量經驗，湧現了大量成果，但也有些問題值得我們注意。

傳世文獻經過歷代傳抄、翻刻，會出現許多異文、錯字。敦煌文書是千年前原物，文字多較傳世本可信，特別是其中的官寫本，更是我們據以校勘傳世文獻寶貴的、可信賴的資料。於是許多學者在發現敦煌文書與傳世文獻不同的情況下，在排除了其他因素①後，一般會採用敦煌文書的字來校改傳世文獻的字。這麼做一般來說是不錯的，但也不能一概而論。舉個小例子。

現存《唐律疏議》的年代是個有爭議的問題。除《律疏》的年代有永徽（650—655）說、開元二十五年（737）說、唐前期說②等外，還有學者認為《唐律疏議》成書的年代要晚於《宋刑統》，是受《宋刑統》影響而出現的③。極而言之，可以說《唐律疏議》與唐代的《律疏》是成於不同朝代的兩種書。我認為這種說法有一定道理。除去學者舉出的各種證據外，從用字上也能找到一點痕跡。

例如《宋刑統》在使用"具有選擇意義"的辭彙時，除去"選""擇"等外，還用了一個"揀"。比如卷九職制律：

---

① 例如擅改、筆誤等。
② 參見胡戟等主編《二十世紀唐研究》，中國社會科學出版社2002年版，第143—145頁。
③ 參仁井田陞、牧野巽《〈故唐律疏議〉製作年代考（下）》，載《中國法制史考證丙編第二卷：日本學者考證中國法制史重要成果選譯·魏晉南北朝隋唐卷》，中國社會科學出版社2003年版，第157—158頁。

料理揀擇不精者，徒一年。未進御者，各減一等。監當官司各減醫一等。注云，餘條未進御及監當官司並准此。議曰：料理謂應熬、削、洗、漬之類。揀擇謂去惡留善，皆須精細之類……揀擇不精及進御不時，減二等……疏議曰：……若揀擇不精者，謂揀米、擇菜之類，有不精好①。

卷一五廄庫律疏議：

依《廄牧令》，府內官馬及傳送馬驢，每年皆刺史、折衝、果毅等檢揀，其有老病不堪乘用者，府內官馬更對州官揀定，開封府管內送尚書省揀，隨便貨賣②。

查通行本《唐律疏議》，用的也是"揀"，分別作：

料理揀擇不精者，徒一年。未進御者，各減一等。監當官司，各減醫一等（餘條未進御及監當官司，並準此）。疏義曰："料理"，謂應熬削洗漬之類。"揀擇"，謂去惡留善，皆須精細之類……揀擇不精及進御不時，減二等……疏義曰：……若揀擇不精者，謂揀米擇菜之類，有不精好③。

以及：

依《廄牧令》："府內官馬及傳送馬驢，每年皆刺史、折衝、果毅等檢揀。其有老病不堪乘用者，府內官馬更對州官揀定，京兆府管內送尚書省揀，隨便貨賣。"④

---

① 《宋刑統》卷九，中華書局1984年版，第151—152頁。
② 同上書，第233頁。
③ 此據《四庫全書》本。劉俊文點校本（中華書局1983年版，第191頁）將"揀"改為"簡"，詳後。
④ 《唐律疏議》點校本，中華書局1983年版，第278頁。

那麼為什麼說《唐律疏議》受《宋刑統》的影響呢，因為《唐律》和《律疏》原來並不用"揀"而用"簡"字。《唐律疏議》不用《唐律》和《律疏》的"簡"而用《宋刑統》的"揀"，就很有可能編輯成書在《宋刑統》之後，受到了《宋刑統》某種程度的影響①。

那為什麼說《唐律》和《律疏》用的是"簡"呢？這是敦煌文書告訴我們的。

先看《律》。查敦煌文書，P.3608、3252號文書是《垂拱職制戶婚廄庫律殘卷》，其中恰好有前引《唐律疏議·職制律》的律文，作：

6行：誤不如本方……料理簡擇不精者，徒一年②。

《律疏》也是一樣。查 P.3690 號文書是《永徽職制律疏斷片》③，其中恰好也有前引職制律的律文和疏議文，作：

4行：……簡擇及進御不時，減二等……議曰：……
6行：……若簡擇不精者，謂簡米擇菜之類，有不精好④。

以上無論是垂拱年間（685—688）還是永徽（或開元）年間的文書，都是當時原物，沒有經過後人修改，用的都是"簡"而非"揀"。

在這種情況下，我們在點校《唐律疏議》時，是否應該採用敦煌文書中的"簡"來校改"揀"字呢？劉俊文先生在整理《唐律疏議》時就是這樣處理的。他採用了敦煌本《唐律》和《律疏》中的"簡"字，且

---

① 如果將來發現了《宋刑統》的宋代版本，使用的是"簡"字，則《唐律疏議》成書的年代要更在其後，或者真如日本學者所推測的那樣，是成書於元代的了。
② "年"，文書為武則天造字。錄文見劉俊文《敦煌吐魯番唐代法制文書考釋》，中華書局1989年版，第42頁。
③ 岡野誠認為非永徽律疏，而是開元律疏。
④ 錄文見劉氏上書，第161頁。

徑將《唐律疏議》原文的"揀"改為"簡",只是出了個校注予以說明①。

　　這樣的校改是否合適呢?我覺得有些欠妥:第一,《唐律疏議·職制律》中的這兩處"揀"因有敦煌文書的確切證據,可以改為"簡";而沒有敦煌文書證據的要不要改呢?像上舉《唐律疏議·廄庫律》中的三處"揀",因為沒有敦煌文書的證據,劉俊文的點校本就沒有改成"簡"。這會讓讀者疑惑:原本《唐律疏議》究竟用的是"揀"還是"簡"?第二,用"揀"還是用"簡"暗含著時代的不同:用"簡"的成書要早,用"揀"的則相對晚一些。把"揀"全部改為"簡",就喪失了原有的成書年代信息,對我們判斷該書的時代造成混亂。以《唐律疏議》而言,用"揀"的話,我們可以討論它受《宋刑統》的影響問題,如果改成"簡",與《宋刑統》的關係就改變了,討論的前提本身就成了問題。如果將來點校本《唐律疏議》成了定本,甚至刪去校注、出版普及本,就會給只看這一本子的研究者帶來錯誤信息,不僅影響他們對該書年代的判斷,甚至影響他們對相關問題的延伸研究。

　　因此不要小看這種改字問題,表面看它遵從了較早的原始本子,是嚴謹的表現,但實際卻恰因改字,喪失了傳世本應有的文字信息,不僅造成版本混亂(有的改有的不改),而且修改了傳世本中暗含的時代信息,容易造成對傳世本成書年代的誤判。

　　從這個例子可以看出,用敦煌文書校勘傳世文獻是件複雜工作。如果不是出普及本或為某種需要,應儘可能保留傳世本的相關信息,僅把敦煌文書中文字的不同注出來,供讀者參考。

---

　　① 中華書局點校本《唐律疏議》卷九注八:"料理簡擇不精者'簡'原作'揀'。按:孫奭《律音義》云'作揀者非',今據敦煌寫本伯三六〇八、敦煌寫本伯三六九〇職制律疏殘卷、《律附音義》改。下同。"第199頁。

敦煌法律文書詞語辨析兩則

敦煌出土了一批法律文書，其中大部分被收入劉俊文所著《敦煌吐魯番唐代法制文書考釋》[①]中。此書考釋詳瞻，議論妥當，對以後的研究影響很大。筆者在研讀這些法律文書時，深受該書啟發，也想在劉俊文《敦煌吐魯番唐代法制文書考釋》研究的基礎上，就個別小問題提供拙見，以供學界批評。

一 P.3813V《文明判集殘卷》中的"文明"

P.3813V 是一件"判文"的合集。在劉俊文《敦煌吐魯番唐代法制文書考釋》出版之前的敦煌文書目錄中，只著錄為"判文"。例如商務印書館編《敦煌遺書總目索引》，在《伯希和劫經錄》3813 號的著錄寫道："背為判文。"[②] 這一定名後來延續在目錄書中。例如敦煌研究院編《敦煌遺書總目索引新編》基本沿襲了這一定名，不過是將 P.3813 號文書背面單獨列條，定名為"判文十九通"[③]。上海古籍出版社出版的《法國國家圖書館藏敦煌西域文獻》亦照此辦理，僅定名為"判文"[④]。

不過自從劉俊文《敦煌吐魯番唐代法制文書考釋》經過考證，將其定名為《文明判集殘卷》後，得到廣大研究者的贊同。此後的研究文章，基本都使用了這一定名。例如有張豔雲《〈文明判集殘卷〉探究》[⑤]；陳

[①] 劉俊文：《敦煌吐魯番唐代法制文書考釋》，中華書局 1989 年版。
[②] 《敦煌遺書總目索引》，中華書局 1983 年版，第 205 頁。
[③] 《敦煌遺書總目索引新編》，中華書局 2000 年版，第 300 頁。
[④] 《法國國家圖書館藏敦煌西域文獻》，上海古籍出版社 2004 年版，第 152 頁。
[⑤] 張豔雲：《〈文明判集殘卷〉探究》，《敦煌研究》2000 年第 4 期。

永勝《敦煌、吐魯番法制文書中的擬判案例》①；王斐弘《輝煌與印證：敦煌〈文明判集殘卷〉研究》②；等等。

劉俊文《敦煌吐魯番唐代法制文書考釋》通過考證這件判文中出現的人名、地名，判斷判文上限是永徽四年，下限是開元元年。至於為何定名為"文明判集"，則說："第 165 行又有'方今文明御曆'云云，可以推斷，此判集當係初唐之作，有可能作于文明之時。"③ 最近李世進寫《〈文明判集殘卷〉新探》，認為該殘卷應該作於 8 世紀初，而非 7 世紀中期④。文章質疑的時代其實相差不過 20 年左右，具體時間實際無法落實。文章沒有對"文明"的使用表示出疑問。

不過，在實際研究過程中，也有學者有過疑惑。例如上舉王斐弘文，就提出了"製作于'文明'時的'判集'怎會援引大約 29 年後的開元時戶部格的內容呢？"當然，他對此作了比較牽強的解釋⑤。實際上，本件判集與"文明"年號無關。以下證明之。

我們知道，"文明"是武則天為皇太后時的年號，時為 684 年。在此年的正月，李顯繼位，改年號為"嗣聖"，二月武則天廢李顯立李旦，改元"文明"，九月再改元為"光宅"⑥。這就是說，"文明"年號只存在了 8 個月。僅從這一點看，用"文明"年號來概括此件判文也是不科學的。何況，所謂"文明御曆"中的"文明"其實並沒有年號的意義。

按"文明"本意與"野蠻""草昧"相對，指一種新的、進步的狀態，有時含有開闢新時代的含義，在唐代文獻中多有。例如朱敬則在武周長壽年間（692—694）上疏中，提到國家安定後，應該拒絕告密羅織之徒時，有"自文明草昧，天地屯蒙……不設鉤距，無以應天順人"⑦ 的語言，這裡的"文明"就是指武周的建立開闢了一個新時代，與武周建立之前的"文明"年號無關。類似的說法還有如"及聖唐纂曆，天下文

---

① 陳永勝：《敦煌吐魯番法制文書研究》，甘肅人民出版社 2000 年版，第 182 頁。
② 王斐弘：《敦煌法論》，法律出版社 2008 年版，第 1—66 頁。
③ 劉俊文：《敦煌吐魯番唐代法制文書考釋》，第 450—451 頁。
④ 李世進：《〈文明判集殘卷〉新探》，《中北大學學報》（社會科學版）2009 年第 6 期。
⑤ 王斐弘：《敦煌法論》，第 31 頁。
⑥ 《舊唐書》卷六《則天皇后本紀》，中華書局 1975 年版，第 116—117 頁。
⑦ 《舊唐書》卷九〇《朱敬則傳》，第 2914 頁。

明"①，是說唐朝建立，開闢了一個新時代。這裡的"纂曆""文明"，與P.3813V文書中的"文明御曆"其實是一個意思，都與"文明"年號無關。同樣以"文明"指唐朝代隋的還有岑文本。他在《錢不行對》中說："自文明御宇，大拯黔黎"云云②，也是以"文明"代表一個新時代。岑文本是唐初宰相，貞觀末去世③，因此這裡的"文明"與武則天的"文明"年號無關是毫無疑問的。而且，這裡的"文明御宇"與P.3813V文書中的"文明御曆"幾乎就是同義語。

以上我們從詞語的角度論證了文書中的"文明"多指開創新時代（以代替野蠻或草昧），而不指武則天的年號，下面再從內容上予以證明。

按：含有"文明御曆"文字的這個案件，是講"隨（隋）日離亂"時，有兄弟三人各從軍在外，而老母在揚州，由於三人都有軍貫，不能隨意遷徙，問是否能與老母團聚。判文回答："昔隨季道銷……今文明御曆，遐邇乂安……若移三州之兄弟，就一郡之慈親……上下獲安，公私允愜"云云④。很明顯，這裡講的是從隋末離亂到唐朝代隋，天下安定時的事情，"文明御曆"云云顯然指唐朝代隋，與幾十年後武則天的"文明"年號毫無關係。

綜合以上，可知將P.3813V號文書定名為《文明判集殘卷》是不對的。文書雖然是永徽到開元年間的判文，但與武則天"文明"年號無關。因此之故，該件文書似定名為《唐永徽開元間判集殘卷》更為妥當。

二　P.2504《天寶令式表》中的"傍通"

劉俊文《敦煌吐魯番唐代法制文書考釋》中還收有一件珍貴的法律文書，即P.2504《天寶令式表》。在這個抄錄了令式的表格中，有一大部分是文武官或文武散階，大致左武右文。在這些官階之上，寫有"傍通"二字。

---

① 吳鋼主編：《全唐文補遺》第二輯《韋仁約墓誌銘》，三秦出版社1995年版，第6頁。
② 《全唐文》卷一五〇，中華書局1983年版，第1526頁。
③ 《舊唐書》卷七〇《岑文本傳》，第2539頁。
④ 劉俊文：《敦煌吐魯番唐代法制文書考釋》，第447—448頁，第156—170行。

"傍通"何意？最近馮培紅《法藏敦煌文獻 P. 2504〈唐天寶令式表・官品令〉與唐代官品制度》一文，對此有所解釋，認為：在 P. 2504《唐天寶令式表・官品令》中，首行寫有"傍通"二字，除了史延廷之外，諸家皆未進行討論，但史氏錄作"通榜"，① 則不確，一是"榜"當作"傍"，二是讀取順序恰好相反，這不僅從表中同行"文武官共卅階，朱點者是清官"等朱筆文字的順序可以看出，而且唐代還有一本名叫《傍通開元格》的書，僅一卷，② 卷數不大，與本表相類，可知傍通是一種法制文書的名稱，但具體意義不詳。本表可命名為《傍通天寶官品令》。③

即認為"傍通"是一種法制文書的名稱。對此意見，趙晶在對馮培紅文章的評議中引日本學者對《紀氏傍通》一書的研究，認為"'傍通'應該是一種注釋法律的著作，而不是'法律文書'"④。

以"傍通"命名的法律著作究竟什麼性質，還可以討論，但若僅就"傍通"二字本身來看，卻與法律文書沒有必然關係。以下略作辨析。

按："傍通"又寫作"旁通"，在史籍特別是唐宋史籍中常見。馮氏文章所引《傍通開元格》，在中華本的《宋史》中就寫作"宋璟《旁通開元格》一卷"⑤。在《宋史・藝文志》中，類似的書還有不少，例如有"《五姓玉訣旁通》一卷"⑥"孫思邈《五藏旁通明鑒圖》一卷""裴王庭《五色旁通五藏圖》一卷"⑦ 等。從最後孫思邈與裴王庭的書看，這帶有"旁通"字樣的書，是以圖的形式表現的書。

這其中的"圖"，實際就是表格，"旁通"在這裡就是"左右"或"上下"旁連相通的意思，使讀者觸類旁通，一目了然。南宋張絢在談及《會計錄》時說："宜盡括歲入之厚薄，因計歲出之多寡，分其品目，列

---

① 史延廷：《論伯氏第 2504 號文書的著作年代及其相關問題》，《東疆學刊》1991 年第 1 期，第 13 頁。
② 鄭樵：《通志二十略・藝文略三》，中華書局 1995 年版，第 1555 頁。
③ 此為馮氏在 2014 年 5 月首都師範大學歷史學院召開的"中古中國的政治與制度學術研討會"上提交的論文。
④ 此評議從趙晶處得知，特致謝意。
⑤ 《宋史》卷二百四《藝文三》，中華書局 1977 年版，第 5137 頁。
⑥ 《宋史》卷二百六《藝文四》，第 5263 頁。
⑦ 《宋史》卷二百七《藝文五》，第 5304 頁。

其名色，總貫旁通，載之圖冊，揆考之間，如運諸掌。"① 這其中的"總貫旁通"就講清楚了"旁通"的含義。北宋熙寧四年（1071），有《熙寧太常祠祭總要》一書。《玉海》記其書為"以諸司所職為《旁通圖》一卷，上知其綱，下知其目"②，也清楚地描述了"旁通"圖"上下""綱目"的表格形式。

具體例子可舉宋人鄧洵武所進的《愛莫能助圖》。這圖是起居郎鄧洵武為使宋徽宗用蔡京而作，其形式為："其圖如史記年表，別為旁通，分為左右，自宰相、執政、侍從、台諫、郎官、館閣、學校，分為七隔。左曰紹述，右曰元祐。左序助紹述者，宰執中溫益一人而已，其餘每隔止三四人，如趙挺之、範致虛、王能甫、錢適是也；右序舉朝輔相公卿，百執事皆在其間，至百餘人。"③ 這就講得很清楚了：這個"旁通"的表格，上分"宰相"至"學校"共七格，然後分左右兩欄，與我們現在看到的 P. 2504《天寶令式表》十分相似。

那麼敦煌文書中有沒有類似的實例呢？也是有的。例如 P. 3988 號文書，是一件《烏占習要事法》④。文書為一表格，橫列時辰，縱列八方與上方，中寫吉凶，是"烏鳴占"類文書。文書最後寫"所占臨決，凡聚？人鳴者，從來處刑候吉凶法。若看八方上下，數看時傍通占"。雖然這句話有讀不懂的地方，但意思還是明白的，是說這種占法，是一種看上下左右文字來占卜的"旁通"方法，大致與前面所舉《宋史·藝文志》占卜類中"《五姓玉訣旁通》"類書相當。要注意的是，這裡與《天寶令式表》一樣，寫"旁通"為"傍通"。

此外 P. 3906 等文書的《字寶》（《碎金》），輯錄當時的俗語詞⑤，按上下兩排或三排四排排列。前面有序，說將這些詞語輯為一軸一卷，"俯

---

① 《建炎以來系年要錄》卷八六，紹興五年閏二月條，文淵閣《四庫全書》影印本，上海古籍出版社 1987 年版，第 326 冊，第 203 頁。

② 《玉海》卷一百二，江蘇古籍出版社 1990 年版，第 1879 頁。

③ 《九朝編年備要》卷二六，徽宗皇帝建中靖國元年條，文淵閣《四庫全書》影印本，上海古籍出版社 1987 年版，第 328 冊，第 703—704 頁。

④ 關於此件文書的定名及其描述，參見黃正建《敦煌占卜文書與唐五代占卜研究（增訂版）》，中國社會科學出版社 2014 年版，第 145 頁。

⑤ 季羨林主編：《敦煌學大辭典》，上海辭書出版社 1998 年版，第 516 頁。關於《字寶》中含有"傍通"，蒙張湧泉先生告知，特此致謝。

仰瞻矚，省費尋檢也。今分為四聲傍通，列之如右"。上下左右均為平上去入之某聲，是為"傍通"。

BD14636是《逆刺占一卷》，其中有"周公孔子占法"，為一表格，橫寫子丑寅卯等十二時，縱寫正月二月等十二月，中寫"一、二、三"數字。表格之後寫有數字的吉凶。這一占法是根據時日、數字的不同來占卜吉凶的一種辦法。在表格及吉凶文字之後，寫道"右件並傍通占之，即知萬事善惡"①，其意思也是讓讀者通過上下左右的通讀，來判斷吉凶的。

以上兩件文書都是將相關事物作某種形式的排列，然後寫有"傍通"字樣。這時的"傍通"並不寫作"旁通"。也許所有敦煌文書都只用"傍通"而不像後代那樣使用"旁通"。

通過以上討論，我們可以知道所謂"傍通"實際就是"旁通"，在這裡指一種以表格方式展示內容的"圖表"。通過這種"傍通"圖表，可以讓讀者"縱貫旁通"，一目了然。僅以前述所舉例子而言，它可以用在與法律相關的令式、與財政相關的《會計錄》、與政治相關的《愛莫能助圖》、與醫學相關的《五臟圖》、與字書有關的《字寶（碎金）》、與占卜相關的《烏鳴占》《周公孔子占法》等內容上。因此，"傍通"本身不是法制文書的名稱，也不是注釋法律的著作②，只是一種圖表形式，可以用在任何內容之上。

---

① 參見黃正建《敦煌占卜文書與唐五代占卜研究（增訂本）》，第280—281頁。
② 當然，帶有"傍通"二字的法律書究竟什麼性質，還可討論，但這裡要說的是：僅憑"傍通"二字是無法判斷該書性質的。

敦煌吐魯番法典文書中《律》《律疏》文書性質再議

敦煌吐魯番文書中發現有許多與唐代法律相關的文獻，一般習稱為"法制文獻"。比如池田溫、岡野誠的名作《敦煌吐魯番発見唐代法制文獻》[①]（以下簡稱為《池田岡野文》），以及劉俊文的大著《敦煌吐魯番唐代法制文獻考釋》[②]（以下簡稱為《劉著》）都是這樣稱呼的。稱"法制文獻"，內容除律令格式外，還包括有"判"（《池田岡野文》《劉著》），以及"制敕""牒""案卷"（《劉著》）等文書。其中《劉著》將這些文書明確區分為"法典寫本"和"法律案卷"兩類。

所謂"法典"，主要指由政府公開發佈的成文法，在唐代大致有律令格式、格後敕，以及分類編纂的法律如《格式律令事類》《刑法統類》等。所謂"法典文書"，即指在敦煌吐魯番文書中發現的這些"法典"的寫本。

《劉著》考釋的法典文書共28件。其中的2件"式"，以後研究證明屬於"奏抄"和"旨符"；另一件被《劉著》定名為"天寶令式表殘卷"的文書（P.2504）從嚴格意義上也不屬於"法典"，因此《劉著》所收法典文書只有25件。後來池田溫先生在國家圖書館藏敦煌文書中又發現

[①] 原載《法制史研究》27，1978年，後由高明士先生譯成中文，以《敦煌、吐魯番所發現有關唐代法制文獻》（上、下）之名發表在《食貨月刊》復刊第9卷第5—6期與7—8期，1979年，（上）第228—245頁，（下）第285—303頁。以下引文均出自高明士譯文。

[②] 劉俊文：《敦煌吐魯番法制文獻考釋》，中華書局1989年版。以下凡《劉著》提到的文書件數，均以其書中的文書排序為準。

了一件《戶部格》殘卷①；榮新江、史睿、雷聞、土肥義和、李錦繡等在《俄藏敦煌文獻》中發現並研究了兩件令式或《格式律令事類》殘卷②；雷聞介紹和研究了新出吐魯番文書中的一件《禮部式》殘卷③；岡野誠補充並研究了《劉著》第四件《職制律》殘卷④；史睿在俄藏敦煌文獻中發現了一件《斷獄律》殘片、在國家圖書館藏西域文書中發現了一件斷為兩殘片的《雜律疏》、補充介紹了陳國燦先生發現的《廄庫律》殘片一件、發現了大谷文書中《禮部格》殘卷一件⑤；榮新江發現了一件可與大谷5098號文書拼合的《賊盜律》殘片⑥；岡野誠拼合並研究了一件由3殘片組成的《名例律疏》殘卷⑦。這樣，目前我們知道的敦煌吐魯番"法典文書"大約就有這34件⑧。

關於這些文書的研究概況，可參考周東平在《二十世紀唐研究》中所撰《法制》一章中的相關論述⑨，以及李錦繡所撰《敦煌吐魯番文書與唐史研究》中"法律文書"一節⑩。簡單地說，近百年來對法典文書

---

① 池田溫：《北京圖書館藏開元戶部格殘卷簡介》，北京圖書館敦煌吐魯番學資料中心等編：《敦煌吐魯番學研究論集》，書目文獻出版社1996年版，第159—175頁。
② 榮新江、史睿：《俄藏敦煌寫本〈唐令〉殘卷（ДХ.3558）考釋》，《敦煌學輯刊》1999年第1期；李錦繡：《俄藏 ДХ.3558 唐〈格式律令事類·祠部〉殘卷試考》，《文史》60輯，2002年，第150—165頁；雷聞：《俄藏敦煌 ДХ.06521 殘卷考釋》，《敦煌學輯刊》2001年第1期；土肥義和：《唐考課令等寫本斷片（ДХ.六五二一）考——開元二十五年撰〈格式律令事類〉に関連して》，《國學院雜誌》105—3，2004年，第1—12頁等。其中關於 ДХ.3558 的性質，學術界還有不同意見，參見榮新江、史睿《俄藏 ДХ.3558 唐代令式殘卷再研究》，《敦煌吐魯番研究》第九卷，2006年，第143—167頁；辻正博《〈格式律令事類〉殘卷の発見と唐代法典研究——俄藏敦煌文獻 ДХ.03558 および ДХ.06521 について》，《敦煌寫本研究年報》創刊號，2007年，第81—90頁。
③ 雷聞：《吐魯番新出土唐開元〈禮部式〉殘卷考釋》，《文物》2007年第2期。
④ 岡野誠：《敦煌資料と唐代法典研究——西域發見の唐律·律疏斷簡の再檢討》，《講座敦煌5：敦煌漢文文獻》，大東出版社1992年版，第509—532頁。
⑤ 史睿：《新發現的敦煌吐魯番唐律·唐格殘片研究》，《出土文獻研究》第8輯，2007年，第213—219頁。
⑥ 榮新江著，森部豊譯：《唐寫本中の〈唐律〉〈唐禮〉及びその他》，《東洋學報》85—2，2003年，第1—17頁。
⑦ 岡野誠：《新たに紹介された吐魯番·敦煌本〈唐律〉〈律疏〉斷片》，土肥義和編《敦煌·吐魯番出土漢文文書の新研究》，東洋文庫2009年版，第83—113頁。
⑧ 這是按件數算，若按"號"數則遠不止此數。
⑨ 胡戟等主編：《二十世紀唐研究》，中國社會科學出版社2002年版，第138—177頁。
⑩ 李錦繡：《敦煌吐魯番文書與唐史研究》，福建人民出版社2006年版，第397—404頁。

的研究水準很高，成果眾多。這些研究解決了敦煌吐魯番法典文書的形式、定名、年代、內容等大部分問題。其中尤其需要提出的是《池田岡野文》關於研究史三個階段的劃分和法制文獻重要價值的論述、《劉著》所作的系統梳理和詳盡"箋釋"，以及岡野誠關於文書"書式"的研究①等。

儘管如此，關於敦煌吐魯番法典文書還有許多問題有待解決，其中一個重要問題就是這些法典文書中《律》和《律疏》的性質。

我們知道，敦煌吐魯番法典文書中律和律疏最多，一共有20件，遠多於令（2件）、格（7件）和式（3件）。以往的研究對這些律和律疏的年代，及其與現存《唐律疏議》的比較討論比較多，而對其性質則較少涉及，至多指出有官印者（2件）是官寫本；無者為私人寫本。其中《池田岡野文》曾認為："律疏頒佈以後的時代，無律疏伴隨，只律本文、注之寫本較廣為流布的情況，顯示縣階段的斷獄，一般所實用的，為只含有律條之書。"（第295—296頁）當《劉著》所錄的第13件吐魯番文書"開元名例律疏"出土後，劉俊文撰文批評了上述說法，指出："實際情況正如《唐六典》注所說，律及律疏作為具有同等法律效力的現行法典，二者是'並行'的。無論在中央，還是在基層；無論在內地，還是在邊遠地區，都是如此。"②

問題是這些律和律疏在書式上有很大不同。比如有的是每條單列，有的是連續抄寫不分條；有的注是單行大字，有的注是雙行小字；有的注單起行，有的注排在正文下；有的疏單起行，有的疏接排在注下，如此等等。關於這些書式的不同，岡野誠的文章有所涉及③，劉俊文在論著

---

① 例如有《敦煌発見唐水部式の書式について》，《東洋史研究》46—2，1987年，第61—95頁。論文分析了《水部式》的書式，指出從書式看，其內容可分為兩大類：全國性的、通用的規定，以及地方性的、或涉及官衙職務特殊性的規定（第71頁）。這種分析極富啟發意義。

② 劉俊文：《吐魯番新發現唐寫本律疏殘卷研究》，《敦煌吐魯番文獻研究論集》第二輯，北京大學出版社1983年版，第539頁。不過後來岡野誠在前引《敦煌資料と唐代法典研究——西域發見の唐律・律疏斷簡の再檢討》一文中對這一批評作了回應（第526—527頁）。

③ 除前面提到的關於水部式的研究外，在《西域發見唐開元律疏斷簡の再檢討》（《法律論叢》第50卷第4號，1977年，第29—86頁）中對三件開元律疏的書式也作了研究。

384　/　附　錄

中也多次提到，但他們研究書式異同的目的是為判定年代①，而沒有通過這種不同來探討法典文書的性質。

這些律和律疏文書在書式上的其他不同還表現在：字跡上有的抄寫整齊，有的抄寫潦草；每行字數上有的比較規範，字數在 18 字左右②，有的則多達 30 餘字。

我們可以舉一些例子：

第一，律條（以"諸"字起首者）連排不提行；"注"為雙行小字並不寫"注云"字樣；行 26 字上下，如 P. 3608《職制律》殘卷③：

（前略）

9 二等；不品嘗者，杖一百。・諸御幸舟船，誤不牢固者，工匠絞。_{工匠各以所由為首。}若不整

10 飾及闕少者，徒一年。・諸乘輿服飾物，持護修整不如法者，杖八十；若

（後略）

第二，律條提行並頂格（其他低一格）；"注"為大字但不寫"注云"字樣；"議"為雙行小字並不提行；行 23 字上下，如 P. 3690《職制律疏》殘卷：

---

①　這種判定也有不準確處。例如《劉著》所錄第 14 件"永徽職制律疏殘卷"，其書式是"諸"字一律比第二行以下高一格。劉氏根據仁井田陞的研究，指出這種書式與《養老律》相似，因而所據底本當為永徽律（第 163 頁）。岡野誠則認為此殘卷仍應是開元律疏，書式的不同是因為它是私人所抄略寫本的緣故（見所著《日本における唐律研究——文獻學の研究を中心として》，《法律論叢》第 54 卷第 4 號，1982 年，第 70 頁）。岡野誠還在前引《敦煌資料と唐代法典研究——西域發見の唐律・律疏斷簡の再檢討》一文中提到北宋初年據唐律覆刻的《律附音義》中的律文，也是"諸"字頂格，第二行以下低一格（第 523 頁）。現在我們又有一個證據：2006 年，新發現的天一閣藏北宋《天聖令》出版（《天一閣藏明鈔本天聖令校證》，中華書局 2006 年版）。從《天聖令》的格式看，其書式也是"諸"字頂格，以下文字均低一格，與此件"職制律疏"相同。因此似乎可以說，這種書式不僅出現于唐前期，而且一直延續到北宋年間，與律令的年代沒有必然關係，可能與是否官寫本也無必然聯繫。

②　《唐會要》卷二六《牋表例》規定表啟奏狀"一行不得過一十八字"，中華書局 1956 年版，第 505 頁。

③　以下錄文均見《劉著》。錄文起首的數字為"行"數。又，《律》和《律疏》固有不同，此處二者雜引，只是舉例看格式的不同而已。

（前略）

8 諸御幸舟船，誤不牢固者，工匠絞。功① 匠各以所由

為首。議曰：御幸舟船

9 者，皇帝所幸舟船，謂造作莊嚴。不甚牢固，可以敗壞者，工匠合絞。注云：各以所由為首。明造作之人，皆以當時所由人為首。若不

10 整飾及闕少者，徒二年。

（後略）

第三，律條提行但不高於他行；"注"為大字並用"注云"標出；"議"為大字並提行；行16—18字，如李盛鐸舊藏《雜律疏》殘卷：

（前略）

75 諸於他人地內得宿藏物，隱而不送者，計

76 合還主之分，坐坐贓論減三等。注云：若得古

77 器形制異，而不送官者，罪亦如之。

78 議曰：謂凡人於他人地內得宿藏物者，依令

79 合與地主中分。若有隱而不送，計應合還主之

（後略）

這些有著不同書式的律和律疏文書，除反映了時代的不同，以及官方文書和私人文書的不同外，還意味著什麼？這些法典文書究竟具有什麼性質？換句話說，它們到底是幹什麼用的？

這裡的關鍵問題在於：除了官文書外，其他文書真的是用於地方官員斷獄的嗎[②]？

我們知道，地方政府中保存有法典，這是沒有疑問的。到唐代後期，甚至出現了"律令塵蠹於棧閣，制敕堆盈於案几"的狀況[③]。這些保存在

[①] 原文如此，當為"工"。又此句為注文，但沒有用"注云"標出。

[②] 最近岡野誠在前述《新たに紹介された吐魯番・敦煌本〈唐律〉〈律疏〉斷片》一文中，認為新介紹的大谷文書中的3殘片《名例律疏》，是"地方官人為自己而抄寫的開元刊定《律疏》"（第90頁），仍未明言抄寫目的何在。

[③] 《白居易集箋校》卷六五《策林四》"五十六、論刑法之弊"，上海古籍出版社1988年版，第3530頁。

官府的法典自然都是官寫本，供法官或長官斷獄時用。但是，即使這樣，往往也會出現"自律令頒下，積有歲時，內外群官，多不尋究"①，即並不去查找保存於官府的法典的現象。到唐後期，由於保存的法典過多，官吏們更加犯懶，有時就乾脆讓上級部門替他們查找斷案的根據。貞元二年（786），刑部侍郎韓洄奏："刑部掌律令，定刑名，按覆大理及諸州應奏之事，並無為諸司尋檢格式之文"的道理②。這兩個例子從反面告訴我們：法官或長官斷案，利用官藏法典就足夠了。那麼他們還有必要另抄一份法典作為私人寫本保存並使用嗎（敦煌吐魯番法典文書中的《令》就都是官方寫本，可見法官或長官不必另抄一份《令》文保存）？史睿在《新發現的敦煌吐魯番唐律·唐格殘片研究》一文中認為ДХ.11413號廄庫律殘卷不是"法律典籍的正式《唐律》寫本，似乎是隨意抄寫的習字"（第215頁）。但習字為何要抄寫律或律疏呢？

  我現在有一個推測：這些非官方寫本的律和律疏，實際是供學習用的，具有類似教材的性質，所以緣因人而異，有多樣抄寫方式。唐代制度，國子監有律學，律學生"以《律》《令》為專業"③；舉試之制有六科，其中"明法試律、令各一部"④；科目選還有"明習律令"科⑤。地方州府雖然沒有律學生，但要想進入國子監律館，或參加"明習律令"科的科目選，自然要精讀律令，也就是說，需要有律令作為學習的教材。

  但是，那為何敦煌吐魯番法典文書中律和律疏很多，令卻很少呢？這可能和以下兩個原因有關。第一，唐代曾經規定"明經舉人，有能習律一部，以代《爾雅》者，如帖經俱通，於本色減兩選，合集日與官"⑥。明經在唐代是科舉的大宗，地方州府皆有業明經者，如果習"律"就可以減選即儘快得官，勢必提高他們學律的積極性。《律》作為教材有較大的需求量就可以想見了。第二，北宋初規定"諸道司法參軍

---

  ① 《全唐文》卷四太宗《禁官人違律詔》，中華書局1983年版，第55頁。
  ② 《唐會要》卷三九《定格令》，第706頁。原文作"貞觀二年"，誤。
  ③ 《唐六典》卷二一《國子監》，中華書局1992年版，第562頁。
  ④ 《唐六典》卷二《吏部》，第45頁。
  ⑤ 《全唐文》卷九六五《請定科目選官事例奏（太和元年十月中書門下）》，第10028頁。
  ⑥ 《唐會要》卷七五《明經》，第1375頁。北宋初也有類似規定。《宋史》卷一五五《選舉志》記太平興國"八年，進士、諸科始試律義十道，進士免帖經"（中華書局1977年版，第3607頁）。

皆以律疏試判"①，即地方法官階等考試要考律疏。這一規定雖然是宋代的，但所考一定是唐律疏，並且這種考判考律疏的規定可能也來自唐代。《新唐書》記楊仲昌玄宗時"授蒲州法曹參軍，判入異等，遷監察御史"②。由地方法曹階為中央法官，所考的判可能也應該是律疏。

這樣，由於明經要學習《律》，法曹（司法）參軍考判要考《律疏》，因此這兩種法典作為教材而較多被抄寫被保存就可以理解了。敦煌吐魯番文書中有許多學習用書比如蒙書比如經部的典籍等，律和律疏可能與它們有相同性質，只不過更專業一點罷了。這可能就是敦煌吐魯番法典文書中律和律疏保存最多、書式各異的原因所在。

這種非官寫本且作為學習用的法典文書，有時抄在紙背，如ДХ.11413 號廄庫律殘卷③，有朱筆（官頒本則無朱筆、無塗抹，如蓋有"西州都督府之印"的 73TAM532 開元名例律殘卷就是如此④）點畫，有塗抹改竄痕跡。從具體的文書看，比如《劉著》所錄第 1 件"永徽名例律斷片"，有朱筆標示⑤；第 5 件"垂拱職制戶婚廄庫律殘卷"，更有朱筆斷句和塗抹現象⑥，它們就極可能是用於學習的律文書殘卷。

當然這個看法推測成份很大，進一步的論證還有待來日。

補記：最近，從吐魯番地區出土的文書中又發現了幾件法典文書殘片，詳見陳燁軒《新發現旅順博物館藏法制文書考釋》（《唐研究》第二十二卷，2016 年）、田衛衛《旅順博物館藏唐戶令殘片考》、劉子凡《大谷文書唐〈醫疾令〉〈喪葬令〉殘片研究》（《中華文史論數》2017 年第 3 期）。

---

① 《宋史》卷一《太祖本紀》，第 12 頁。
② 《新唐書》卷一二〇，中華書局 1975 年版，第 4315 頁。
③ 對此件文書係抄於背面的考證，見史睿《新發現的敦煌吐魯番唐律·唐格殘片研究》，第 214 頁。
④ 《劉著》，第 149 頁。
⑤ 關於卷子上朱筆的描述，見孟列夫主編，袁席箴、陳華平譯《俄藏敦煌漢文寫卷敘錄》，上海古籍出版社 1999 年版，下冊，第 464 頁。
⑥ 其他有朱點的文書可能也是如此，但因看不到原卷，此判斷只能是推測了。

《唐會要校證》獻疑：以卷三九《定格令》為例

《唐會要》是一部有關唐代歷史的重要史籍，使用率極高。《唐會要》又是一部缺乏善本、脫誤甚多的史籍。最近，繼中華書局本《唐會要》與上海古籍出版社本《唐會要》之後，三秦出版社出版了由牛繼清先生校證的《唐會要校證》上下兩冊[①]（以下簡稱為《校證》）。牛先生以一己之力，將這部重要史籍做了詳細、認真、負責任的整理，是對古籍整理的重要貢獻。

從該書前言看，作者延續了上古本《唐會要》前言對版本源流的辨析，吸收前人研究成果，最終以江蘇書局本為工作底本，以武英殿聚珍本和文淵閣《四庫全書》本（以下簡稱為"四庫本"）對校，以兩唐書、《通典》《冊府元龜》等文獻他校，"嚴格遵循'不校之校'的原則"[②]，工作方法和工作態度科學合理，保證了《校證》能夠取得較好的校證品質。

最近因工作需要，筆者較詳細地閱讀了《校證》卷三九《定格令》與《議刑輕重》二篇，在肯定《校證》所做貢獻的基礎上，也發現了一些問題，現不揣淺陋，將這些問題寫出以請教作者及各位方家。

一　關於版本對校

作者在前言中明確說要用四庫本為對校本，但從卷三九看實際使用

[①]　《唐會要校證》，三秦出版社2012年版。
[②]　《校證》前言，第8頁。

四庫本很少，列出異文也不多。實際上，通過對比可知，四庫本雖然"脫誤頗多"①，但在很多地方似乎更接近《會要》原貌，許多異文也勝於《校證》所據底本。儘管《校證》作者在前言中規定了"無關史事理解，或不影響文意"的異文不出校勘記的原則②，但四庫本中那些勝於《校證》所用底本、且影響了文意的異文，還是應該將其列出並給出校勘記的。以下我們按順序舉例討論。

我們說四庫本更接近《會要》原貌，可舉一例（以下所舉《唐會要》例均出自《校證》卷三九）。

《玉海》卷六六《唐開元前格、開元後格……格令科要》引"會要：開元三年正月又敕定格式令，上之，名為開元格六卷"，並加注云："删修人内作李延祚、閻顗，餘同藝文志。"③ 這就是說，在《開元前格》的刪修人中，《新唐書·藝文志》寫有"呂延祚、閻義顓"④，但《會要》中此二人寫作"李延祚"和"閻顗"。查《校證》，此處寫作"呂延祚、閻義顓"；但是查四庫本，此處恰恰寫作"李延祚、閻顗"⑤。當然，也許這裡"呂延祚、閻義顓"是而"李延祚、閻顗"非，但由此或可證明四庫本其實是接近王應麟所見《會要》的原貌的。類似例子還有一些，均是四庫本更接近《會要》原貌。

由此可知，在對《唐會要》作校證時，應該充分利用四庫本。可惜的是，這一點《校證》似乎並未做到。據我們對校，四庫本與《校證》所用底本之間異文甚多，其中的大多數確實不必列出，但也有四庫本文意稍勝者。下面我們就按頁碼舉幾個四庫本文意較勝的例子。

1. 604頁正數第2行："今年五月三十日前敕，不入新格式者，並望不任行用限。"此句中的"不任行用限"，四庫本作"不在行用限"⑥。"在"，似文意稍勝。

---

① 《唐會要·提要》，文淵閣《四庫全書》本，606冊，第2頁。
② 《校證》前言，第8頁。
③ 《玉海》卷六六，江蘇古籍出版社1990年版，第1250頁。
④ 《新唐書》卷五八《藝文二》，中華書局1975年版，第1496頁。其實《舊唐書》卷五〇《刑法志》亦同。
⑤ 四庫本，606冊，第521頁。
⑥ 同上書，第522頁。

2. 604頁倒數第10行:"禮部員外郎齊庾敬休。"《校證》出校勘記云:"依文意'齊'似衍文。"查四庫本,正無"齊"字①。

3. 605頁正數第5行:"伏請但集蕭嵩所刪定建中以來制敕",云云。按蕭嵩死于天寶八載(749)②,怎麼會刪定建中(780—783年)以來制敕?查四庫本,"蕭嵩"作"蕭昕"③。蕭昕,大曆十二年為刑部尚書,貞元初為禮部尚書,貞元七年(791)卒④,因此這裡似當以"蕭昕"為是。

4. 605頁正數第7行:"仍慎擇法官,法署省等所斷刑獄,有不當者"。"法署省等",語義不明。查四庫本,"法署"作"處置"⑤,文意稍勝。

5. 605頁正數第8行:"言者宜依"。四庫本"言者"作"敕旨"⑥,似是。

6. 606頁正數第2行:"其所諸司于刑部檢事"。不通。四庫本"其所諸司"作"其餘諸司"⑦,稍勝。

7. 608頁正數第13—14行:"臣既處法官,不敢以聞"。這是御史大夫唐臨奏文中的一句。既然"不敢以聞",為何還要上奏?四庫本"不敢以聞"作"敢不以聞"⑧,似是。《通典》所引,亦作"敢不以聞"⑨。

8. 610頁正數第7行:"(李)若幽便當籍沒者,於典禮亦所未安。"四庫本此句作:"(李)若幽便當籍沒,揆於典禮,亦所未安"⑩,稍勝。

9. 611頁倒數第13—14行:"官必任親賢貴,無宜輕授,罰不及嗣,經訓具有明文。"這是刑部員外郎張諷等討論"議親議貴"之後,敕書中的一句話。"官必任親賢貴",於理不通,也與下句句法不相應。四庫本

---

① 四庫本,606冊,第522頁。
② 《舊唐書》卷九九《蕭嵩傳》,中華書局1975年版,第3095頁。
③ 四庫本,606冊,第523頁。
④ 《舊唐書》卷一四六《蕭昕傳》,第3962頁。
⑤ 四庫本,606冊,第523頁。
⑥ 同上書,606冊,第523頁。
⑦ 同上。
⑧ 同上書,606冊,第526頁。
⑨ 《通典》卷一六七《刑法五·雜議下》,中華書局1992年版,第4320頁。
⑩ 四庫本,606冊,第528頁。

此句作"官必任賢,親貴無宜輕授;罰不及嗣,經訓具有明文"[①]。不僅詞通義順,而且句法整齊。

10. 612頁末行至613頁正數第1行:"宜令所司,重詳定條流。"這是敕書要求所司對會昌元年關於竊盜贓的規定予以重新審核,然後上報皇帝的話,因此"條流"後應有要求上報的字樣。查四庫本,"重詳定條流"後有"聞奏"字樣[②]。《冊府元龜》卷六一三引此敕書,亦有"聞奏"二字[③]。

11. 613頁正數第2行:"四年四月,請依建中三年三月二十四日敕",云云。按此條接上條,是所司"重詳定條流"後上報的意見,但"請依"前面沒有主語,文意不明。四庫本此句為"時刑部及大理卿同議,奏請依建中三年三月十四日敕"[④],云云,文意稍勝。

如所周知,四庫本《唐會要》確有種種問題,不是好本子。但如上所論,一方面四庫本可能更接近《唐會要》原貌,另一方面四庫本的文字有些可能更為正確。若拿四庫本與《校證》所據底本逐字對校,確實異文甚多,僅本卷就大致有數十處。這些異文中有許多是四庫本不如《校證》所據底本,還有一些與史事無涉,或不害文意,但也確有一些即如以上所舉例子,是前者勝於後者。因此,如果在校證過程中能對四庫本更重視一些,能將那些與史事或文意相關的重要異文在"校勘記"中列出,應該更有利於讀者對《唐會要》原文的辨析與理解。

二　標　點

標點問題有時是個見仁見智的問題,但若嚴格一些,有些標點還是值得商榷的。現在也舉幾例如下:

1. 602頁正數第1行:"黃門侍郎宇文節柳奭。"此處宇文節後應有頓號。因為柳奭在永徽初做過中書侍郎、中書令,但從未做過黃門侍郎。

---

① 四庫本,606冊,第529頁。
② 同上書,第531頁。
③ 《冊府元龜》卷六一三,中華書局1960年版,第7356頁。
④ 四庫本,606冊,第531頁。

那麼為何此處不寫柳奭的官職呢？因為他作為王皇后的舅舅，在王皇后被廢後被誣謀反，被殺於愛州①。因此後來史臣在寫到他時，就將其官職抹去了。此處如果不加頓號，就會被理解為柳奭也是黃門侍郎。這顯然是不對的。

2. 605頁倒數第3—4行："又文明敕，當司格令並書於廳事之壁，此則百司皆合自有程式，不唯刑部獨有典章。"這裡一逗到底，使讀者不明那些話屬於"文明敕"。其實這"文明敕"的內容就在同頁倒數第8行。參照該行，本句應點為："又文明敕：'當司格令並書於廳事之壁。'此則百司皆合自有程式，不唯刑部獨有典章。"

3. 606頁正數第6—8行："准刑部奏，犯贓官五品以上，合抵死刑，請准獄官，令賜死於家者。伏請永為定式。"這裡"者"之前是刑部奏文文字，當加引號。又，《獄官令》是唐令篇名②，不能斷開，且應加書名號。因此本段當標點為："准刑部奏：'犯贓官五品以上，合抵死刑，請准《獄官令》賜死於家'者。伏請永為定式。"

4. 607頁正數第5行："會有同州人房強，弟任統軍於岷州，以謀反伏誅，強當從坐。"《校證》在"任"下加人名號，是認為"任"是人名，"統軍"是動詞。實際在唐高祖武德六年（623）到唐太宗貞觀十年（636）間，統軍是府兵制下軍府的長官。武德六年，改驃騎將軍為統軍、車騎將軍為別將，貞觀十年分別改為折衝都尉和果毅都尉③。《唐會要》此條為貞觀元年（627）前後事，駐紮各地的府兵長官正是統軍，因此這裡的"任"並非人名，不必加人名號。

5. 608頁正數第11—12行："禮王族刑於僻處，所以議親；刑不上大夫，所以議貴。"這裡的"禮王族"語義不明，其實這是引《禮》中的話，雖然與原文可能不甚契合，但加上書名號和引號，可以使文字更清楚。因此本句似應標點為："《禮》'王族刑於僻處'，所以議親；'刑不上大夫'，所以議貴。"

---

① 《舊唐書》卷七七《柳奭傳》，第2682頁。
② 復原唐《獄官令》第9條："五品以上犯非惡逆以上，聽自盡於家。"參天一閣博物館、中國社會科學院歷史研究所天聖令整理課題組《天一閣藏天聖令校證（附：唐令復原研究）》，中華書局2006年版，第644頁。
③ 《新唐書》卷五〇《兵志》，第1325頁。

6. 611頁倒數第2行至612頁正數第7行:"准開成五年十二月十四日中書門下奏:'准律,竊盜五匹以上,加役流。'今自京兆、河南尹逮於牧守……不得黷違者。伏以竊盜本無死刑",云云。這裡用單引號將中書門下的奏文,變成了僅有一句話。實際上在"者"之前都是中書門下的奏文內容。因此這裡所用的單引號,其結束應該放在"者"字之前。

三 其 他

《校證》在本卷還有一處重要失誤,即漏掉了十二個字。

《校證》611頁末行到612頁首行:"今自京兆、河南尹逮於牧守,所在為蹹,或至數十錢不死。""所在為蹹"不成話,也與後面的"或"不能呼應。查中華書局本《唐會要》(上古本、四庫本同),原來這裡在"所在為"後,漏掉了"政,寬猛不同,或以百錢以下斃"十二字[①]。因此本句應該是"今自京兆、河南尹逮於牧守,所在為政,寬猛不同,或以百錢以下斃蹹,或至數十錢不死"。

古籍整理,應該後來居上,這裡漏掉了如此多的文字,當是重要失誤了。

以上就《校證》卷三九中的一些問題提出了自己的一點看法,也許這些看法本身並不正確,也許這些看法屬於吹毛求疵,但本著提高古籍整理品質的共同目的,這些意見希望能得到《校證》作者的理解,也希望能得到作者和其他古籍整理專家的指正。

---

① 《唐會要》卷三九,中華書局1956年版,第714頁。

本書所收文章原始出處一覽表

《有關唐武德年間修定律令史事的若干問題——唐代律令編纂編年考證之一》，原載《隋唐遼宋金元史論叢》第三輯，上海古籍出版社 2013 年版

《貞觀年間修定律令的若干問題——律令格式編年考證之二》，原載《隋唐遼宋金元史論叢》第四輯，上海古籍出版社 2014 年版

《唐高宗至睿宗時的律令修定：律令格式編年考證之三》，原載《隋唐遼宋金元史論叢》第五輯，上海古籍出版社 2015 年版

《唐玄宗時的律令修定：律令格式編年考證之四》，原載《隋唐遼宋金元史論叢》第六輯，上海古籍出版社 2016 年版

《唐代令式訂補幾則》，原載《唐史論叢》第二十三輯，三秦出版社 2016 年版

《唐代法律用語中的"款"和"辯"——以〈天聖令〉與吐魯番出土文書為中心》，原載《文史》2013 年第 1 輯

《唐代訴訟文書格式初探——以吐魯番文書為中心》，原載《敦煌吐魯番研究》第十四卷，上海古籍出版社 2014 年版

《唐代司法參軍的若干問題——以墓誌資料為主》，原載《第四屆國際漢學會議論文集：近世中國之變與不變》，（台灣）"中央"研究院 2013 年 11 月

《唐代司法參軍的知識背景初探》，原載《唐研究》第二十卷，北京大學出版社 2014 年版

《唐代大理寺官員考略（之一）：大理評事——以墓誌資料為中心》為 2016 年 11 月在中山大學召開的"紀念岑仲勉先生誕辰 130 週年國際學術研討會"上提交的會議論文，收入會議論文集

《〈應正論〉與唐代前期的嚴刑思想》，原載《河北學刊》2017年第4期

《唐代"法治"芻議》，簡略版載《光明日報》2016年1月16日11版《理論·史學》，全文載於南開大學歷史學院紀念文集編輯組編《楊志玖教授百年誕辰紀念文集》，天津古籍出版社2017年版

《〈天聖令〉所附唐令中有關社會生活的新資料》，原載《唐史論叢》第十一輯、第十二輯，三秦出版社2009、2010年版

《〈天聖令·雜令〉的比較研究》，原載（台灣）《法制史研究》第十六期，2009年12月

《〈天聖令〉中宋令及〈養老令〉對唐令修改的比較》，原載中國政法大學法律古籍整理研究所編《中國古代法律文獻研究》第八輯，社會科學文獻出版社2014年版

《唐令復原芻議——以〈雜令〉為中心》，原載《敦煌吐魯番文書與中古史研究：朱雷先生八秩榮誕祝壽集》，上海古籍出版社2016年版

《〈天聖令〉與〈令集解〉淺議》為2017年9月在日本明治大學召開的"日本の律令と令集解研究"研討會上提交的會議論文

《從"簡""揀"字看敦煌文書與法典古籍校勘關係——以〈唐律疏議〉為例》為2010年4月在杭州召開的"百年敦煌文獻整理研究國際學術研討會"上提交的會議論文

《敦煌法律文書詞語辨析兩則》為2015年8月在敦煌研究院召開的"2015敦煌論壇：敦煌與中外關係國際學術研討會"上提交的會議論文

《敦煌吐魯番法典文書中〈律〉〈律疏〉文書性質再議》，原載《隋唐遼宋金元史論叢》第一輯，紫禁城出版社2011年版

《〈唐會要校證〉獻疑：以卷三九為例》，原載《東方早報·上海書評》2015年5月17日

後　　記

　　自從 2005 年主持整理寧波天一閣博物館藏明鈔本《天聖令》（殘本）之後，唐代法制史就成了我研究的一個方向，至今已經十多年。唐代法制史是一個大師輩出、成果眾多、積累厚重的研究領域，在這一領域能取得任何一點進步都不容易。我這本小書試圖在舊資料的梳理、新資料的利用，以及研究方法的總結和新領域的開拓等幾個方面有所突破，是否達到了預期效果，心中其實很忐忑。

　　研究法制史，一個目的是研究中國古代統治者治理國家的方法，探討其中的優劣得失，究明各個朝代在治理這麼大一個國家時採用法律手段的成功經驗和失敗教訓。與此同時，僅將法律作為一種治理國家的手段來研究，又是遠遠不夠的，因為中國古代"政治社會一切公私行動，莫不與法典相關"（陳寅恪《馮友蘭中國哲學史下冊審查報告》），因此，研究法制實際是研究古代一切制度及社會生活的重要基礎。這一點，乃是歷史學者與法律學者研究法制史的很大不同。研究法典與政治事務、社會生活、思想文化的關係，也應是法制史研究的一個重要目的。

　　我們現在正致力於建設一個法治社會，力圖使法律不僅成為治理國家的基本方法，而且成為一種信仰，做到法律地位至高無上，法律面前人人平等，每個個人在社會活動中都具有清晰的權利與義務意識，如此等等。但是我們是在既有的法制（包含制度和思想）演變過程（或結果）中建設法治社會的，為此，就有必要將中國古代（以及近代）的法制發展歷史梳理清楚，究明制度特點，採擷思想精華，汲取經驗教訓。這也是法制史研究的現代意義。

　　以上不過老生常談，但確實是我們研究法制史的目的所在。它時刻提醒我們，在汲汲於細節考證之際，不能忘記法制史研究的上述根本目的。很願意在今後的研究中，能為達到這個目的再貢獻一點小小的力量。

最後，對中國社會科學院給予本書出版資助，以及中國社會科學出版社宋燕鵬先生付出的辛勤勞動，表示最衷心的感謝。

2017 年 8 月於北京天通苑陋舍